「매월당 김시습의 강원 배경 한시」 번안시조집

시조로 읽는
김시습의 강원 한시

허대영 지음

무량사 영정각의 김시습 초상

WINCLEW

■ 저자 머리말

김시습, 우연히 만나 필연이 되다.

　김시습, 만나기는 여러 차례 만났다.
　처음 만난 것은 고등학교 국어 시간에 최초의 한문 소설『금오신화』작가로 지나가듯 만났다. 두 번째도 강릉의 매월당김시습기념관에서 스치듯이 만났다. 세 번째는 서울 종로구 인사동 고서점에서 정말 우연히 만났다. 구하는 책이 없어 이런저런 도서 산책을 하던 중에『매월당 김시습 연구』가 눈에 띄었다. 네 번째는 한국시조협회에서 펴내는『시조』지에 게재한「강원도 배경 한시의 유적지를 찾아서」를 쓰면서 '번안시조'를 통해서 만났다. 그때는 김시습뿐만 아니라 강원도를 배경으로 하는 대표적인 여러 한시를 현대시조로 번안하는 작업을 하였다. 그리고 이번이 다섯 번째 만남이다.

　첫 번째 만남은 대부분의 학생이 접하는 학령기의 만남이요, 두 번째, 매월당김시습기념관에서의 만남은 눈(眼) 빛으로의 스치는 듯한 만남이요. 세 번째는『매월당 김시습 연구』라는 도서를 통한 머릿속의 만남이요, 네 번째는 한시를 현대시조로 번안하는 과정을 통한 가슴 속 단타(短打) 만남이고, 이번에는 매월당의 강원 배경 한시를 현대시조로 번안하는 뜨거운 만남이니, 이는 온몸으로의 만남이 아니겠는가?

　이렇게 김시습에게 한 발짝씩 가까이 다가가다가 지난해에는 헤어질 수 없는 주제로 만났으니 첫 만남은 우연이었으나 결국은 끈질긴 인연이라 할 수 있지 않을까? 이번 여름에 대하여 남들은 '이렇게 더운 날들이 계속되는 건 처음이다'라고 힘들어하였지만, 1905년에 있었던 치욕의 을사늑약(乙巳勒約) 두 번째 회갑을, 뼛속까지 스미는 아픔으로 맞이한 저자의 이번 여름은, 김시습과 동행하였기에 시원하고 행복했다.

그러나 이 글을 마치면서 극복할 수 없는 무거움과 두려움이 어깨를 누른다. 저자의 수준에서는 너무 벅찬 상대를 만나 제대로 풀어내지 못하였다는 부끄러움 때문이다. 더 깊은 연구를 통하여 부족한 것을 채워 보리라. 독자 여러분들께서 많이 읽어보시기 바라며, 아울러 많은 지도 편달을 기다린다.

또한 바쁘신 중에도 자문에 응해 주신 강원문화예술연구소장 허준구 박사님과 강원한문고전연구소장 권혁진 박사님께 머리 숙여 고마움을 전한다. 이 두 분의 도움이 있었기에, 이 시조집을 탄생시킬 수 있었다. 거듭 감사드린다.

평생 서예와 글 읽기를 즐기셨던 영원한 문인 아버님(仁園, 許南圭), 언제나 넓으신 자애로움으로 올곧은 길을 가게 인도하셨던 어머님(朴玉順), 그리고 은은한 사랑으로 언제나 최선을 다할 수 있도록 믿어주고 이끌어준 아내와 세 딸에게 이 책을 자랑스럽게 내놓는다.

아울러 이 책이 발간될 수 있도록 후원하여 준 강원특별자치도와 강원문화재단, 그리고 어려운 편집 과정을 거쳐 예쁜 책으로 재탄생시켜 준 도서 출판「WINCLEW」에도 고마움을 전한다.

2025년 가을,
춘천시 석사동 가천우거(佳泉寓居)에서
허대영 쓰다.

■ 읽기 도움 자료

이렇게 썼으니, 이렇게 읽으세요.

■ 어떻게 썼을까?

1. **통사적(通史的) 시각(視覺)** : 김시습의 생애와 시(詩) 작품을 통사적(通史的)으로 들여다보되, 관동(關東)에서의 삶과 관동 배경 작품에 중점을 두었다.
2. **김시습 해적이 정리** : 김시습의 생애를 분석하여 관동에 은거하거나 유람하였던 시기를 유목화(類目化)하였고, 그 사이 사이에 있었던 관동 이외의 삶도 요약 정리하여 김시습의 일생을 통찰(洞察)하는 데 도움을 주었다.
3. **『국역 매월당 전집』 분석** : 매월당 작품 분석은 『국역 매월당 전집』(2000, 강원도)을 기본으로 하고, 정주동의 『매월당 김시습 연구』(梅月堂金時習硏究, 1965년 판)와 심경호의 『김시습 평전』(2021년 판)을 참고로 하였으며, 그 외 많은 문헌의 도움을 받았다. 또 필요한 경우 인터넷에서 검색한 자료를 활용하였다.
4. **강원 배경 한시 선정** : 『국역 매월당 전집』을 분석하여 강원 배경 한시를 분류해 내고 의미 있는 작품을 선정하여 시대별로 정리하되, 필요한 경우 주제별로도 수록하였다.
5. **한시의 한글 번역** : 『국역 매월당 전집』(2000, 강원도)의 번역을 주로 활용하였으며, 불가피할 경우 인터넷을 검색하거나 사전, 그리고 다른 관련 문헌의 자료를 참고하였다. 해석은 가능하면 직역(直譯)하되 필요한 경우, 의역(意譯)도 하였다. 선정된 시(詩)에 대해서는 시의 배경이나 해설 등을 곁들여 이해를 도왔다.
8. **한시 및 번안시조 정리** : 제시된 김시습의 한시와 번안 시조는 아래와 같이 정리하였다.
    - 첫째, 한시의 제목을 적고 한자 제목을 병기(倂記)하였다. 제목 오른쪽의 숫자는 『국역 매월당 전집』에 수록된 해당 페이지이다. 한시(漢詩)에 이름이 없는 것은 모두 김시습의 작품이며 김시습의 작품이 아니면 제목 앞에 원작자를 밝혔다.
    - 둘째, 한 줄에 한시 원문(原文), ( )안에 한글 음독(音讀), 그리고 한글 해석을 수록하였다.
    - 넷째, 마지막으로 현대시조로 번안(翻案)하였다. 이때 전문(全文)이 긴 장시(長詩)일 경우, 필요한 부분만 뽑아 현대시조로 번안하였다.

■ 어떻게 읽을까?

1. **주석(註釋)** : 주석은 모두 본문에 포함하였으며, 상식적인 것은 주석에 연연하지 않았다.
2. **번역문은 한글 원칙, 한문 병기** : 번역문의 문장은 한글 전용을 원칙으로 하고, 인명 및 어려운 용어는 이해를 돕기 위하여 ( )안에 한자를 함께 적었다. 원본의 탈자(脫字)는 □로 표시하였다.
3. **한글맞춤법 준용** : 맞춤법과 띄어쓰기는 한글맞춤법에 따르되 시적 표현이나 해석상의 어려움이 있을 때는 다소 변화를 주었다.
4. **연대 표기** : 서기 연대표기를 원칙으로 하되 묘호, 연호는 ( )안에 표기하였다. 단, 문장의 내용상 묘호나 연호를 그대로 본문에 쓰는 것이 자연스러운 경우는 그대로 표기하였다.
5. **부호** : 이 책에 나오는 부호는 대체로 다음과 같이 사용하였다.
   - 첫째, ( )에는 음과 뜻이 같은 한자를 묶었고, 〔 〕에는 음과 뜻이 다른 한자를 묶었다.
   - 둘째, " "에는 대화체나 인용문을 묶었고, ' '는 재인용이나 강조 부분을 묶었다.
   - 셋째, 『 』에는 책명을 묶었으며, 「 」에는 논문이나 글의 제목을 묶었다.
6. **사진·지도·도표 활용** : 이해를 돕기 위하여 사진·지도(地圖)·도표(圖表) 등을 필요한 곳에 첨부하였다.

차 례

- **머리말** ·· 2
  김시습, 우연히 만나 필연이 되다

- **읽기 도움 자료** ·· 4
  이렇게 썼으니, 이렇게 읽으세요

Ⅰ. 김시습, 손을 잡다 ·· 11

- 매월당 김시습에 대하여 알아보자
- 김시습, 관동(강원)과 어떤 관계인가
- 김시습의 강원 한시, 시조로 다시 탄생하다

Ⅱ. 오세신동(五歲神童), 십대 중반에 강릉에서 모친 시묘살이를 하다 ····· 23

- 천재 소년 김시습, 본관(本貫)은 '강릉'이다
- 강릉에서 어머니 삼년상을 모시다
- 고난이 이십대(二十代) 전후를 강타하다

Ⅲ. 철원(김화) 사곡촌에 숨어들다 ······························· 39

- 여덟 명의 은사(隱士)를 만나다
- 사곡촌에 충혼(忠魂)을 남기다
- 첫 유람지, 관서 지방으로 떠나다

Ⅳ. 내금강, 그 절경에 빠지다 ··· 51

- 김화 누각을 지나, 단발령에 이르다
- 장안사·표훈사·정양사의 만천 구역을 가다
- 만폭동·보덕굴·세암의 만폭 구역을 가다
- 마하연·원적암·만회암·만경대의 백운대·비로봉 구역을 가다
- 백천동·송라암·망고대·국망봉의 명경대·망고대 구역을 가다
- 원통암·개심폭·진불암의 태상 구역을 가다
- 내금강에서 불심을 읊다
- 내금강에서 선경(仙境)을 보다
- 내금강에서 세상을 읽다
- 내금강을 뒤로하고, 단발령을 넘다

Ⅴ. 1차 관동 유람 길에 오르다 ··· 103

- 원주에 들어서면서 관동을 만나다
- 횡성을 거쳐 평창 여러 역(驛)을 지나다
- 전나무 숲에서 월정사를 만나다
- 오대산의 여러 봉우리와 사찰을 둘러보다
- 나옹도 만나고, 소옥(小屋)도 짓고, 선담(禪談)도 나누다
- 대관령을 넘어 강릉으로 접어들다
- 아름다운 강릉 풍광(風光)을 노래하다
- 강릉을 떠나 다시 평창으로 향하다
- 영월에서 단종을 만난 후, 호서(湖西)로 떠나다

Ⅵ. 경주에 머물며, 관동 남동부를 유람하다 ···························· 165

- 어머니 품에 안겨, 울진을 돌아 보다
- 우릉도를 바라본 후, 태백산·정선에 이르다
- 다시 한성으로 올라가 폭천정사에 머물다

Ⅶ. 한성에 머물며, 「춘천십경」을 쓰다 ·················· 183

- 춘천십경, 시작(詩作) 배경을 살펴보자
- 춘천십경, 누구에게 듣고 썼을까
- 춘천십경, 땅(地) 배경 다섯 편을 읽어보자
- 춘천십경, 강(江) 배경 다섯 편을 감상해 보자
- 환속, 재혼, 그러나 다시 한성을 떠나다

Ⅷ. 2차 관동 유람, 훌훌 털고 떠나다 ·················· 217

- 사십 대의 한성 생활은 한낮의 꿈이었다
- 한성에서 출발하여, 사탄(史呑)에 들리다
- 모진 나루를 지나 우두벌에 이르다
- 소양정(昭陽亭)에 올라 소양강을 노래하다
- 춘천의 절경(絕景)을 찾아 회포를 풀다
- 춘천 산하를 한 폭의 그림처럼 그리다
- 청평사 세향원에 머물다
- 겨울을 나니, 마음은 떠나고 있었다
- 인제 오세암에 들리다
- 홍천을 지나 평창 독산원에 이르다
- 사패(詞牌)에 전사(塡詞)하며 강릉을 노래하다
- 관향 강릉, 볼거리를 둘러보고 사연도 만나다
- 동산관(東山館)에서 동해를 바라보다
- 낙진촌(樂眞村)에서 산관(散官)과 젊은이들을 만나다

Ⅸ. 양양 검달동, 불꽃이 차츰 스러들다 ·················· 281

- 검달동에 은거하며 세월을 낚다
- 마지막 사랑의 불꽃, 짧은 심지를 불사르다
- 오십 중반에 들어 노년기 현상이 나타나다

- 제자 선행(善行)을 놓아주다
- 검달동의 외로움, 시와 술로 달래다
- 자연의 소리를 들으며, 삶을 돌아보다
- 낙산사 법회(法會), 번민을 보내다
- 벼슬아치는 힐난(詰難)하고, 백성 삶은 걱정하다
- 양양 부사 유자한과 깊게 교유하다

X. 한성·설악에 들려, 무량사에서 잠들다 · 331

- 양양 검달동을 떠나 중흥사에 나타나다
- 다시 양화진에서 마지막 석별을 나누다
- 법수치에 들려 주변을 정리하다
- 설악을 떠나 만수산 무량사에 도착하다
- 방랑을 끝내고 잠들다
- 왜 무량사에서 입적하였을까

XI. 김시습, 손을 놓다 · 355

- 그의 글에서 '사람됨'을 살펴보자
- 그의 글에서 '진심'을 찾아보자
- 김시습, 조선 선비들은 어떻게 보았는가
- 김시습의 안식처, 관동(關東)을 다시 생각한다

■ 부록 · 391

- 부록1 『국역 매월당 전집』 분석
- 부록2 매월당 김시습 해적이

■ 참고문헌 · 404

I

김시습, 손을 잡다

- 매월당 김시습에 대하여 알아보자
- 김시습, 관동(강원)과 어떤 관계인가
- 김시습의 강원 한시, 시조로 다시 탄생하다

Ⅰ. 김시습, 손을 잡다

　김시습은 '자유분방하여 모든 속박에서 벗어난 행보'를 의미하는 '**탕유**(宕遊)'와 '고독한 자아가 자연에 친화하는 형태로써 국토의 근경 및 원경이 심미적으로 또는 역사적으로 그 사람의 정서에 각인되어 자연 경물에 대한 인식이 낭만적이고 섬세한 것'을 뜻하는 '**청완**(淸玩)'의 방랑 시인이라고 한다. 또 김시습의 유람은 '치유와 힐링의 국토 장정(長程)'이라고 표현하기도 한다. 지난 몇 년간 김시습을 만나 그를 공부하다가 보니 이 말에 공감하게 된다.

　저자는 2017년 10월 11일, 서울 종로구 관훈동의 한 고서적 책방에서 정주동의 『매월당 김시습 연구』라는 도서를 통하여 김시습을 만났다. 이 책을 읽는 동안 김시습 한시의 매력에 끌려 김시습의 흔적을 찾아다니고, 관련 서적을 읽거나 필요한 자료를 검색하기 시작하였다. 그러다가 김시습의 강원 배경 한시를 흥미 있게 바라보게 되고, 이를 시조로 번안하는 것도 뜻깊은 일이 될 것이라는 시조 시인으로서의 욕심이 상승작용을 하여 이 연구를 시작하였다. 그리고 8년여 만에 결실을 보게 되었다.

　먼저 김시습, 그는 어떤 사람인가를 알아보고 김시습과 관동과의 관계에 대하여 살펴본 후 김시습의 강원 배경 한시가 어떻게 시조로 탄생하게 되었는지를 조명(照明)해 보면서, 김시습의 오른손을 잡고 걸어보자.

매월당 김시습에 대하여 알아보자

　매월당 김시습은 누구이며, 어떤 사람이었으며, 시문의 경향은 어떠하였을까? 김시습은 유학자이자 문인(시인이자 소설가)이자 승려이자 도인(道人)이었다. 또 조선 제일의 천재였고, 최고의 지식인이었으며, 경계인이면서도 방외인으로 살았다. 그는 각양각색의 다양한 소재를 대상으로 깊은 사색과 고뇌가 담긴 수많은 시문을 남겼다.

그는 누구인가

　김시습은 1435년(세종 17), 서울 성균관 북쪽 반궁리에서 태어나 1493년(성종 24) 충남 부여 무량사에서 입적(入寂)하였다. 향년(享年) 59세였다.

5세 신동이라 불릴 정도로 어릴 때부터 글재주가 뛰어났다. 그러나 1453년, 수양대군이 계유정난을 일으켜 실권을 장악하였고, 2년 뒤에는 조카의 왕위를 찬탈하는 일이 일어났다. 김시습은 이를 '감개한 일'이라고 하였다. 삼각산 중흥사에서 과거 공부 중에 이 소식을 들은 김시습은 패도정치에 의해 무너진 왕도정치를 안타까워하며 3일간 통곡하였다. 이후, 보던 모든 책을 불사른 뒤 한성을 떠나 유람과 은거 생활에 들어갔다.

단종에 대한 절개를 끝까지 지키는 가운데 평생 전국을 유람하면서 시문집인 「유관서록(遊關西錄)」, 「유관동록(遊關東錄)」, 「유호남록(遊湖南錄)」, 「유금오록(遊金鰲錄)」 등 사유록(四遊錄)과 수많은 시문을 남겼으며, 특히 경주 용장사 금오산실(金鰲山室)에 머물던 중 집필한 『금오신화(金鰲新話)』는 최초의 한문 소설로 우리나라 문학사에 큰 자취로 남아 있다.

김시습은 근본 사상을 유교에 두고 불교적 사색을 병행하였으며, 선가의 교리까지 포괄하는 등 사상·이념에 관하여 자유분방한 면모를 보였다.

사후(死後), 1582년(선조 15), 율곡 이이가 왕명을 받아 『김시습전(金時習傳)』을 지었으며, 1583년(선조 16), 역시 왕명을 받아 지금 전해지는 『매월당집(梅月堂集)』을 출간하였고, 1624년(인조 2), 『매월당시사유록(梅月堂詩四遊錄)』을 간행함으로써 먼저 시문적(詩文的)으로 복권되었으며, 이어서 1782년(정조 6)에 이조판서에 추증(追贈)되고, 1784년(정조 8)에 청간(淸簡)이라는 시호를 받아 정치적으로도 완전 복권함으로써 조선의 문인 김시습은 나라에서 인정받는 인물로 다시 탄생하였다.

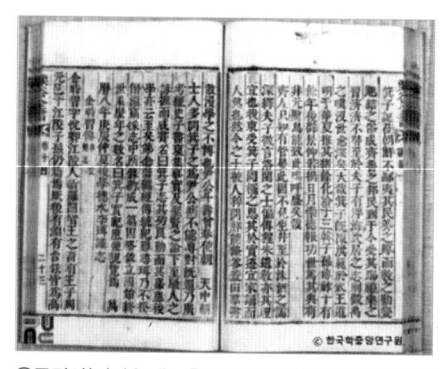

율곡전서(김시습전). 출처 : 한국민족문화대백과사전

이이(李珥)는 김시습을 '심유적불(心儒跡佛 : 본심은 유교인데 행적은 불교)'이라 하였으며, '백세(百世)의 스승'이라고 칭찬하기도 하였다. 한편, 연려실기술에서는 '색은행괴(索隱行怪, 궁벽한 이치를 찾아내고 괴이한 행동을 한다)'라고 평하기도 하였다.

후세 사람들은 김시습을 비롯한 이맹전(李孟專)·조여(趙旅)·원호(元昊)·성담수(成聃壽)·남효온(南孝溫)의 절개를 칭송하여 생육신(生六臣)이라 불렀다.

김시습은 강릉 청간사(淸簡祠), 공주 동학사 숙모전(肅慕殿), 영월 창절사(彰節祠), 철원 구은사(九隱祠), 부여(扶餘) 홍산(鴻山)의 청일사(淸逸祠) 등 여러 곳에 배향되었다.

관서를 유람하기 시작하여 무량사에서 열반할 때까지 38여 년의 탕유·은거 기간 중 절반에 가까운 18년여 년을 관동에서 유람·은거하며 수많은 시문을 남겼다. 역사를 논하고 나라와 백성을 걱정하고, 자신의 삶을 기록하고, 나아가 관동의 아름다움을 노래했다. 김시습을 관동인(關東人)이라고 해도 틀리지 않음은, 이 때문이다.

어떤 사람이었을까

김시습은 어떤 사람이었을까? 이는 보는 사람의 관점마다, 시대마다 달리 평가되지만, 공통적인 점을 중심으로 알아보자.

첫째, 조선 최고의 천재(天才)였다. 조선의 선비 중에는 많은 천재가 있었지만, 김시습은 천재 율곡(栗谷) 이이(李珥)가 인정하는 유일한 천재(天才)였다.

둘째, 조선 제일의 지식인이었다. 김시습은 한국이 낳은 세계적인 지식인이며, 한국을 대표하는 지식인 중의 한 명이다. 김시습의 지식은 시문에 그대로 녹아 흐른다.

셋째, 왕도정치를 꿈꾼 이상주의자였다. 국가를 위하여 일은 하지 않고 자리만 누리는 권력자들을 조롱하며 한탄했다. 역사 속에서 지조와 광기의 천재로 상징화된 그는 자유인이며 비판자, 동시에 왕도정치가 구현되는 사회를 꿈꿨던 이상주의자(理想主義者)였다.

넷째, 유·불·도(儒·佛·道)를 초월한 거인이었다. 속세를 떠나 때로는 미치광이 행세를 하면서도 뛰어난 자질로 고금(古今)의 서적들을 꿰뚫고 이를 시에 녹여 많은 저서를 남겼다.

다섯째, 경계인(境界人, 둘 이상의 이질적인 사회나 집단에 동시에 속하여 양쪽의 영향을 함께 받으면서도, 그 어느 쪽에도 완전하게 속하지 아니하는 사람)이며, 방외인(方外人, 동양에서는 현실 세계를 방(方)이라고 불렀는데 이 방에 속하지 못하는 사람)이었다. 이미 이상은 꺾였고, 산 좋고 물 좋은 곳을 떠돌아다니며 살면 되었다. 그러나 때로는 그렇게만 살 수는 없었다. 온전히 세상을 등지고 살 수 있는 인물도 아니었다. 그래서 경계인이 되었다.

그렇다면 김시습은 한마디로 어떤 사람인가? 중요한 건 하나의 이미지로 바라볼 필요도 없고, 바라볼 수도 없다는 점이다. 경계인이고 방외인이었기 때문이다. 그 자유 분망함을 무엇이라고 해야 할 것인가?

어떤 시(詩)를 썼을까

김시습을 공부하면서 저자의 머리에는 매월당 한시의 특성이 조금씩 자리를 잡기 시작하였다. 하여, 김시습 한시의 특성을 정리하여 보았다.

첫째, 시에 대한 열정과 사랑이 뜨거웠다. 김시습은 온몸으로 시를 썼다. 김시습은 다작(多作)의 다양한 시를 통하여 자신을 사랑하며 자연과 인문을 뜨겁게 노래했다.
둘째, 시와 혼이 하나였다. 자기를 찾아 헤매기도 하고, 때로는 정착하기도 했다. 그의 시에는 떠돌이 삶이 녹아 흐르고, 깊이 생각하는 힘을 제공해 주고 있다.
셋째, 언행의 자유로움과 임(王)을 향한 충(忠)의 길(道)이 글 속에 두 줄기로 녹아 흐르고 있다. 자유로운 영혼이면서도 단종에 대한 일편단심의 충(忠)이 공존하고 있다.
넷째, 유·불·선(儒·佛·仙)이 잘 어울리는 삶을 살았다. 그의 사상은 유·불·선 융합 사상이다. 그는 유·불·선 삶의 조화로움을 추구하였으며, 이는 그의 작품에 그대 녹아있다.
다섯째, 시의 소재에는 거침이 없었다. 한시는 소재에 따라 여러 가지로 분류하나, 김시습은 모든 소재를 그의 작품 속에 녹여냈다.

어떤 소설을 썼을까

김시습은 1455년 삼각산 중흥사(重興寺)를 떠나 전국을 주유하다가 경상도 금오산 아래 용장골로 스며들어 금오산실(金鰲山室, 또는 매월당서재(梅月堂書齋))을 짓고 독서에 몰두한다. 그리고 시와 소설을 쓴다. 이때 완성된 한문 소설이 『금오신화(金鰲新話)』이다. 즉 금오산에서 지은 새로운 이야기[新話]이다.

『금오신화』에는 「만복사저포기(萬福寺樗蒲記)」, 「이생규장전(李生窺墻傳)」, 「취유부벽정기(醉遊浮碧亭記)」, 「용궁부연록(龍宮赴宴錄)」, 「남염부주지(南炎浮洲志)」 등 5편의 소설이 실려 있다. 김시습은 이 소설 속에서 허구적인 인물을 동원하여 신비한 내용을 표현하고 있지만 그가 진정으로 보여주려고 한 주제는, 현실적인 제도, 인습, 그리고 운명에 대한 비판이었다.

금오신화(金鰲新話).
출처 : 한국민족문화대백과사전

김시습이 우리나라 최초의 한문 소설 금오신화를 완성한 때가 그의 나이 33~34세 때인 1467~1468년 전후인 것으로 보인다. 이때 쓰인 금오신화는 원본이든 사본이든 간에 국내에서는 발견되지 않다가 1927년 최남선이 일본에서 전해오던 목판본을 발견하여 같은 해에 잡지『계명(啓明)』19호에 소개를 한 것이 최초였다. 이 목판본은 1884년 동경에서 간행된 것으로 상하 두 권으로 되어 있다.

김시습, 관동(강원)과 어떤 관계인가

김시습의 글을 읽으면 자주 만나는 낱말이 있다. 관동(關東)이다. 하여 관동을 이야기하지 않고 김시습을 말하는 것은 적절치 않다. 김시습과 함께 걸어가기 위해서는 관동을 알아야 한다. 결론을 말하면 관동은 강원도 전체를 의미한다.

먼저 김시습의 작품집「유관동록(遊關東錄)」에서 '관동'이라는 단어를 만나게 된다. 오늘날 우리가 사는 지방을 이야기할 때 '강원도'라고 하면 잘 알지만 '관동'이라고 하면 아직 어디를 의미하는지 명확하지 않고 낯설다. 하여, 관동과 강원도에 대하여 알아보고, 김시습이 관동에 얼마나 머물렀는지를 살펴보자. 이렇게 하는 것이 김시습을 잘 이해하는 길이기 때문이다.

관동(關東) 그리고 강원도

먼저 관동(關東)이라는 지방명(地方名)에 대하여 알아보자. 그 이유는 김시습이 관동에 은거하거나 유람하였을 때의 한시(漢詩)가 이 글의 핵심 대상이기 때문이다. 따라서 관동에 대하여 분명한 개념 정의를 먼저 하기로 한다.

관동은 왜 '관동(關東)'이 되었을까? 관동이란 단어는 자주 들어 보았어도 왜 관동이 되었는지는 잘 모른다. 결론적으로 말하면 관동 지방(關東地方)은 강원도 일대를 가리키는 한국의 지역 구분 용어이다. 관동이라는 지명의 출발점에 대해서는 두 가지 설(說)이 있다.

첫째는 고려 성종(960~997) 때 전국을 10도로 편성하는 과정에서 오늘의 서울·경기 일원을 관내도(關內道)라고 하였다. 관동이라는 명칭은 관내도의 동쪽에 있는 땅이라는 데서 명명(命名)된 것으로 보고 있다.

둘째는 고려시대에 설치된 철령관(鐵嶺關)이라는 관문의 동쪽 지방이라고 한데서 유래되었다고 하는 설(說)이다. 이 철령관은 함경도로부터 서울로 들어오는 길목이어서 한강 유역을 지키는 한편, 변방에 대한 통행을 제한하던 곳이기도 하였다.

이후 여말선초(麗末鮮初)의 왕조 교체기에는 정치적으로 매우 중요한 지역에 '관(關)'을 추가로 설치하였다. 관동, 관서, 관북을 구분 짓는 중심이 되는 '관(關)'은 위에서 이야기 한

'철령관(鐵嶺關)'이다. 현재 철령(鐵嶺)은 북한의 강원도 고산군과 회양군 사이에 있는 높이 677m의 고개다.

철령관의 서쪽 지역, 즉 지금의 평안남북도 및 자강도 일부를 포함한 지역이 관서 지역이고, 철령관의 북쪽 지역, 즉 함경남북도와 양강도 일부 지역을 포함한 지역이 관북 지역이며, 철령관의 동쪽 지역(사실은 동쪽 지역이라기보다 남쪽이라야 더 정확한 표현이다), 즉 지금의 강원도 지역을 관동 지역이라고 불러 왔다.

철령관의 위치. 출처 : 교육부 블로그

그렇다면 관동(關東)은 언제 강원도(江原道)가 되었을까?

관동은 강원도의 공식적인 지방명(名)으로 불린 적은 없다. 그럼에도 강원도를 지칭하는 단어로 관동이 광범위하게 쓰였다. 1830년 전후하여 강원 감영에서 각 부(府), 목(牧, 고려·조선 시대의 지방행정 단위), 군(郡), 현(縣)의 읍지(邑誌)를 모아 『관동지(關東誌)』라는 도서를 발간한 바 있다. 발간 시기는 1829~1831년 사이로 추정하고 있는데, 이는 조선 후기까지도 '관동'이 강원도를 지칭하는 단어로 폭넓게 쓰였음을 의미한다.

이토록 오랫동안 불려 온 관동에 비하여 강원도(江原道)라는 지역 행정기관명은 조선 초기부터 불리기 시작하였다.

고려시대 말기까지 강원 영서 지역이 춘주도·동주도·교주도 등으로, 영동 지역이 삭방도·연해명주도·강릉도·강릉삭방도 등으로 명칭이 바뀌면서 지방행정이 분할되어 있었다.

조선 시대부터는 충청도에 있던 원주, 평창 등이 강원도에 포함되었으며, 1395년 치소(治所, 여기서는 도청 소재지)를 춘천에서 원주로 옮기고 도명을 강릉의 '강', 원주의 '원'을 따서 '8도제' 중 하나인 강원도로 바뀌었다. 이때부터 강원도의 관찰사 감영이 원주에 있게 된다.

그리고 2022년, 강원도는 다시 강원특별자치도로 도명(道名)이 바뀌었다.

2022년 5월 29일, 국회 본회의에서 강원특별자치도법이 통과되었으며, 2023년 6월 11일, 강원특별자치도가 출범하였다. 조선 초 강원도가 된 지 627년 만의 일이다.

'관동'은 이렇게 조선 초기인 1395년 '강원도'가 된 이래, 2023년에는 '강원특별자치도'가 되었다. 따라서 김시습이 태어난 1435년에는 이미 강원도라 불리던 때였다. 그러나 이후로도 관동이 강원도를 지칭하는 이름으로 널리 쓰였다.

관동(關東)에서 얼마나 머물렀을까

그러면 김시습은 관동을 좋아하여 오랫동안 유람 및 은거 생활을 하였는데 그 기간은 얼마나 될까? 김시습은 방랑자(放浪者)다. 어느 한 곳에 주 체류지가 있었다고 하더라도 그곳에 줄곧 머무르지는 않았다. 그 사이사이 서울에도 다녀오고 봄·가을로는 공주 동학사에 가서 단종의 춘제와 추제도 모셨다. 하여 정주(定住)하였다기보다는 주 생활 근거지로 삼았다고 보아야 한다.

김시습 해적이 중에서 관동 체류 기간을 살펴보자.
첫째, 강릉에 모신 모친의 시묘살이 기간으로 약 3년간(1449~1452)이다. 둘째, 철원 김화 사곡촌 초막동 은거 기간도 약 3년간(1455~1457)이다. 그러나 이때는 사곡촌에 머무르며 은거했다기보다 사곡촌에 근거를 두고 여러 가지 해야 할 일로 인하여 드나듦이 많았던 시기였다. 셋째, 내금강 유람 기간으로 약 1년간(1459)이다. 넷째, 1차 관동 유람 기간(원주, 평창(오대산), 강릉, 다시 평창, 영월)으로 약 1년간(1460년)이다. 다섯째, 금오산실 은거 중 관동 동남부(울진, 태백, 정선, 삼척 등) 유람 기간으로 길면 약 6개월(1468~1471년 사이)이다. 여섯째, 한양에 있으면서 춘천에 대하여 듣고 「춘천십경」을 썼는데, 이때는 몸이 유람한 것은 아니지만 마음이 유람하면서 썼다. 1475년 전후인 것으로 보인다. 일곱째, 2차 관동 유람 기간(화천 사탄, 춘천(청평사), 인제, 홍천, 평창, 강릉) 약 3년(1483~1485)이다. 여덟째, 양양 법수치 검달동 은거 기간으로 약 5년간(1486~1490)이다. 아홉째, 검달동에서 출발하여 한양, 다시 설악(검달동), 무량사로 이동하여 입적했던 시기 약 3년간(1491~1493) 중에서 관동에 머물렀던 시기는 1년 내외가 될 것으로 보인다.

위 자료에 의하면 관동 체류 기간은 약 18년 내외가 된다. 이는 김시습이 1455년, 삼각산 중흥사를 떠나 철원 사곡촌에 은거한 이후 1493년 무량사에서 입적(入寂)할 때까지 기간인 38년의 절반을 관동에서 보냈다는 이야기가 된다. 이 기간에 강원을 노래했으니 얼마나 많은 노래를 시폭(詩幅)에 담았겠는가?

김시습의 강원 한시, 시조로 다시 탄생하다

　김시습이 관동에 은거 또는 유람한 기간이 그의 이십 이후의 삶 중에서 절반에 가깝다는 객관적 자료는 김시습이 관동을 몹시 사랑하고 그리워했다는 것을 의미한다.
　이 글은 김시습의 관동 배경 한시(漢詩)를 우리 고유의 정형시인 시조(時調)로 번안하여 누구나 언제든지 쉽게 감상할 수 있게 보급하려는 의도로 기획되었기에 문장 하나하나에, 단어 하나하나에 최선을 다하였다.

　먼저, 김시습이 유람·은거를 위하여 방문한 흔적을 따라 강원 배경 한시를 정리하고, 그 시기에 있었던 역사적 사실이나 지역의 특성에 맞는 한시를 선정하였다. 이어서 한시 원문을 찾아 한글로 '한시 음독'하고 이 한시를 우리말로 '해석'하였다. 이때 참고 문헌은 주로 『국역 매월당 전집』을 활용하였고, 일부는 송석주(宋錫周, 돌기둥) 의 자료를, 그리고 기타 검색자료도 참고하였다. 이러한 기본 작업을 하는 데 오랜 시간이 걸렸다.

　마지막으로 한글로 번역된 강원 배경 한시를 기본으로 조선 초기 김시습이 처한 정치적 상황이나 삶의 궤적(軌跡)에 걸맞은 시어를 발굴하여 시조로 번안하고, 이에 따른 해설과 필요한 기록을 부기(付記)하였다.

　이런 과정을 거쳐 번안한 시조는 모두 237편이다. 실제는 이보다 더 많이 번안하였으나 윤문과정에서 다소 감소하였다.

먼저 김시습의 강원 배경 한시를 분석하다

　매월당 전집에는 여러 가지가 있으나 여기서는 2000년 강원도에서 펴낸 『국역 매월당 전집』을 기본으로 하여 김시습의 강원 배경 한시를 분석하였다.

　『매월당 전집』에 수록된 작품 수는 통계상으로는 총 1,897편의 시문(詩文)으로 파악되었으며, 한시가 1,684편, 산문이 213편이었다. 이 중에서 강원 배경은 총 423편으로 한시가 413편, 산문이 10편이었다. 한시만 본다면 전체 한시 중에서 약 24.53%를 차지하고

국역매월당전집. 출처 : 강원도(2000)

있다. 1/4에 가까운 한시를 강원도에서 쓰거나 강원도 배경으로 쓰인 작품이라 할 수 있다. 이는 구체적으로 강원 배경 한시로 드러난 것만 그러하므로, 실제로는 이보다 훨씬 더 많을 것이다.

중요한 것은 시집 1권부터 8권까지는 주제별로 편집되어 있는데, 여기에 수록된 작품에도 관동에서 쓴 작품이 많이 있을 것으로 보인다. 다만 관동에서 작품이라고 단언(斷言)할 만한 근거가 없기에 강원 배경 한시로 분류하지 않았을 뿐이다. 따라서 주제별로 편집된 것 중에서 강원 배경 한시를 확인할 수 있게 된다면, 아마도 천 편에 가까운 시가 강원 배경 또는 강원도 땅에서 창작되었을 것으로 추측된다. 더 연구가 필요하다.

그리고 시조로 다시 태어나다

강원 배경으로 확인된 한시는 다음과 같은 과정을 거쳐 시조로 다시 탄생하였다.

첫째, 강원 배경 한시 전체를 대상으로 더 의미 있는 한시(漢詩)를 선별하여 시기별로 분류하였다.
둘째, 분류된 한시 원문을 찾은 후, 음을 달고 우리말로 번역하였다. 대부분은 원문과 한글 해석을 동시에 검색할 수 있었다.
셋째, 마지막으로 한시를 시조로 번안하였다. 현대시조로 번안할 때는 시조의 기본 틀이 크게 훼손되지 않도록 힘썼으며, 한시의 본 의미에 접근하는 표현을 하려고 노력하였다.

강릉 명주군왕릉 입구에 있는 청간사. 출처 : 강릉김씨 대종회

김시습의 오른손을 잡고 관동으로 떠나자

머리에 든 것은 많았으나 제 길을 가지 못하게 되자,
탕유(湯裕)와 은거(隱居)의 유람 생활을 통하여 전국을 두루 누비고,
자연을 벗하여 시문(詩文)을 즐기면서,
평생 꿈을 꾸며 외롭게 살다 간 늙은이.
그 이름 매월당 김시습!

자! 지금부터
김시습 오른손을 잡고
시를 읊으며, 시조로 번안하며,
관동 유람을 떠나자.

Ⅱ

오세신동(五歲神童), 십대 중반에 강릉에서 모친 시묘살이를 하다

◆

- 천재 소년 김시습, 본관(本貫)은 '강릉'이다
- 강릉에서 어머니 삼년상을 모시다
- 고난이 이십대(二十代) 전후를 강타하다

Ⅱ. 오세신동(五歲神童),
십대 중반에 강릉에서 모친 시묘살이를 하다

김시습의 출생, 성장, 수학기(修學期, 1435~1453년)를 살펴보자. 김시습에게 성장과 수학의 전반기는 천재 소년, 영묘(英廟, 세종)의 시문 시험 결과 오세신동으로 불리는 등 영광과 희망이 시기였으나, 어머니·외할머니께서 돌아가시고, 과거에 낙방하고, 계유정난과 단종의 양위로 패도(覇道)정치가 등장하는 후반기는 아픔과 고난의 시기였다.

이 시기의 해적이를 보자. 태어나서 철원 사곡촌 초막동으로 숨어들기까지 우여곡절을 겪은 21년간의 삶이다.

1435년(1세, 세종 17년)
- 서울 성균관 북쪽 반궁리(泮宮里)에서 출생하다.

1436년(2세, 세종 18년)
- 외조부에게서 『당현송현시초(唐賢宋賢詩抄)』를 배우다.

1437년(3세, 세종 19년)~1438(4세, 세종 20년)
- 시구를 짓고 『정속』(正俗), 『유학』,(幼學), 『자설』(字說), 『소학』(小學) 등을 공부하다.

1439년(5세, 세종 21년)
- 이계전(李季甸), 조수(趙須)에게 배우다.
- 세종이 승정원을 시켜 김시습을 시험한 후 비단을 하사하다. 이후 오세신동(五歲神童)이라 부르다.

1439년(5세, 세종 21년)~1448년(14세, 세종 30년)
- 대사성(大司成) 김반(金泮), 윤상(尹祥)에게서 공부하다.
- 역사서와 제자백가서(諸子百家書)는 스스로 공부하다.

1449년(15세, 세종 31년)~1452년(18세, 문종 2년, 단종 즉위년)
- 강릉(양양이라는 설도 있음)에서 3년간 모친 시묘살이를 하다.

1452년(18세, 문종 2년, 단종 즉위년)
- 5월, 문종 승하, 단종 즉위하다.
- 여름에 어머니 3년 시묘살이를 마치다.
- 송광사(松廣寺)에 머물며 불교를 배우다.
- 이때 계모가 들어왔을 것으로 보인다.
- 상경하여 과거 응시를 위한 공부를 하였으며, 이 무렵 남효례(南孝禮)의 딸과 결혼하다.

1453년(19살, 단종 원년)
- 봄(2월)에 과거시험을 보았으나, 낙방하다.
- 중흥사에서 과거 준비하는 중에, 10월에 계유정난(癸酉靖難)이 일어나다.

1455년(21살, 단종 3년)
- 단종 양위 소식을 듣고 책을 불사르고 방랑길에 오르다.
- 철원(김화) 사곡촌에 숨어들어, 조상치와 영해 박씨 일곱명 등 모두 아홉 명이 은거(隱居)하다.

태어나서 오세신동의 별칭을 듣는 천재였으며, 맹모와 같은 어머님의 배려로 십대 중반까지 열심히 공부하였으나, 십대 후반에는 어머니, 외할머니께서 돌아가시고, 세종이 승하하고(1450년), 결혼(1452년)하였으나 성공적이지 못하였고, 아버지께서도 재혼(1452년)하시고, 조정(朝廷)은 배운 것과는 전혀 다르게 흘러가는 등 안정적으로 마음 둘 곳이 없는 혹독한 사춘기를 겪었다.

천재 소년 김시습, 본관(本貫)은 '강릉'이다

김시습은 강릉 김씨다. 강릉 김씨 시조는 명주군왕(溟州郡王) 김주원(金周元)이다. 김주원은 신라 태종무열왕 김춘추의 셋째아들 문왕의 5세손이다.

김시습은 관동(강원도)을 유람할 때 강릉에 여러 차례 들렸다. 이는 강릉이 영동 지방의 중심도시이기도 하지만 강릉 김씨 관향(貫鄕)이기 때문이었을 것이다. 또 어쩌면 어린 시절에 어머니께서 돌아가셨을 때 3년간 시묘살이를 한 곳이기에 젊은 날의 기억이 숨 쉬는 곳이기도 하였다.

김시습은 1435(세종 17년)에 서울의 성균관 북쪽 반궁리(泮宮里)에서 태어났다. 반궁리는 현재로 이야기하면 서울특별시 종로구 명륜동에 해당한다. 아래 지도의 둥근 원이 성균관이다. 우측 아래쪽 일대가 성균관 교육특구인 반촌인데. 문묘와 성균관을 관리하고 유생들을 지원하는 노복들이 거주했다.

김시습은 성균관 북쪽 반궁리에서 태어났다. 주변이 성균관이라는 조선 최고의 교육기관이 있어, 과거에 응시하여 장원 급제를 목표로 하는 젊은이들로 항상 북적거렸고, 김시습도 그 분위기 속에서 자랐다.

또 자료에 의하면 김시습의 어린 시절, 강릉에서 잠시 유년기를 보냈다고 하나, 이는 검증되지 않은 글이다. 혹 어른들을 따라 아주 어렸을 때 들렸을

성균관 주변 지도. 출처 : 국립중앙박물관

가능성도 없지는 않으나 이는 그냥 들렸을 뿐이지 그곳에 대한 기억이나 생각이 분명하지 않았을 때였을 것이다.

외조부로부터 조기교육 받은 뛰어난 소년이었다

김시습은 외할아버지 가르침으로 여덟 달부터 글을 알았다. 그가 쓴 '양양 부사 유자한에게 속내를 토로한 서한'에서 스스로 그렇게 썼다. 그의 천재성에 주목한 외할아버지는 우리말보다 '천자문'을 먼저 가르쳤다. 조선 후기 이긍익의 『연려실기술』을 보면 김시습은 외가(外家)인 황려(黃驪, 오늘날의 여주)에서 외조부모님께 양육받으며 글을 배웠다. 2세 때 「당현송현시초(唐賢宋賢詩抄)」에서 100여 수를 가려 뽑아 읽게 했다. 어린 김시습은 말은 잘하지 못하였지만, 한자 뜻은 다 통했다. 그리고 세 살(1437년)이 되던 해 봄에는 외할아버지로부터 시를 배우기 시작하였다. 유모 '개화'가 보리를 맷돌에 갈고 있는 것을 본 시습은 한시를 읊었다. 제목은 없지만 '맷돌'이라 이름하였다.

맷돌

無雨雷聲何處動 (무우뇌성하처동)　　비도 오지 않는데 천둥소리 어디서 나지
黃雲片片四分方 (황운편편사분방)　　누런 구름이 풀풀 사방으로 흩어지네.

〈번안시조〉

김시습의 「맷돌」

봄비도 안 오는데 어디서 울리는지
요란한 천둥소리 사방으로 흩어지고
풀풀풀 황금빛 구름, 몽실몽실 퍼지네

이 한시는 2구로 되어 있어서 번안시조로 하기에는 다소 어려움이 있었다. 그러나 그 은유의 의미를 담아 번안하였다. 김시습의 세 살 때 동심을 어찌 짐작이나 할 수 있으랴? 하지만 되감아 써보았다. 원래 옛시조에는 제목을 붙이지 않았다. 그러나 한시에는 제목이 있으니, 번안시조에서도 제목을 붙였다.

세 살(1437년) 되던 해 봄에 지었다는 또 다른 시도 감상해 보자. 이 시는 『매월당 전집』 21

권에 수록된 김시습이 「유양양께 드리는 진정서」중의 한 부분이다. 외조부와 시에 관한 대화는 세 살짜리라고 생각하기 어려운 부분이다. 특히 평측(平仄), 대우(對耦), 압운(押韻)과 같은 한시 짓기의 기초 용어를 김시습은 이해하고 있었다.

외조부께 묻기를 '어떻게 시를 짓습니까?' 하니 외조부께서 말씀하시기를 '7자(七字)를 연(連)하여 평측(平仄)과 대우(對耦)와 압운(押韻)하는 것을 시라 한단다'라고 하였는데 '만일 그 같다면 7자를 연하여 할 수 있습니다. 할아버지께서 첫 자를 부르시면 좋겠습니다.' 하니 외조부께서는 춘(春) 자를 불렀다. 김시습은 즉시 응답하여 다음과 같이 읊었다고 전하고 있다.

봄

桃紅柳綠三春暮 (도홍유록삼춘모)　복사꽃은 붉고 버들잎 푸르러 봄날이 저물어 가네.
珠貫靑針松葉露 (주관청침송엽로)　구슬이 푸른 바늘에 꿰었으니, 솔잎에 맺힌 이슬이로다.

〈번안시조〉

김시습의 '봄(春)'

복사꽃 붉게 피고 버들잎 푸르르고
봄날이 앞뜰에서 어스름 저무는데
청솔은 이슬을 꿰어 푸른 구슬 굴리네

역시 제목은 없는 2구 한시이다. 하여 제목을 '봄'이라고 붙여 보았다. 김시습은 이런 글귀를 지은 것이 적지 않으나, 그 초본(抄本)을 몽땅 잃었다고 한다. 오늘날처럼 컴퓨터에 남길 수도 없는 노릇이니 세 살 때 쓴 글이 보관되기는 쉽지 않았을 것이다.

위 시를 다시 읽어보자. 세 살짜리의 솜씨치고는 기가 막히지 않는가? 이런 표현은 김시습이기에 가능했다. 또 조부의 조기교육 덕이기도 하다. 위 작품이 한시의 구성요소를 갖추었는지 아닌지를 떠나 그런 감성이나 관찰력으로 비유와 상징을 표현하였다는 것이 놀라울 뿐이다. 김시습의 천재성이 그대로 드러나 있다.

당시 사대부들의 유학 교육은 사서오경을 공부하는 것이었으며, 이를 통하여 국가 충성하고 부모에게 효도하는 충효의 기본을 배우는 과정이었다. 이를 익히기 위하여 읽고(講經) 쓰고(揮毫) 짓고(製述)를 수없이 반복하였다. 김시습도 그랬을 것이다.

어려서 훌륭한 스승들을 만나다

다섯 살 되던 해(1439년, 세종 21년), 이웃에 사는 당시에 이름 높은 학자 이계전(李季甸, 1404~1459)의 문하에서 『중용』과 『대학』을 읽었고, 시문에 뛰어났던 조수(趙須, 생몰연대 미상)에게 한시를 주로 배웠다. 조수는 성균관 사예(司藝)로 재직하면서 성균관 부근에 살았으며, 김시습에게 열경(悅卿)이라는 자(字)를 지어주었다.

또 김시습의 이름을 지어준 최치운과 스승 조수가 김시습을 신동이라고 말하고 다니는 바람에 서울에는 김시습 이름이 널리 퍼졌다. 이 소문을 듣고 다섯 살 되던 해(1439년) 초봄, 좌의정을 지낸 70세 고령의 허조(許稠, 1369~1439)가 찾아왔다. 허조는 '늙을 노(老)' 자를 넣어 지어보라고 하였다. 김시습은 조금도 더듬거림이 없이 다음과 같이 읊었다. 글의 제목을 「노목」(老木)이라 하자.

노목(老木)

老木開花心不老 (노목개화심불노)　늙은 나무에 꽃이 피니 마음은 늙지 않았다.

〈번안시조〉

김시습의 노목(老木)

줄기는 늙었으나 튼실한 뿌리 덕에
오래된 매화나무 꽃망울 피워내듯
청백리 선비 가슴도 늙지 않고 익었네

허조는 이 글귀를 읽고 무릎을 '딱' 칠 정도로 '깜짝 놀랐다'라고 한다. 단 한 줄로 되어 있는 '시구'지만 시조로 번안하여 보았다. 아직 오세에 불과한 어린아이인 김시습이 지닌 당시의 감성을 최대한 살리려 애썼다.

어린 눈에도 '높은 뜻을 지닌 청백리 허조'를 들어서 알았을 것이다. 그래서 늙었어도 꽃이 핀다고 표현하였다. 실제로 허조는 당대의 청백리였고 그 아들 허후(許詡)의 아들 허조(許慥, 허조(許稠)의 손자로 한글음이 같다)는 사육신과 함께 단종의 복위를 도모하다가 붙잡혔는데 참형을 당하기 전에 스스로 목숨을 끊었다.

허조의 집안은 그런 집안이었으니까 어린 김시습이 보기에도 그 외모에서 풍기는 당당함이 남달랐다. 하여, '마음은 늙지 않았다'라고 노래했다.

세종께서 '장차 크게 쓰겠다.'라고 하시다

또 다섯 살 때 이야기이다. 세종께서 천재 소년에 대한 소문을 듣고 승지에게 명하여 시험해 보도록 하였다. 승지는 승정원에 들어온 김시습을 무릎에 앉히고 '네 이름을 넣어 시구를 지을 수 있겠느냐?'라고 물었다. 김시습은 곧바로 답하였다.

來時襁褓金時習 (내시강보김시습)   올 때는 포대기에 싸인 김시습이죠.

율시나 절구에 들어갈 한 구절을 잘 지어 보인 것이다.
또 승지는 벽에 그려진 산수화(山水畵)를 가리켰다. '저걸 보고 또 시구를 지을 수 있겠느냐?' 하니, 김시습은 머뭇거림 없이 읊었다.

小亭舟宅何人在 (소정주택하인재)   작은 정자와 배 안에는 어떤 사람이 있는가?

이런 상황에 대한 보고를 받은 영묘(세종)께서 전지(傳旨)를 내려, '장성하기를 기다려 장차 크게 쓰겠다(待年長將大用)'라고 하시며 비단 50필을 하사하셨다. 이때부터 오세신동(五歲神童), 또는 김 오세라 불리게 되었다 한다.

이후 열세 살까지 대사성 김반(金泮, 생몰년도 미상)의 문하에 나아가 『시경』, 『서경』, 『춘추』를 배웠다. 이웃에 살았던 사성 윤상(尹祥, 1373~1455)에게는 『주역』과 『예기』를 공부하였다. 또 역사서와 제자백가서(諸子百家書)는 스승 없이 스스로 공부하였다.

강릉에서 어머니 삼년상을 모시다

김시습이 15세 되던 해(1449년), 겨울에 어머니께서 돌아가셨다. 어머님 삼년상을 위하여 강릉에 머물렀다. 이 시기에 지은 뚜렷한 시문은 발견되지 않는다. 당시 김시습은 아직 어렸고, 무엇을 어떻게 해야 할지 앞길도 막막하였기에 시문을 남기지 못한 듯하다. 강릉에서도 어디에 모시고 시묘살이를 하였는지에 대한 자료를 찾을 수 없었다.

모친이 돌아가신 해는 언제인가

그런데 고려대 심경호 교수의 글(김시습 - 천재의 광기, 매월당집과 금오신화, 2015.10.26)에서는 위 자

명주군왕릉(溟州郡王陵). 출처 : 강원일보

료와는 다른 두 가지 내용이 정리되어 있다. 첫 번째는 '그의 나이 열세 살에 어머니가 세상을 떠나자, 그는 외가로 옮겨가 외할머니의 손에서 자랐다(열다섯 살에 어머니를 잃었다는 기존의 설은 오류이다)'이고, 또 하나는 '그의 어머니가 죽자, 병골인 그의 아버지는 양양의 농장으로 가족을 거느리고 내려가서 다시는 그를 서울로 보내지 않았다. 어린 시습은 3년 동안 관례대로 어머니의 묘소에서 복상했는데, 이 기간을 채 마치기도 전에 외할머니마저 세상을 떠났다.'라는 부분이다.

이글을 보면 김시습이 모친을 잃은 것은, 김시습의 나이 열세 살 때라고 기록한 김시습의 시(詩) '서민(敍悶)' 제4수 첫 행의 '실모십삼세(失母十三歲)'가 맞는다는 이야기이고, 삼 년 시묘살이를 한 곳이 강릉이 아닌 '양양'이었으며 그곳에 '농장'이 있었다는 이야기가 된다. 이렇게 되면 김시습이 두 번째 관동 유람길 끝에 은거한 곳이 왜 '양양'이었는지에 대한 의문이 저절로 풀린다.

어머님은 맹모(孟母)이셨다

어머님께서 돌아가시자 외할머니와 함께 강릉(심경호 교수는 양양이라 했다)에 가서 삼 년 동안 시묘살이를 하였다. 이는 김시습에게 엄청난 충격이었다. 아버지의 사랑도 제대로 받지 못하고 자라고 있는 상황에서 김시습의 교육을 위하여 맹모(孟母) 같은 열정을 쏟으신 어머니께서 돌아가신 것이다. 김시습은 모친에 대하여 『매월당 시집』 제14편 「명주일록」 **동봉육가(東峯六歌)** 제4수 1·2구에서 다음과 같이 표현했다.

동봉육가(東峯六歌) 4수 1·2구 : 634~635

| 有孃有孃孟氏孃 (유양유양맹씨양) | 어머님이여! 어머님이여! 맹씨 같은 어머님이여! |
| 哀哀鞠育三遷坊 (애애국육삼천방) | 슬프고 슬프도다! 가르치시느라 세 번 동네 옮기셨네. |

〈번안시조〉

김시습의 「어머니 1」

어린 나 가르치랴 세 번이나 이사하신

어머니 내 어머니 맹모(孟母) 같은 내 어머니
젊어서 떠나가시니 슬프고도 서럽다

맹자 어머니처럼 자식 교육을 위하여 세 번이나 이사하며 온갖 땀을 쏟으시던 어머니를 여의고, 더하여 외조모까지 잃게 되어 마치 고아가 된 것 같은 느낌을 받았을 것이다.

사실 김시습 집안은 양반이기는 하지만 대대로 무관직이었다. 그나마 아버지는 음서(蔭敍, 고려와 조선시대에 중신 및 양반의 신분을 우대하여 친족 및 처족을 과거와 같은 선발 기준이 아닌 출신을 고려하여 관리로 채용하는 제도)로 관직을 받았지만, 몸이 병약하여 출사(出仕)하지 못하고 있었다. 하여 어머니는 어려서부터 천재라 불리는 아들에게 거는 기대가 컸을 것이다.

어머님은 유학(儒學)으로 대성하기를 소망하셨다

아들에게 꿈을 담았던 김시습의 어머니.
당시에는 양반이라고 해도 학문을 익혀 과거에 급제해야 행세할 수 있었다. 김시습은 어머니의 소망을 『매월당 시집』 제14편 「명주일록」 **동봉육가(東峯六歌)** 제4수 3·4구에서 이렇게 표현했다.

동봉육가(東峯六歌) 4수 3·4구 : 634

使我早學文宣王 (사아조학문선왕)　나에게 일찍 문선왕(공자)을 배우라 하고
冀將經術回虞唐 (기장경술회우당)　장차 글과 재주로 당우 시대로 돌리기를 바라셨지요.

〈번안시조〉

김시습의 「어머니 2」

어머님 높은 뜻은 유학(儒學)을 공부하여
몸과 맘 갈고 닦아 시문(詩文) 탑 높인 후에
조선을 요순(堯舜) 때처럼 세우기를 원하셨네

당우(唐虞)는 중국 고대의 임금인 도당씨(陶唐氏) 요(堯)와 유우씨(有虞氏) 순(舜)을 아울러 이르는 말. 중국 역사에서 이상적인 태평 시대로 꼽힌다.

어머님은 공자를 깊이 배워 이 시대를 요순시대처럼 태평한 시대로 만들라고 부탁하셨다는 이야기이다. 그러나 수양대군의 등장을 계기로 과거(科擧)를 포기하고 방랑의 길을 떠남으로써 이러한 어머님의 기대에 부응하지 못하였다. 이는 나라에는 충성(忠誠)하고 부모에게는 효도(孝道)하라는 공자 가르침의 기본을 깨는 일이었다.

고난이 이십대(二十代) 전후를 강타하다

십대 후반에서 이십대 초반은 고난의 연속이었다. 이 시기는 요새 말로 하면 사춘기에 접어들거나 막 지나가고 있던 시기였다. 감성이 얼마나 예민하였겠는가? 하필 이 시기에 어려운 일이 겹쳐서 일어났다.

오직 학문의 성취를 위해 온갖 서적들을 섭렵(涉獵)하면서 때를 기다리고 있던 청년 김시습 앞에 계유정난과 단종의 양위로 이어지는 일련의 비극적인 상황이 연속으로 나타났다. 이에 따라 학문의 이상과 현실의 괴리에서 오는 혼란으로 젊음을 휘청거리게 했다. 게다가 부친은 재혼하고, 아내도 김시습의 곁을 떠났다.

여기서 '김시습의 방랑을 불러온 것이 아닌가?'라는 생각이 든다. 왕도(王道)가 패도(霸道)에 무릎을 꿇는 정치 상황에서 김시습은 그동안 배운 지식의 기초가 형편없이 무너지는 경험을 했다. 현실에서 나타나는 이상(理想)의 굴절은 패기가 넘치는 젊은이의 삶에 큰 회의를 불러왔다. 따뜻하게 품어줄 가정도 엉망이 되었다.

젊은이 김시습, 울화통이 터지다

모친상을 마치고 18세 되던 1452년 여름, 어머니 삼년상을 마치고 송광사(松廣寺, 순천시 송광면 신평리 조계산 기슭에 위치)에 들러 불경을 공부하고 서울로 올라온 김시습은 후에 이 시기를 '서민(敘悶)'이라는 시를 통하여 회고하였다. 즉 서민 6수 중 제4수에서 당시의 참담한 심경을 토로하고 있다. '서민(敘悶)' 제4수 앞 4구를 읽어보자.

답답함을 풀어 보인다〔敘悶〕 제4수 앞 4구 : 667

失母十三歲 (실모십삼세)	열세 살에 어머니 여의고
提携鞠外婆 (제휴국외파)	외할머니 손에 이끌려 자랐지만
未幾歸窀穸 (미기귀둔석)	할머니도 곧 땅속 몸 되시매

生業轉憀慄 (생업전마라)   생업이 홀연 쓸쓸해졌지.

〈변안시조〉

김시습의 '어머니 3'

학문에 매진(邁進)하던 열셋에 모친 잃고
외할머니 사랑으로 시묘살이 하였지만
외조모 땅속 몸 되시니 삶이 홀연 쓸쓸했네

김시습의 심정을 이해할 수 있는 글이다. 맹모(孟母)처럼 김시습의 교육에 대하여 최선을 다하시던 어머니도, 늘 사랑으로 보살펴 주시던 외할머니도 비슷한 시기에 잃은 김시습의 낙심이 보인다.

아버지는 몸이 약해 집안일을 꾸려나가기 위해 후처를 맞아들였다. 그러나 계모는 김시습에게 애정을 보이지 않았다. 김시습은 훗날 "부친이 계모를 얻으셔서 세상사가 어그러지고 각박해졌다"라고 「양양 부사 유자한에게 속내를 토로한 서한」에 썼다. 김시습이 지은 시문에는 '아버지'는 단 한 번 나오는데 병약하셨다는 이야기뿐이다. 큰 영향을 받지 않았다는 뜻이리라.

이보다 앞서 1450년에는 김시습에게 강한 인상을 남겼던 영묘(세종대왕)께서도 세상을 떠났다. 유년 시절 큰 영향을 끼쳤던 어머니, 외할머니, 세종대왕의 연이은 죽음은 김시습에게는 엄청나게 큰 충격이었다.

송광사에서 불교를 접하다

김시습이 불교를 접한 데는 십대 후반의 여러 가지 심적(心的) 고통이 큰 영향을 미쳤다. 1452년 모친상을 마친 뒤 바로 전남 순천 조계산 송광사로 가서 설준(雪峻) 대사를 만나 불법을 배웠다. 송광사에 잠시 머물다 서울로 돌아와 정3품 훈련원 도정(都正)이었던 남효례의 딸을 맞아 첫 결혼을 한다. 그러나 어쩐 일인지 부부 생활이 오

조계산 송광사(曹溪山松廣寺). 출처 : 한국민족문화대백과사전

래가지 않았다. 언제 헤어졌는지는 분명치 않으나 부인 남 씨에 관한 이야기는 김시습이 남긴 시문 어디에도 없다. 이후 행적을 보아도 그가 부인 남 씨와 함께했던 기간은 1년이 채 안 되었던 것으로 보인다. 물론 후사도 없었다. 부인 남 씨는 김시습에게 긍정적인 영향을 끼친 여인이 아니었다. 오히려 백년해로하는 부부생활에 대한 꿈이 깨지는 결과를 초래하였다.

1915년 홍수로 소실되기 전 1902년 중흥사. 출처 : 경기문화재단

이때쯤 정국도 격변하고 있었다. 1452년 5월 18일에 즉위한 단종의 나이는 당시 12세였다. 37세에 왕위에 올랐던 아버지 문종은 어린 세자를 남겨 놓고 병마에 시달리다가 왕위에 오른 지 2년 4개월 만에 세상을 떠났다. 단종이 왕위에 오른 이듬해인 1453년 2월에 과거시험이 있었다. 김시습은 이 과거에 응시하였으나 낙방했다. 과거에 떨어진 김시습은 책을 싸 들고 북한산 중흥사로 들어갔다. 오직 공부에만 힘을 쏟기로 한 것이다.

김시습, 다시 탄생하다

그러나 정치 상황은 김시습을 그냥 두지 않았다. 1453년 10월 10일 계유정난이 일어났다. 수양대군이 당시 세종과 문종의 명을 받아 단종을 지켜줄 인물인 김종서, 황보인 등을 죽이고 여러 대군과 친족들도 유배를 보냈다. 수양대군은 스스로 영의정이 되어 실권을 장악했다.

김시습은 수양대군이 집권하기 전 과거시험에 실패한 직후, 공부에 집중하기 위하여 중흥사로 들어갔다. 그는 당시 중흥사에서 안신(安信), 지달하(池達河), 정유의(鄭有義), 장강(張綱), 정사주(鄭師周) 등이 있어, 그들과 형제처럼 지내면서 공부하였다. 이 중에서 특히 안신은 후에 김시습이 양양에서 은거할 때 돌봐 주었던 유자한의 사위이다. 이런 사연으로 유자한은 김시습이 양양 검달동에 갔을 때 '가엽게 여기고 지원을 아끼지 않았나' 하는 생각도 든다.

그리고 2년 뒤, 1455년 윤 6월, 단종은 숙부 수양대군의 위협에 못 이겨 왕위를 물려주었다. 중흥사에서 공부에 열중하던 김시습은 서울에서 온 사람으로부터 단종의 양위 소식을 전해 들었다. 김시습은 즉시 방문을 걸어 잠그고 사흘 동안 나가지 않았다. 이후 그는 통곡하며 읽던 책을 불살랐다. 똥통에 빠지기도 했다. 일부러 미친 짓을 하며 속세와 헤어지기 위한 준비를 한 것이다. 김시습이 재탄생하는 순간이었다.

김시습은 스스로 머리를 깎고 스님이 되었다. 법명은 설잠이었다.

무너진 왕도, 절의(節義)의 길을 걷다

김시습을 큰 인재로 쓰겠다고 약속한 세종이 사망(1450년)한 후 계속된 정치적 혼란과 왕도정치의 몰락은 그가 장차 등과(登科)하여 나랏일을 하고자 했던 출사(出仕)의 뜻을 포기하게 했다. 김시습은 5세 때 세종 임금으로부터 받은 기대를 가슴에 품고 있었으나, 모두가 그대로 물거품이 되어 버렸다. **동봉육가 제3수 후반부**를 살펴보자.

동봉육가(東峯六歌) 제3수 후반부 : 633

英廟聞之召丹墀	(영묘문지소단지)	영묘(세종)께서 들고 붉은 마루에 부르심에
臣筆一揮龍蛟飛	(신필일휘용교비)	제 붓을 한번 휘두르니 용과 교룡이 날았다네.
嗚呼三歌兮歌正遲	(오호삼가혜가정지)	아! 세 번째를 노래하니 곡은 정말 느리어
志願不遂身世違	(지원불수신세위)	원하는 뜻 이루지 못하고 신세만 어긋났소.

〈번안시조〉

김시습의 '세종 임금 이어!'

영묘께서 들으시고 붉은 마루 부르심에
붓 한번 휘둘러서 용과 교룡(蛟龍) 날렸으나
왕도(王道) 길 못 걷게 되니, 인생 또한 어긋났소

집현전을 통하여 훌륭한 인재를 양성하며 새 왕조의 초기 기초를 단단하게 닦아 놓은 세종 임금으로서는 오세신동에 거는 기대가 컸다. 그러나 세종도 김시습이 어머니 시묘살이를 끝내는 시기에 승하하고 새 임금이 등장하면서 급격한 정변이 일어났다. 젊은 김시습은 배움의 이상과 실제 현실에서 큰 차이가 나타남을 보고 괴리감에 빠졌다.

김시습은 세조의 왕위 찬탈로 세상의 삶에 뜻이 없어 벼슬을 버리고 절개를 지킨 여섯 사람 중의 한 명이 되었다. 이들을 생육신(生六臣)이라고 한다. 생육신은 때로는 신체적 부족함을 내세우며 벼슬길을 권하는 세조의 부름을 거역하면서 단종에 대한 절개를 지켰다.

이에 더하여 김시습은 단종 복위를 꾀하다 세조에 의해 거열형(車裂刑, 조선시대, 반역 및 강상죄인(綱常罪人)의 목과 팔다리를 수레나 소와 말에 매달아 찢어 죽이는 형벌)을 당한 사육신(死六臣)의 시신을 수습하여 지금의 노량진에 매장하였다고 『연려실기술(燃藜室記述)』에 기록되어 있다. 연려실기술은 조선 후기의 학자 연려실(燃藜室) 이긍익(李肯翊, 1736~1806)이 지은 조선시대 야사총서(野史叢書)이다.

평생을 함께한 유람과 은거를 시작하다

자신이 꿈꾸던 왕도정치를 구현할 수 없는 패도의 세상이 도래했다는 것을 알게 된 김시습은 이후 승려의 복색으로 탕유(宕遊, 호탕한 유람)에 나선다. 다음 과거에 응시하여 등과(登科)한들 어머님께서 원하시던 '요순시대의 평안을 누리기는 어렵다'라고 판단했을 것이다.

이는 당시의 상황을 보아 절의의 화신으로서는 당위에 속한 결단이나, 결국은 선비가 되기를 바라셨던 어머님의 뜻은 어긴 것이 된다. 조선의 선비는 충(忠)·효(孝)가 서로 갈등하는 상황에 접했을 때 매우 어렵고 고통스러운 선택을 해야 했다.

이처럼 김시습의 십대 후반 이십대 초반은, 개인적으로나 정치적으로나 안타까운 일들이 겹쳐 일어나는 고난의 시기였다.

북한산 중흥사를 떠난 김시습은
관동에서 두 번째 생활을 맞는
철원 김화 복계산 아래
사곡촌 초막동으로 향하였다.

Ⅲ

철원(김화) 사곡촌에 숨어들다

◆

- 여덟 명의 은사(隱士)를 만나다
- 사곡촌에 충혼(忠魂)을 남기다
- 첫 유람지, 관서 지방으로 떠나다

Ⅲ. 철원(김화) 사곡촌에 숨어들다

  삼각산 중흥사를 떠난 김시습은 김화(지금은 철원군)군 근남면 사곡리 복계산 자락의 사곡촌 초막동으로 숨어들었다. 김시습이 이곳으로 오기 전후하여 초막동에는 집현전 부제학 등을 지낸 조상치(曺尙治)와 영해 박씨 일곱 명의 충신이 모여들었다. 이들과의 동행은 김시습 평생의 삶을 가름하는 결정적인 전환점이 되었다. 충신들과 대화와 토론에서 삶의 방향이 더욱 굳어졌기 때문이다.

  이 시기의 해적이를 살펴보자

1455년(21세, 단종 3, 세조 즉위년)
- 윤 6월, 단종 양위, 세조 즉위하다. 이 소식을 듣고 책을 불사른 후 방랑길에 오르다.
- 김화 복계산 사곡촌에서 조상치(曺尙治)와 박계손(朴季孫)을 비롯한 영해 박씨 일곱 명 등 모두 아홉 명이 함께 은거하다.

1456년(22세, 세조 1년)
- 사육신이 단종 복위 운동이 실패하고 도륙당하자(병자 옥사) 이들의 시신을 수습하여 노량진에 묻었다.

1457년(23세, 세조 2년)
- 6월, 단종이 영월로 유배되다.
- 9월, 금성대군의 단종 복위 운동이 실패하다.
- 10월, 단종, 영월에서 사사(賜死)되다.

1458년(24세, 세조 3년)
- 관서 지방을 유람하고 「유관서록」과 후지를 짓다.

  해적이를 보면 김화에 약 3년간 머문 것으로 보이나, 여러 관련된 기록을 보면 수시로 오갔던 흔적이 많이 보인다. 공주 동학사에 들려 단종 초혼제를 지낸다거나, 한성으로 달려가 사육신의 시신을 수습하는 일 등이 그것이다. 다만 이 시기에 특별히 한곳에 오래 머문 곳이 있다거나 한 지방을 유람했던 기록이 사곡촌 외에는 없으므로 1455년~1457년 약 3년간은 김화 체류기로 보았다.

  사곡촌 은거 시기를 끝낸 김시습은 평생 유람길 중 첫 발걸음을 관서 지방으로 옮긴다. 긴 방랑의 또 다른 시작이었다.

여덟 명의 은사(隱士)를 만나다

김시습은 어떻게 하여 김화 사곡촌으로 찾아들게 되었을까?

기록에 의하면 김시습은 어린 시절부터 조선 전기의 문신 박창령(朴昌齡, 1377~1449)의 아들 박도(朴渡)·박제(朴濟), 그리고 손자 박규손(朴奎孫)·박효손(朴孝孫)·박천손(朴千孫)·박인손(朴璘孫)·박계손(朴季孫) 등 그의 가족과 이웃하여 살면서 자주 왕래하였다. 특히 박창령의 손자 박계손과는 함께 공부한 동학으로 절친이었다. 김시습이 초막동으로 오게 된 이유 중의 하나일 것이다.

조상치(曺尙治, 전 예조참판)와 김시습은 구면(舊面)이었고, 특히 관료로 있었기 때문에 영해 박씨 일곱 명하고도 잘 알고 있었다. 이들은 사곡촌에서 「자규사(子規詞)」를 지어 부르며 세조의 왕위 찬탈을 규탄하고 단종의 죽음을 애도하였다.

아홉 명의 은사(九隱士)가 단종을 기리다

세조의 등극에 왕도 정치가 어긋남을 안타까워한 영해 박씨 일가는 박창령의 뜻에 따랐을 것이고, 김시습은 한성을 떠나야 하는데 마침, 친구인 박계손이 사곡촌으로 간다고 하니 동행했을 가능성이 높다. 여기에 조상치까지 동참하였다.

그러나 이후 얼마 되지 않아 은거했던 아홉 명은 사육신 사건을 계기로 각각 헤어지게 된다. 김시습은 사육신 시신 수습과 초혼제 등으로 자주 드나들었고, 조상치는 고향인 영천으로 내려갔다. 박규손의 가족은 김화에 남고, 박효손의 가족은 금강산으로, 박천손은 백천으로, 박제의 가족은 곽산 광림산으로, 박도의 가족은 함경도 문천으로 뿔뿔이 흩어졌다.

이들은 헤어지기 전(前), 단종이 숨진 다음 해(1458년) 봄, 조상치는 김시습과 함께 동학사에 가서 억울하게 숨진 단종의 초혼례(招魂禮)를 거행하였는데, 축문(祝文)은 조상치가 지었다고 한다. 제사가 끝난 뒤 조상치는 고향 영천으로 향하면서 임금을 제대로 지키지 못한 신하의 답답한 마음을 시로 적어 김시습에게 전하였다. 이 시는 충절의 시로 전해지고 있다.

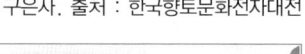
구은사. 출처 : 한국향토문화전자대전

조상치가 김시습에게 전한 '충절의 시'

鳥啼花落春將暮 (조제화락춘장모)　새 울고 꽃 지고 봄이 저물어 가는구나!
無限衷情草葉題 (무한충정초엽제)　무한한 충정을 풀잎에 적어 보네.
握手臨岐還默默 (악수임기환묵묵)　이별에 임하여 두 손 맞잡아 묵묵할 뿐
隨雲隨水各東西 (수운수수각동서)　구름 따라 물 따라 동으로 서로 가야 하기에

〈번안시조〉

새 울고 꽃잎 지는, 저물어 가는 봄에
뜨거운 충정심을 풀잎에 적어 보고
석별(惜別)의 손을 잡은 후 동(東)과 서(西)로 떠났다

영천으로 돌아온 조상치는 서쪽을 향하여 앉는 일이 없었으며, 사람 만나기를 일체 사절하여 식구들조차 얼굴 보기가 어려웠다고 한다. 그는 밤마다 홀로 앉아 잠도 자지 않고 슬피 울었다. 돌에다 노산조부제학조상치지묘(魯山朝副提學曺尙治之墓)라고 새겨, 자신이 죽은 후 세울 묘비를 미리 써놓기도 했다. 세조의 신하가 아니고 단종의 신하라는 뜻이다. 후에 **'조상치 충절의 시에 대하여 김시습은 답시'**를 보냈다.

조상치 충절의 시에 대한 김시습의 답시

萬里蒼山日暮時 (만리창산일모시)　만리 청산에 해 저물 때
半輪明月照禪籬 (반륜명월조선리)　반달이 선방의 울타리를 비추네
森森玉洞羅松柏 (삼삼옥동라송백)　옥 골짜기에 송백이 삼삼하게 늘어선 곳
掬飮寒泉暫躕踟 (국음한천잠주지)　찬 샘물을 움켜 마시려다가 머뭇거리네.

〈번안시조〉

저 멀리 푸른 산에 해님이 넘어가면
좌선방(坐禪房) 울타리를 반달이 비춰주고
옥동골 송백 깊은 샘, 마시려다 머문다

동학사에서 단종의 제를 지낸 구은(九隱, 김시습, 조상치, 일곱 명의 영해 박씨)은 매년 단종의 기일(忌日)에 동학사에서 만나기로 하고 다시 돌아온 이듬해 봄, 그들은 각자 초막동을 떠났다. 김시습은 특별히 갈 곳이 없었다. 매인 데가 없으니, 어디든 발길 닿는 대로 가면 되었다.

갈 곳이 없어서 오히려 갈 데가 많았다. 김시습은 초막동을 뒤로 한 채 서북쪽으로 발걸음을 옮겨 개성과 평양에 들러 대동강을 건너고, 묘향산에 이르렀다.

단종의 '자규사(子規詞)'에 답시를 나누다

초막동에 은거할 때 김시습이 전해 준 단종의 '**자규사(子規詞)**'를 보자. 이 자규사는 단종이 관풍헌에서 밤마다 자규루에 올라 읊었다는 이야기가 전해진다. 자규루(子規樓)는 영월 관아인 관풍헌 동쪽에 세워진 누각으로 계단을 통하여 오를 수 있다.

단종의 자규사(子規詞)

月白夜蜀魂啾	(월백야촉혼추)	달 밝은 밤 두견새 울 제
含愁情倚樓頭	(함수정의누두)	시름 못 잊어 누 머리(자규루)에 기대었네.
爾啼悲我聞苦	(이제비아문고)	네 울음 슬프니 내 듣기 괴롭구나!
無爾聲無我愁	(무이성무아수)	네 소리 없으면 내 시름없을 것을
寄語世上苦勞人	(기어세상고노인)	이 세상 괴로운 사람에게 말을 전하노니
愼莫登春三月子規樓	(신막등춘삼월자규루)	춘삼월에는 자규루에 부디 오르지 마소.

〈변안시조〉

달 밝은 깊은 밤에 두견새 울어대면
큰 시름 못 잊어서 자규루에 기대서네
네 울음 슬피 들리니 듣기 몹시 괴롭구나

네 소리 안 들리면 시름이 없을 텐데
괴로운 사람에게 내 말을 전하노니
이른 봄 춘삼월에는 자규루에 오르지 마소

단종은 처음에는 청령포에 위리안치(圍籬安置, 배소(配所)에서 외부와 접촉하지 못 하도록 가시로 울타리를 만들고 죄인을 그 안에 가두어 두던 일) 되었다. 그러나 그해 여름에 홍수가 나서 관풍헌(觀風軒, 강원도 영월군 영월읍에 있는 조선 전기 동헌으로 사용되었던 관청)으로 거처를 옮겼다. 자규사는 소쩍새의 구슬픈 소리를 듣고 피를 토하며 죽었다는 자규의 한을 읊은 것인데 단종의 모습이 투사(投射)되는 이야기이다. 자규는 소쩍새 또는 두견새이다.

이 단종의 한(恨)을 품은 자규사를 김시습이 부르니 조상치가 듣고 답시를 읊었다. 다음은 조상치가 불렀다(사(詞)로 전문이 한국문집총간 17집에 수록된 『탁영집(濯纓集)』 속집에 실려 있다)는 단종의 자규사에 대한 '**조상치의 자규사 답시**' 후반부이다.

조상치의 자규사 답시

形單影孤貌憔悴	(형단영고모초췌)	그 얼굴 외롭고 모습도 초췌하여라
不肯尊崇誰爾顧	(불긍존숭수이고)	우러르고 높이기는커녕 뉘라서 돌아보리
嗚呼人間寃恨豈獨爾	(오호인간원한개독이)	슬프다, 인간 원한 그 어찌 너뿐이리오
義士忠臣增慷慨激不平	(의사충신증강개격불평)	충신 의사(義士) 강개(慷慨) 불평은
屈指難盡數	(굴지난진수)	손꼽아 세지 못할 것을.

〈변안시조〉

외롭고 초췌한데 뉘라서 돌아보리
슬프다, 인간 원한 너뿐이라 할 수 있나
충신의 강개 불평은 셀 수 없이 넘친다

여기서 '그 얼굴'은 '자규의 모습'이라고 할 수 있지만 역시 그 대상은 '단종'이다. 단종의 모습을 상상해 보니 매우 외롭고 초췌했던 모양이다. 아무도 돌아보는 이 없는데 충신 의사(義士)의 울분은 하늘을 찌를 듯이 높아 손꼽을 수도, 헤아릴 수도 없다고 말하고 있다.

아래는 '**조상치 답시에 대한 김시습의 재답시**'이다. 답시의 후반부이다.

조상치 답시에 대한 김시습의 재답시

落羽蕭蕭無處歸	(낙우소소무처귀)	깃 떨어진 채 쓸쓸히 돌아갈 곳이 없구나
衆鳥不尊天不顧	(중조부존천불고)	뭇 새들도 우러르지 않고 하늘도 돌보지 않으니
故向中宵幽咽激不平	(고향중소유연격불평)	어디를 보고 한밤중에 목메어 불평 쏟아낼까
空使孤臣寂寞	(공사 고신 적막)	공연히 임금 잃은 신하 적막한데
窮山殘更數	(궁산잔갱수)	깊은 산에 남은 세월 얼마나 세어 보았나.

〈변안시조〉

깃 없는 모습으로 갈 곳이 어디 있나

새들도 울지 않고 하늘도 무심하니
한밤중 누구를 향해 이 불평을 쏟을까

임금 잃은 신하들은 온 세상 적막한데
깊은 산 남은 세월 세어 본들 뭐 할 텐가
푸르른 좁은 하늘로 구름 한 점 흐른다

'깃'이 없다고 하였다. 두견새이든 어떤 다른 새든지 간에 '깃'이 있어야 날아간다. 김시습에게는 '깃'이 없다. 단종 임금에게 갈 수가 없다. 새들이 울지도 않는다, 불평을 쏟을 곳도 없다. 모두가 꽉 막혀 있음을 한탄한 것이다. 연시조 두 번째 수에서는 '임금 잃은 신하라 적막하기 짝이 없는데 깊은 산에서 세월을 세어 본들 뭐하겠느냐?' 하며 자조(自嘲)한다. 산속 좁은 하늘에는 한가하게 구름 한 점이 지나갈 뿐이다.

김시습, 사곡촌에 충혼(忠魂)을 남기다

사곡촌에서는 몹시 바빴다. 은거한다고 하여 그냥 앉아 있을 수만은 없었다. 여기저기 손길이 필요로 하는 곳이 많았고, 김시습은 마다하지 않고 앞장섰다. 하여, 철원에서는 김시습을 비롯한 아홉명의 은사를 기리고 있다.

철원에는 김시습을 포함한 아홉 명의 절의(節義) 충신을 모신 사당 구은사(九隱祠)도 있고, 매월대, 매월폭포, 매월 동굴 등 김시습의 초막동 생활에서 남긴 흔적들을 볼 수 있다.

김화군 근남면은 행정구역이 몇 번 바뀌다

먼저 김시습이 은거하던 근남면 사곡촌은 어떤 마을일까? 근남면 사곡촌도 행정구역이 몇 차례 바뀐 사연이 많은 마을이다. 근남면은 1945년 광복 당시 독립된 김화군이었는데, 1945년 9월 2일, 미국과 소련이 38선을 경계로 한반도를 분할 점령함으로써 김화군 전 지역이 소련 군정 담당으로 들어갔다.

그러나 한국전쟁 결과 김화군은 남북으로 분단되었다. 군사분계선(휴전선) 이남의 김화군(원래의 김화읍, 서면, 근남면과 근북·근동·원남·원동·임남면의 남쪽 일부)은 김화군의 명맥을 유지하다가, 1963년 1월 1일 대한민국 철원군으로 통합되었다. 현재 강원특별자치도에는 김화군이 없으나, 북강원도에는 김화군이 독립된 군으로 남아있다.

구은사(九隱祠)는 어떤 곳인가

 김시습과 조상치 및 일곱 영해 박씨를 모시는 구은사는 철원군 근남면 호국로 7003-23(사곡리)번지에 있다. 2016년 9월 27일, 철원군 향토 문화유산 제1호로 지정되었으며, 제향은 매년 음력 3월과 9월에 봉행 된다.
 구은사는 1818년(순조 18)에 창건되었으나, 1871년(고종 8) 대원군의 서원철폐령에 따라 훼철되었고, 1921년 복원되었다. 그러다 6·25전쟁 때 다시 소실된 것을 1979년 복원하였다.

매월대, 매월대폭포, 매월 동굴도 있다

 철원 근남면 잠곡리에는 매월대와 매월폭포, 매월 동굴이 있다. 마을 이름도 매월동이고 입구에 있는 식당 이름도 매월 가든이다.

 근남면 복계산(1,057m)의 575m 지점에 있는 높이 약 40m의 깎아지른 절벽은 주변의 울창한 송림과 어우러져 장관을 이루고 있는데, 김시습이 이곳에 바둑판을 새겨 놓고 뜻을 같이하는 아홉 선비와 '바둑을 두며 단종의 복위를 도모했다'라고 하여 김시습의 호를 빌려 '매월대'라고 부르고 있다.

매월대폭포

 매월대와 대각선으로 건너편에 있는 매월대폭포는 30m에 이르는 물줄기가 시원하다. 여름에는 폭포가 제법 장관을 이룬다. 매월대폭포에서 떨어지는 물은 철원군의 소하천인 굴곡천을 통하여 사곡천으로 유입하고 김화의 화강을 거쳐 한탄강에 합류한다.
 이곳에는 **매월 동굴**도 있다. 매월대 왼쪽 바위 아래에 있으며, 깊이는 약 7~8m이다. 3~4명이 은거 생활을 할 수 있을 정도의 크기로 입구에는 조그만 샘물이 있어 식수와 찻물로 사용할 수 있다. 김시습이 아홉 충신과 머무르며 애국충정을 논하고 차도 끓여 마셨다고 전한다.

첫 유람지, 관서 지방으로 떠나다

김시습은 1458년 24세 되던 해, 동학사에 가서 단종의 제사를 지내고 제문인 제초혼각사(祭招魂閣辭)를 지어 낭독하며 오열(嗚咽)했다. 이후 승려 차림으로 **관서 지방을 유람**하였다.

이른 봄, 낙하(洛河, 임진강 하류)를 건너 송도와 평양 두 고도(古都)에서 한동안 머물다가 묘향산에 들어가 여름을 나고, 가을 초엽 묘향산을 떠나 안주(安州), 영변(寧邊), 희천(熙川), 숙천(肅川)을 거쳐 평양 대성산(大成山) 광법사(廣法寺)에 머물렀다.

방랑의 동기를 남기다

1458년 겨울에는 개성에 머물며, 「**유관서록**(遊關西錄)」을 엮고 **후지**(後志)를 지었다. 「유관서록」은 김시습의 여정 시공간의 흐름에 따라 편집되어 있으며, 각 구간에 따라 심리와 미의식의 변화를 드러낸다. 폐허가 된 고려 수도 송도를 보고 권력의 허무를 체감했으며, 평양에서도 감회가 깊었다. 고조선의 흔적도 있고, 고구려의 수도였던 곳이기 때문이다.

『매월당집』의 「유관서록(遊關西錄)」 발문에는 방랑을 시작한 동기를 다음과 같이 수록하고 있다.

"나는 어려서부터 성격이 질탕(跌宕)하여 명리(名利)를 즐겨하지 않고 생업을 돌보지 아니하여, 다만 청빈하게 뜻을 지키는 것이 포부였다. 본디 산수를 찾아 방랑하고자 하여, 좋은 경치를 만나면 이를 시로 읊조리며 즐기면서 친구들에게 자랑하곤 하였지만, 문장으로 관직에 오르기를 생각해 보지는 않았다. 하루는 홀연히 감개한 일(세조의 왕위 찬탈)을 만나, 남아가 이 세상에 태어나서 도(道)를 행할 수 있는데도 출사하지 않음은 부끄러운 일이며, 도를 행할 수 없는 경우에는 홀로 그 몸이라도 지키는 것이 옳다고 생각하였다. 〈중략〉 만약 내가 벼슬길에 있으면서 이 깨끗한 구경을 다 하려 하였다면 얻을 수 없었을 것이요, 자유스럽게 유람하지도 못하였을 것이다. 아! 인생이 천지 사이에 생겨나 명리에 근심하고, 생업에 급급함으로써 그 몸은 고달프게 하기에 뱁새가 들완두(산과 들에 나는 한국 고유의 여러해살이 들풀로 30cm 정도 자란다)를 그리워하며 나무에 매어 달리듯 한다면 어찌 괴롭지 아니하랴? 이에 지(志)를 지어 세속 선비들을 격려한다."

발문 끝은 "무인년(戊寅年, 세조 3년, 1458년) 가을에 산 사람(山人) 청한자(淸寒子)가 쓰다"라고 후지(後志)를 마무리하고 있다. 산 사람 임을 강조하고 있다.

이와 같이 김시습은 「유관서록」의 후지(後志)에서 방랑의 길에 나선 까닭을 설명해 놓았다. 그 내용을 간략하면 "불의한 세상을 차마 볼 수 없어 승려의 행각으로 현실계를 벗어나 산수 간을 방랑한다"라는 것이다.

김시습은 현실 도피를 위하여 탕유를 시작한 것이 아니다. "남아(南兒)로 태어나서 감개(感慨)한 일을 만나 도(道)를 행할 수 없을 때는 홀로 그 몸이라도 지키는 것이 옳다"고 생각했기 때문이었다. 나름대로 확고한 신념이 있었다.

관서 지방 유람을 끝낸 김시습의 심정은 어떠하였을까? 아마도 고구려도, 고려도 명멸(明滅)했는데 신생 조선은 어찌 될까를 걱정했을지도 모른다.

그리고, 내금강을 향해 길을 떠나다

고려 왕실의 원찰(願刹)이었던 개성 송림사에서 동안거(冬安居, 승려들이 음력 시월 열닷샛날부터 이듬해 정월 보름날까지 일정한 곳에 머물며 수도하는 일)를 마친 김시습은 다음 해인 1459년 봄, 임진강을 건넌다. '도임진(渡臨津)'을 읊으며 금강산을 향한다.

임진나루 옛 모습. 출처 : 파주 임진강변 생태탐방로

임진나루를 건너며〔渡臨津〕: 463

汀洲芳草正萎萋 (정주방초정위처)　　물가 향그런 풀 마침 시들었다 피는데
鳧泛春波自在啼 (부범춘파자재제)　　오리는 봄 물에 떠 유유히 꽉꽉 대네
柔櫓一聲驚起去 (유노일성경기거)　　노(櫓) 소리 부드러워도 놀래 날아가니
夕陽猶在海門西 (석양유재해문서)　　지는 해는 서쪽 바다 쪽 상기도 남았구나.

〈번안시조〉

물가에 향그런 풀 시들다 되피는데
봄물에 떠다니며 울어대던 물오리는
노성(櫓聲)에 놀래 날아가고 지는해만 걸렸다

때는 봄이다. 물오리가 계절을 따라 북으로 날아가야 하는데 아직 머물러 있었다. 뱃사공 노 젓는 소리에 놀라 저녁놀이 붉은 강가를 날아올랐다. 다른 이름으로는 청둥오리라고도 하며 우리나라에선 겨울 철새였으나, 최근에는 많이 텃새가 되었다고 한다. 김시습도 청둥오리처럼 훨훨 날아오르고 싶었을 것이다.

그리하여 몸도 마음도 가볍게
꿈에 그리던 **금강산을 향하여**
발걸음을 재촉한다.

IV

내금강, 그 절경에 빠지다

◆

- 김화 누각을 지나, 단발령에 이르다
- 장안사·표훈사·정양사의 만천 구역을 가다
- 만폭동·보덕굴·세암의 만폭 구역을 가다
- 마하연·원적암·만회암·만경대의 백운대·비로봉 구역을 가다
- 백천동·송라암·망고대·국망봉의 명경대·망고대 구역을 가다
- 원통암·개심폭·진불암의 태상 구역을 가다
- 내금강에서 불심을 읊다
- 내금강에서 선경(仙境)을 보다
- 내금강에서 세상을 읽다
- 내금강을 뒤로하고, 단발령을 넘다

Ⅳ. 내금강, 그 절경에 빠지다

　김시습은 관서 지방 유람을 마친 1458년 말, 개경에 머무르며「유관서록」을 엮었다.
그리고 25세 되던 이듬해 봄, 내금강으로 관동 유람을 떠났다. 가는 길에 경기도 포천 민가에서 하룻밤을 묵고 영평현(永平縣, 현재 포천 일대)을 거쳐 김화의 누각에서 휴식을 취한 뒤 단발령을 넘어 내금강으로 들어갔다.

　이 시기의 해적이를 살펴보자.

1458년(24세, 세조 3년)
　● 관서 지방 유람하고「유관서록」과 후지를 짓다.
1459년(25세, 세조 4년)
　● 개성에서 출발하여 관동(關東)의 금강산을 유람하다.
　● 가을에 계룡산 동학사에서 단종의 제(祭)를 지내다.
　● 겨울에는 소요사(逍遙寺), 삼각산(三角山), 수락산(水落山), 회암사(檜巖寺)에 머물다.
1460년(26세, 세조 5년)
　● 1차 관동 유람(원주, 평창, 오대산, 강릉, 영월 등) 후「유관동록」을 엮고 후지를 짓다.

　당시 내금강으로 가는 길은 크게 두 가지가 있었다. 하나는 내금강 서쪽에서 들어가는 길인데 이 길에는 다시 두 길(철원, 금성, 창도로 가는 길과 철원, 김화를 거쳐 가는 길) 이 있었다. 두 번째는 평강, 고산, 안변, 통천 등을 통해 외금강을 거쳐서 내금강으로 들어가는 길이다. 김시습은 철원에서 김화를 거쳐 내금강에 이르는 길을 택했다.

　금강산은 계절에 따라 봄에는 금강산(金剛山), 여름에는 봉래산(蓬萊山), 가을에는 풍악산(楓嶽山), 겨울에는 개골산(皆骨山), 그리고 눈이 내렸을 땐 설봉산(雪峯山), 멧부리가 서릿발 같다고 상악산(霜嶽山), 신선이 산다고 하여 선산(仙山) 등으로도 불렸지만, 고려시대부터는 이미 국내외에 '금강'이라는 이름이 널리 알려져 있었다.
　김시습이 내금강을 유람하던 때는 봄이었으니까 '금강산'에 오른 셈이다.

김화 누각을 지나, 단발령에 이르다

 김시습은 서쪽으로 접근하여 내금강으로 향하는 길을 택하였는데, 여정을 알 수 있는 시(詩)를 남겼다.
 김시습은 내금강에서 30여 수의 시(詩)만 남겼다. 그렇다면 30여 수만 썼을까? 아닐 것이다. 비교적 다작하던 김시습은 내금강에서도 많은 작품을 썼을 것이다. 그러나 이때 쓴 시는 세조의 왕위 찬탈 초기여서 자칫 세조나 조정을 지나치게 비판하였거나, 혹 내용도 과격하여 비난의 소지가 있어서 일부러 분실하거나 물에 띄워 흘려보냈을 수도 있다. 안타깝고 아쉬운 일이다.

김화 길가 누각에 올라 잠시 쉬다

 김시습, 드디어 관동 김화에 접어든다. 길가에 있는 누정에 올라 몸을 잠시 쉬어가려는데 시인의 몸은 쉬지만, 머리는 쉬고만 있을 수 없다. 시(詩) '**김화노방누상소게**(金化路傍樓上小憩)'를 한 수 읊는다.

김화 길옆의 누각에 올라 잠시 쉬며〔金化路傍樓上小憩〕 : 464~465

山重水疊路縈廻 (산중수첩로영회)	산은 겹치고 물은 잇닿아 길은 굽어 도는데
似入桃源洞裏來 (사입도원동리래)	골짜기 속에 오니 무릉도원에 든 것 같구나.
小雨新晴搖麥浪 (소우신청요맥랑)	적은 비 비로소 개니 보리 물결 움직이고
野花初拆引蜂媒 (야화초탁인봉매)	들의 꽃 처음 터지며 미끼로 꿀벌을 이끄네.
仲宣樓上那無賦 (중선누상나무부)	중선은 누각에 올라 어찌 부르짖다 말았나!
潘閬驢中正可咍 (반랑여중정가이)	반랑은 당나귀 속에 가히 즐기며 다스렸네.
從此遊觀好風景 (종차유관호풍경)	이 뒤로 떠돌며 구경하니 풍경 아름다운데
看花登盡幾崔嵬 (간화등진기최외)	꽃 보며 오르길 다하니 크고 높아 헌걸차네

〈변안시조〉

겹친 산 잇닿은 강 굽은 길 접어드니
골짜기 깊은 산속 무릉도원 여기로다
비 갠 후 보리 물결이 꿀벌 불러 모으네

중선(仲宣)은 어찌하여 부(賦) 짓다 말았으며

당나귀 즐겨 타던 반랑(潘閬)은 어디있나
꽃바다 아름다움을 헌걸차게 맞는다

'헌걸차네'라는 낱말은 '매우 풍채가 좋고 의기가 당당한 듯하다'라는 뜻이다. 부(賦)는 작자의 생각이나 눈앞의 경치 같은 것을, 있는 그대로 드러내 보이는 한문 문체이다.

위 한시에서 중선(仲宣)은 동한(東漢, 후한을 뜻한다) 말기의 문장가 왕찬(王粲)의 자(字)다. 중선은 난리를 피해 장안을 떠나 형주의 유표에게 몸을 의탁하였을 때, 실의에 잠겨 타향을 떠돌면서 고향을 생각하는 절절한 심경을 담아, 그 유명한 등루부(登樓賦)를 지었다. 그 부(賦)에 '강산이 아름다우나, 내 고향이 아니로세.'라는 구절이 있다.

반랑(潘閬)은 송(宋)나라의 시인이다. 반랑의 시구 중에 '머리 돌려 쳐다보다 당나귀 거꾸로 타게 됐네'라는 구절이 있는데 김시습이 이를 되살린 것이다.

'보리 물결이 들꽃처럼 꿀벌을 부른다'라고 했으니까, 김시습이 김화에 왔을 때는 보리가 패고 있을 무렵이다. 중부지방은 주로 겨울 보리를 경작하므로 시기적으로 보면 4월, 계절적으로는 봄이었다.

김화를 지나는 누각에서 잠시 쉰 김시습은 금강산을 향하여 발길을 서두른다. 조선뿐만 아니라 중국의 선비까지도 보고 싶어 하던 금강산이 아니겠는가? 김시습도 몹시 그리웠을 것이다.

금강산에는 사찰도, 고승(高僧)도 많았다. 『신증동국여지승람』에 따르면 금강산에는 총 108개의 사찰이 있었다고 한다.

아쉽게도 1459년 금강산으로 들어가며 넘었을 '단발령' 관련 시(詩)는 전해지는 것이 없다. **'김화 누각'**에서 다음에 바로 **'장안사'**로 이어지는 것으로 보아 그 중간의 시들은 분실되거나 누락된 것으로 보인다.

드디어 금강산 첫 관문, 단발령에 이르다

김시습은 기대하는 마음으로 금강산을 향하는 첫 관문 **단발령**(斷髮嶺)을 넘었다.

금강산 남쪽에 있는 단발령은 이제 본격적으로 금강산 구역에 들어간다는 것을 알려주는 대문 같은 고개다. '머리를 깎는 고개', 즉 '단발령'이란 이름은 누구든 이 고개에 올라 금강산을 보는 순간, 자연이 보여주는 장관(壯觀)에 압도당해 바로 속세의 미련을 버리고 '기꺼이 머리를 깎고 승려가 되었다'라고 하여 붙여진 이름이라고 전한다.

전해지는 이야기에 의하면 신라 말 마의태자가 아버지 경순왕에게 하직하고 개골산으로 입산할 때, 이 고개에서 부처의 도움을 받고자 멀리 금강산의 여러 봉우리를 바라보며 출가를 다짐하는 뜻에서 삭발하였다고도 한다. 멀리서 산 전체를 조망할 수 있는 단발령의 산세 역시 만만치 않음을 짐작할 수 있다.

이사벨라 버드 비숍(1831~1904)여사는 잉글랜드 출신의 여행가, 지리학자이다. 1894년 조선을 방문한 이래 3년 동안 중국을 오가면서 겪은 일을 묶어 『조선과 그 이웃 나라들』이라는 기행문을 출간하였다.
그녀는 금강산이 방문 기록 중 단발령을 넘어서면서 "아! 나는 그 아름다움, 그 장관을 붓끝으로 표현할 자신이 없다. 진정 약속의 땅이구나. 진정코! 이곳은 이 산의 무수한 산사 중의 한 곳에 일생을 묻으려고 금강산을 찾는 사람들에겐 우리식으로 말해 하나의 루비콘강(이탈리아 북부의 작은 강, 시저가 기원전 49년, 갈리아에서 돌아오면서 '주사위는 던져졌다'라고 하며 군사를 이끌고 이 강을 건너 로마 패권을 잡았다) 이다."라고 극찬하였다.

김시습은 내금강 여정에서 장안사, 표훈사, 정양사, 원통암, 진불암, 보덕굴, 원적암, 만회암, 송라암 등 아홉 개의 사찰에 관한 시를 남겼다. 그런데 지금은 대부분 불타 없어지고 표훈사와 보덕굴, 그리고 정양사 일부가 남아있을 뿐이다. 나머지는 절터라도 명확하게 알 수 있으면 좋으련만 그렇지 못한 사찰도 꽤 있었다. 곳에 따라서는 검색된 여러 자료를 종합하여 그 위치를 추측하였다. 이 또한 안타까운 일이다.

먼저 자연과 인문을 읊은 시들을 찾아가 보자. 여기에는 다시 '만천 구역', '만폭 구역', '백운대·비로봉 구역', '명경대·망군대 구역', '태상 구역' 등 다섯으로 구분하였다.

장안사·표훈사·정양사의 만천 구역을 가다

김시습은 만천 구역에서 5수를 남겼다. 이중 장안사, 표훈사, 정양사는 사찰, 망고대는 자연이고, 간벽화(看壁畫)는 말 그대로 벽화이다.

먼저 장안사(長安寺)이다.

장안사는 강원도 금강산 내금강 지역에 있는 사찰이다. 일제 강점기까지는 강원도 회양

옛 장안사. 출처 : 한국저작권위원회 공유마당　　　　　　오늘날 장안사 터. 출처 : 내금강 여행기

군 내금강면 장연리에 속해 있었으나, 1952년 북한에서 금강군을 신설하면서 강원도 금강군 내강리로 행정구역이 변경되었다.

　장안사는 금강산을 찾는 모든 이들이 들려가는 곳이었고 문인과 화인(畵人)이 많은 작품을 남겼다. 그뿐인가? 오랫동안 국민의 사랑을 받아 온 가곡도 있다. 홍난파(洪蘭坡, 1897~1941)가 작곡하고 이은상(李殷相, 1903~1982)이 작사하여 1933년에 발표한 '장안사'다.

　아래 장안사 사진은 1894년 조선을 방문한 이래 3여 년 조선의 이곳저곳을 여행했던 영국의 이사벨라 비숍 여사가 1897년 『Korea and Her Neighbors』(조선과 그 이웃 나라들)를 출간했는데 여기에 장안사의 소중한 모습이 실려 있다.

　장안사를 본 김시습이 어찌 그냥 지나칠 수 있었겠는가? 더군다나 금강산 4대 사찰(유점사, 신계사, 표훈사, 장안사) 중의 하나가 아닌가? 김시습의 **'장안사(長安寺)'**를 읽어보자.

장안사에서〔長安寺〕: 465

松檜陰中古道場 (송회음중고도장)	소나무와 전나무 그늘 가운데 도량은 오래되고
我來剝啄叩禪房 (아래박탁고선방)	나는 돌아와 딱딱 딱 참선하는 방을 두드리네.
老僧入定白雲鎖 (노승입정백운쇄)	늙은 스님이 선정에 들어가니 흰 구름을 가두고
野鶴移棲淸韻長 (야학이서청운장)	들판의 학은 거처를 옮겨 맑은 정취로 나아가네.
曉日升時金殿耀 (효일승시금전요)	아침 해 때맞춰 오르니 아름다운 전당은 빛나고
茶煙颺處蟄龍翔 (다연양처칩룡상)	차 달이는 연기 날리는 곳엔 용이 날아 숨는구나.
自從遊歷淸閑境 (자종유력청한경)	스스로 따라 떠돌며 겪는 곳마다 맑고 한가한데
榮辱到頭渾兩忘 (영욕도두혼량망)	영화와 치욕이 머리를 속여도 둘 다 전부 잊으리.

〈번안시조〉

송회(松檜)의 그늘 아래 오래된 도량 앞에
청한자(淸寒子) 돌아와서 참선 방 두드리니
노승은 선정(禪定)에 들고 학은 높이 오르네

아침 해 때를 맞춰 법당(法堂)이 환해지고
차(茶) 연기 오르는 데 용(龍)이 따라 숨는구나
영욕(榮辱)이 머릴 속여도 모두 잊어 버리리

여기서 박탁(剝啄)은 문을 열라고 문을 딱딱 두드린다는 것이고, 입정(入定)은 선정(禪定)에 들어감, 즉 수행하려고 방안에 들어앉음을 의미한다. 유력(遊歷)은 여러 곳으로 놀러 다닌다는 뜻이다.

김시습은 '스스로 따라 떠돌며 겪는 곳마다 맑고 한가한데, 영화와 치욕이 머리를 속여도 둘 다 전부 잊으리.'라고 노래했다. 영화와 치욕은 서로 상극인데 이 모두를 잊겠다고 다짐하고 있다. 차츰 달관의 경지로 들어가고 있다.

장안사는 6세기에 고구려 승려 혜량이 신라에 귀화하며 창건했다는 전설이 있다. 창건 이래 여러 차례 소실(燒失)과 중수(重修)를 거듭하다가 한국동란 당시인 1951년 폭격으로 인하여 피해를 보고 현재는 터만 남아있다. 하여, 대가람의 위용을 볼 수 없어 안타깝다.

장안사에는 고려시대에 만들었던 무진등(無盡燈)이 조선 초기까지 전해지고 있었다. 무진등은 유마경(維摩經)의 법문에도 나오는데, 안쪽을 구리로 장식하여 빛이 반사되는 구조로 되어 있다.
지금 금강산의 장안사는 옛 모습을 잃은 지 오래이니, '**무진등**(無盡燈)'의 흔적 또한 찾을 길이 없다.

꺼지지 않는 등불〔無塵燈〕: 471

一燈化百千 (일등화백천)　　하나의 등잔불이 백천으로 화하고
千燈卽一燈 (천등즉일등)　　일천의 등이 곧 하나의 등불이라네.
重重互相映 (중중호상영)　　겹치고 겹치어 서로 번갈아 비추니
如帝珠相仍 (여제주상잉)　　부처님과 같은 구슬이 서로 따르네.
可比佛法海 (가비불법해)　　비할 데 없는 부처의 가르침 바다에

彼彼相交承 (피피상교승)	이곳저곳에 서로 사귀어 이어가네.
我然一明燭 (아연일명촉)	나는 분명히 하나의 등불을 밝히어
誓願燈含弘 (서원등함홍)	큰 등불을 머금어 맹세하길 원하네.
願照無盡界 (원조무진계)	원하기는 끝도 없이 세계에 비추어
普供無盡乘 (보공무진승)	넓게 베풀어 다함 없이 헤아리리라.

〈번안시조〉

단 하나 등잔불이 백천(百千)으로 불어나고
일천 개 치성(致誠) 등이 하나의 등이 되네
무진등, 서로를 비춰 부처님 뜻 따르네

어디에 비할 건가, 부처님 가르침을
바다에 모아지듯 서로를 담아와서
불꽃은 하나씩이나, 모으니까 큰 등불

등꽃이 하늘 가득 촘촘히 반짝이며
드넓은 대지 비춰 온 세상 구원하네
무한(無限)한 큰 뜻 헤아려 다함 없이 베푸리

무진등은 하나의 등불이 수없이 많은 등불을 켜는 불씨가 된다는 뜻으로, 불법(佛法)이 잇달아 전파되어 다함이 없음을 비유적으로 이르는 말이다. 즉 밤낮 끊임없이 불을 켜서 꺼지지 않게 하는 등불이다. 서원(誓願)은 맹세하여 소원을 세움 또는 그 소원을 말한다.

김시습의 제자이자 절친인 추강 남효온(1454-1492)은 성종 16년(1485)에 금강산을 여행하고, '유금강산기(遊金剛山記)'라는 기행문을 남겼다. 이때 장안사를 방문하여 법당에 있던 무진등을 보고 '내부 4면은 모두 동경(銅鏡)을 붙였는데, 가운데에 촛불 하나를 두고 그 곁으로 여러 승려의 형상을 세워서, 촛불을 밝히면 여러 승려가 모두 촛불을 잡은 듯이 보이도록 만들었다.'라고 하였다.

이어서 표훈사(表訓寺)를 만난다

표훈사는 장안사에서 조금 더 올라가 만폭동 가는 길 주변에 있다. 삼국시대인 6세기 말에 창건되어 7세기 후반, 의상의 문도들이 중창하였다. 현재 금강산 4대 사찰 중에서 유일하게 남아있다.

 김시습은 이곳에서 하루를 묵었다. 산사의 밤은 낮에 비하여 공기가 더욱 무겁다. 골은 깊고 사방은 드높은 산들로 둘러싸여 있다. 하여 '**표훈사야음**(表訓寺夜吟)'을 노래하며, 소쩍새와 함께 뒤척였을 것이다.

표훈사에서 밤에 읊노라〔表訓寺夜吟〕: 465

玲瓏樓閣壓淸溪 (영롱누각압청계)	영롱한 누각은 맑은 시내 위 우뚝하고
巢鶴枝邊月影低 (소학지변월영저)	학이 깃들인 가지엔 달그림자 나직한데
半夜蜀禽呼破夢 (반야촉금호파몽)	한밤에 귀촉도는 내 꿈을 깨는구나
聲聲只在老槐西 (성성지재노괴서)	소쩍소쩍~ 늙은 괴목(槐木) 달 지는 쪽이구면.

〈번안시조〉

영롱한 높은 누각 시내 위 우뚝하고
학 깃들인 가지 위엔 달그림자 나직한데
한밤에 귀촉도 내 꿈, 소쩍소쩍 깨우네

 귀촉도(歸蜀道)는 문자 그대로는 '촉(蜀)나라로 가는 길'이다. 여기서는 새 이름, 새 울음소리와 겹쳐 있고, 돌아간 임의 환생한 모습을 가리키기도 한다. 노괴목(老槐木)의 괴(槐)'자는 '회화나무(홰나무) 괴'이기도 하지만, '느티나무 괴'로 쓰거나 읽기도 한다. 따라서 노괴목은 늙은 회화나무 또는 느티나무가 된다.

 절 주위에는 울창한 숲이 있고 절 앞에는 만폭동에서 흘러오는 맑은 시내가 있다. 주위에는 험한 기암괴석과 바위 절벽이 흩어져 있다. 표훈사의 정문은 능파루(凌波樓)인데, 절로 들어가는 중문격(中門格)인 2층 누각이다. 능파루를 지나 경내로 들어서면 정면에 중심 법당인 반야보전(般若寶殿)이 화려한 모습을 드러낸다. 또 세조가 심신 치료차 표훈사를 찾았을 때 머문 어실각(御室閣)도 보통 사찰에는 드문 건물이다.

 북한의 현존 사찰을 순회하는 밀교신문(대한불교 진각종 기관지) 기획 기사에서 '김시습은 1457(1459년의 오기이다)년 봄, 금강산을 유람하며 신계사의 지료, 발연암의 축명,

표훈사 전경. 출처 : 뉴스1(정창현 2021.01.02)

표훈사의 지희, 장안사의 조징, 유점사의 성명 등 고승들과도 교우했다.'라고 보도하고 있다. 김시습 금강산 유람 중에 지희 스님과 친밀한 관계를 유지하고 있었다는 이야기가 되는데, 후에 지희 스님이 충청도 홍산 무량사에서 김시습을 초빙하여 『묘법연화경』의 발문을 부탁하였다.

위 기록에 의하면 김시습과 지희 스님과의 인연은 1459년부터 시작되었다고 할 수 있다.

표훈사 인근 백화암 터에는 서산대사 부도탑이 있고, 장안사에서 표훈사로 가는 길 중간쯤에는 고려말 나옹선사의 전설이 담긴 삼불암(강원도 금강군 내금강면에 있는 고려 후기에 조성된 아미타불·석가불·미륵불의 불상)도 있다. 김시습이 나옹선사의 전설이 담긴 이곳을 그냥 스쳤을 리가 없는데, 이곳에서 쓴 시(詩)는 발견하지 못하였다.

삼불암. 출처 : 불교신문(2007.07.30)

햇빛이 밝은 정양사로 향하다

표훈사에서 조금 더 가서 좌측으로 올라가면 **정양사**(正陽寺)가 보인다.

정양사(正陽寺)는 백제 무왕 때 창건된 사찰이며 표훈사에서 서쪽으로 1km 떨어진 곳에 있다. 이곳은 내금강 가운데서도 경치 좋고 전망 좋은 산마루에 있는 절로서 햇볕이 항상 밝아 정양사라는 이름이 지어졌다고 한다. 정양사는 '고려 태조 왕건의 기도처'라고 알려져 있다. 예로부터 금강산 탐승을 하는 이들에게 필수적인 탐방처(探訪處)였다.

정양사 중심에는 반야보전(般若寶殿)이 있고 그 앞에는 약사전(藥師殿)이 있는데, 약사전은 6각형 건물로, 한국에서는 유일한 것이다. 다각형 전각 자체가 한국에서는 흔하지 않다. 아무튼 이 약사전은 6각 평면에 6모 지붕을 얹은 전각 형식의 희귀한 건물이다.

정양사를 방문한 가장 최근의 자료가 있어 여기 소개한다. '파란 연꽃'님의 기록이다.
"힘들게 도착한 정양사의 모습은 그러나 너무 안타까웠다. 유홍준은 '나의 북한 문화유산 답사기'에서 길이 무너져 이 정양사를 오를 수 없게 된 것을 한탄하였다. 수많은 전설과

일제 강점기의 정양사. 출처 : 한국저작권위원회 공유마당

오늘날의 정양사. 출처 : 동아일보(2009.09.27)

설화의 무대인 정양사는 스님도 신도도 없고 풍경소리도 들리지 않았고 오직 우리들만 있었다. 이곳도 표훈사와 마찬가지로 반야전과 약사전에 열쇠가 걸려 있어 법당을 볼 수가 없었다. 정양사에 왔지만, 온 것이 아닌 셈이다. 문을 부수고 들어갈 수도 없고 참 난감하였다. 이러한 것이 남북분단으로 인한 한계라고 생각하며 씁쓰레한 마음을 달랬다."

우리가 안타까워하는 것은 이상이고, 정양사의 현재 모습은 현실이다. 김시습의 시 '**정양사(正陽寺)**'를 읊어보자. 이 시는 총 18구이나, 9~12구만 번안한다.

정양사(正陽寺) : 465~466

9~12구
烟嵐向澄霽 (연람향징제)　　산에 어렸던 아지랑이 맑게 개이니
詭怪難可狀 (궤괴난가상)　　기괴한 그 형상 무슨 말로 표현하랴
或如僧遶旋 (혹여승요선)　　어떤 것은 중이 빙빙 돌아가는 것 같고
或如仙揖讓 (혹여선읍양)　　또 어떤 것은 신선이 두 손 잡고 절하는 듯

〈번안시조〉

뒷산에 어리었던 아지랑이 맑게 개니
기괴한 그 형상을 무슨 말로 표현하랴
스님이 돌아가는가 신선이 절하는가

김시습은 이곳에서 '늙은 중과 깊은 인연 있어 작은 난간 의지하여 종일토록 함께 지내며 속생각 터놓고 나누기도 하고 신묘한 이야기와 한담(閑談)도…'하며 정양사 고승과 교유하였다. 물론 이때 이웃 사찰의 승려들이 모여들어 김시습과 시담(詩談)을 나누었을 것이다.

정양사는 표훈사의 말사이다. 해발 800m 정도로 아주 높지는 않지만, 앞이 탁 트여 금강산의 봉우리들을 볼 수 있다. 더욱이 헐성루에는 '봉우리를 가리키는 지봉대(指峰臺)'라는 전망 장치가 있어 정양사의 명물로 이름이 높았다. 지봉대는 헐성루에서 볼 수 있는 각 봉우리의 이름을 새겨놓은 원뿔꼴 모형으로, 미리 고정한 줄을 당겨 모형 끝에 맞추어 방향을 잡고 바라보면 누구나 봉우리의 이름을 쉽게 알아볼 수 있게 만든 기발한 장치였다. 하지만 현재는 지봉대도 헐성루와 함께 소실되어 남아있지 않다.

김시습은 노래한다. '스님이 빙빙 돌아가는지, 신선이 절을 하는지, 아지랑이가 맑게 개니 보이는 형상이 독특해서 깜짝 놀랐다'라고. 아마도 저녁에 도착하여 못 보았는데 아침이 되니 형형색색의 모습이 전개되었던 모양이다.

흔히 금강산 일만 이천 봉을 연꽃으로 표현한다. 정양사 헐성루에서 금강산 봉우리들을 감상하고 '무수한 연꽃'이라고 한 시인도 있다. 그림으로도 알 수 있듯이 헐성루에서는 일만 이천 봉이 잘 보인다. 김시습의 시에는 헐성루가 없다. 이 기막힌 곳에서 왜 한 수도 남기지 않았을까?

다음은 진헐대(眞歇臺)이다

정철은 『관동별곡』에서 진헐대를 '소향로봉 대향로봉을 눈 아래 굽어보고 정양사 진헐대에 다시 올라앉으니, 여산(廬山)의 참모습이 다 여기에 보이는구나'라고 했다. 진헐대는 정양사 부근에 있는 전망대이다. 위쪽에 있는 향로봉을 눈 아래 내려다볼 만큼 전망이 좋다는 이야기다. 여산이란 중국의 절경이라고 알려진 곳인데, 금강산이 여산 보다 더 아름답다고 노래했다.

전망 좋은 '**진헐대**(眞歇臺)'에 올라 보자. 첫 4구와 끝 4구를 번안하였다.

진헐대에서〔眞歇臺〕: 467

첫4구
眞歇可眞歇 (진헐가진헐)　진헐대는 이름 그대로 진정 쉴 만한 곳
塵蹤淨如掃 (진종정여소)　티끌 한 점 없어 씻은 듯하여라
千峰俯可掇 (천봉부가철)　굽어보면 봉우리들 한 손에 잡힐 듯
百川流浩浩 (백천류호호)　백 갈래 물결 넘쳐 도도히 흐른다.

〈변안시조〉

이름이 진헐대라, 그대로 쉴 만한 곳
티끌이 한 점 없어 씻은 듯 환하구나!
산봉(山峯)은 잡힐 듯하고 백천(百川) 물결 넘친다

끝4구
蕩我平生懷 (탕아평생회) 내 평생에 품은 소원 터놓고
造我十年道 (조아십년도) 나의 십년 수도(修道) 깨닫노라.
和南各分去 (화남각분거) 공손히 인사 나누고 떠나려 할 때에
小徑寒煙葆 (소경한연보) 산속의 오솔길 찬 연기 속에 묻히여라.

〈변안시조〉

그동안 품은 뜻을 터놓고 대화하고
깨달은 십 년 세월 감사로 인사하니
산속의 굽은 오솔길 연기 속에 묻힌다

정양사 부근에는 예로부터 천일대, 개심대, 진헐대 등 전망대들이 있었다. 진헐대는 그중의 하나이다. 이곳은 높이 800여 m밖에 안 되는 산 중턱이지만 사방이 탁 트여서 크고 작은 봉우리들을 환히 볼 수 있고, 높은 곳으로 오를수록 전망은 더욱 좋아지는 장점이 있다.

만폭동·보덕굴·세암의 만폭 구역을 가다

표훈사에서 숲길에 들어서면 보이는 이정표는 금강문 108m, 보덕암 1,669m, 묘길상 3,747m 떨어져 있음을 알려주고 있다.

표훈사에서 만천(萬川)을 따라 약 100m 정도 오르면 큰 바위 둘이 이마를 맞대고 서 있는 돌문이 나타난다. 이 돌문은 바닥 폭이 약 5m, 높이 2.5m, 길이가 4m 정도 되는 삼각형인데 안쪽으로 들어가면서 좁아진다. 이것이 금강문이다. 이 문을 나서면 갑자기 요란한 물소리가 들려오고 흰 너럭바위들이 깔려있는 별천지가 펼쳐지는데 여기서부터 오른쪽으로 화룡담까지 약 1km가 만폭동이며, 만폭 구역이다. 왼쪽으로 가면 태상 구역이다.

이제 만폭동으로 올라가 보자

만폭동 입구에 큰 바위가 있는데, 여기에 '萬瀑洞(만폭동)'이라고 크게 새겨져 있다. 또 1리 정도 더 가면 넓은 바위가 나오는데, 여기에 '蓬萊楓嶽元化洞天(봉래풍악원화동천)', '봉래' '풍악'은 금강산의 여름과 가을 이름이고, '원화동천'은 만폭동의 별칭으로 금강산의 으뜸가는 골짜기란 뜻)'이라는 여덟 자의 큰 글씨가 새겨져 있다. 모두 봉래 양사언(1517~1584)의 글씨이다. 그 곁에는 학소대(鶴巢臺)가 있는데, 예전에는 학이 살면서 새끼를 길렀다는데 지금은 없다고 한다.

"금강산은 결국 만폭동 계곡 하나를 보러 오는 것이다." 이말은 육당 최남선이 「금강 예찬」에서 한 말이다. 내금

만폭 구역. 출처 : 대순회보 130호

강 최고 경승지로 꼽히는 금강문~화룡담에 이르는 약 1km 거리에는 만폭팔담이 있다. 경치가 하도 좋고 물이 맑아 하늘에서 여덟 선녀가 내려와서 목욕하고 올라갔다 하여 팔담 또는 팔선담(八仙潭)이라고도 한다. 나무꾼과 선녀 이야기가 전해지는 곳이다.

만폭팔담은, 푸르다 못해 검은빛이 도는 흑룡담, 비파 모양을 한 비파담, 비파담 위에 있는 맑고 푸른 소(沼) 벽파담, 물보라가 눈처럼 흩어진다는 분설담, 물방울이 진주처럼 떨어진다는 진주담, 거북이 모양을 한 구담, 배 모양을 한 선담, 화룡이 살았다는 화룡담 등 다양한 이름과 특징을 지닌 못(潭) 들이다.

김시습은 만폭동 입구에서 만폭동을 바라보면 한 수 읊는다. **'만폭동(萬瀑洞)'** 을 음미해 보자. 만 갈래로 흩날리며 쏟아지는 구슬 꽃을 보는 듯하다.

만폭동(최정문 그림). 출처 : 내금강 이야기

만폭동에서〔萬瀑洞〕: 467~468

萬瀑飛空漱玉花 (만폭비공수옥화)	만 갈래 폭포 흩날리며 구슬 꽃 뿌리는데
兩岸薜蘿相騰挐 (양안설나상등나)	양쪽 기슭에선 담쟁이넝쿨 서로 얽혀 날아오를 듯
明珠萬斛天不慳 (명주만곡천불간)	하늘은 몇만 섬 진주도 아끼지 않고
散此雲錦屛風間 (산차운금병풍간)	흩어지는 구름 비단 병풍 틈에 스며드네!
快笑仰看雙石磒 (쾌소앙간쌍석홍)	내 크게 웃으며 두 개의 바윗돌 쳐다볼 제
一洗十年紅塵蹤 (일세십년홍진종)	십 년 동안 묵은 번뇌 단번에 씻기누나.

〈번안시조〉

1~4구
만 갈래 흩날리며 구슬 꽃 뿌리는데
양 기슭 담쟁이는 서로 얽혀 날 듯 올라
몇만 섬 구름 비단이 병풍 틈에 스며드네

5~6구
매월당 크게 웃어 두 바위 쳐다보니
서로가 마주 보며 의지하는 모습일세
십 년간 묵은 번뇌가 단 한 번에 씻기누나

만폭동 한시는 문맥상으로 보면 하나의 시조를 번안할 수는 있으나, 전해지는 이미지가 너무 다양하여 두 수로 번안하였다. 총 6구로 되어 있는 한시를 3구씩 끊어보니 의미 연결에 문제가 있어 할 수 없이 첫 번째 시조는 앞의 4구를, 두 번째 시조는 나머지 2구를 활용하여 번안하였다.

보덕암. 출처 : 워터 저널(2008.05.07)

벼랑에 매달린 보덕굴을 올려 보다

만폭 구역 중간쯤에 있는 만폭팔담 중 제4담 분설담에서 오른쪽 골짜기를 조금 올라가면 20m 이상 벼랑에 매달리듯 세워진 '보덕굴(普德窟)'이 있다.

법기봉(法起峰) 자락에 구리기둥 의지한 채 제비집처럼 걸려 있는 보덕암. 고구려 때 보덕 화상이 창건한 것으로 전하는데, 지금의 건물은 1675년에 지은 것으로 이후 1808년에 중수하였다. 규모는 7.3m의 구리기둥과 석주로 마루 귀틀을 받치고 그 위에 정면 1칸, 측면 1칸의 단칸 익공형식의 팔작지붕 기와집을 세웠다. 그 위로도 기둥과 보를 짜 올려 층층이 세운 집이다. 김시습의 **보덕굴**(普德窟) 1·2수를 읽어 보자.

보덕굴(寶德窟) : 468

1수

銅互生衣銅柱高 (동호생의동주고)	동 기와엔 이끼 돋고 구리기둥 높이 솟았는데
簷鈴風鐸響嘈嘈 (첨령풍탁향조조)	처마 끝에 달린 풍경소리 요란키도 하여라
寶山巖窟幾尺聳 (보산암굴기척용)	보배산 바위들은 그 높이 얼마인고
銀海波濤終夜號 (은해파도종야호)	설레는 은빛 파도 밤새도록 울부짖네!
鐵鎖掛空搖嘎嘎 (철쇄괘공요알알)	허공중에 드리운 쇠사슬 삐걱삐걱 흔들리고
雲梯綠壁動騷騷 (운제록벽동소소)	벼랑의 구름다리 찌꿈찌꿈 움직여라.
焚香一禮心無襍 (분향일례심무잡)	향 피워 재 올리니 온갖 잡념 없어지거늘
疑是仙宮駕六鰲 (의시선궁가륙오)	여섯 자라 끌고 온 신선 궁전 여긴가 하노라.

〈변안시조〉

동기와〔銅互〕 이끼 돋고 구리기둥 솟아있고
처마 끝 풍경소리 만폭동 깨우는데
보배산(寶山) 높은 바위 숲 은빛 파도 넘실댄다

맨 허공 쇠사슬이 삐걱삐걱 흔들리고
벼랑 끝 구름다리 찌국찌국 노래한다
향 피워 잡념 잊으니 신선 궁전 여기네

2수

倚欄遙望意慅慅 (의란요망의조조)	난간에서 멀리 바라볼 땐 마음만 걱정스럽더니
瞻禮眞容竪髮毛 (첨례진용수발모)	굴속을 굽어살펴보니 머리털이 곤두서누나
境與靈臺多不俗 (경여영대다불속)	신령스러운 고장이라 속세와 다르거니
山同寶窟又重高 (산동보굴우중고)	저 산도 보배처럼 위엄 있고 높아 보이네.
虹垂萬瀑雷聲壯 (홍수만폭뢰성장)	무지개 드리운 만폭동엔 우렛소리 요란하고
鶴去三天翅影豪 (학거삼천시영호)	학이 하늘 중천 날아가니 그림자만 호사스럽네.
白石靑松相映處 (백석청송상영처)	흰 돌과 푸른 소나무 서로 비춰주는 저기
依俙洞府有仙曹 (의희동부유선조)	어슴푸레 의지한 고을엔 선인이 있겠지.

〈변안시조〉

난간에 올라서서 굴속을 살펴보니
마음은 걱정이요, 머리털은 곤두서는데
신령한 산속이어서 위엄있고 높구나

요란한 만폭동에 무지개 피어나고
한 마리 학이 날아 그림자로 색칠한다
석송(石松)도 서로 비추니 선인들만 살리라

본전(本殿)인 관음전에 들어서면 흔들거리는 마루가 있고 그 밑을 내려다보면 천 길 낭떠러지가 보인다.

2007년 내금강 관광을 시작하기 전후에 다녀온 분들은 복 받은 분들이다. 그중 한 분이 유홍준 전 문화재청장이다.

그의 『나의 문화유산답사기 금강산편』을 보면 "만폭동 계곡을 오르다 보면 집채만 한 흔들바위(뒹군바위)를 에돌아가며 맑고 푸른 물결이 물안개를 일으키는 벽파담이 나오고 그 위에는 바위벽에서 내리쬧고 밑에서 맞받아 튕기는 바람에 물살이 산산이 부서져 물보라를 일으키는 분설담이 있다. 분설담 오른쪽으로는 준수하게 생긴 법기봉의 뾰족한 봉우리가 호기 있게 솟아있다. 바로 그 법기봉 중턱에는 천 길 낭떠러지에서 오직 바지랑대 같은 기둥에 의지해 있는 보덕굴이 있다."라고 보덕굴과 세 암 부근의 풍광을 묘사하고 있다.

백운대·비로봉 구역. 출처 : 대순회보 127호

마하연·원적암·만회암·만경대의 백운대·비로봉 구역을 가다

백운대·비로봉구역은 내금강에서 가장 높은 지역이다.

화룡담에서 개울을 따라 500m 정도 올라가면 넓은 공터가 나온다. 이곳에는 마하연 중건비와 이 사찰에 토지를 기증한 분들의 공덕비가 세워져 있고, 조금 위쪽에 마하연 터가 있다. 고원지대인 마하연 터는 만폭동 위 골짜기가 동쪽으로 틀어지면서 평평한 대지를 이룬 곳에 자리하고 있다. 뒤로는 촛대봉, 앞에는 혈망봉(血望峰)과 법기봉(法起峰)이 높이 솟았고, 왼쪽으로는 중향성(衆香城 : 1,520m)과 나한봉의 산줄기들이 뻗어 있다. 이처럼 마하연은 스님들이 세속을 떠나 수도하는 명당으로 유명한 곳이었지만 현재는 폐허가 되어 터만 남아있다.

아쉽지만 마하연(摩訶衍)은 터만 만나다

금강산 마하연(摩訶衍)은 해발 846m의 높은 대(臺) 위에 있다. 마하연은 본래 신라 문무왕 원년에 의상 대사가 창건했고, 고려 나옹 화상이 수도한 곳이기도 하다. 김시습은 마하연을 두고 "몇백 겁을 두고 소원을 세운 것은 평생에 한 번 이 산 앞에 와보는 일"이라며 마하연과 금강산의 경치에 감탄하였다. 아마도 김시습은 마하연에서 나옹화상을 만났을 것이다.

김시습의 시 '마하연'은 「유관동록」에 수록되어 있지 않다. 「매월당 속집」 제1권 '유관동록' 편에 따로 수록되어 있다. 매월당 속집에는 마하연 외에도 15수가 더 있다.

김시습의 '**마하연(摩訶衍)**'을 읽어보자.

마하연(摩訶衍) : 890

大淵金文萬五千 (대연금문만오천)   마하연엔 돌에 새긴 글자 일만 오천 자라
至今留影洞中天 (지금유영동중천)   지금도 그 흔적 남아 있어 골짜기에 빛나누나

일제 강점기 마하연. 출처 : 불교신문(2008.10.18)   현 마하연 터. 출처 : 뉴스1(정창현 2021.01.02)

婆裟松檜似擎盖 (파사송회사경개)	소나무 전나무는 일산처럼 너울너울
嵯崒峯巒如列仙 (추졸봉만여열선)	늘어선 봉우리엔 신선이 둘러선 듯
百㤀億生會有願 (백유억생회유원)	예로부터 억만 사람 간직한 소원이 있거니
一身一到此山前 (일신일도차산전)	그것은 살아생전 한 번이라도 이 산에 와보는 것이었네.
我聞妙法深心禮 (아문묘법심심례)	내 듣건대 불법은 수양을 깊게 하거늘
巖樹林溪次第宜 (암수림계차제의)	바위와 나무, 숲과 계곡엔 차례로 선양하네.

〈변안시조〉

마하연 돌에 새긴 일만 오천 글자들이
지나간 흔적 남은 골짜기를 비추더니
송회(松檜)로 큰 숲 이루고, 봉우리엔 신선(神仙) 사네

예부터 억만 사람 소원을 물어보면
생전에 금강 유람 한 번쯤 오는 건데
중생(衆生)이 불법(佛法) 익히면 풍악산도 따르리라

마하연사(摩訶衍寺)는 신라 의상대사가 창건했고, 순조 31년 월송 선사가 중건한 것으로, 기역(ㄱ)으로 된, 사방 여덟 자인 방이 53개나 되었던 웅대한 건물이었다. 일제 강점기에는 식당, 찻집, 숙소 등이 준비되어 있었다. 마하연사는 1970년대 초에 대홍수로 건물이 소실되었다. 마하연은 대승(大乘)을 뜻한다.

마하연 터에서 뒤쪽으로 조금 더 올라가면 칠성각(七星閣)이 나온다. 마하연 부속건물인데 옛 모습 그대로 남아있다. 이 칠성각에서 작은 개울을 건너 600m쯤 더 가면 만회암(萬灰庵) 터가 나온다. 만회암 터에서 능선을 타고 나아가면 백운대(白雲臺, 969m)가 보인다. 백운대는 아침이면 구름이 흩어졌다가 저녁에 모여드는 곳이다.

마하연(摩訶衍) 터를 지나 만폭동 계곡의 상류인 사선교(四仙橋)까지 약 2km 구간을 화개동(花開洞)이라 한다. 화개동 쪽으로 난 개울을 따라 한참 오르다 보면 절간이 나타난다. 이 절이 옛날 어떤 스님이 땅을 파다가 부처를 발견하여 절을 지었다는 불지암(佛地庵)이다.

길을 따라 조금 더 가면 묘길상이 보인다. 묘길상은 높이 15m, 너비 9.4m 되는 한국 최대의 마애불(磨崖佛)로 고려시대 나옹이 새겼다고 전한다. 묘길상 마애불 뒤편 평지에는 묘길상암(妙吉祥庵) 옛 절터가 남아있다. 묘길상암은 신라시대에 창건하고 고려 말기 나옹선사

묘길상. 출처 : 월간 산(2007.07.23)　　　묘길상 원경(遠景). 출처 : 뉴스1(미디어 한국학, 2021.01.02)

가 중창하였으며, 조선시대에 폐허가 되었다. 김시습이 쓴 묘길상 시(詩)는 찾지 못하였다.

　김시습은 '원적암(圓寂庵)'이라는 시에서 '금강산 속에서 가장 깊은 곳.'이라고 하였다. 김시습은 이 시에서 금강산 원적암이 신선들의 세계임을 간접적으로 그려내고 있다. 그런데 원적암의 위치가 어디인지를 찾는 것은 쉽지 않았다. '양양문화원' 자료를 보자.

"묘길상암(妙吉祥庵)에서 5리쯤 더 가면 두 냇물이 합수하는 곳이 나온다. 시내를 따라 북쪽으로 가니 낙엽이 무릎까지 찬다. 여기가 원적동이다. 여기서 북쪽으로 3~4리를 가다가 냇물을 건너니 고원적암(古圓寂庵)과 신원적암(新圓寂庵) 두 암자가 나왔다."

　윗글은 『치재집(恥齋集)』에 기록된 글이다. 치재집은 치재 홍인우(洪仁祐 : 1515~1554)가 1553년 4월9일 서울에서 출발하여 금강산 유람을 마치고 5월 20일 되돌아온 금강산 유람기이다. 김시습 보다 백여 년 뒤에 다녀간 셈이다. 그렇다면 김시습이 본 것은 고원적암일 것이다.

　원적암 위치를 알려주는 다른 글을 보자.
'묘길상에서 십여 분 정도 걸으면 동남 방향으로 향하는 안무재골과 동북으로 향하는 비로봉행 골짜기로 나뉜다. 여기서 비로봉 쪽으로 조금 오르다 보면 또다시 동쪽으로 자그마한 시내가 있고 골짜기 물이 끊어지는 곳이 있으니, 바로 원적동(圓寂洞)이다'

원적암 시를 만나 보자

　원적동은 '대자연의 진리가 차분히 자리하는 골짜기'란 의미를 지니고 있다. 이 골짜기에 있던 원적암(圓寂庵)은 내금강에서는 가장 안쪽에 있던 사찰이었다. 김시습은 이 **'원적암(圓**

寂庵)'에서 시를 읊었다.

원적암(圓寂菴) : 470

山中最深處 (산중최심처)	금강산에서도 제일 깊은 곳
妙境可圖看 (묘경가도간)	기묘한 그 경치 그림같이 보여라.
松絡垂千尺 (송락수천척)	소나무 얽혀 천 길 드리웠는데
山雲在半間 (산운재반간)	산 구름은 그 허리에 걸려 있네!
地偏無俗客 (지편무속객)	궁벽한 고장이라 속세의 길손 없고
澗洌有飛湍 (간열유비단)	차디찬 골 물엔 급한 여울 많아라.
坐久心如水 (좌구심여수)	오래 앉을수록 마음도 물처럼 맑아지거니
姻霞襯碧巒 (인하친벽만)	안개와 노을 되어 푸른 산 따르고 싶어라.

〈번안시조〉

하늘 밑 첫 동네에 오롯이 숨은 사찰
기묘한 경치 보니 그림이 따로 없고
소나무 얽힌 사이로 산 구름이 걸렸다

산골짝 깊다 보니 속세의 길손 없고
차디찬 계곡물이 깊은 숲속 여울 되니
내 마음 해맑아지며 푸른 산을 오른다

김시습의 금강산 시 작품 중 가장 높은 곳이 원적암이다. 여기서 더 가지 않았는지, 아니면 더 갔는데 기록을 남기지 못했는지는 알 수 없다. 확인되지는 않지만, 일부 자료에는 김시습이 금강산에 여러 번 다녀갔다는 기록이 있다. 그렇다면 비로봉에도 가보았을 것이다. 더 연구할 일이다.

만회암에서 읊은 시를 만나 보자

원적암을 되돌아 나와 묘길상을 지나 다시 마하연 터로 와서 백운대를 향하여 오른쪽으로 방향을 튼다. 조금 더 가다가 보면 우측으로 연화대와 만회암(萬回菴) 입구가 보인다. 초창(初創) 연대는 미상이나 1809년(조선 순조 9) 중창하였다. 만회암(萬灰庵)이라고도 한다. 김시습은 '**만회암**(萬回菴)'에서 한 수 남겼다.

만회암(萬回菴) : 470

精舍傍烟蘿 (정사방연나)	절간 곁에는 연기 같은 풀 넝쿨
重構歲月深 (중구세월심)	고쳐 지은 지도 오랜 세월 흘렀나 봐
小亭松盖偃 (소정송개언)	작은 정자는 소나무에 덮여 있고
短砌蘚花侵 (단체선화침)	짧은 댓돌에는 이끼꽃 피었구나!
竹木埋幽逕 (죽목매유경)	대나무는 오솔길 메웠는데
風泉繞遠林 (풍천요원림)	바람과 샘물은 숲을 감돌고 있어라.
我來留半日 (아내유반일)	내 이곳 찾아 반나절 쉬노라니
淸境稱吾心 (청경칭오심)	맑고 고운 경치 내 마음에 들어라.

〈번안시조〉

연기같이 솟아오른 절간 곁 넝쿨 보니
지은 지 오래되어 세월이 잠겨 있고
정자엔 소나무 덮여 이끼꽃이 피었네

앞 길가 오솔길은 대나무로 가득하고
솔바람 졸졸 샘물 숲 돌아 흐르는데
반나절 쉬는 시간에 고운 경치 들본다

만회암에 대한 또 다른 자료에는 '마하연 터에서 왼쪽으로 갈라진 개울을 따라 올라가면 마하연 부속건물인 칠성각이 옛 모습대로 보존되어 있다. 칠성각에서 작은 물길을 건너 1km쯤 가면 관음봉 중턱에 있는 만회암 터에 이르게 된다.'라고 기록되어 있다.

오른쪽 지도를 보면 만회암의 위치를 알 수 있다.
또 이 지도에서 사선교 쪽으로 가다가 비로봉 방향에 조금 못 미쳐서 좌측 골짜기가 원적암이 있던 곳이고, 이곳도 북한강의 근원지인 금강천의 발원지 중의 하나이다.

만경대(萬景臺)는 어디에 있는가

만경대를 검색하면 평양 만경대, 동해시 만경대, 설악산 만경대, 북한산 만경대, 전주시 만경대 등은 검색이 잘 되는데 내금강 만경대는 찾기가 쉽지 않았다.

백운대 구역. 출처 : 대순회보 127호

조선 초기 성현(成俔, 1439~1504)의 「동행기(東行記)」나 남효온의 「금강산기(金剛山記)」에도 만경대와 만경동 기록이 나온다. 양사언의 한시 '만경대(萬景臺)'도 있고, 오식(吳軾)의 만경대(萬景臺)도 있다. 그러므로 만경대가 금강산에 있는 것은 확실하지만, 그 위치가 분분하다.

다만 홍인우(洪仁祐, 1515~1554)의 『치재집』과 신즙(申楫, 1580~1639)이 지은 「유금강록(遊金剛錄)」의 기록에 만경대 위치가 구체적으로 나타나 있다.

홍인우『치재집(恥齋集)』에서 내금강 유람 중 대화(양양문화, 2024년)를 보면 "성정이 말하기를, '이곳이 만회암동(萬灰菴洞)인데, 골짜기의 북쪽에는 만경대(萬景臺)와 백운암(白雲菴)이 있습니다.'라고 하였다. 다시 4리쯤 가니 묘길상암(妙吉祥菴)이 나왔다."

신즙의 「유금강록」에는 "동북쪽에 바위 봉우리들이 무수히 빙 둘러있는데 흰 옥이 병풍을 펼친 듯한 것은 중향성봉(衆香城峯)이다. 그 뒤에 안문봉(鴈門峯)과 백운대(白雲臺)가 있고 또 그 뒤에 **만경대(萬景臺)**가 있고 또 그 뒤에 한 바위 봉우리가 구름 밖에 우뚝 솟은 것은 비로봉(毗盧峯)이다"라고 기록되어 있다.

만경대를 그린 그림도 있다. 해악전도첩(海嶽全圖帖, 김응환, 1788년)이 그것이다.

따라서 만경대는 백운대와 비로봉 사이에 있는 대(臺, 주변의 조망이 좋고, 탁 트인 전경이 한눈에 들어오는 곳)라고 보아야 한다. 어느 지도에도 명확하게 '제시된 것은 없다'라고 하더라도 분명 백운대·비로봉 구역으로 분류하는 데는 이의가 없을 것이다. 자, 이제 **만경대(萬景臺)** 시(詩)를 감상해 보자.

만경대(萬景臺) : 469

攀危更生最高臺 (반위갱생최고대)   위험을 무릅쓰고 다시 제일 높은 누대에 오르니

해악전도첩 만경대(김용환 그림).
출처 : 카페 세상사는 이야기(2019.09.10)

無限奇峰眼底開 (무한기봉안저개)	끝없이 기묘한 봉우리들 눈 아래 펼쳐져 있네.
百川崖底玉摧頹 (백천애저옥최퇴)	백천동 언덕 아래 옥 되어 부서지누나
火龍似向層空舞 (화룡사향층공무)	화룡은 하늘 향해 춤추며 오르는 듯
玄鶴應從寶窟回 (현학응종보굴회)	검은 학에 호응하여 보덕굴을 감돌아라.
人世難逢如此境 (인세난봉여차경)	세상에 이런 곳 다시 보기 어렵거늘
傍人且莫苦相催 (방인차막고상최)	사람들 괴로움 잊고 서로 재촉하여 오르누나.

〈번안시조〉

아찔한 가슴 쓸며 누대(樓臺)에 올라서니
기묘한 봉우리가 눈 아래 펼쳐있고
만폭동 구슬 쏟아져 옥(玉)이 되어 빛난다

화룡(火龍)은 하늘 향해 춤추며 솟구치고
검은 학(玄鶴) 날개 치며 보덕암 감도는데
별천지(別天地) 고귀한 정경(情景), 괴롬 잊고 오른다

위 시의 3, 4행을 보면 '만폭동 골 안에 쏟아져 내리는 구슬, 백천동 언덕 아래 옥(玉)되어 부서지누나'라고 하였다. 전망대 중에서 가장 높은 곳에 올라 눈 아래 펼쳐진 절경을 보고 감탄이 절로 나온 것이다. 또 이곳에 오르는 이유를 '세상에 이런 곳 다시 보기 어렵기에 사람들 괴로움 잊고 서로 재촉하여 오르누나'라고 하며 내금강 최고 절경을 보기 위하여 오르는 탐승객의 모습을 묘사하고 있다.

만경대 구역. 출처 : 대순회보 131호

백천동·송라암·망고대·국망봉의 명경대·망고대 구역을 가다

내금강의 입구인 내강리에서 내금강 중심부의 모든 개울물을 다 받아들이는 만천(萬川)의 맑은 물을 따라 2km 정도 오르면 '신선들이 사는 곳을 향해 간다'라는 뜻의 향선교(向仙橋)라 불렸던 만천교가 있다. 이 다리에서 오른쪽으로 갈라진 길로 들어서면 백천동(白川洞) 골짜기와 거기에 잇달린 영원동, 수렴동, 백탑동의 계곡 경치, 그리고 백마봉, 차일봉 등 전망이 좋기로 유명한 명경대·망고대 구역이 나온다.

물길은 백천동에서는 한 물길이지만 명경대를 지나 조금 올라가면 두 갈래가 된다. 오른쪽은 영원동 지역으로 영원암, 옥초대(沃焦臺), 책상 바위, 영월대(迎月臺) 등이 있으며, 좌측으로 올라가면 수렴동의 수렴 폭포, 백탑동의 시왕 폭포 등이 유명하다. 송라암이 있고 산등성이에는 망군대, 혈망봉 등이 솟아있다.

이 구역을 모두 모아 명경대·망고대(망군대) 구역으로 묶어 정리하였다.

백갈래 물줄기가 흐르는 백천동을 찾아가자

정철은 「관동별곡」에서 '백천동(百川洞) 곁에 두고 만폭동(萬瀑洞) 들어가니'라는 구절을 남기고 있다. 그만큼 백천동을 직접 보지 못하는 것을 아쉬워했다. 김시습의 시(詩) '백천동(百川洞)'을 보자. 백천동에 들어서면 개울 양쪽으로 절벽들이 겹겹이 쌓여 있어 그 웅장함에 놀란다.

백천동(百川洞) : 467

百川奔一洞	(백천분일동)	여러 시냇물이 온 골짜기를 내 달리고
駃注松杉下	(결주송삼하)	소나무 삼나무 아래로 성내어 흐르네.
初疑銀河分	(초의은하분)	옛날의 은하수를 나누었는지 의심되고
復見明珠灑	(부견명주쇄)	다시 보니 밝은 구슬을 뿌린 것 같구려.
列壑何杳冥	(열학하묘명)	늘어선 골짜기는 어찌나 멀고 아득한지
峰巒走萬馬	(봉만주만마)	봉우리와 메는 일만의 말이 달리는구나.

桂樹復連蜷 (계수불연권)	계수나무는 거듭 구부러져 잇닿아있고
幽岩何誾誾 (유암하하하)	아득한 바위 크고 깊게 내어 걸렸구나.
多有神仙跡 (다유신선적)	아름답게 존재하는 신선들의 자취에
了無塵凡蹤 (요무진범종)	범상한 티끌의 발자취는 전혀 없구나.
日晚憺忘歸 (일만담망귀)	해가 저물어도 편안히 돌아갈 잊고서
煙暝山籠縱 (연명산롱종)	저무는 안개에 산의 자취가 자욱하구나.

〈번안시조〉

백 갈래 시냇물이 한 골에 모여들어
소나무 삼나무 밑 요란하게 흘러가네
은하수 비낀듯하고 진주알도 뿌렸네

늘어선 골짜기는 아득히 가물대고
산봉(山峯)은 높고 많아 일만 말(一萬馬) 달리는데
구부린 계수나무에 큰 바위가 걸렸네

신선이 머문 자리 곳곳에 흩었는데
사람의 발자취는 어디로 사라졌나
해 지고 돌아갈 시간, 짙은 안개 깔렸네

백천동에서는 명경대(明鏡臺, 장안사에서 북동쪽 1km 지점에 있는 높이 90m, 폭 30m의 거대한 화강암 바위)가 유명하다. 그런데 김시습은 명경대를 시제(詩題)로 작품을 남기지 않았다. 이는 앞에서도 언급하였지만, 작품을 쓰지 않은 것이 아니라 분실되었거나, 아니면 계곡물에 흘려보냈을지도 모른다. 그렇다 하더라도 이 유명한 금강의 보물 '명경대'에 관한 글을 남기지 않았다니…. 매우 아쉽다.

회정대사의 송라암(松蘿庵)은 어디 있는가

송라암의 위치를 확인하는 데도 많은 시간을 소비하였다. 그러던 중『율곡선생전서(栗谷先生全書) 권(卷) 시상(詩上)』에서 다음과 같은 기록을 확인하였다.

"금강산 안에 사자암이라는 봉우리가 있고 이 봉우리 아래 불지암(佛地菴)과 송라암(松蘿菴)이라는 두 암자가 있다. 송라암의 동쪽 큰 골에는 무수한 폭포들이 갈라지고 나누어져서 아득하게 퍼져 흐르는 것이 마치 흰 무지개 같다."

문장대로만 이해하면 사자암 아래 불지암과 송라암이 있다는 것이다. 불지암은 마하암과 묘길상 사이에 있는 사찰이므로 송라암도 그곳에 있다는 이야기가 된다. 그런데 금강산에는 불지암이 두 곳이 있다. 하나는 백운대 구역 불지암(佛地庵, 금강산 백운대 구역 불지골에 있는 암자로 신라 문무왕께 창건했다) 이고 또 하나는 불지암(佛池庵, 의상이 창건한 금강산에 있는 암자. 북한 측 자료에 의하면 현존하는 것으로 전한다) 이다. 더 연구해야 할 내용이다.

그런데 '국가지식포털 북한지역정보넷'에서는 송라암에 대하여 다른 위치를 말하고 있다. "송라봉은 망군대 지역인 강원도 금강산 내금강 지역 송라동에 있는 봉우리이다. 방장봉이라고도 하는데 올라가는 길이 매우 험준하다. 옛날 송라암이라는 암자가 있었는데 '송라대'라는 전망대도 있었다."

또 하나. 2007년 당시 내금강 관광이 시작될 때 북한에서 제작한 관광 안내 자료에 의하며 송라암은 망군대 지역에 소재하는 것으로 표시되어 있다.

송라암에 관한 최신 두 자료에 의하면 송라암이 망군대 지역에 속한 암자가 맞다. '**송라암(松蘿庵)**' 시를 읽어보자.

송라암(松蘿庵) : 470~471

松蘿烟壑老 (송라연학노)	연기 자욱한 골짜기에 늙어가는 송라암
精舍政流凉 (정사정류량)	절간이 황폐하고 처량하구나!
杜宇啼庭樹 (두우제정수)	뜰 앞 나무에선 뻐꾹새 울어대고
清香鎖寶房 (청향쇄보방)	부처 있는 방엔 맑은 향내 가득 찼네!
緬思懷正事 (면사회정사)	회정대사의 그 사연 생각하니
因憶解明方 (인억해명방)	불도를 가르치던 그 모습 삼삼하구나!
吊古如雲鳥 (적고여운조)	슬프도다 그대는 구름 우에 나는 새 같거니
禪窓夜東長 (선창야동장)	제 지내는 창문가에 밤만 깊어져 가네.

〈번안시조〉

자욱한 연기 속에 송라암 늙어가고
절간은 황폐하여 인적이 드물구나
뻐꾹새 홀로 울어도 불당 향(佛堂香)은 넘치고

회정대사 깊은 사연 가슴 속 저미는데
불도를 가르치던 그 모습 삼삼하다
슬프다 선(禪) 지내는 향, 밤은 깊어 가는데

위 시에서 송라(松蘿)는 송라암을 의미한다. 정사(精舍)는 불도를 닦는 스님들이 있는 집, 즉 정신 수양하는 곳이다. 두우(杜宇)는 두견과에 속한 새이며, 촉나라 망제(望帝)의 이름이기도 하다.

연기 자욱한 골짜기에 송라암이 늙어가고 있다. 절간이 황폐하고 처량하다고 노래하면서도 '부처 있는 방에는 향내로 가득'하다고도 하였다. 30대 때 이곳에서 하루 8시간씩 기도 정진하던 회정대사(懷正大師)의 모습도 되살려낸다.

드높은 망고대(望高臺)를 올라가 보자

망고대는 망군대(望軍臺)라고도 한다.
전설에 의하면 고려에 투항하려고 하는 경순왕을 따르지 않고 금강산으로 들어온 마의태자가 자기를 잡으려고 삼억동에 온 고려 군사들을 살피기 위하여 올랐던 봉우리이므로 '망군대'라고 부른다고 한다. 또 봉우리가 매우 높다(1,331m) 하여 **'망고대(望高臺)'**라고도 한다. 바로 뒤쪽에는 바위에 구멍이 뚫린 혈망봉(穴望峰)이 있다.

망고대(望高臺) : 469

歡甚忘疲上峭峰 (환심망피상초봉)	기쁨 속에 피곤 잊고 우뚝 솟은 봉우리에 오르니
高低列岳聳層穹 (고저열악용층궁)	높고 낮은 뭇 산들이 하늘 위에 층층 솟았구나!
奇形禹鼎初移後 (기형우정초이후)	기묘한 그 형태는 옛 성인이 큰 가마 옮겨놓은 듯
怪狀溫犀一燭中 (괴상온서일촉중)	기괴한 그 형상은 한 가락 촛불 모양 뜨겁고도 열렬하여라
獅子何年將奮迅 (사자하년장분신)	사자는 어느 해에 뛰쳐나오려나
俊鷹當日欲浮空 (준응당일욕부공)	날쌘 매는 이제 금시 날아오려는 듯
攀蘿若不凌雲頂 (반라약불능운정)	만약 풀 넝쿨 휘어잡고라도 구름 속 산정에 오르지 못한다면
那識楓嶠氣勢雄 (나식풍교기세웅)	어찌 금강산의 기세 웅장함을 알 수 있으랴

〈변안시조〉

기쁨 속 피곤 잊고 높은 봉 올라서니
높 낮은 뭇 산들이 층층이 솟아있고
큰 가마 옮겨놓은 듯 촛불 모양 뜨겁다

사자는 어느 틈에 물로 내려오고
날쌘 매 날개 펴고 창공에 솟는구나
산정(山頂)에 오르지 않고 금강산을 말하랴

망고대(望高臺)에 오르려면 벼랑이 돌난간과 같아서 쇠줄을 수직으로 드리우고 사람들이 그것을 붙잡고 올라가야 한다. 세상에서 말하기를 '만약 떠들썩하게 지껄이면 갠 날에도 반드시 비가 온다'라고 하였다. 그만큼 오르기가 험하다는 뜻이리라.

아무리 숨어 있어도 찾아낸 국망봉

내금강 국망봉의 위치는 검색이 잘 안되고, 된다고 하여도 불분명하여 땀을 흘리게 하였다. 그러던 중 신즙(申楫, 1580~1639)이 지은 「**유금강록(遊金剛錄)**」의 기록에서 국망봉의 위치를 찾았다.

"중향봉(衆香峯) 앞에 대향로봉(大香爐峯)이 있고, 그보다 조금 낮은 것이 있는데 소향로봉(小香爐峯)이다. <중략> 동남쪽에 또 바위 봉우리가 빼어났는데 혈망봉(穴望峯)이라고 했다. 남쪽 가까이에 하늘 높이 솟아있는 것은 망고대(望高臺)이며, 대의 남쪽에 또 필봉(筆峯)이 있고 아득하게 쌍으로 솟은 것은 **백마봉(白馬峯)과 국망봉(國望峯)**이다. 서남쪽에 바위 봉우리 6개가 있었는데 시왕봉(十王峯)·천등봉(天燈峯)·미륵봉(彌勒峯)·관음봉(觀音峯)·지장봉(地藏峯)·달마봉(達摩峯)이 그 이름이다."

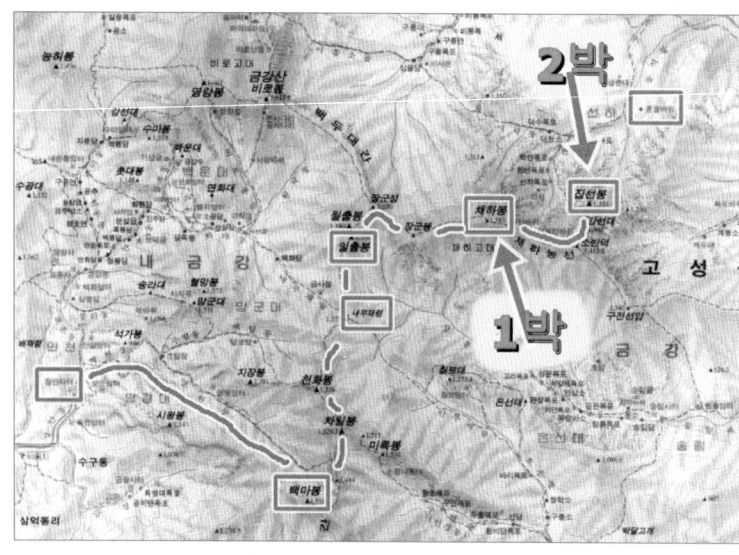

백마봉이 있는지도.
출처 : 루트파인터스(2025.02.13)

왼쪽 지도에서 보면 중간 오른쪽 아래에 백마봉이 있다. 국망봉과 백마봉은 쌍으로 솟았다고 했으니, 국망봉의 위치를 짐작할 수 있겠다. 김시습의 '**국망봉(國望峰)**' 시(詩)를 감상해 보자.

국망봉(國望峰) : 470

峰高草木被風謾 (봉고초목피풍만)	높은 산정 풀과 나무 세찬 바람결에 시달려
連蜷施蔓紏似盤 (연권시만규사반)	자라지 못하고 서로 얽혀 쟁반 모양 펼쳤구나.
未見初聞稱國望 (미견초문칭국망)	보지도 듣지도 못한 그 이름(국망봉)이라
纔登遙覽竦人觀 (재등요람송인관)	잠깐 올라 바라볼 제 인간 세상 한눈에 안겨 오네
茫茫渤海盈於椀 (망망발해영어완)	망망한 저 바다는 사발 안에 찰랑이고
渺渺山河大似彈 (묘묘산하대사탄)	아득히 펼친 산과 강 끌어당긴 활줄 같구나.
始信尼丘天下小 (시신니구천하소)	천하가 작다던 옛 성인의 뜻 이제야 알겠거니
西江盡吸亦非難 (서강진흡역비난)	흘러드는 바닷물 모두 마셔도 성 차지 않으리라

〈변안시조〉

산정(山頂)의 풀과 나무 바람결에 시달리다
작은 키 서로 엉켜 쟁반처럼 되었구나
국망봉 높이 오르니 인간 세상 안기네

망망한 저 바다는 사발 안에 찰랑이고
아득한 산과 강이 활처럼 휘었구나
천하(天下)가 작다 한 선현(先賢), 그 깊은 뜻 알겠네

김시습은 '망망한 저 바다는 사발 안에 찰랑이고 아득히 펼친 산과 강 끌어당긴 활줄 같구나.'라고 읊었다. 바다, 산, 강이 모두 등장한다. 지도상으로 보았을 때 국망봉은 외설악과 내설악을 구분 짓는 중간 지점에 있는 것으로 보이므로 동해(東海)도 보였을 것이다.

다만 '보지도 듣지도 못한 그 이름(국망봉)'이라 했다. 김시습에게도 매우 낯설었던 곳이 국망봉이다.

원통암·개심폭·진불암의 태상 구역을 가다

태상 구역은 표훈사를 지나 금강대 왼쪽 골짜기로 올라가는 계곡이다. 원통동과 수미동

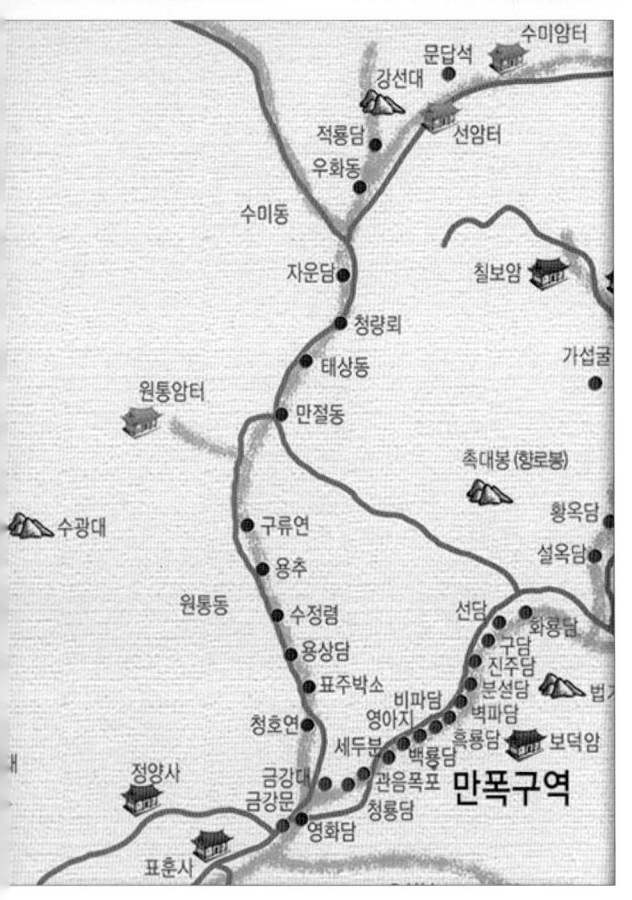

태상 구역(금강문 지나 왼쪽 계곡), 출처 : 대순회보 130호

이 여기에 속한다. 내금강을 유람할 때 시간이 부족하면 만폭동을 거닐고 마하연을 지나 묘길상을 거쳐 내려오기 마련이다. 아무래도 태상 구역은 그 후에 시간적 여유에 따라 탐승이 결정된다.

원통동(圓通洞)에서 원통암을 만나다

원통동은 만천(萬川)과 태상천(太上川)이 합치는 데서부터 시작하여 **원통암**(圓通庵, 외금강 송림동 원통암과 구별하기 위해 내원통암이라고도 한다) 까지 포괄하는 지역이다. 이곳에는 개울을 따라 굽이굽이 연이은 폭포와 소(沼)가 있다. 향로봉(香爐峯)을 사이에 두고 우측은 만폭동이고 좌측은 원통동이다. 이곳에도 폭포와 소들이 연이어 있다는 점에서는 만폭동과 다를 바 없다. 그러나 폭포 소리가 요란하지 않고 숲의 그늘에 감추어진 탓에 늘 검은빛을 띠고 있어 그 경관은 서로 다르다. 먼저 '**원통암**(圓通庵)' 시(詩)를 만나 보자.

원통암(圓通菴) : 468

禪境何瀟洒 (선경하숙주)	암자는 이다지도 깨끗하고 정갈한고
居僧只二三 (거승지이삼)	살고 있는 중은 두셋뿐이어라
煙光吹不散 (연광취불산)	연기는 피어나도 흩어지지 않고
灝氣冷相涵 (호기냉상함)	밝고 숭엄한 기운 머금고 있어라.
地僻乾坤小 (지벽건곤소)	궁벽한 곳이라 하늘땅이 작아도
心淸夢寐甘 (심청몽매감)	마음이 맑아지고 꿈도 달콤하리
掛筇留一宿 (괘공류일숙)	지팡이 걸어놓고 하룻밤 묵어갈 제
松月助禪談 (송월조선담)	소나무에 걸린 달 중 이야기 돕고 있네!

〈번안시조〉

계곡 속 아담하고 정갈한 암자 있어

원통암(신익성 그림),
출처 : 국립중앙박물관 소장 작품 영인본

수도승 두세 명이 모두라 말하지만
해맑고 숭엄한 기운, 연기따라 스민다

깊고도 깊은 골짝 하늘 땅 멈춰서니
마음은 맑아지고 불심(佛心)도 흐르는데
달빛도 함께 묵으며 독경(讀經) 소리 듣는다

원통암을 '깨끗하고 정갈하다'라고 하였다. 그만큼 깔끔하게 정리된 암자가 원통암이다. 두세 명의 승려가 수도하는 곳이지만 마음을 내려놓고 하룻밤을 쉴 정도로 정감 어린 곳이기도 하다.

개심폭에서 무엇을 개심(開心)했을까

이어 **개심폭(開心瀑) 시**를 살펴보자. 개심은 어디에 있을까? '개심암(開心庵)'이나 '개심대'는 검색이 되는데 '개심폭'은 어디에서도 검색이 되지 않았다. 그렇다고 하더라도 개심암, 또는 개심대 부근에 개심폭이 있을 가능성이 매우 높아 개심암이 있는 태상 지역으로 분류하였다.

다음 몇 가지 자료로 그 근거를 찾아보자.
먼저 이정귀(李廷龜, 1564~1635)는 「금강산유람기(1603년)」에서 '진헐대에서 정신을 가다듬어 구경하노라니 어느덧 해가 기울기에 북쪽으로 산허리를 타고 올라 개심암(開心菴)에 도착하였다. 암자의 지세는 정양사보다 더 가팔랐으나 분위기는 더욱 그윽하고 고요하였다.'라고 하였으며, 율곡 이이는 그의 장시(長詩) 「풍악(楓嶽)을 읊다」에서 '개심암과 천덕암은 원통암 서쪽에'라고 표현하고 있다. 또 남효온은 『금강산기』에서 **'정양사 서북쪽에 개심대(開心臺)가**

있고 개심대 서쪽에 개심암(開心庵)이 있다. 개심대 북쪽에 서수정봉(西水精峯)이고, 그 봉 남쪽에는 **웅호암(熊虎庵)이 있고 봉(峰)의 뒤에는 수정암(水精庵)이 있는데, 곧 비로봉 북면의 물이 쏟아지는 골짝이다.**'라고 하였다.

개심대와 개심암으로 '물이 쏟아지는 골짝'이 있다고 했으니, 곧 개심폭이 아니겠는가? 하여 '**개심폭(開心瀑)**'을 태상 구역으로 분류하였다.

개심폭포〔開心瀑〕: 470

一道銀河落九天 (일도은하낙구천)   한줄기 은하수가 하늘에서 떨어지는 듯
和雲漱月檜松邊 (화운수월회송변)   구름 되어 달 머금고 나무숲에 드리웠네!
夜深最愛山中靜 (야심최애산중정)   깊은 밤 깃든 것은 산속의 고요인데
晴雨灑空人未眠 (청우쇄공인미면)   허공중에 흩뿌리는 새벽 비에 잠들 수 없어라.

〈변안시조〉

한줄기 은하수가 하늘에서 떨어지듯
구름 되어 달 머금고 나무숲 울려대니
깊은 밤 새벽 빗소리, 잠들 수가 없어라

'깊은 밤 깃든 것은 산속의 고요인데 새벽 비에 잠 못 이루었다'라고 노래하고 있다. 이 시구로 보아 김시습은 개심폭 부근에서 하루를 묵었다. 그렇다면 그곳은 개심암(開心庵)이었으리라.

꼭꼭 숨어서 어렵게 찾은 진불암(眞佛庵)

이어서 조금 더 올라가면 자운담(慈雲潭)이 있고, 자운담에서 좌측으로 조금 올라가면 웅호봉 아래 진불암(眞佛菴)이 있다. 암자의 동쪽에 마치 서 있는 부처처럼 생긴 바위가 있기 때문에 붙여진 이름이다. 이곳은 세조(世祖)의 원찰(願刹, 소원 성취를 기원하거나 사망한 사람의 명복을 빌기 위한 목적으로 왕실에서 건립한 사찰)로 알려져 있다.

나옹의 제자이며, 이태조의 왕사(王師)였던 무학대사가 말년에 '**진불암(眞佛庵)**'에서 지내다 금강암에서 입적(入寂)하였다고 전한다.

진불암(眞佛菴) : 468

以石名眞佛 (이석명진불)　돌 보고 참 부처라 이름하고
禪中住老禪 (선중주노선)　암자 안에 늙은 중 있다.
路回千嶂下 (노회천장하)　길은 천 봉 아래도 돌고
人傍五雲邊 (인방오운변)　사람들 오색 구름가에 깃들었다.
水石心無累 (수석심무루)　돌과 물 찾는 마음 매인 것 없어
烟霞景自姸 (연하경자연)　안개 노을 비낀 경치 절로 곱다.
行童煮山茗 (행동자산명)　행자승 산 차 달이려
貯月汲寒泉 (저월급한천)　달 담아 찬 샘물 긷는다.

〈번안시조〉

돌〔石〕 보고 참 부처라 이름한 암자에서
늙은 중 홀로 앉아 불경을 읊고 있네
수천 봉 아래에 두고 오색구름 맞으며

자연에 살고 있어 매인 것 없는 데다
물안개 비낀 노을 산 경치 절로 곱다
행자승, 달 담은 산차(山茶) 샘물 길어 다린다

　오운(五雲)은 오색구름, 즉 여러 가지 색으로 빛나는 구름이다. 수석(水石)은 물과 돌로 이루어진 자연의 경치를 뜻하고, 연하(煙霞)는 안개와 노을이 만드는 고요한 산수의 경치를 말한다. 행동(行童)은 절에서 심부름하는 아이다.

　진불암의 위치에 대하여 알아보자.

　정윤영은 금강산유람기 「영악록(瀛嶽錄)」에서 '자운담(紫雲潭)에서 왼쪽으로 들어서면 **진불암의 유허지**(遺墟址)가 나온다. 들어갈수록 경치가 아름답다. 자운담은 수미팔담(須彌八潭 : 구유소, 만절동, 태상동, 청냉뢰, 자운담, 우화동, 적룡담, 강선대) 중의 하나다.'라고 했다.

진불암 (해악전도첩, 김응환 그림).
출처 : 카페 세상사는 이야기(2019. 09. 10)

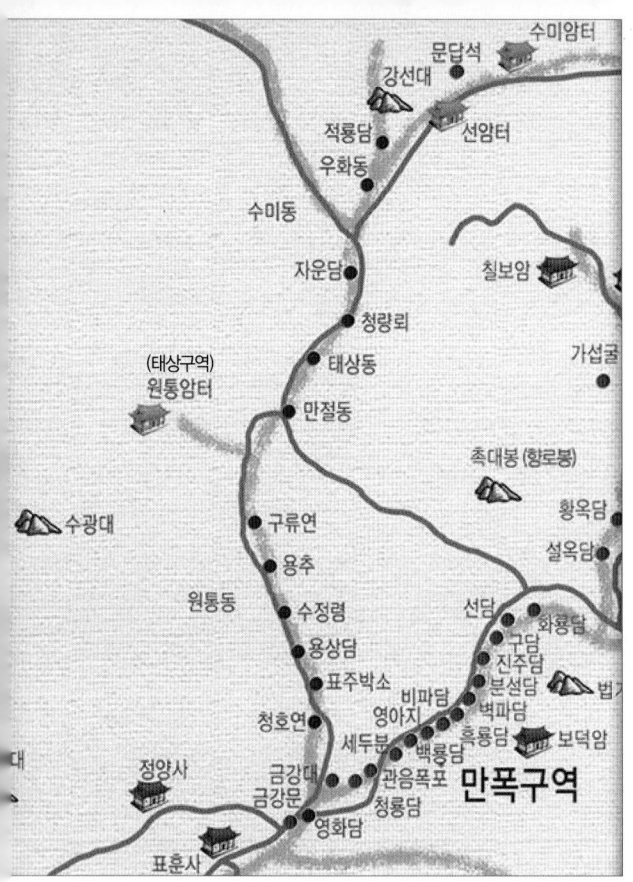

수미동의 자운담 좌측 계곡에 있는 진불암 유허지.
출처 : 대순회보 130호

이율곡의 장시 「풍악행(楓嶽行)」에서 진불암의 위치에 대해 '원통암은 진불암 남쪽에 있으며, 진불암은 선암(船菴) 서남쪽에 있고, 수선암과 기기암은 선암 동남쪽에 있으며, 개심암과 천덕암은 원통암 서쪽에 있고.'라고 노래하고 있다.

이 노래를 아래 정양사에서부터 위쪽으로 가며 정리하면 원통암, 진불암, 선암 순(順)이 된다.

왼쪽 지도에서 위쪽에 있는 수미동의 자운담에서 좌측 계곡으로 들어서면 얼마 가지 않아 진불암 유허지가 있다.

여기까지가 김시습의 시 중에서 **자연과 인문을 읽은 시**로 만천 구역, 만폭 구역, 백운대·비로봉 구역, 망경대·망군대 구역, 태상 구역으로 분류하여 감상하였다. 특히 '국망봉' 시와 '만경대' 시는 지리적 위치를 찾아 오랜 시간을 찾아 헤맸으며, 결국은 뜻깊은 자료 검색을 통하여 구역 분류가 가능하였다.

이제 마음과 생각을 읊은 시로 넘어간다. 아기자기하고 화려한 금강산에서 자연과 인문을 음미하다가 보니 자연히 세상 걱정도 하게 되었으리라.
머리와 가슴이 만나 쓰인 '마음과 생각을 읊은 시'는 다시 '불심을 읊다', '선경(仙境)을 보다', '세상을 읽다'의 세 부분으로 나누어 노래하기로 한다.

내금강에서 불심을 읊다

내금강에서 읊은 시 중에서는 각 지역이나 건물을 대상으로 쓴 시도 있지만, 불심을 은근히 드러낸 시, 선경의 아름다움을 예찬한 시, 그리고 세상에 관한 관심을 비유적으로 드러낸 시들이 적지 않다. 금강산이라는 천하제일의 멋진 풍경 속에서 농익은 시어(詩語)들이 날개를 달았다. 먼저 **'불심을 읊다'** 편이다.

김시습은 금강의 사찰을 순회하면서 불가적(佛家的) 작품을 남겼다. 여기에 모아 감상해 보자. '향모(香茅)', '역막파공(亦莫把空)'이 여기에 속한다.

향기 있는 띠풀에서 깨달음을 얻다

향모는 '향기 있는 띠풀'이라는 뜻이다.
오늘날 일반인에게 낯선 풀이지만 김시습은 잘 알고 있었다. 그의 글에는 띠풀(茅草)이 자주 등장한다. 뿌리줄기는 난(蘭) 뿌리를 연상케 하면서 향긋한 바닐라 향을 풍겨 향초로 알려진 풀이다. 여러해살이 초본식물로 온대 및 냉대 지역에 분포하며, 한국에서 자생하는 종으로는 향모와 산향모가 있다. 먼저 '향모(香茅)' 시(詩)를 읽어보자

띠풀. 출처 : 국립생물자원관

향모(香茅) : 471

茅草細鬖鬖 (모초세삼사)	띠풀은 가늘고도 더부룩하나
香深帶露芽 (향심대로아)	향기 이슬 머금은 싹에 짙다.
春前猶帶穗 (춘전유대수)	봄 오기 전에 이삭 두르고
暖後細飄花 (난후세표화)	따뜻한 뒤에야 가는 꽃을 나부끼네.
藉用看羲易 (차용간희역)	의지해 쓰고자 복희씨 주역을 보니
莛箪見楚些 (정전견초사)	풀 줄기 점 대에 초혼가를 보는구나.
我將爲炷獻 (아장위주헌)	이 사람 띠풀 사르어 드리려 함은
傳信覺皇家 (전신각황가)	믿음 전해 부처를 깨닫기 위해서라네

〈번안시조〉

가늘고 더부룩한 띠 풀을 바라보니
이슬에 향기 더해 새싹은 짙푸르고
아직은 때 이른 봄날, 따뜻하면 피리라

복희씨 의지하여 주역을 살펴보니
풀줄기 대궁에서 초혼가(招魂歌) 들리누나
띠풀을 사르고 나면 부처님 뜻 알리라

희역(羲易)은 주역(周易)을 달리 이르는 말이다. 초사(楚些)는 넋을 부른다는 의미를 지닌 노래로 초사(楚辭)의 초혼(招魂)은 초 나라 민간의 초혼가(招魂歌) 형식을 본떠서 지었기에 구절 끝에 사(些)자가 있는데, 이에 따라 초사(楚些)라 명명한 것이다. 각황(覺皇)은 깨달음의 가장 높은 위치에 있다는 뜻으로, '부처'를 달리 이르는 말이다.

아마도 당시에는 띠 풀을 부처님께 드리는 향으로 썼던 모양이다 "이 사람 띠 풀 사러 드리려 함은 믿음 전해 부처를 깨닫기 위해서라네."라고 노래하고 있다. 불심을 닦는 김시습의 모습이 그려진다.

공(空)을 파악하지 못한다고 꾸짖다

공(空)은 불교의 핵심 교리로, 모든 존재가 고정불변하는 독립적인 실체가 없다는 사상이다. 인연(因緣)에 따라 생겨나고 사라질 뿐, 그 자체로 영원한 본성이나 자성(自性)이 없다는 의미를 내포한다. 이는 실체가 없다는 것을 넘어, 집착 없이 변화를 받아들이고 궁극적인 지혜에 이르는 과정과 연관된다. 김시습은 '**역막파공**(亦莫把空)' 시를 감상해보자.

역시 공을 파악 못 한다〔亦莫把空〕: 471

亦莫把空坐 (역막파공좌)	다만 부질없이 앉아 잡으려 하지 말라
緇衣誤一身 (치의오일신)	승려의 검은 옷에 몸 하나 그르쳤구나.
人間滅道理 (인간멸도리)	사람이 사는 세상 도리와 이치 사라지고
世上叛君親 (세상반군친)	사람 세상은 임금과 어버이 배반하네.
胸礙三生事 (흉애삼생사)	마음에 거리끼는 세 곳 생애의 일들이
頭蒙百尺塵 (두몽백척진)	머리는 어리석어 세속 티끌 백 척이네.
不如爲俗子 (불여위속자)	세속의 평범한 사람 되는 것만 못하고
例作一窮民 (예작일궁민)	법식 만들어 모든 백성 궁하게 했구나.

〈변안시조〉

앉아서 부질없이 잡으려 하지 마라
승려의 검은 옷에 몸 하나 그르치고
사라진 도리와 이치, 충효 정신 잊었네

마음에 거리끼는 세 곳의 생애 일들

머리는 세속 티끌 백척이나 쌓아놓고
뭇 백성 힘들게 하니 평민 삶은 궁(窮)하네

치의(緇衣)는 승려가 입는 검은 물을 들인 옷이다. 삼생(三生)은 과거와 현재, 미래를 뜻하는 전생, 현생, 후생을 아울러 이르는 말이다. 속자(俗子)는 세속의 평범한 사람을 의미한다.

김시습은 제목에서 역시 공(空)을 파악하지 못한다고 자신을 꾸짖고 있다. '세상은 온통 빈 것 천지인데, 굳이 빈 것을 무엇 하러 잡으려 하느냐'라고 되묻고 있다. 점점 불심 깊숙이 감겨 들어가고 있다.

내금강에서 선경(仙境)을 보다

자연과 함께하면서 자연의 위대함이 가슴에 자리잡은 온 김시습에게 도학(道學)의 기본이 형성되고 서서히 작품으로 나타나기 시작하였다. '선(仙)'이란 사람과 자연과 하늘이 서로 조화롭게 공존하는 삶의 방식이자 문화이다. 즉 한문 선(仙)을 살펴보면 사람(人)과 산(山)과 하늘이 조화롭게 공존하는 생활방식이자 문화'라고 할 수 있다. 김시습은 그 경지로 들어가고 있다.
여기서는 '둥지 속 학(巢鶴)', '한가한 학(閒鶴)', '네 새의 지저귐을 읊다(咏四禽言)', '날 다람쥐의 소리를 듣고(聞靑鼠聲)' 등 네 작품을 감상한다.

날지 못하고 있는 둥지 속의 학을 보다

먼저 '**소학**(巢鶴)'이다. 학은 아름답고 우아한 자태를 바탕으로 그림, 도자기, 관복의 문양, 춤 등 한국 전통문화의 여러 분야에 나타나며 다양한 모습을 보여준다. 특히 학을 타고 나는 신선의 그림이나 신선 이야기를 다루는 유선(遊仙) 문학에서 '신선과 벗하는 영물(靈物)'로 표현되고 있어 인상적이다.
그 학이 날지 못하고 둥지 속에 있다. 아직 못 깨우치고 있는 뭇 중생들에게 깨우치라고 경고를 보내는 글일까? 아니면 자신을 향한 글일까?

둥지 속 학(巢鶴) : 472

蒼崖栖鶴處 (창애서학처)   푸른 언덕의 학이 깃들이는 처소는

松老一枝欹 (송로일지기)	늙은 소나무의 한 가지에 의지하네.
蕙帳空時怨 (혜장공시원)	향초 휘장이 비어서 때마다 원망해도
芝田秀處嬉 (지전수처희)	지초밭의 빼어난 처소를 희롱하네.
千年華表態 (천년화표태)	천년 뒤 화표(華表)에 앉는 것이 가능하니
萬里碧空思 (만리벽공사)	일만 리에 푸르른 하늘을 생각하네.
月露聲尤警 (월로성우경)	달빛 어린 이슬 더욱 깨우쳐 소리 내고
沖天骨格奇 (충천골격기)	심원한 하늘에 맞서는 의기 기특하네.

〈변안시조〉

학 깃들인 푸른 언덕 산봉(山峰)을 휘어잡고
노송의 한 가지는 쓰러질 듯 누워 있네
빈 향초 원망을 해도 처소(處所)만은 으뜸이라

천년 뒤 화표(華表) 위에 앉는 게 가능하니
일만 리 푸른 하늘 달빛에 깨우치고
이슬은 하늘에 맞서 어울리며 오르리

혜장(蕙帳)은 향초(香草)로 만든 휘장이다. 혜장공혜야학원(蕙帳空兮夜鶴怨)은 혜장이 비어 있으니, 밤에 학은 집 떠난 주인을 원망한다는 뜻이다. 화표(華表)는 화표학귀(華表鶴歸), 학이 되어 돌아와 화표(華表 : 묘 앞에 세우는 것. 망주석 따위)에 앉는다는 뜻이다.

김시습 자신도 알에서 부화하여 이제 날아야 할 시기인데 '아직도 날지 못하고 있는 것은 아닌가' 하고 생각하는 듯하다.

신선이 사는 곳엔 언제 가려나

김시습은 금강산에는 불도를 닦을 수 있는 도량은 수없이 많은 데 '도를 깨우치려는 중생들의 게으름이 도가 넘어 한가한 학처럼 되었다'라고 되뇌이고 있다. '**한학**(閒鶴)'을 감상해 보자.

한가한 학〔閒鶴〕: 472

萬里無雲山月明 (만리무운산명월)	만 리에 구름도 없으니, 산의 달빛은 밝은데
一聲嘹喨動人情 (일설료량동인정)	한 소리 맑게 울리니 사람의 정이 움직이네.

沙明水碧三淸洞 (사명수벽삼청동)　모래는 밝고 강물 푸르니 삼청의 골짜기라
幾度乘風上玉京 (기도승풍상옥경)　몇 번이나 바람을 타고 옥경에게 올랐을까나?

〈번안시조〉

만리(萬里)에 구름 없고 산기슭 달빛 밝아
물소리 높게 울려 사람을 불러내니
삼청(三淸)은 맑고 푸르러 옥경(玉京)까지 이르네

요량(嘹喨)은 소리가 맑고 깨끗함을 뜻하고, 삼청(三淸)은 도가(道家)에서 말하는 신선이 사는 곳으로 옥청(玉淸), 상청(上淸), 태청(太淸)의 삼부(三府)를 의미하는 도교(道敎) 용어이다. 옥경(玉京)은 하늘 위 옥황상제가 산다는 하늘나라 수도이다.

지금은 이곳 심심산골에 머물고 있는데 신선이 사는 곳에는 언제쯤 가겠느냐고 묻고 있다. 사실은 지금도 한가한 학이 되어 금강에 머물고 있는데 말이다. 여기서 삼청(三淸), 옥경(玉京) 등 도교적 시어를 쓰고 있다. 그동안 유불(儒佛)에 머물렀던 김시습의 관심이 이곳에서 차츰 도교적 감성이 더해지고 있다.

네 마리의 새 지저귐을 듣는 김시습

이어 '**영사금언**(咏四禽言)'을 보자. 이 시는 수련(首聯)이 5자, 나머지 함련(頷聯), 경련(頸聯), 미련(尾聯)은 4자로 되어 있다. 4언절구의 변형이다.

네 새의 지저귐을 읊다〔咏四禽言〕: 472

山中有四禽 (산중유사금)　산속에 네 마리의 새가 있으니
警於朝暮　 (경어조모)　　아침저녁 따르며 깨우치네.
足以感人　 (족이감인)　　사람들 느끼기에 넉넉한데
因以警世　 (인이경세)　　인하여 세상을 깨우치네.

〈번안시조〉

네 마리 새가 있어 산속에 찾아드니
조석(朝夕) 간 울어대며 시간을 깨우면서

뭇사람 넉넉한 인심, 세상 삶을 알리네

사금언(四禽言)은 새를 의인화한 일종의 시체(詩體)이다. 소식이 그의 오금언(五禽言) 서문에 "매성유(梅聖兪)가 예전에 사금언을 지었다. 이에 내가 매성유의 시체를 사용하여 오금언을 짓노라"라고 하였다. 일종의 시체 변형이라는 이야기이다.

산중에는 네 마리의 새가 있어 아침저녁으로 일깨워 깨우친다고 했다. 그런데 새 네 마리가 우짖으며 아침을 깨우친다고 뭐 사람까지 깨우치지는 못할 것이다. 다른 사람은 듣지 못해도 김시습은 사금언(四禽言)에서 무엇인가 깨우침의 이야기를 가슴으로 듣고 있는 것이다.

날다람쥐는 무슨 이야기를 했을까

날다람쥐에 대한 기록을 살펴보았다.『조선왕조실록』세종 24년에 "강원도 관찰사 조수량(趙遂良)에게 날다람쥐 두 마리와 수리 새끼 두 마리를 바치게 하니, 영흥대군(永興大君)을 즐겁게 하기 위한 것이었다."라고 기록되어 있다.

혹 김시습이 훗날, 이 소식을 들은 것일까? 아니면 이곳 관동에서 잡혀갔을 날다람쥐가 자신의 처지와 비교된 것은 아닐까? '문청서성(聞靑鼠聲)'을 들어보자.

날다람쥐의 소리를 듣고〔聞靑鼠聲〕: 473

月白靜無譁 (월백정무화)	달빛은 희고 시끄러움도 없이 고요한데
但聞靑鼠聲 (단문청서성)	다만 청설모가 소리치는 소리만 들리네.
緣枝何喞喞 (연지하즉즉)	가지 가장자리에서 어찌나 찍찍대는지
趯樹轉營營 (적수전영영)	나무에서 뛰며 이득을 얻고자 맴돈다네.
聽爾驚殘夢 (청이경잔몽)	네 소리 들려오니 어렴풋한 꿈에 놀라고
憐渠歎一聲 (연거탄일성)	어찌 불쌍히 여겨 한 소리로 탄식을 하나.
空山同飮啄 (공산동음탁)	사람 없는 산에 두드려 마시며 함께 하니
與汝得無情 (여여득무정)	너와 더불어 진실이 없음을 깨닫는구나.

〈번안시조〉

흰 달빛 조용하게 산속에 퍼지는데
청설모 소리치며 오르고 내달리네
가지 끝 아우성치며 먹을거리 찾는가

네 소리 들려오니 어렴풋이 꿈 깨어서

어찌나 불쌍한지 아쉬워 탄식한다
사람이 없는 산에서 어찌 진실 찾으랴

청서(靑鼠)는 날다람쥐로 다람쥣과의 한 종류이다. 다른 말로 청설모라고도 한다. 즉즉(喞喞)은 풀벌레 등이 우는 소리이며, 영영(營營)은 세력이나 이익 등을 얻으려고 골똘히 생각함 또는 그 꼴을 뜻하고, 잔몽(殘夢)은 잠이 깰 무렵에 꾸는 꿈, 혹은 잠이 깬 후에도 마음 속에 어렴풋이 남아있는 꿈이다.

청설모가 먹이를 찾아 찍찍대며 부지런히 오르내리는 것과 조정 대신이 부정축재(不正蓄財)를 위해 부지런히 움직이는 것을 비교하며 비난하고 있는 것은 아닌지? 그러나 사람 하나 없는 산에서 무엇을 찾을 수 있겠느냐고 되묻고 있다.

내금강에서 세상을 읽다

아무리 금강산에서 불심이 깊어지고 자연이 웅장하고 아름다웠다고 하더라도 김시습은 세상에서 살던 사람이며 어려서부터 이십 일세까지 유학서를 읽던 유학자였다. 전국을 유람한다 해도 유학의 모든 것을 잊고 유람할 수는 없지 않은가? 특히 자연을 벗 삼아 주유(周遊)하다 보니 세상사(世上事)는 더욱 보잘것없어 보이면서도 안타까운 생각에 걱정도 된다. 하여, '위수추리(爲誰趨利)', '불여귀(不如歸)', '비비(悲悲)' 등의 노래가 저절로 나왔을 것이다.

누구를 위하여 명리(名利)로 달려가느냐

명예와 이익을 추구하는 것은 예나 지금이나 변함이 없다. 출세 지향적인 인간들은 권문세가의 집을 발이 닳도록 드나들고 그들이 하는 짓은 옳고 그른 것과 관계없이 입에 침이 마르도록 칭찬한다. 김시습은 '눈에 가득한 것은 슬픈 일뿐'이라며 세상을 비판적 시각으로 본다. 여기서 계수나무는 상록수다. **위수추리(爲誰趨利)**를 감상하며 김시습의 주군(主君)에 대한 충성이 한결같음에 공감해 보자.

누구를 위하여 명리로 달려가느냐(爲誰趨利) : 472

爲誰趨名利 (위수추명리)   누구를 위하여 명리로 달려가느냐

奔馳紫陌中 (분치자맥중)	도성의 큰길 한가운데서 바쁜 것인가.
風塵惹人面 (풍진야인면)	세상의 어지러운 일은 사람을 유인하는데
榮辱怨天公 (영욕원천공)	영욕 때문에 하늘을 원망하누나.
滿目悲生事 (만목비생사)	눈에 가득한 것은 슬픈 일뿐이고
臨岐泣路窮 (임기읍로궁)	갈림길에서 갈 길이 막혀 울지 않을 수 없네.
不如唾謝去 (불여타사거)	차라리 침이나 뱉어 사절하고 돌아가서
高臥桂花叢 (고와계화총)	계수나무 숲에 높이 누움만 못하리라.

〈번안시조〉

그대는 세속에서 한 삶을 살기 위해
서울의 큰길 위를 바쁘게 오갈 건가?
세상사, 영욕 진흙에 뭇 사람이 빠져도

그대 눈에 가득 고인 큰 슬픔 넘쳐나고
갈림길 앞길 막혀 울음이 절로 나네
차라리 모두 떨치고 나무숲에 누우랴

추리(趨利)는 다투어 이익을 꾀함을 뜻한다. 명리(名利)는 명예와 이익을 추구하는 것이고, 분치(奔馳)는 빨리 달리는 것이다. 자맥(紫陌)은 서울 장안의 거리를 말한다. 그러면 명리(名利)를 추구한다는 말은 무슨 의미일까? 이는 글과 학문, 예술과 문학 등 정신적인 삶을 지향하는 것이 아니라 명예와 벼슬 혹은 돈과 재물 등 세속적인 삶을 지향하는 것을 말하고 있다.

김시습은 인간에 대한 도리가 사라져 임금과 부모의 뜻에 어긋나고 있다고 비판적으로 보면서, 왕도(王道) 정치의 이상을 실현하고자 하는 꿈을 좌절케 한 수양대군의 계유정난과 왕위 찬탈을 은유하며 비난하고 있다.

돌아감만 같지 못하도다

이 시에서는 유학자들이 부당한 권세를 포기하고 올바른 행동을 보여주기를 바라는 마음이 드러나고 있다. 돌아감만 못해도 가는 것이 좋은데 어디로 가야 할까? '**불여귀(不如歸)**' 상태에 있는 김시습의 고민이다.

돌아감만 같지 못하다〔不如歸〕: 473

不如歸去好	(불여귀거호)	돌아감만 못해도 가는 것이 좋은데
何處可安歸	(하처가안귀)	어느 곳에 가히 편안하게 돌아갈까.
宦路風濤惡	(환로풍도오)	벼슬길은 바람과 물결을 미워하고
侯門知識稀	(후문지식희)	제후의 집안은 아는 내용도 적다네.
爲人長戚戚	(위인장척척)	사람의 됨됨이 항상 교분이 가깝고
弔影正依依	(조영정의의)	그림자 위로함에 때마침 아쉬워하네.
莫若甘吾分	(막약감오분)	나의 운명에 만족하는 것만 못하니
林泉不履機	(임천불이기)	숲속 샘에서 권세를 밟지 않으리라.

〈번안시조〉

돌아감만 못하여도 가는 게 더 좋은데
어느 곳 거쳐 가야 편안히 돌아갈까
벼슬길 풍수(風水)에 막히고 제후(諸侯)들은 모르고

사람의 됨됨이는 가까워야 아는 거지
그림자가 안다 해도 제대로 알 수 없네
제 운명 만족지 못해 권세 밟지 않으리

　불여귀(不如歸)는 소쩍새를 말한다. 여기서는 소쩍새 우는 소리가 돌아감만 못하다는 뜻으로 들린 것이다. 척척(戚戚)은 교분이 가까움을 뜻하며, 조영(弔影)은 자신의 그림자를 위로한다는 의미이다. 의의(依依)는 아쉬워하는 모양, 섭섭해하는 모양, 사모하는 모양 등을 뜻한다.

　불여귀는 중국 촉(蜀)나라 왕 망제(望帝)가 한을 품고 죽어 새가 되었는데 그 새가 두견새, 자규 등으로 불린다. 순우리말로는 소쩍새이다. 피를 토하는 듯한 울음을 내는 한(恨)의 정서를 대변한다. 단종도 영월에서 밤마다 자규시를 읊었는데, 단종의 처지가 촉나라 망제(望帝)와 다를 바가 없다고 생각했기 때문일 것이다. 김시습의 시에는 두견새가 자주 등장한다. 단종과 정신적 교감이 지속되고 있다는 의미일 것이다.

　그러나 김시습은 곧 마음을 고쳐먹는다. 즉 "나의 운명에 만족하는 것만 못하니 숲속 샘에서 권세를 밟지 않으리라."라고….

슬프고 또 슬프도다

아마도 지금 처해 있는 불여귀(不如歸) 상황이 김시습을 슬프고 슬프게 했을 것이다. 김시습의 처지가 그렇다는 이야기다. 갈 수도 없고, 갈 곳도 없고, 왕도는 무너지는 등, 힘의 논리가 작용하는 훈구파 중심의 패권주의적 정치 상황이 '슬프고 또 슬픈(悲悲)' 것이다.

슬프고 슬프다(悲悲) : 473

悲悲當世事 (비비당세사)	슬프고 서러운 세상일을 만나서
欲說更潸然 (욕설갱산연)	말하려 하니 더욱 눈물이 흐르네.
百歲爲他使 (백세위타사)	백 년을 간사하게 따르게 되었고
長年被累牽 (장년피루견)	늙어가며 자주 거리낌을 받았네.
不知安是分 (부지안시분)	바르게 베풀면 편함을 알지 못해
底處樂吾天 (저처낙오천)	남몰래 머물며 나의 하늘 즐기네.
試語伊誰采 (시어이수채)	잠시 또 누구의 풍채인가 말하며
銜悲繞樹顚 (함비요수전)	머금은 슬픔 나무 꼭대기 두르네.

〈변안시조〉

세상일 만나 보니 슬프고 서럽도다
되새겨 말하려니 저절로 눈물 나네
백 년을 따랐다 하나 늙어가며 흔들리네

바르게 베푼다고 편한 길 아니기에
남몰래 머뭇대며 내 하늘 즐겨 보네
마음속 머금은 슬픔 나무 위로 오르네

산언(潸然)은 눈물이 줄줄 흐르는 모양이다.

김시습은 누구를 위하여 명리로 달려가느냐(爲誰趨利)라고 묻는다. 누구에게 묻는지는 김시습만이 알 것이다. 그리고 다시 돌아감만 같지 못하다(不如歸)고 생각하면서 갈 곳이 없으므로 슬프고 슬프다(悲悲)라고 읊조리며 속 깊은 진심을 토해 놓는다. 금강산은 김시습에게는 천하절경의 견문을 넓히는 체험의 장(場)이요, 충격받은 젊음이 새로운 사고(思考)의 틀을 조금씩 터득해 가는 교육의 장(場)이었다. 그리고 자신에 빗대어 울분을 토하며 노래하는 치유(治癒)의 장소이기도 했다.

단발령에서 금강산 유람에 오른 김시습은 50여 일간 내금강을 섭렵(涉獵)한 후 다시 단발령으로 향한다. 그러나 발걸음이 가볍지만은 않았을 것이다. 외금강과 해금강 절경의 소문은 이미 들어 알고 있었기에 여기까지 와서 외금강을 다녀오지 못하고 다시 금강 밖으로 나가는 것이 몹시 안타까웠을 것이다. 그러나 동학사 초혼각의 제례도 있고 함께 간 일행도 있어 이번에는 여기에 멈추기로 한 것이다.

내금강을 뒤로하고, 단발령을 넘다

김시습은 아직 이십대 중반이다. 그래서 언제고 금강에 다시 오리라 몇 번이고 다짐하면서 떨어지지 않는 발길을 떼어 놓았다. 금강산에서 강행군에 몹시 피곤하였지만, 발걸음을 돌릴 수밖에 없었다. 서울에 들렀다가 틈을 내어 동학사에도 들리고, 다시 관동길 떠날 준비도 해야 했기 때문이다.

청년 김시습은 내금강에서 유람을 통하여 '앞으로 어떻게 살 것인가?' 하는 인생의 방향이 어느 정도 정립되었다. 어려서부터 몸과 머리로 익힌 유학적(儒學的) 지식에다가 아름다운 자연 속에 풍겨 나는 도교적(道敎的) 사색, 그리고 계곡마다 골짜기마다 들어서 있는 사찰에서 흐르는 불교적(佛敎的) 여유로운 삶이 서로 어울리면서 내금강 유람을 풍요롭게 하였다. 하여, 여기에서 김시습의 가슴에는 유불선적(儒佛仙的) 시문 표현과 언행이 어느 정도 자리를 잡게 되었다.

누군들 금강산에서 발걸음이 쉬 떨어지겠는가? 이곳에 초옥을 짓고 자리를 펴고 누워 일생을 보내고 싶은 충동도 있었으리라. 김시습은 다시 단발령을 넘어 철원의 몇 곳에 들려 호흡을 조정하였다. 그러나 가을이 되면 더욱 발걸음이 바빠지는 김시습, 동학사 숙모전에서 열리는 단종 임금의 추제(秋祭)가 있기 때문이다.

아쉬움을 단발령 고개 위에 벗어놓다

김시습은 내금강을 누비고 다니다가 다시 단발령을 되돌아 나와 금성현(金城縣, 지금의 철원)의 보제진(菩提津)을 건너고 가을에 철원도호부(鐵原都護府)의 보개산(寶蓋山) 심원사(深源寺, 지금의 석대사(石臺寺))에 들린다.

정선(鄭敾)의 단발령망금강산(斷髮嶺望金剛山).
출처 : 국립중앙박물관 소장 복제품

강원도 철원은 1394년(태조 3)에는 경기좌도에 속하였고, 1413년(태종 13)에는 철원도호부(鐵原都護府)로 승격되었으며, **1434년**(세종 16) **경기도에서 강원도**로 이속(移屬)되었으므로 강원도로 편입된 지 600년이 되어 간다.

왼쪽 그림은 정선의 신묘년(辛卯年) 『풍악도첩(風樂圖帖)』 중 단발령(斷髮嶺)에서 바라본 금강산도이다. 단발령에서 처음 금강산을 접하면 갑자기 눈앞에 펼쳐진 황홀한 풍광에 놀라게 된다. 고개 중턱에는 가마에서 내려 금강산의 멋진 장관을 바라보는 정선과 신태동(白石公, 1659~1729) 일행이 그려져 있으며, 구름 너머로 금강산 일만 이천 봉이 일행을 맞이하듯 환하게 빛나고 있다.

김시습은 단발령을 되돌아 나오면서 '복등단발령(復登斷髮嶺)'을 썼다. 아쉽게도 금강산으로 들어가며 처음 넘을 때 썼을 것으로 보이는 '등단발령(登斷髮嶺)' 시(詩)는 전해지는 것이 없다.

다시 단발령에 오르며 〔復登斷髮嶺〕 : 474

嶺頭回首望 (영두회수망)	고갯마루에서 고개 돌려 바라보면
白玉幾千層 (백옥기천층)	(봉우리) 옥돌은 몇천 층일런가.
慶遇無塵界 (경우무진계)	기쁘게도 티끌 없는 경계를 만나
歡心不自勝 (환심부자승)	기쁜 마음 절로 이기지 못하겠네.
溪光明澹澹 (계광명담담)	골짜기 물빛은 맑고 맑게 빛나고
山氣矗稜稜 (산기촉능릉)	산세는 우뚝 뾰족뾰족 하구나.
我欲參方了 (아욕참방료)	이제 (금강산) 찾기를 마치려 하니
重來又一登 (중래우일등)	다시 와 또 한 번 단발령에 오르리.

〈번안시조〉

산마루 올라서서 머리를 돌려보니

봉우리 옥돌처럼 몇천 층 즐비하고
눈앞이 환하게 뚫려 마음 절로 부푸네

골짜기 푸른 물길 맑고 밝게 반짝이고
산세(山勢)는 뾰족뾰족 수없이 서 있는데
지금은 유람 마치나 후일 다시 오리라

위잡다는 '높은 곳으로 올라가기 위하여 끌어 잡다'이며, 화룡(火龍)은 불을 등에 진 용, 현학(玄鶴)은 검은빛의 학이다.

김시습은 '후일에 다시 오리라'라고 다짐하고 있으나 다시 탐방 왔는지는 확인할 길이 없다. 일부 자료에는 몇 번 왔다고 하고, 또 어떤 자료는 여덟 번 왔다고 기록은 하고 있으나 여러 연구 결과는 한 번만 확인하고 있다.

내금강을 뒤로 하고 철원으로 향하다

내금강을 돌아본 **김시습은 다시 단발령을 넘어 철원으로 향했다.** 금성현, 지금의 철원군에 있는 보제진(또는 보리진)을 건너 보개산과 원심원사를 지난다. 원심원사는 터만 남아있다가 최근에 중창을 시작하였다. 또 옮겨 지은 지금의 심원사는 철원군에 있다. 김시습은 원심원사와 석대암을 거쳐 경기도로 간다.

금성현은 참 안타까운 지명 역사를 지니고 있다. 1914년 김화군에 통합되었다가 김화군이 남북으로 분단되면서 남쪽에 있던 김화군은 1962년, 철원군에 다시 통폐합되어 현재 강원특별자치도에서는 금성군도, 김화군도 없으며 흔적만 남아있다. 김시습은 보제 나루를 건너며 **'도보제진(渡菩堤津)'** 한 수 읊는다.

보제나루를 건너며〔渡菩堤津〕: 474

江水今無恙 (강수금무양)	강의 강물에 이제 근심은 없어지고
淸光雨後多 (청광우후다)	선명한 빛은 비 온 뒤에 뛰어나구나.
秋風漾微綠 (추풍양미록)	가을바람에 쇠한 초록빛 출렁이고
晚氣蘸寒波 (만기잠한파)	저무는 기운에 역참 물결은 차구나.
舟似晴空點 (주사청공점)	배를 닮은 하늘의 물방울 개운하고
山如碧海螺 (산여벽해라)	산과 같은 바다와 소라는 푸르구나.
興來閑俛仰 (흥래한면앙)	흥이 오니 한가히 위아래를 보며

聊復一長歌 (요부일장가)　에오라지 다시 길게 한번 노래하네.

〈번안시조〉

강물의 근심일랑 이제 모두 없어지고
선명한 햇빛 조각 비 온 뒤 화려하니
늦가을 바람이 불면 역참(驛站) 물결 차리라

배 닮은 저 하늘은 물방울로 개운하고
산 같은 바다 위에 소라(螺)는 푸르른데
흥(興) 취한 애오라지가 노래하며 춤춘다

보제진(菩提津)은 '보리진'이라고도 하며, 북강원도 김화군 금성현(金城縣) 또는 기성현(岐城縣)에 있었다.『세종지리지』강원도 금성현을 보면 '보제진(菩堤津, 기성현 북쪽에 있다) 사방 경계는 동쪽으로 낭천(狼川)에 이르기 40리, 서·남쪽으로 김화(金化)에 이르는데, 서쪽이 28리, 남쪽이 13리이며, 북쪽으로 회양(淮陽)에 이르기 49리이다.'라고 거리를 알려주고 있다.

잠시 심호흡하며 회암사에서 원각경을 읽다

김시습은 1459년 가을, 서울 주변을 오가다 추색(秋色)도 짙어지니 대전을 지나 단종의 제(10.24)를 지내기 위해 계룡산 동학사로 향하였다. 제(祭)를 지내고 겨울에는 한성 부근의 소요사(逍遙寺), 삼각산(三角山), 수락산(水落山), 회암사(檜巖寺) 등에 머물렀다. 원각경(圓覺經)을 읽고 고승 해사(海師)에게서 불경강해(佛經講解)를 들었다. 특히 경기도 양주 회암사 동별실에 거주하면서 선정(禪定)에 들기도 했다.

기록에 따르면 김시습은 회암사에 두 번 들렀다. 그가 처음 회암사에 간 것은 1459년, 그의 나이 25세 때였다. 두 번째로 들린 것은 1465년 그의 나이 31세 때이다. 경주 금오산에 머물던 그는 원각사 낙성회에 참석하기 위해 상경했을 때도 회암사에 들렸다.

회암사는 대가람이나 조선 중기 폐사되어 지금은 터만 남아있다. 조선의 왕사(王寺)로 불렸으며 행궁(行宮) 기능도 담당하였으므로 건축 양식이 궁궐에 가까웠다.

이듬해,

1460년 봄, 1차 관동 유람 길에 오른다.

김시습에게 1459년 겨울은
본격적인 관동 유람을 위한
준비기간이었다.

그리고, 떠난다.

V

1차 관동 유람 길에 오르다

- 원주에 들어서면서 관동을 만나다
- 횡성을 거쳐 평창 여러 역(驛)을 지나다
- 전나무 숲에서 월정사를 만나다
- 오대산의 여러 봉우리와 사찰을 둘러보다
- 나옹도 만나고, 소옥(小屋)도 짓고 선담(禪談)도 나누다
- 대관령을 넘어 강릉으로 접어들다
- 아름다운 풍광(風光)을 노래하다
- 강릉을 떠나 다시 평창으로 향하다
- 영월에서 단종을 만난 후, 호서(湖西)로 떠나다

Ⅴ. 1차 관동 유람 길에 오르다

　김시습은 1459년, 내금강 일부였지만 금강산 유람을 마치고 단발령을 되돌아 나와 철원을 거쳐 동학사에서 단종의 제(祭, 10.24)를 지낸 후 다시 한성 부근의 소요사, 삼각산, 수락산, 회암사 등에 머물렀다. 여기까지가 「유관동록」의 전반기 일정이다.
　이제 「유관동록」 후반기 유람 길인 '1차 관동 유람'을 떠난다. 1460년 봄이었다.

　이 시기의 해적이를 보자

1459년(25세, 세조 4년)
　● 봄에 개성에서 출발하여 관동의 금강산을 유람하다.
1460년(26세, 세조 5년)
　● 봄에 관동으로 떠나. 원주, 평창(오대산)에서 소옥(小屋)을 짓고 살다가 강릉으로 넘어가서 두 세 달 머물렀다.
　● 다시 평창 오대산, 영월을 거쳐 주영현(오늘날의 영월군 주천면)으로 향하다.
　● 9월, 관동 지방을 유람하면서 쓴 시들을 모아 『유관동록』(遊關東錄)을 엮고 후지(後志)를 적었다.
　● 10월에 호서로 향하였다. 이어서 호남으로 가다.
1461년(27세, 세조 6년)
　● 봄에 전주(全州) 등을, 가을에 천원역(川原驛), 능악(楞岳) 등을 지나다.
　● 겨울은 진산(鎭山)의 묘월정사(卯月精舍)와 가성사(佳城寺)에서 지내다.

　1459년 봄에서부터 가을까지 금강산 유람을 끝낸 김시습은 이듬해 봄에 1차 관동 유람을 떠난다. 사실 내금강 유람도 엄격하게 말하면 관동 지방이기 때문에 관동 유람에 포함된다. 그래서 금강산 유람을 1차 관동 유람의 범주에 포함하려고도 하였으나, 워낙 원고량이 많아 내금강 유람과 1차 관동 유람을 분리하여 따로 정리하였다.

원주에 들어서면서 관동을 만나다

　금강산 관광을 끝낸 김시습은 겨울을 서울 부근에서 지냈다. 예전이나 요즘이나 겨울은 여행하기에는 몹시 불편하다. 더군다나 옛날은 더욱 어려웠다. 옷이 따뜻하기나 하나, 신발 보온이 제대로 되나, 가슴을 파고드는 추위는 또 어떤가. 하여, 웬만하면 여행을 삼갔다.
　김시습도 서울 주변에서 겨울을 나고 봄을 기다려 떠났다. 그리고 뱃길을 통해 양평, 여주를 거쳐 원주를 만나 드디어 관동 유람 길에 접어든다. 몇 차례 지나간 길이긴 해도 고향에 온 것처럼 반갑다.

양평, 여주를 지나 원주로 향하다

1460년 26세 되던 봄에 왕십역, 도미협, 용진, 월계협, 양평, 지평(砥平), 여주를 지나 원주로 향했다. 가는 길에 여주 신륵사, 용문산 용문사(오늘날에는 오래된 은행나무로 유명한 사찰이다)에도 들렀다. 용문사 은행나무는 2024년 현재 1,018살이라고 하니 고려 초기에서부터 이 나라를 지켜본 셈이다. 물론 김시습도 보았으리라.

용문사는 913년(신라 신덕왕 2년) '대경 대사가 창건하였다'라고 하나, 일설에는 649년(진덕여왕 3년)에 원효가 창건하고, 892년(진성여왕 6년) 도선이 중창(重創)하였다고도 하며, 또 일설에는 경순왕이 직접 이곳에 와서 창건하였다고도 한다. 조선 전기인 1457년(세조 3년) 중수하였으니, 이때는 김시습이 방문하기 직전의 일이다. 이후 1907년 의병 활동 때와 1950년 6·25 전쟁 때 소실되었다가 1982년 중창되었다. 김시습은 '**용문사(龍門寺)**' 한 수 읊었다. 단종과 관련이 있으니 함께 읽어보자.

용문사에서〔龍門寺〕: 481

杜老招提境 (두로초제경)   두보가 도량의 경내에 이르니
桃花浪躍時 (도화낭약시)   복사꽃 물결이 약동할 그때네
寶房香霧鎖 (보방향무쇄)   보배로운 방은 향기로운 안개가 가두고
山室磬聲遲 (산실경성지)   산의 거처에는 경쇠 소리가 더디 나네
石逕苔蹤滑 (석경태종활)   돌길에 낀 이끼로 자취는 미끄럽고
巖泉蘿蔓垂 (암천나만수)   바위샘에는 담쟁이덩굴이 드리웠네!
我王潛邸日 (아왕잠저일)   나의 임금께서 잠저(潛邸)에 계시던 날
翠蓋屆于玆 (취개계우자)   푸른 일산(日傘)이 이곳에 이르렀다네.

〈번안시조〉

두보의 깊은 생각 경내에 다다르니
복사꽃 잔물결이 약동할 그때로다
보배 향, 안개 가두고 경쇠 소리 더디네

돌길에 낀 이끼로 자취는 미끄럽고
바위샘 담쟁이는 덩굴이 드리웠네
단종이 잠저(潛邸) 계실 때 푸른 일산(日傘) 이르렀네

　두로(杜老)는 두보(杜甫)이며 당나라 때의 시인이다. 이백과 함께 중국 최고의 시인. 그의 시 대부분이 당시의 사회상을 비판하여 '시로 쓴 역사'라는 의미의 '시사(詩史)'라고 불린다. 초제(招提)는 관부(官府)에서 사액(賜額)한 절을 말한다. '깨끗한 도량'이라는 뜻으로 쓰인다. 두보가 736년 낙양에서 시행된 과거시험에서 낙방 후 두 차례 긴 여정을 마친 뒤, 낙양으로 돌아와 이미 서른이 넘은 나이에 지은 유용문봉선사(遊龍門奉先寺)라는 시에서 인용한 글이다. 잠저(潛邸)의 원래 뜻은 임금이 왕위에 오르기 전에 사는 집이나 그 시기를 이르던 말이나 여기서는 단종이 머물던 곳을 의미하는 듯하다. 취개(翠蓋)는 푸른 일산(日傘). 임금의 일산(日傘)으로 햇빛을 가리는 우산을 뜻한다.

　이 시는 단종 임금께서 영월로 유배 가신 일과 관련이 있다. 임금께서 잠저(潛邸)에 계시던 날, 즉 이곳에서 주무실 때, 그때까지는 푸른 일산, 즉 푸른 우산이 임금을 드리우고 있었을 것이라는 추측을 노래하고 있다.

　김시습은 용문산 어귀에서 치악산을 바라보며 시 한 수를 남긴다. '청경(晴景)'이다. 날씨가 좋으니 멀리 치악산 봉우리도 보인다. 이때까지만 해도 시력(視力)이 좋았던 젊은 김시습이다.

양평 용문사. 출처 : 경기도뉴스포털(2021.10.22)

갠 풍경〔晴景〕: 135~136

落塵長春褪海棠 (낙진장춘퇴해당)	꽃잎 떨어져 긴 봄 다하니 해당화도 빛바랬는데
邇來風雨惱人腸 (이래풍우뇌인장)	요즈음 부는 바람에 애간장 끊어진다.
龍門峽口江波闊 (용문협구강파활)	용문산 어구에는 강 물결 끊임없이 출렁이고
雉嶽峰頭雲影長 (치악봉두운영장)	치악산 봉우리에는 그림 그림자가 걷히지 않는다
鼎鼎年光催老境 (정정연광최노경)	훌쩍 자라는 세월 늙음을 재촉하는데
萋萋草色送微涼 (처처초색송미량)	무성한 풀잎 서늘한 맛 보내온다.
可人霽景渾無礙 (가인제경혼무애)	갠 풍경 온통 하나같이 맑아 아름다운데

喜見鳧鷺浴小塘 (희견부예욕소당) 기쁘게 본다 오리 떼 못에 노는 모습.

〈번안시조〉

봄 지나 꽃잎 지고 해당화 빛 바래고
초여름 바람 불어 애간장 끊어지니
용문산 잔물결 일고 치악산도 멀구나

세월이 흘러가며 늙음을 재촉해도
무성한 풀잎 보니 아직은 여름이네
갠 풍경 아름다우니 오리 떼도 흥겹다

용문산 앞에서 강물을 보면서 아름다운 자연을 감상하고 있다. 김시습은 용문산에서 시작된 용문천을 따라 양평군 지평면쯤 왔을 것이고, 거기에서는 치악산 봉우리에 서린 구름 그림자를 볼 수 있었을 것이다.

이곳 용문사에 왔을 때는 이미 '초여름 바람 불고', '무성한 풀잎들은 아직은 여름'이라고 하였다. 용문을 지날 때 이미 여름이니 치악산을 넘어, 횡성 각림사에 들려, 오대산까지 가려면 갈 길을 서둘러야 했다.

원주까지는 단종의 유배길을 따라가다

김시습은 서울에서 원주로 올 때 뱃길을 따라서 왔다. 단종임금님도 배를 타고 유배 갔기에 그 모습을 회상하며 시름에 잠기기도 하였을 것이다. 김시습은 들리고 싶은 사찰이 있으며 지체하지 않고 들려 쉬기도 하고, 예불과 독경도 했을 것이다. 그리하여 드디어 관동으로 들어섰다. 낯설지 않은 길이다. 벌써 여러 차례 이 길을 걸어서 또는 배를 타고 지나간바 있다. 특히 어머니를 모시고 시묘살이를 떠났던 그 길이었다.

원주로 향하여 가는 도중(途中)에 어딘가에서 하루 쉬면서 해질 저녁쯤에 시 한 수를 더 남긴다. **'모일개창원조(日暮開窓遠眺)'** 2수 중 원주와 관련이 깊은 두 번째 수를 번안하기로 한다.

저물녘 창을 열고 멀리 바라보면서〔日暮開窓遠眺〕: 328

不厭東南望 (불염동남망)	싫지 않구나! 동남으로 바라보는 것
煙霞杳靄間 (연하묘애간)	연하 아물아물하는 사이로
江分楊廣道 (강분양광도)	강물은 양광도(楊廣道)를 둘로 가르고
雲合雉龍山 (운합치용산)	구름장은 치악(雉岳)과 용문(龍門)을 합쳐 버렸네!
村遠孤燈逈 (촌원고등동)	마을이 머니 외로운 등 멀리 보이고
林深獨鳥還 (임신독조환)	숲 깊으니 외톨이 새 돌아오누나
上方兜史界 (상방두사계)	상방(上方)의 보살님이 계신 곳에서
俯視蔑人寰 (부시멸인환)	굽어보면 인간 세상 업신여기네.

〈번안시조〉

동남쪽 바라보니 좋기가 한량없고
연하(煙霞)는 아물아물 양광도(楊廣道) 갈라치니
구름장, 치용〔雉岳과 龍門〕거느리고 온 하늘을 누비네

마을이 멀리 있어 등 하나 희미하고
집 나간 외톨이 새 숲 깊어 늦는구나
상방(上方)의 보살님께서 인간 세상 보시리

여기서 양광도(楊廣道)는 고려시대 5도 양계 중의 하나로 양주(현재의 서울 강북 지역)와 광주(현재의 서울 강남 지역과 성남시, 하남시, 광주시)의 앞 글자를 따서 붙인 행정구역이다. 연하(煙霞)는 안개와 노을 또는 고요한 산수(山水)의 경치를 의미한다. 치룡산(雉龍山)은 치악산과 용문산을 의미하고, 상방(上方)은 천계(天界), 또는 동북방을 의미한다.

치악과 용문이 만나는 지역이니, 두 곳의 중간쯤 되는 곳에서 하루를 묵은 후 원주로 향해 갔을 것이다.

김시습이 한성 왕십역을 지나 뱃길을 따라 이동한 후 충주천과 섬강이 만나는 원주시 부론면 홍호리에서 육로로 원주 읍내로 향하였다. 가는 곳마다 단종의 흔적을 몸으로 만나며 단종 대왕을 보위할 만한 위치에 있지 못했던 계유정난 당시의 자신을 원망하기도 했을 것이다. 김시습의 '**원주도중**(原州途中)'이다. 몇 개의 도중(途中) 시 중에서 한 편이다.

원주 가는 도중에〔原州途中〕: 483

春風一錫向關東 (춘풍일석향관동)	봄바람에 지팡이 짚고 관동 가는 길
路入原州烟樹中 (노인원주연수중)	원주로 들어서니 안개 낀 수풀
公館人稀車馬少 (공관인희차마소)	인적 드문 객사에 마차 또한 드물고
長亭雨過海棠紅 (장정우과해당홍)	드높은 누각 비 온 뒤 붉은 해당화
十年道路雙鞋盡 (십년도로쌍혜진)	십 년 길 누비며 다 닳아버린 신발
萬里乾坤一槖空 (만리건곤일탁공)	드넓은 세상에 텅 빈 주머니 하나
詩思客情俱攪我 (시사객정구교아)	시 짓는 나그네 마음 어지러운데
況聞山鳥語花叢 (황문산조어화총)	산새 노래하듯 기생 소리 들려오네.

〈번안시조〉

봄바람 살랑살랑 지팡이 짚고 가네
원주로 들어서니 안개 낀 짙은 수풀
한가한 객사 마당에 해당화가 붉구나

십 년 길 누비면서 닳아버린 신발이며
드넓은 이 세상에 텅텅 빈 주머니라
나그네 어지러운데 기생도 날〔我〕 흔드네

김시습이 26세에 이런 시를 썼다. 그도 남자니까 기생 소리가 산새 지저귀는 소리처럼 들렸다. 마지막 줄에 '기생'으로 번역된 말은 원래 한시에선 '어화'(語花) 또는 해어화(解語花)로 '말을 이해할 줄 아는 꽃'이라는 뜻으로 미인을 가리키는 말로 사용하였으나 점차 기생의 의미로 사용되었다. 해당화와 대구를 이뤄 심심한 시에 생기를 불어넣어 주고 있다.

관동의 입구에서 치악산(雉嶽山)을 만나다

시기적으로 아직 봄이라 산기슭에는 꽃이 만발했을 터이지만 관동에는 어머니 추억도 있고 단종의 슬픈 사연도 있는 곳이니 마냥 즐겁지만은 않았을 것이다.

관동에 와서 처음 만나는 사찰은 원주시 문막읍의 **동화사**이다. 명봉산 동화사는, 통일신라 말기에 창건한 사찰로 전해지나 19세기경에 폐사되었고, 1970년에 재창건되어 현재는 비구니 사찰이라고 한다. 김시습은 '동화사에 묵으며(宿桐花寺)'라고 했는데, 오늘날에는 한자가 바뀐 동화사(桐華寺)로 검색된다.

원주 동화사 전경. 출처 : 지역N문화(이야기자료)

동화사는 원주시 문막읍 동화마을 수목원 주차장에서 약 500m쯤 떨어진 명봉산 자락에 있다. 명봉산 자락 가득 울려 퍼지는 불경 소리를 들으며 얕은 언덕을 오르면 평지에 아담하게 자리 잡은 사찰이 들어온다. 김시습은 '**숙동화사(宿桐花寺)**', 즉 동화사에서 하룻밤을 지냈다.

동화사에서 묵으며〔宿桐花寺〕: 482

桐花之山高揷天 (동화지산고삽천)	동화마을 산 높아 하늘이 꽂혔는데
桐花古寺浮雲煙 (동화고사부운연)	동화사 옛 절 구름 위에 떠 있네!
山中老僧自有趣 (산중노승자유취)	산속의 늙은 중 스스로 흥에 겨워
臥看白雲生翠巓 (와간백운생취전)	푸른 산 솟는 구름 누워서 보겠네!

〈변안시조〉

동화마을 산이 높아 하늘이 꽂혀 있고
오래된 사찰위로 흰구름 떠 있으니
늙은 중 제 흥에 겨워 뜰에 누워 보겠네

명봉산 골짜기(깊다 해도 해발 250~300m 사이에 있다)에 위치한 동화사는 늘 구름이 머물기에 사찰이 구름 위에 떠 있는 듯하였다. 김시습의 눈에는 그렇게 보였다. 아마도 김시습이 구름이 되고 싶었는지도 모른다. 훌훌 떠다니는 구름이 부러웠을 수도 있다.

다음날 원주 시내로 가면서 치악산을 바라보았다.
치악산은 강원특별자치도 원주시의 진산(鎭山)으로서 북으로는 원주시 소초면과 횡성군 강림면, 남으로는 원주시 판부면, 신림면과 영월군 수주면(2016년 11월, 무릉도원면으로 개칭됨)의

치악산. 출처 : 원주시청(원주관광)

경계에 있는 산이다. 백두대간 큰 줄기에 있는 아름다운 산 중의 하나이며, 차령산맥의 중간 지대로 영서지방의 대표적 명산이다.

주봉인 비로봉(毘盧峰, 1,288m)을 중심으로 북쪽에는 매화산, 삼봉과 남쪽으로 향로봉, 남대봉 등 여러 봉우리와 연결되어 있다. 능선이 남북으로 길게 뻗어있으며, 동쪽은 경사가 완만하고, 서쪽은 경사가 매우 급하고 험하지만, 한편으로는 아기자기하다. 1984년 국립공원으로 지정받았다.

특히 치악산은 계곡마다 구룡사, 상원사, 석경사, 국형사, 보문사, 입석사 등 오래된 사찰이 많다. 치악산 북쪽 횡성군 강림면에는 조선 3대 태종 임금하고 관련된 여러 이야기가 전해지고 있다.

김시습의 **치악산**(雉嶽山)을 읽어보자. 첫인상이 '가파르고 험하게 푸른 하늘에 솟았다'라고 했다. 치악산은 지금도 마찬가지다.

치악산(雉岳山) : 483

雉岳崢嶸聳碧空 (치악쟁영용벽공)	치악산은 가파르고 험하게 푸른 하늘에 솟아있고
煙霞明滅有無中 (연하명멸유무중)	안개와 노을 나타났다 사라지며 없는 가운데 있구나
一泓春水莓苔滑 (일홍춘수매태활)	한결같이 맑은 봄 강물과 무성한 이끼는 미끄럽고
千丈蒼崖躑躅紅 (천장창애척촉홍)	천 길의 푸른 낭떠러지에 산철쭉 나무 꽃은 붉구나.
路轉層峯殘雪在 (노전층봉잔설재)	길손이 맴도는 푸른 봉우리엔 아직 눈이 남아 있고
巖廻石棧晚雲濃 (암회석잔만운농)	바위로 통하는 돌사다리에 저물녘 구름은 짙구나.
靑山處處行應好 (청산처처행응호)	푸른 산 이곳저곳 다니려니 아름답게 화답하고
脚力有窮山不窮 (각력유궁산불궁)	다리 힘은 다함이 있지만 산은 드러내지 않는구나.

〈번안시조〉

가파른 치악산이 험하게 솟아있고
안개와 저녁노을 나타났다 사라진다
이끼는 미끄러운데 산철쭉은 붉구나

푸르른 봉우리엔 잔설(殘雪)이 남아 있고
바윗돌 사다리에 저녁 구름 좍 깔리니
푸른 산 서로 답하며 제 모습은 숨긴다

쟁연(崢嶸)은 산의 형세가 가파르고 한껏 높은 모양을 의미하고 명멸(明滅)은 나타났다 사라졌다 한다는 의미이다. 매태(苺苔)는 이끼이고, 척촉(躑躅)은 철쭉나무이다. '쟁연', '매태', '척촉'과 같은 한자어는 많이 쓰이는 것은 아니지만 적절하게 사용하여 시의 맛이 달다.

김시습은 이때 치악산 어딘가에서 화전을 일구어 농사를 지을 만큼 머물렀다고 했는데 장소와 시기를 특정할 수 없어 안타깝다. 아마, 지나가는 길에 잠시 머물며 농사를 지었던 모양이다.
김시습은 마을에 가까이 있는 자연경관을 탐닉하면서 치악산을 넘어 횡성 각림사로 향하였다.

횡성을 거쳐 평창 여러 역(驛)을 지나다

원주를 떠난 김시습은 횡성 각림사에 들린다. **각림사**(覺林寺)는 정확하지는 않으나 통일신라 시대에 창건된 것으로 알려진 강원도 원주시 치악산 동북쪽에 있던 사찰이다. 오늘날의 주소는 강원도 횡성군 강림면 우체국 부근이다. 절은 소실되고 절터만 남아 있다.
김시습은 이어서 평창의 방림, 대화역, 진부역 등 여러 역을 거쳐 월정사를 포함하여 존경하는 나옹선사의 깊은 사유 흔적이 남아 있는 오대산에 이른다.

각림사에 들려 원천석을 만나다

조선 태종은 어린 시절 각림사에서 운곡(耘谷) 원천석(元天錫, 1330~1402, 고려말 조선 초의 학자)에게 글을 배웠다. 각림사는 고려말 천태종 사찰이었고, 여말선초의 유명한 문인과 고승이 머물렀다. 태종 이방원이 어렸을 때 각림사에서 책을 읽었던 것이 인연이 되어 즉위 후 많은

각림사 터. 출처 : 운곡학회

후원을 했다. 임진왜란 때 소실되었으나, 이후 복원하지 못하고 폐사된 것으로 추정된다.

각림사는 현 강림교회와 강림우체국 일대에 있었다. 이곳의 면(面) 이름이 강림면이다. 강림(講林)은 각림(覺林)이 음운 변천된 것이다.

강림면은 영월군 수주면(현 무릉도원면) 관할이었는데, 1962년에 횡성군 안흥면의 일부가 되었다가 1989년, 분할 독립되어 강림면이 되었다. 김시습은 '숙각림사(宿覺林寺)' 시(詩)를 쓰면서 스스로 '청한자(淸寒子)'야'라고 부르고는 '티끌 자취 부끄러워 스스로 비웃고' 있다.

각림사에 머물며〔宿覺林寺〕: 483

自笑淸寒謝塵迹 (자소청한사진적)	청한자여 티끌 자취 부끄러워 스스로 비웃으며
年來自有看山癖 (연래자유간산벽)	오래전부터 산을 바라보는 버릇 스스로 있구나.
關西千里曾飛筇 (관서천리증비공)	관서 지방의 천 리 길을 이전에 지팡이로 오르고
又向關東曳雙屐 (우향관동예쌍극)	다시 관동 지방으로 나아가니 두 나막신 힘겹네.
覺林自是古招提 (각림자시고초제)	각림에는 몸소 다스리는 사액한 절이 오래되고
松檜陰中聳樓閣 (송회음중용누각)	소나무와 전나무 그늘 속에 누각이 솟아있구나
玉筍巍峨插高鍾 (옥순외아삽고종)	높고 큰 수려한 봉우리에 종소리 높게 끼어들고
珠簾淅瀝搖雲窓 (주렴석력요운창)	구슬 주렴 사락사락하며 창문 멀리 흔들리네.
丈夫未死愛遠遊 (장부미사애원유)	장부는 아직 죽지 못했으니 멀리 떠돌며 즐기고
豈肯兀坐如枯椿 (기긍올좌여고춘)	어찌 꼿꼿이 앉아 마른 참죽나무처럼 들어줄까
且窮勝景作平生 (차궁승경작평생)	또한 곤궁해도 뛰어난 경치에 평생을 창작하며
其氣崒崔何由降 (기기줄률하유강)	그 높고 가파른 기백을 어찌 깎아내기를 꾀할까

〈변안시조〉

티끌 자취 부끄러워 스스로 비웃더니
청한자 간산벽(看山癖)이 오래전 생겼구나
관서 후 관동 나서니 나막신도 힘겹네

각림은 오래전에 사액 되어 다행이고
송회(松檜)의 그늘 속에 누각이 솟아있네
봉우리 종소리 따라 창문 멀리 흔드네

장부(丈夫)는 죽지 못해 떠돌며 즐기는데
어찌해 허리 펴고 참죽처럼 앉았으랴
승경(勝景)은 동행자이니 평생 유람 이으리

청한(淸寒)은 청한자(淸寒子), 곧 김시습 자신을 부른 것이다. 관서(關西)는 철령관 서쪽 지방, 곧 평안도와 황해도 북부 지역을 이르는 말이다. 간산벽(看山癖)은 산을 바라보는 버릇을 뜻하며, 초제(招提)는 관에서 사액한 사찰을 뜻한다. 옥순(玉筍)은 수려한 산봉우리를 말하나 실제로는 인재가 많은 것 또는 미인의 손발로도 쓰인다. 외아(巍峨)는 높고 큰 모양, 산이나 건물이 높고 큰 모양을 의미하며, 석력(淅瀝)은 비나 눈이 내리는 소리 또는 바람이 나무를 스치며 나는 소리를 뜻한다.

　이 시는 각림사에서 하루 자면서 소회를 풀어놓는 칠언율시다. 치악산 숲속에 자리 잡은 오래된 고찰의 풍경과 누각에 매달린 큰 종을 노래하고 있다. 마지막 구절에서는 수양대군의 찬탈에 굽히지 않겠다는 결의를 다지고 있다.

　각림사를 떠난 김시습은 이후 **태종대** 절벽을 구경하고 지나갔으리라. 아니면 태종대에 먼저 들러 각림사에 도착했을 수도 있다. 그러나 당시에는 아직 태종대(太宗臺, 태종이 운곡 원천석을 찾아왔을 때 머물던 곳이라고 하여 주필대(駐蹕臺)라고 불러오다가 후대에 태종대라 고쳐 부르게 되었다)라는 명칭이나 건축물은 없었을 것이기에 경관만 보고 지났을 것이다.

태종대. 출처 : 원주시청

방림·대화·진부역을 지나다

　오대산을 향하여 가는 길에 **방림역**에 들렸다. 횡성에서 평창으로 가는 길목에 있는 역이다. 당시 평창의 대부분은 신라 때부터 강릉부에 속해 있었기에 방림역도 강릉부의 속역(屬驛)이었다.

　평창군 행정지도를 보면 아래위로 다소 길게 나와 있다. 그리고 해발고도는 높지만, 고위평탄면이 넓게 발달하여 있어 높다는 느낌이 들지 않는다. 다만 대관령에 올라서서 강릉 쪽을 향하여 동해를 바라보면 비로소 높다는 것을 실감하게 된다. 태백산맥 동쪽으로는 급경사인 경동지괴(傾動地塊)가 드러나기 때문이다.

아마 당시 김시습은 횡성군 강림면에서 안흥면을 거쳐 방림역을 지나 대화면을 통과하여 진부면으로 갔을 것이다. 진부면 오른쪽의 도암면은 2007년 대관령면(大關嶺面)으로 개칭하였다. 순서대로 따라가 보자. 김시습이 방문한 평창의 첫 번째 마을은 '**방림역**(芳林驛)'이다.

방림역에서〔芳林驛〕: 483~484

古驛深山裏 (고역심산리)	오래된 역참은 깊은 산 속에 있는데
蕭條有草亭 (소조유초정)	쓸쓸하니 풀집 지붕 정자가 있구나.
薺花生麥壟 (제화생맥롱)	냉이꽃은 보리 밭두렁에 싱싱하고
莎草擁苔庭 (사초옹태정)	잔디 풀들은 뜰 안의 이끼를 가리네.
嫩綠澄波淨 (눈록징파정)	엷은 초록빛 깨끗한 물결은 맑은데
堆靑列岫暝 (퇴청렬수명)	푸른 언덕 저무는 봉우리 늘어섰네.
爲尋雲水窟 (위심운수굴)	은자가 거처하는 곳을 찾으려 하나
佳景妙難形 (가경묘난형)	좋은 경치 묘하여 드러내기 어렵네.

〈변안시조〉

오래된 역참 건물 산속에 깊이 있고
쓸쓸한 풀집 지붕 정자는 예쁘구나
보리밭 싱싱한 냉이, 잔디 풀은 파랗고

엷은 듯 초록빛은 물결이 해맑은데
해 지는 푸른 언덕 산봉(山峯)이 늘어지고
은자(隱者)는 어디 있는지 드러나지 않는데

소조(蕭條)는 분위기가 매우 쓸쓸하여 고요하고 조용함을 의미하고, 초정(草亭)은 풀로 지붕을 한 정자를 뜻한다. 운수굴(雲水窟)은 은자(隱者)나 도사(道士)가 사는 곳을 지칭한다. 가경(佳景)은 아름다운 경치, 좋은 경치를 표현한 것이다.

김시습이 방림역을 지날 때 방림역은 꽤 쇠락했던 모양이다. "오래된 역참(驛站, 과거 마구간과 여관을 제공하고 지방의 공적 업무를 대행하던 장소)은 깊은 산 속에 있는데, 쓸쓸하니 풀집 지붕 정자가 있구나."라고 노래하고 있다. 물론 역참이 풀집 지붕이라는 뜻은 아니고 정자가 그렇다는 이야기이기는 하다.

방림역을 지나 진부역과 성원을 거치면 오대산 월정사에 이른다. 그런데 성원은 기록으로는 나오나 거듭해 찾아보아도 검색되지 않는다. 그때는 번화하였지만, 지금은 쇠퇴하여 사라진 마을일 수도 있다. 사라지면 기록에 남지 않는 것인가? 할 수 없이 '대화역(大和驛)'으로 발길을 재촉한다. 여기서 김시습의 발길이 빨라졌을 것이다. 오대산이 그립기 때문이다.

대화역에서〔大和驛〕: 484

客路多迢遞 (객로다초체)	나그넷길에 역참은 저 멀리 겹치고
蒼峯愁殺人 (창봉수쇄인)	푸른 봉우리는 사람을 몹시 슬프게 하네.
斷橋官柳暗 (단교관류암)	끊어진 다리에 마을의 버들은 검게 되고
古道野花嚬 (고도야화빈)	오래된 길에는 야생의 꽃들이 웃는구나.
瓶錫千山裏 (병석천산리)	바리때와 지팡이로 여러 산의 가운데와
江湖一隻身 (강호일척신)	강물과 호수에 오로지 홀로된 몸이라네.
白雲閑適態 (백운한적태)	흰 구름의 모습은 안일하고 한가한지라
曾是舊雷陳 (증시구뢰진)	이미 무릇 두터운 우의가 오래되었다네.

〈번안시조〉

나그네 가는 길에 역참은 멀리 있고
푸르른 봉우리는 나그네 슬프게 하네
산 마을 버들은 검고 야생화는 웃는데

바리때 지팡이로 여러 산 훑으면서
강물과 호수 위에 나 홀로 길 가는데
흰 구름 늘 함께 하니 오랜 우의 두텁고

수쇄(愁殺)는 몹시 슬프게 하거나 시름에 잠기게 하는 것이며, 병석(瓶錫)은 승려들이 사용하는 병발(瓶鉢)과 석장(錫杖)으로, 곧 승도(僧徒)를 뜻한다. 천산(千山)은 이곳저곳에 있는 여러 산이며, 척신(隻身)은 홀몸으로 배우자나 형제가 없는 사람을 의미한다. 뇌진(雷陳)은 동한(東漢)의 뇌의(雷義)와 진중(陳重)의 두터운 우의를 의미한다. 뇌진교칠(雷陳膠漆)은 이 고사에서 유래된 사자성어다.

역참이 자주 나오는 것으로 보아 사찰이 없는 곳에서는 역참에서 숙식을 해결한 모양이다. 그러나 실은 역참은 공공 업무 수행자가 이용하는 장소이기는 하지만 필요시에는 사적(私的)으로 유람하는 김시습과 같은 경우에도 이용할 수 있었다.

대화(大和)는 오일장(五日場)이 유명한 고장이다. 1936년에 발표된 이효석의 단편소설 '메밀꽃 필 무렵'을 보면, 대화 장터로 가는 밤길이 나온다. 늙은 장돌뱅이 허 생원과 젊은 장돌뱅이 동이가 달빛 아래에서 과거를 회상하는 이야기를 나누는 장면이 인상적이다.

김시습은 그 대화역을 허 생원보다 500년 전에 지나간 것이다.

이어서 '**진부역**(珍富驛)'에 다다랐다. 진부역을 검색창에 치니 경강선(서울~강릉)의 철도역으로 나온다. 2018 평창 동계 올림픽을 위한 교통인프라 구축을 위하여 2017년 12월 22일 개통하였다. 해발고도 523m에 있다. 김시습의 진부역은 경강선 진부역이 아닌 역참 중의 한 역이다.

진부역(珍阜驛) : 484

去去春山裏 (거거춘산리)	가도 가도 봄 산속인데
春山花正濃 (춘산화정농)	봄 산에 때마침 짙은 꽃이 피었네.
一瓶擎一鉢 (일병경일발)	병 하나에 바리때 하나를 들고서
瘦影荷瘦筇 (수영하수공)	여윈 모습에 가는 지팡이 메었네.
人家煙渺渺 (인가연묘묘)	인가의 연기는 아득히 사라지고
驛路草茸茸 (역로초용용)	역참 길은 풀만 우거져 어지럽네.
何處堪眞隱 (하처참진은)	어느 곳에 진실로 숨어서 견디나!
碧峯千萬重 (벽봉천만중)	푸른 봉우리 무수히 많게 겹치네.

〈번안시조〉

산길을 가도 가도 봄 산은 계속되고
짙은 꽃 가득하니 발길이 가볍구나
병 하나 바리때 하나, 지팡이를 짚고서

인가(人家)의 검은 연기 아득히 사라지고
역참의 길가에는 풀잎만 무성한데
진실은 어디 숨었나 산봉우리 겹치고

진은(眞隱)이란 세속적인 가치관을 완전히 떨쳐버리고 무욕청정(無慾淸淨)의 상태로 돌아가 자연 속에 완전히 숨는 것을 의미한다. 바리때는 절에서 쓰는 승려의 공양 그릇이나 여기서는 김시습의 밥그릇을 의미한다.

전나무 숲에서 월정사를 만나다

오대산을 찾은 김시습은 숲길을 따라 오른다. 그 숲속에 월정사가 있다.

월정사는 강원도 평창군 진부면 동산리 오대산 동쪽 계곡의 울창한 수림(樹林) 속에 자리 잡고 있다. 동대(東臺) 만월산을 뒤로 하고 그 만월산의 정기가 모인 곳에 고요하게 들어앉아 사철 푸른 침엽수림에 둘러싸여 고즈넉한 아름다움을 자랑한다.

월정사 앞으로는 맑고 시린 물에서 열목어가 헤엄치는 금강연이 또한 빼어난 경관을 그리며 흐르고 있다. 월정사를 품고 있는 오대산은 자연조건이며 풍광이 아름다울 뿐만 아니라 예로부터 오만 보살이 상주하는 불교 성지로서 신성시됐다. 요즘에는 '천년의 숲'으로 널리 알려진 전나무 숲이 유명하다. 오대산(1,563m)의 오대는 중대, 서대, 남대, 동대, 북대로 이루어져 있다.

울창한 전나무 숲길을 걸어 오르다

월정사 전나무 숲에는 300년 넘은 거목을 비롯하여 평균 나이 83년의 전나무 1,700여 그루가 우뚝 서 있다. 가장 오래된 전나무는 600년 정도의 나이였으나, 안타깝게도 2006년에 태풍으로 쓰러졌다. 그렇다면 김시습이 월정사를 방문하였을 때도 전나무 숲이 있었을 가능성이 있다. 만약 있었다면 그 숲길을 걸어 들어갔을 것이다.

전나무 숲길. 출처 : 평창군

오대산은 비로봉(1,563m), 동대산(1,433m), 호령봉(1,561m), 상왕봉(1,491m), 두루봉(1,421m) 등 고만고만한 5개 봉우리의 너른 품에 중대(지공대, 사자암), 동대(만월대, 관음암), 서대(장령대, 수정암), 남대(기린대, 지장암), 북대(상심대, 미륵암) 등 평평한 대지가 둘러싸고 있어서 오대산이라고 부른다.

꿈에 그리던 월정사(月精寺)에 이르다

월정사는 오대산을 대표하는 사찰이다. 신라 선덕여왕 12년(643)에 자장율사(590~658)에 의해 창건되었다. 대한불교조계종 제4교구 본사(本寺)이며 동대 만월산을 뒤로 하고, 그 만월산의 정기가 모인 곳에 고요하게 들어앉아 있다.

월정사의 본당인 적광전(寂光殿)의 앞뜰 중앙에서 조금 비켜난 자리에 팔각 구층 석탑이 서 있다. 고려시대 초기인 10세기경의 작품이며 국보 제48호로 지정되어 있다. 김시습의 '**월정사(月精寺)**' 시를 감상해 보자.

월정사에서〔月精寺〕: 485

古殿香銷春晝長 (고전향소춘주장)	옛 전각 향에 묻히고 봄철 낮도 긴데
重重花影在東廊 (중중화영재동랑)	겹겹이 꽃 그림자 동쪽 행랑에 있다.
上方松偃僧來寺 (상방송언승래사)	상방(上方)에 솔 누웠고 중 찾는 절
禪室客稀雲度墻 (선실객희운도장)	선실에 손 드물어 구름만 담을 넘는다
珠網玲瓏裝寶樹 (주망영롱장보수)	구름 영롱하게 구름 감싸고 있을 때
天花縹緲落猊床 (천화표묘낙예상)	날리는 눈 아득히 예상(猊床)에 떨어진다.
仙山迴與人寰隔 (선산형여인환격)	신선 깃든 산 멀어 속세와 떨어졌으니
願學靑囊飧玉方 (원학청낭손옥방)	바라건대 청낭(靑囊) 뒤져 옥(玉)먹는 법 익혔으면.

〈번안시조〉

사찰 향 사라지고 봄 낮은 길고 긴 데
겹친 꽃 그림자는 행랑 앞에 멈췄구나
선방에 스님이 오니 구름 홀로 담 넘네

흰 구름 영롱하게 극락정토 꾸미더니
살포시 하늘 눈이 부처 앞에 떨어지고
신선은 속세 떠나서 청낭비결(靑囊祕訣) 익히리

상방(上方)은 말 그대로 위쪽의 방향을 의미하지만, 선종(禪宗)에서는 주지를 일컫는 말이다. 보수(寶樹)는 극락정토에 일곱 줄로 있다고 하는 보물 나무를 뜻한다. 표묘(縹緲)는 끝없이 넓거나 멀어서 있는지 없는지 알 수 없을 만큼 어렴풋함을 의미하고, 예상(猊床)은 부처님이 앉는 자리, 즉 법상을 뜻한다. 청낭(靑囊)은 청낭비결(靑囊祕訣), 즉 화타의 의서를 의미하나, 세상에 전하지 아니한다.

월정사의 겨울, 출처 : 평창문화관광

우리나라 사찰은 좀 아픈 역사를 지니고 있다. 사찰 대부분이 '임진왜란의 승병 활동', '한 말의 의병 활동' 그리고 '한국동란' 때 소실된 것이 많기 때문이다. 그래서 건물 자체가 오래된 사찰은 그리 많지 않다. 그중에서도 월정사는 6·25 때 우리 국군의 의해 소실된 특별한 사연을 갖고 있다. 적에게 유용한 근거지로 남을까를 염려한 국군은 1951년 1·4 후퇴 당시 월정사를 불태우는 청야전술(淸野戰術)을 쓴 것이다.

김시습으로서는 이곳 월정사가 나옹선사(懶翁禪師)께서 주석(主席)하셨던 곳이기에 꼭 오고 싶었던 곳에 왔으니, 만감이 교차했을 것이다.

열목어가 반기는 금강연을 지나다

월정사 주차장에서 금강교를 건너다보면 왼쪽에 보이는 연못이 하나 있다. 금강연(金剛淵)이다. 예전에는 금광연(金光淵)이라고 했는데 오늘날에는 금강연이라 부른다. 수온이 낮은 곳에서만 사는 냉수성 어류인 열목어가 서식한다. 천연기념물로 지정된 이 물고기를 이곳 주민들은 '연 메기'라고 부른다. 김시습은 봄물이 쏟아지고 온 산에 철쭉꽃이 붉은 오대산의 봄 풍경을 시에 담았다. 시 **'금광연(金光淵)'**을 보자.

금광연(金光淵) : 485

百丈砯崖水又洄 (백장빙애수우회)　백길 낭떠러지 아래에 물 도는데
桃花怒浪激如雷 (도화노랑격여뢰)　복사꽃 뜬 노한 물결 우레처럼 부딪는다
滿山躑躅紅於燒 (만산척촉홍어소)　산 가득 철쭉꽃, 불꽃보다 더 붉은데
正是禹門魚曝顋 (정시우문어폭시)　용문 같은 이곳에서 물고기들 물 위로 뛰어오른다.

〈번안시조〉

일백 장 낭떠러지 물소리 돌아오고
복숭아 붉은 꽃엔 성난 물결 부딪는데
산 가득 철쭉꽃 피고 물고기는 뛰노네

도화랑(桃花浪)은 복숭아꽃이 필 때 시냇물이 불어나서 위로 오르는 물결을 뜻하며, 도화랑이 일때면 용문(龍門)에서 잉어가 뛰어올라 문을 넘으면 용이 된다고 한다. 척촉(躑躅)은 철쭉나무로 철쭉과의 낙엽활엽교목이다. 우문(禹門)은 우(禹) 임금이 도끼로 물길을 열었다

금강연과 다리. 출처 : 강원일보(2024.09.11)

는 용문(龍門)을 뜻한다.

금광연을 풍경화 그리듯이 묘사하였다. 김시습은 탁월한 관찰력과 세밀한 표현력으로 시를 읽는 사람에게 깊은 공감대를 갖게 하는 마력이 있다.

금강연은 오대산의 각 대에서 흘러나온 물길이 비로소 모이는 곳이다. 세종실록지리지에 '한강 물의 근원'이라고 기록되어 있다. 따라서 옛사람들은 이곳을 한강의 또 다른 시작으로 보기도 했으며, 시인 묵객의 발걸음이 그치지 않았다.

오대산의 여러 봉우리와 사찰을 둘러보다

김시습은 오대(五臺)에 모두 오른 후 시를 남겼다. 월정사 좌우에 남대와 동대가 있고, 오르다가 왼쪽으로 서대와 중대가 있다. 맨 안쪽에 북대가 있다. 대부분 양지바르고 물이 있고 계곡의 흐름이 좋은 곳에 자리 잡고 있다.

중대(中臺)에 먼저 오르다

중대는 지공대라 하며 사자암이 있다. 적멸보궁의 수호 암자인 중대 사자암이라고도 한다. 사자암은 조선 태종 1400년 11월 중창되었으며 이후 왕실의 내원당(內願堂)으로 명종대에 승영(僧營) 사찰로 보호되기 시작하였고 1644년부터 1646년 사이에 중수되었다.

사자암(좌)과 적멸보궁, 출처 : 우리 문화신문(2019.12.26)

김시습은 사자암을 큰 언덕 다락집이라 노래했다. 당시는 4층 다락집이었을 것이다. 현재는 측면에서 보면 5층으로 되어 있다. 1층은 해우소, 2층은 공양실, 3층은 기도처, 4층은 수행처, 5층은 법당과 종무소가 있다. 김시습의 '**중대(中臺)**'를 읽어보자.

중대(中臺) : 485~486

虛閣玲瓏鎖紫煙 (허각령롱쇄자연)	빈 전각 영롱하게 붉은 안개에 잠겼는데
庭花爛熳草芊綿 (정화난만초천면)	뜰 꽃 흐트러지고 풀은 끝없이 퍼졌다.
優曇瑞蕚敷三界 (우담서악부삼계)	우담의 상서로운 꽃 삼계에 퍼졌는데
無頂祥光射九天 (무정상광사구천)	무정의 상서로운 빛 구천에 뻗쳤다.
風過焦桐聞梵語 (풍과초동문범어)	바람이 거문고에 스치니 부처님 말씀 듣는 듯
雲低金甕降眞仙 (운저금옹강진선)	구름이 금동이에 낮게 걸려 참 신선 내려오는 듯
磬聲遙與松聲合 (경성요여송성합)	풍경 소리 아득히 솔 소리에 섞여
宣說如來不二禪 (선설여래불이선)	여래가 나서 오묘한 불법 두루 말씀하시는 듯

〈번안시조〉

큰 언덕 다락집이 안개 속에 잠겨 있고
화려한 들꽃 사이 잡초가 무성하다
우담화 상서로운 빛, 아홉 하늘 비추고

오동나무 거문고에 범어(梵語)가 들려오니
구름은 낮게 불어 신선처럼 내려오고
풍경은 솔 소리 담아 불법(佛法) 강론 올린다

우담(優曇)은 우담화(優曇華) 또는 우담바라(優曇婆羅)라고 한다. 불교 경전에 보이는 상상의 꽃이다. 삼천 년에 한 번씩 피는 꽃으로, 이 꽃이 필 때에는 금륜명왕(金輪明王)이 나타난다고 한다. 삼계(三界)는 천계, 지계, 인계의 세계를 의미한다. 상광(祥光)은 상서로운 빛이다. 초동(焦桐)은 한(漢)나라 채옹(蔡邕)이 오동나무가 '아궁이에서 불타는 소리를 듣고 그것이 좋은 오동나무로서 거문고를 만들기에 적당한 줄 알고 곧 꺼내어 타다 남은 것으로 거문고를 만들었다'는데 시작된 이야기이다. 즉 소리가 좋은 거문고를 뜻한다. 범어(梵語)는 원래 인도의 고전어인 산스크리트어를 한국에서 부르는 말이나 여기서는 완성된 언어란 뜻, 즉 불법을 의미한다.

　적멸보궁(寂滅寶宮, 부처님 진신사리(眞身舍利, 석가모니 몸에서 나온 사리)를 봉안한 전각으로 번뇌와 망상이 사라진 적멸의 경지를 상징하는 곳)은 상원사(上院寺)를 지나 중대(中臺) 사자암(獅子庵) 위쪽으로 600m쯤 더 올라간 곳에 있다. 사자암은 적멸보궁의 관리와 예불을 위한 노전(爐殿, 대웅전과 그 밖의 법당을 맡아보는 임원의 숙소)의 역할을 하는 곳으로, 적멸보궁의 노전승이 거처하는 곳이다.

한국의 5대 적멸보궁은 양산 통도사, 설악산 봉정암, 오대산 상원사(중대 사자암), 영월 사자산 법흥사, 정선 태백산 정암사 등으로 강원도에 네 곳이 있다.

서대(西臺)를 둘러보다

서대 수정암. 출처 : 국립공원공단

서대는 장령대(長嶺臺)라고도 한다. 오대산 자락에 펼쳐져 있는 다섯 개의 대(臺)중의 하나이다. 한강이 발원하는 우통수(于筒水)가 있으며 수정암(水精庵)이 있다.

상원사에서 중대 사자암으로 오르다 보면 왼쪽으로 자그마한 길이 하나 있다. 이 길을 따라 40여 분쯤 올라가면 조그마한 우물이 있는데 이것이 한강의 발원인 우통수(于筒水)이다. 빛깔과 맛이 특이하며 무게도 보통 물보다 무겁다고 한다.

김시습은 우통수에 들려 물 한 사발 들이키고, '서대(西臺)'에 올라 시 한 수 읊은 후, 수정암에도 들렀을 것이다.

서대(西臺) : 486

廣長舌相本非身 (광장설상본비신)	넓고 긴 혀의 형상은 신체의 근본은 아니었으니
金色如來假也眞 (금색여래가야진)	금빛 색깔의 석가모니는 참으로 거짓이었구나.
山色蘇仙曾有偈 (산색소선증유게)	산빛에 깨어난 신선은 이미 넉넉하게 휴식하고
松柯韋偃已傳神 (송가위언이전신)	소나무 가지 에워싸 나부껴 이미 마음에 전하네.
于筒淨水涓如玉 (우통정수연여옥)	오대산 서대 우통의 깨끗한 물은 옥과 같이 흐르고
瑞應香花大似輪 (서응향화대사륜)	향기로운 꽃 상서롭게 응하니 바퀴처럼 크구나.
髣髴衆峯雲影裏 (방불중봉운영리)	어렴풋한 뭇 봉우리들은 구름 그림자 가운데에
天姝衣械供淸晨 (천주의계공청신)	고운 하늘 꽃 뿌리는 그릇에 맑은 새벽 공양하네.

〈변안시조〉

넓고 긴 혀의 형상 신체 근본 아니었고
금 색깔 석가모니 그 형상도 거짓인 듯
산빛에 깨어난 신선, 그 마음을 전하네

오대산 서대 우통(于筒) 깨끗한 물 옥(玉)과 같고
상서로운 향기 꽃은 바퀴처럼 커졌는데
운음영(雲陰影), 하늘 꽃밭은 새벽 공양 같아라

광장설상(廣長舌相)은 부처님의 신체적인 특징인 32상(相)의 하나이며, 혀가 넓고 길면서도 엷고 유연하여, 길게 펴면 혀끝이 얼굴을 덮고 머리털 부근에까지 닿는다고 한다. 방불(髣髴)은 방불(彷彿)이라고도 한다. 뜻은 거의 비슷하여 흐리거나 어렴풋하고, 무엇과 같다고 느끼게 하는 것을 뜻한다. 의극(衣械)은 대나무로 만든 꽃 담는 그릇이며 산화(散花, 불전에 꽃을 뿌려서 공양을 올리는 의식) 할 때 쓰는 기구이다. 운음영(雲陰影)은 구름 그림자를 말한다.

김시습은 수정암 주변 산세의 유연함과 아름다움을 보면서 '금빛 석가모니'는 거짓이라고 말한다. 재물에 눈이 어두운 당시의 사찰 모습을 빗대어 표현한 것은 아닐까?

남대(南臺)는 어디 있는가

오대산 자락 남쪽에 펼쳐져 있으며 기린대라고도 하며 지장암(地藏庵)을 품고 있다. 지장암은 월정사에서 상원사로 올라가는 큰길로 200미터쯤 가다 보면 오대천을 가로지르는 지장교(地藏橋)가 나오는데, 이 다리를 건너 200미터가량 들어가면 조용하게 자리 잡고 있다.

남대 지장암. 출처 : 국립공원 공단

본디 기린산 정상 가까이 있었는데 뒤에 '중부리'로 옮겼다가 조선조 말에 지금 자리에 터를 잡았다. 현재는 비구니 스님의 참선도량이다. 김시습의 '**남대**(南臺)'를 읽어보자.

남대(南臺) : 486

麒麟峯色碧摩天 (기린봉색벽마천)	기린봉의 산빛은 하늘을 갈아 놓은 듯 푸르고
菩薩巍巍頂相圓 (보살외외정상원)	보살은 높이 우뚝 솟아 꼭대기는 서로 둥글구나.
歷歷金鈷搖月下 (역력금고요월하)	환하게 똑똑한 금빛 금강저를 달빛 아래 흔들며
飄飄毳服颺雲邊 (표표취복양운변)	솜털 옷에 정처 없이 떠도니 변방의 구름 날리네.
花敷蓮界香成雨 (화부연계향성우)	연꽃 세계의 꽃이 퍼지며 향기로운 비를 이루고
雲布金沙福有田 (운포금사복유전)	구름처럼 퍼진 금빛 모래땅에 많은 복이 있구나.
今夕喜參弘願海 (금석희참홍원해)	오늘 저녁 즐겁게 참여하니 부처의 서원은 크고
一龕燈下坐觀禪 (일감등하좌관선)	하나의 탑과 등불 아래에 선정에 들며 앉아 있네.

〈변안시조〉

기린봉 푸른 산빛 하늘을 갈아 놓고
보살이 우뚝 솟아 산봉(山峯)도 둥글구나
금강저(金剛杵), 달빛 흔들면 구름 넓게 퍼진다

흰 연꽃 곱게 피어 비 오듯 향(香) 퍼지고
구름처럼 퍼진 땅에 큰 복이 머물겠네
저녁엔 즐거운 만찬, 탑 등불이 곱구나

외외(巍巍)는 뛰어나게 높고 우뚝 솟은 모양, 즉 인격이 높고 뛰어남을 의미한다. 역력(歷歷)은 모든 것이 환히 알 수 있게 또렷함을 뜻하고, 금고(金鈷)는 밀교(密敎) 의식에 쓰이는 작법용 불구(佛具)로 번뇌를 없애는 보리심을 상징한다. 연계(蓮界)는 불교에서 말하는 이상 세계를 뜻하며 화엄세계(華嚴世界) 또는 극락세계(極樂世界) 등으로도 불린다. 원해(願海)는 부처나 보살의 서원이 깊고 넓음을 바다에 비유하여 이르는 말이고, 관선(觀禪)은 대상을 명료하게 관조하여 탐욕을 떠나는 선정(禪定)을 뜻한다. 금강저(金剛杵)는 불교의식에 사용되는 불교 용구의 하나이다.

당시에도 남대가 비구니 수련 도량이었는지는 알 수 없으나, 보살, 솜털 옷, 향기로운 등(燈)은 비구니 수양 공간을 의미한 것은 아닐까? 시적 표현으로 보아 아주 편안한 마음으로 지장암을 둘러본 듯하다.

만월대인 동대(東臺)를 보자

동대는 만월대라고도 하며 높이는 1,433m이고 관음암(觀音庵)이 있다. 월정사에서 큰길을 따라 상원사 쪽으로 4백여 미터를 올라가다 보면 오른쪽으로 작은 골짜기와 함께 산길이 나타난다. 이 길을 따라 2킬로미터가량 올라가면 자그마한 동대 관음암이 보인다.

동대 관음암. 출처 : 월정사

이 관음암이 자리한 뒷산이 만월산(滿月山)으로 월정사(月精寺)의 이름이 이 산에서 유래하였다. 만월산은 달뜨는 모습이 천하제일이다. 오랫동안 내려온 도량이었으나 6·25 전쟁 때 불타 없어져 1971년 중건하고 1996년 다시 지었다. 김시습의 '동대(東臺)'를 읽어보자

동대(東臺) : 486

雙竹叢邊大士身 (쌍죽총변대사신)	짝을 지어 나온 대나무 떨기 주변의 지장보살님
元來不住寶陁山 (원래부주보타산)	본래부터 관음보살의 보리심은 머물지 않았네.
悲心長救微塵累 (비심장구미진누)	자비심을 항상 구해도 많지 않은 세속에 묶이어
願力幾回生死關 (원력기회생사관)	원하는 염력은 몇 번이나 삶과 죽음에 관계할까.
兩臉丹如霞半點 (양검단여하반점)	두 뺨은 붉은 것 같은 데다가 노을은 아주 짧으니
雙眉曲似月初彎 (쌍미곡사월초만)	휘어진 것 같은 두 눈썹은 초승달처럼 굽었구나.
圓通門戶何曾閉 (원통문호하증폐)	원통보전에 드나드는 문을 어찌 일찍 닫았을까?
只在輸誠一念間 (지재수성일념간)	다만 성의를 다해 전심으로 염불하는 틈에 있네.

〈번안시조〉

짝지은 대나무는 그대로 지장보살
처음부터 관음보살 보리심은 떠나가고
자비심 세속에 묶여 염력(念力) 몇 번 실릴까

두 뺨은 검붉은 데 노을은 짧고 짧아
휘어진 두 눈썹은 초승달 닮았구나
보전(寶殿)문 일찍 닫으니, 염불 틈을 찾는다

대사신(大士身)은 지극한 마음으로 대사(地藏菩薩)에 귀의한다는 뜻이고, 보타산(寶陁山)은 보타산에 있는 흰 꽃이 불심으로 승화됐음을 상징적으로 표현한 것이다. 관음보살의 보리심은 대비심이요, 뭇 생명을 불쌍히 여기는 마음이 대비심이다.

원력(願力)은 부처님께 빌어 원하는 바를 이루려는 힘이며 목적을 이루기 위해 갖는 내적인 결심과 그에 따르는 힘이 있어야 한다. 원통(圓通)은 모든 일에 빠짐없이 통달하고 있음을 의미하고 원통보전(圓通寶殿)은 관세음보살을 모신 법당으로 전각이 사찰의 주된 전각일 때 붙이는 이름이다. 수성(輸誠)은 성의를 다하는 것이며, 일념(一念) 한결같은 생각을 상징한다.

아마도 김시습은 동대를 저녁 늦게 찾아간 모양이다. '노을', '초승달', '문을 일찍 닫았네' 등의 표현은 어둑한 때 방문하니 원통보전의 문이 닫히고 겨우 염불할 틈만 내주고 있다고 보았다. 작은 사찰의 한가한 저녁 풍경이 다가온다.

이어서 다섯 번째 북대(北臺)를 보자

북대 미륵암. 출처 : 국립공원

상왕봉 아래에 있는 북대는 상심대라고도 하며 미륵암이 있다. 미륵암은 상원사 입구에서 큰 도로를 따라 북쪽으로 4킬로미터가량 올라가면 길 왼쪽으로 상왕봉 중턱에 있는 자그마한 암자다. 이 암자가 북대 상두암(象頭庵), 즉 미륵암이다. 멀리서 보면 코끼리 머리처럼 생겼다 하여 붙여진 이름이다. 김시습의 '**북대(北臺)**'를 읽어보자.

북대(北臺) : 487

象王山色倚天端 (상왕산색의천단)	상왕봉의 먼 산의 경치는 단정한 하늘과 기이하고
繚曲幽深氣鬱盤 (요곡유심기울반)	감겨든 굽이는 그윽이 깊어 찬란한 기운이 머무르네.
麟部獨棲雲片片 (인부독서운편편)	빛나는 모양 언덕에 오직 조각조각 구름만이 깃들고
羊車單駕月團團 (양거단가월단단)	양의 수레 가벼운 마음에 멍에 매니 달덩이 둥글구나.
石床平處苔花點 (석상평처태화점)	돌 평상의 평평한 곳에서는 이끼의 꽃들이 떨어지고
巖溜飛時瓊屑寒 (암류비시경설한)	벼랑의 낙숫물 때마침 떨어지며 문득 옥처럼 차갑네.

人世幾回風浪惡 (인세기회풍랑아)　　인간들 세상에 모진 바람과 물결 몇 번이나 돌아올까?
不如來占一層巒 (불여내점일층만)　　여러 층으로 겹친 산 하나 차지해 돌아옴만 못하네.

〈번안시조〉

상왕봉 먼 산 경치 하늘과 어울리고
감겨든 굽이굽이 찬란하게 머무는데
언덕에 깃든 구름에 마음 멍에 매단다

돌 평상 평평한 곳 이끼꽃 떨어지고
벼랑의 낙숫물은 옥처럼 차가운데
인간사 풍수(風水) 물결은 산 하나와 같구나

유심(幽深)은 깊숙하고 그윽함을 나타낸다. 양거(羊車)는 삼거(三車) 중의 하나로 양거 외에 녹거(鹿車)와 우거(牛車)가 있다. 삼승(三乘)은 성문승(聲聞乘), 연각승(緣覺乘), 보살승(菩薩乘) 가운데 성문승(聲聞乘, 부처의 설법을 듣고 아라한(阿羅漢)의 깨달음을 얻게 하는 교법)을 비유한 말이다. 성문의 목적인 아라한(阿羅漢, 불교에서는 수행 끝에 번뇌가 소멸하여 더 이상 윤회하지 않는 경지에 도달한 사람)의 깨달음을 얻게 하는 교법이다. 층만(層巒)은 여러 층으로 겹쳐 있는 산을 표현한 것이다.

김시습은 '인간들 세상에 모진 바람과 물결 몇 번이나 돌아올까. 여러 층으로 겹친 산 하나 차지해 돌아옴만 못하네.'라고 썼다. 인간 세상사 겹겹으로 겹친 많은 산줄기 중에서 하나에 겹친 것만 못하다고 설법하듯 읊었다.

오대산 중심에서 상원사도 반긴다

오대의 가운데쯤에 상원사(上院寺)가 있다. 상원사는 대한불교조계종 제4교구 본사인 월정사의 말사로 오대산 비로봉(1,563m) 아래에 있는 천년 고찰이다.

신라 선덕여왕 때 자장율사가 세웠다고 알려져 있으며 성덕왕이 705년에 중창하면서 진여원이라 하였다. 그 후 고려 때까지 폐허로 남아 있다가 나옹의 제자가 상원사를 중창하였다. 국내에서 유일하게 문수보살상을 모시고 있는 사찰로, 세조가 피부병의 치료 목적으로 이곳에 방문했다가 문수보살을 만나 병을 나았다는 일화(逸話)가 알려져 있다.

지금의 사찰은 1946년 화재로 소실된 것을 새로 지은 것이라고 한다. 세조가 직접 보았다고 하는 문수동자의 모습을 조각한 문수동자상과 문수보살상, 그리고 상원사를 중창하기 위해 세조가 쓴 친필 어첩(御牒)인 '중창권선문(重創勸善文, 조선 세조 10년(1464)에 당대의 고승인 신미대사, 학열대사, 학조대사 세 명이 세조를 위하여 오대산 상원사를 중수하며 지은 글, 국보 292호)'이 있다.

김시습의 '상원사(上院寺)'를 읽어보자. '중간에는 다만 넉넉한 동산에 부처님의 집 열리네'라고 읊었다. 오대산 가운데에 위치한다는 말이리라.

상원사(上院寺) : 485

亂山疊疊水洄洄 (난산첩첩수회회)	어지러이 솟은 산이 첩첩 겹치며 물은 휘돌아 흐르고
中有祇園紺宇開 (중유지원감우개)	중간에는 다만 넉넉한 동산에 부처님의 집이 열리네.
天淨瑞雲騰煇赫 (천정서운등천혁)	맑은 하늘에 상서로운 구름이 붉은빛 성하게 오르고
地靈嘉草孕胚胎 (지령가초잉배태)	신령한 땅 아름다운 풀숲에 시초의 조짐을 품었구나.
香媒斑剝薰金殿 (향매반박훈금전)	향기롭게 빚어 아롱져 드러내니 금빛 전각 향기롭고
泉液淋漓釀紫苔 (천액임리양자태)	샘물 옆은 흥건하니 자줏빛의 이끼들이 점차 생기네.
最愛橋樓明月夜 (최애교루명월야)	다리의 누각에 깊은 밤 밝은 달빛을 가장 사랑하노니
數層峯裏杜鵑哀 (수층봉리두견애)	대여섯 겹의 봉우리 속에 두견이만이 마음 아파하네.

〈번안시조〉

솟은 산 첩첩 겹쳐 휘돌아 물 흐르고
그 사이 동산에는 부처님 집 들어서니
풀숲 속 상서로운 땅 신령한 힘 품었구나

아롱져 드러내니 금빛 전각 향기롭고
샘물 옆 흥건하니 이끼들 자라는데
깊은 밤 밝은 달빛에 두견이만 우짖네

상원사. 출처 : 불교신문(2019.11.20)

감우(紺宇)는 귀인의 집을 뜻하며, 배태(胚胎)는 아이를 잉태함을 의미한다. 즉 어떤 현상이나 사물이 발생하거나 일어날 원인을 속으로 가짐을 비유적으로 이르는 말이다. 임리(淋漓)는 흠뻑 젖어 뚝뚝 떨어지거나 흥건한 모양을 표현한 것이다.

여기서도 두견이가 등장한다. 산 깊은 곳에서 들리는 두견새 소리는 단종이 부른 자규사(子規詞)를 생각나게 했을 것이다. 김시습은 이 깊은 오대산 골짜기에도 단종의 억울함을 함께 울어줄 두견새를 만나고 있다.

오대산은 백두대간에 핀 연꽃 밭이다. 비로봉(1,563m), 동대산(1,434m), 두로봉(1,422m), 상왕봉(1,491m), 호령봉(1,531m)이 연꽃을 이룬다. 월정사에서 상원사까지 9km의 숲길인 선재길은 오대천 계곡을 따라 연꽃으로 들어가는 길이다. 상원사 주변에는 월정사와 함께 아름드리 전나무 숲을 볼 수 있으며, 오대산 정상 부근에 있는 적멸보궁까지 쉽게 갈 수 있다.

나옹도 만나고, 소옥(小屋)도 짓고, 선담(禪談)도 나누다

김시습은 유람 중 나옹의 발자취를 많이 찾았다. 그리운 나옹선사의 숨소리가 들리는 오대산도 마찬가지였다. 또 곳곳에서 선사들을 만나 선담(禪談)도 나누었다.

김시습은 오대(五臺)를 모두 올랐다. 더군다나 잠시 머무르려고 작은 초옥(草屋)도 지었으니, 많은 시간 오대산의 자연을 만끽하며 불교적 묵상과 시작(詩作)으로 보낼 수 있었다. 그러나 소옥(小屋)을 지었음에도 오래 머물지 않았다. 강릉 가는 길이 급했던 모양이다.

김시습, 오대산에서 나옹선사를 만나다

김시습 마음속에는 늘 나옹선사가 있었다. 오대산은 나옹선사가 불도를 닦았던 곳이다. 나옹과 오대산에 관한 이야기를 들어보자.

"나옹은 전국을 유력(遊歷)하다가 고대 불교의 상징인 오대산의 사찰에 두 차례 머물렀다. 북대 미륵암(당시는 상두암)에 머물렀으며 그 부근의 나옹대에서 적멸보궁을 향하며 수행했다고 한다. 또 오대산 중대에서 게송(偈頌, 불교에서 붓다의 공덕이나 가르침을 찬탄하는 한시 형식의 노래)을 남겼다."

김시습은 선사를 그리워하는 시 두수를 남겼다. 왜 두 수뿐이겠는가? 먼저 '**나옹장포(懶翁裝包)**'를 읽어보자. 이 시는 2수인데 1수가 18구씩인 장시(長詩)이므로 1수의 첫 4구와 끝 4구만 번안한다.

나옹의 짐꾸러미〔懶翁裝包〕 二首 중 제1수 : 498

첫4구
勤師入燕代 (근사입연대)   혜근선사가 연대에 들어가
跋涉千萬里 (발섭천만리)   걷고 또 건넌 천만리 길
飛錫渡江南 (비탕도강남)   주석 날려 강남으로 건너가
長年作行李 (장년작행리)   다년간 여행 짐을 꾸렸지.

〈변안시조〉

근사(勤師)가 연대(燕代) 들어 산천을 돌아보려
머나먼 천만리길 걷고 또 걸어가서
강남에 여러 해 머물며 여행 짐을 꾸렸지

끝4구
遙遙淸夜長 (요요청야장)   아득히 맑은 밤은 길고
寂寂啼禽猿 (적적제금원)   적적하게 산새들 지저귀네.
覩此慕古人 (도차모고인)   이렇게 고인 사모하는 분 보니
蕩我心塵昏 (탕아심진혼)   내 마음의 티끌 씻기누나
　　　　　　　　　　　　　이상은 향반을 읊음.

〈변안시조〉

아득히 맑은 밤은 길고 또 멀고 멀어
산속은 적적한데 산새만 지저귀네
그립던 옛사람(古人) 보며 마음 티끌 씻는다

　근사(勤師)는 혜근선사이며, 곧 나옹선사를 의미한다. 연대(燕代)는 지금의 하북(河北) 북부와 산서(山西) 서북부에 해당하는 지역이다. 향반(香盤)은 향을 피우는 용기인 향로의 일종인데, 특히 시간을 측정하는 향 시계인 시향반(時香盤)을 가리키는 경우가 많다.

　김시습은 향반을 이야기하면서 '그래서 향반을 만들어서 고요함과 흩어짐을 점검하니'라고 한 것으로 보아 여기서 향반은 시향반이라고 볼 수 있다.

　나옹(懶翁, 1320~1376)선사는 고려 후기, 공민왕 두 번째 왕사(王師)로 임명되어 불교계를 이끌었던 선승으로 불교적 수행을 위한 행각과 고행에 대하여 담담하게, 그러나 존경의 마음

을 담아 시 한 편으로 표현했다. '**나옹의 의발**(懶翁衣鉢)'을 보자.

나옹의 의발〔懶翁衣鉢〕: 478

燕代雲遊禮指空 (연대운유례지공)	연대에서 운유하다가 지공을 뵙고
浙西提印又來東 (절서제인우래동)	절서(浙西)에서 인가받고 동쪽으로 왔네.
爲人吐氣禪林將 (위인토기선임장)	기운을 토해내니 선가의 장군이요
對御談玄法海雄 (대어담현법해웅)	임금께 현묘 말하니 법해의 으뜸이라.
天寶霧埋松慘淡 (천보무매송참담)	천보산 안개 묻혀 소나무 참담하고
驪江水闊月朦朧 (여강수활월몽롱)	여강 광활하여 달 몽롱하게 비치네
空餘衣鉢今猶在 (공여의발금유재)	가사와 바리때만 남아 그대로 전해지니
千古巍巍鎭梵宮 (천고외외진범궁)	영원히 우뚝 솟아 범궁을 지키네.

〈번안시조〉

연대(燕代)에 운유(雲遊)하다 지공(指空)을 만나 뵙고
절서(浙西)에서 인가받고 동쪽으로 달려왔네
법해(法海)가 선가(禪家)와 조정(朝廷) 모두에서 으뜸이라

천보산 안개 묻혀 소나무 참담하고
여강이 광활하여 달 몽롱히 비치는데
가사(袈裟)와 바리때 남아 적멸보궁 지키네

운유(雲遊)는 구름처럼 돌아다니는 뜻이다. '절서(浙西, 浙江省 서쪽 지역)에서 인가받은' 나옹이 지정(至正, 원나라 혜종의 연호) 10년 봄에 절서 지역을 순례하였고, 평산처림(平山處林, 고려 후기의 고승으로 나옹의 스승)으로부터 법의(法衣)와 불자(佛子)를 받은 것을 의미한다. 천보산(天寶山)은 경기도 양주 회암사가 있는 산이다. 여강(驪江)은 여주를 흐르는 강으로, 이 강가에 있는 신륵사(神勒寺)는 나옹선사가 입적(入寂)한 사찰이다.

김시습은 이 시에서 나옹선사의 삶을 요약하면서 존경하는 마음을 담았다.

오대산은 김시습의 삶에서 큰 분기점을 남긴 곳이다. 그동안 잠시 잠시 머문 곳은 있어도 당(堂)을 지은 적은 없다. 혹 모르겠다. 원주에서 화전을 하였다고 하였는데 당(堂)을 지었다는 이야기는 오대산이 처음이다. 김시습도 처음으로 작은 당(堂)을 지었다고 했다. 그리고 남쪽으로 창을 내고 저물어 가도록 그 안에서 소일하면서 산비탈에 올라 손수 나물을 뜯었다.

또 산중 암자에 거처하는 순로(淳老), 여로(如老), 전선로(田禪老) 등과 교유하며 선담(禪談)을 나누었다. 오랜 기간은 아니지만 비교적 여유(餘裕)로운 시간을 보낸 셈이다.

특히 오대 중 북대는 김시습과 인연이 깊다. 김시습이 소당(小堂)을 지은 곳이 북대 주변이기 때문이다. 김시습은 이곳에서 나옹화상이 지니고 다녔다는 향반(여기서는 밥그릇)과 승상(繩床, 끈으로 엮은 침상)을 보면서 공경하는 마음이 더욱 깊어졌다. 하여 이 시를 남겼다.

김시습이 날마다 바라보았다는 적멸보궁. 출처 : 국가유산정보

오대산 북대 상두암(요즘에는 미륵암이라 한다)에서 가까운 곳에 나옹대(懶翁臺)가 있다. 나옹선사(懶翁禪師, 1320~1376)가 공부하며 좌선하던 곳이다. 자연 석축에 돌을 쌓아 평평하게 하고 그 위에 판자를 깔았다. 이곳에서 바라보면 **적멸보궁**(寂滅寶宮, 상원사를 지나 중대(中臺) 사자암(獅子庵) 위쪽에 있다. 북대에서 내려다보면 서남향으로 보인다) 지붕이 보이는데 나옹 스님은 날마다 이곳에서 부처님께 공양을 올린 뒤에 음식을 먹었다는 이야기가 전해 온다.

김시습은 이 나옹대에 올라앉아 오대산을 바라보면 참선하기도 하고 시도 읊었다.

그런데 그 나옹대에 큰 변화가 왔다. 2022년 10월 22일, 오대산 북대 미륵암 부근, 나옹선사가 참선했던 자리인 나옹대 옆에 팔각누각을 새로 짓고 나옹대 점안 법회를 봉행한 것이다. 아래 사진의 왼쪽은 나옹대의 원래 모습이고, 오른쪽은 그 옆에 새로 들어선 건물이다. 나옹선사와 김시습이 지금 와서 새 나옹대를 본다면 어떻게 생각할까?

왼쪽의 나옹대와 그 오른쪽에 새로 지은 8각 나옹대.
출처 : 사람과 산(2021.10.27)

또 상원사는 세조와 특별한 인연이 있다. 단종으로부터 양위를 받아 왕위에 오른 세조는 오대산에서 두 번의 이적(異蹟)을 체험하였다. 지병을 고치려고 상원사에서 기도하던 중 문수보살을 친견(親見)하고 나서 병이 나았고, 상원사 참배 중에 고양이의 도움으로 목숨을 건진 일화(逸話)가 그것이다. 이렇듯 세조도 상원사는 뗄 수 없는 깊은 인연을 맺고 있다.

김시습, 처음으로 당(堂)을 짓고 머무르다

김시습은 중흥사를 떠난 이후 처음으로 오대산 북대암 부근에 '**초구소당[初構小堂]**'을 짓고 머물렀다. 집을 짓는다는 것은 이곳에 머무르기로 했다는 뜻인데 생각보다는 오래 머무르지는 않았으며, 곧 강릉을 향하여 출발하였다.

처음으로 작은 집을 짓고[初構小堂] : 500

小堂初卜築 (소당초복축)　작은 집을 비로소 살만한 땅에 지으니
庭樹聽鳴禽 (정수청명금)　뜰의 나무에 새들이 우는 소리 들리네.
己賽三生願 (이새삼생원)　이미 내기하듯 삼생을 기원하였고
曾參一箇心 (증삼일개심)　이전에 간여하니 이 마음 한결같구나.
洞雲橫疊巘 (동운횡첩헌)　골짜기 구름 봉우리 겹쳐 가로지르고
山雨霽空林 (산우제공림)　비가 오던 산과 숲의 하늘이 개는구나.
嘯傲無餘事 (소오무여사)　남은 일도 없으니 거만하게 읊조리니
南窓日欲陰 (남창일욕음)　남쪽 창문엔 햇살이 어두워지려 하네.

〈번안시조〉

비로소 터를 잡아 작은 집 짓고 나니
나무 위 산새들이 반갑게 울어대고
이 한 몸 삼생 기원에 마음 한결 가볍다

골짜기 뭉게구름 산봉(山峯)에 겹치더니
비 오던 산과 숲이 해맑게 밝아오고
한가히 시(詩)를 읊으며 저녁 햇살 맞는다

삼생(三生)은 과거·현재·미래를 뜻하는, 전생(前生)·현생(現生)·후생(後生)을 아울러 이르는 말이다.

손수 나물을 뜯으며 산중 암자에 거처하는 순로, 여로, 전선로 등 여러 선사와 깨달음을 나누었으며 그 감동을 시로 읊었다. 어느 곳이 과연 은둔하기에 적합한가에 대해 이

야기도 나누었다.

　김시습은 어디에서 은거할까를 생각하며 오대산 여기저기를 걷다가 시 한 수를 짓는다. 마침, 달 밝은 밤이다. 오대의 밤은 아늑한 안방에 든 것처럼 전체가 어우러져 자리를 잡고 있다. 그리고 산(山)을 향해 묻는다. 어디가 가장 은거할 만한 곳인가 하고…. 김시습의 손을 잡고 **'청야유오대(淸夜遊五臺)'** 하며 오대산의 밤경치를 머릿속으로 그려보자.

맑은 밤에 오대를 거닐며〔淸夜遊五臺〕: 498

山中夜將半 (산중야장반)	산속에서 밤이 한창이라
寒露襲衣裳 (한로습의상)	찬 이슬이 옷에 스미누나.
宿鳥警殘夢 (숙조경잔몽)	자던 새 남은 꿈에 놀라고
流螢過短墻 (유형과단장)	반딧불이 낮은 담장 지나네.
烟收萬壑靜 (연수만학정)	안개 걷힌 골짜기 고요하고
月白五峯凉 (월백오봉량)	달 밝은 다섯 봉우리 차갑네.
何處堪眞隱 (하처감진은)	어느 곳이 진정 은거할 만할까
松杉十里香 (송삼십리향)	소나무 삼나무 십 리에 향기롭네.

〈변안시조〉

오대의 깊은 산속 초여름 밤이 깊어
밤이슬 찬 기운이 얇은 옷 스쳐 가면
자던 새, 꿈에 놀라고 반딧불도 숨더라

밤안개 걷힌 후에 일만 계곡 고요하고
깊은 밤 달은 밝아 오봉이 서늘한데
어디에 은거할 건가, 송삼향(松杉香)에 묻는다

　송삼향(松杉香)은 소나무와 삼나무 향을 뜻한다. 산속 밤길에 반겨주는 대표적인 것이 소나무와 삼나무 향이 아니겠는가.

　소옥(小屋)을 지었으니 이제 마음이 편안하고 여유롭다. 지금까지 관서에서 시작하여 금강산을 거쳐 이곳 오대산까지 쉼 없이 달려왔다. 젊은 나이지만 좀 쉴 때도 되었는데 기왕이면 나옹선사의 기도 터 흔적이 남아 있는 이곳이 제격이었다.

오대 산중에서 노승과 선담(禪談)을 나누다

산중 노승 중에 먼저 만난 노인은 순로였다. '산중유순로(山中有淳老)'를 읽어보자. 이 시의 부제(副題)는 '산속에 순박한 노인이 있는데 나이가 많고 법을 알아 마주하여 며칠을 대화하였다(年高知法對話數日)'이다.

산중에 순로가 있었는데〔山中有淳老〕: 500~501

一話松窓千古心 (일화송창천고심)	잠시 말하는 소나무 창은 영구한 세월의 마음
箇中無有去來今 (개중무유거래금)	그 가운데 과거와 현재 미래가 있는 듯 없구나.
謾將庭柏爲禪旨 (만장정백위선지)	뜰의 잣나무에 느리게 나아가 선의 뜻 배우니
誰道溪聲演佛音 (수도계성연불음)	누가 시냇물 소리로 부처님 소리 넓혔다고 말할까.
撞倒語言方解會 (당도어언방해회)	부딪쳐 넘어져 하는 말 모두 풀이해 이해하고
消磨習氣始參尋 (소마습기시참심)	습기가 닳아 없어지니 비로소 찾아 헤아리네.
西來直指離文字 (서래직지이문자)	서쪽에서 온 곧은 가르침의 글과 문자 만나서
悟了何曾論淺深 (오료하증론천심)	완전히 깨달았는데 어찌 거듭 얕고 깊음을 논할까.

〈번안시조〉

말하는 소나무 창은 세월의 마음인데
과거와 현재 미래, 있는 듯 없더구나
선(禪)하며 시냇물에서 부처 소리 듣는다

부딪쳐 하는 말을 모두 풀어 이해하고
눈앞이 환해지니 비로소 헤아리네
올곧게 깨우쳤는데 얕고 깊음 논할까

습기(習氣)는 번뇌(煩惱)로 인한 버릇을 의미하고, 오료(悟了)는 완전히 깨달음을 뜻한다.

김시습은 순박한 선로와 대화에서 만족함을 얻은 듯하다. '서쪽에서 온 곧은 가르침의 글과 문자 만나서 완전히 깨달았는데 어찌 거듭 얕고 깊음을 논할까'라고 반문(反問)하고 있지 않는가?

두 번째 만난 산문의 선인(禪人)은 여로였다. 시 '산중유여로(山中有如老)' 시(詩)는 여로와의 만남을 담고 있다. 부제(副題)는 '산중에 여(如) 노승이 있는데 머문 지 오래되었기에 찾아가 대화하다(山中有如老住山已久尋訪相話)'이다.

산중에 여로가 있었는데[山中有如老] : 501

如老住山今幾年 (여노주산금기년)	여(如) 노승의 산 생활 이제 몇 해런가
霜眉皓首坐枯禪 (상미호수좌고선)	흰 눈썹 하얀 머리로 좌선하는구나!
任敎松子榻前落 (임교송자탑전낙)	솔방울은 상 앞에 떨어지게 놔두고
閑看鹿麛床下眠 (한간녹미상하안)	사슴이 상 아래 잠을 한가로이 보네.
三十年前參箇事 (삼십년전참개사)	삼십 년 전에 참개(參箇)한 이 일
百千劫外透那邊 (백천겁외투나변)	백천 겁 바깥 그 한계를 뚫으리.
遠公自愛東林月 (원공자애동림월)	혜원은 동림사의 달을 좋아해서
輕挈銅瓶汲小泉 (경설동병급소천)	구리 병 가져와서 시냇물 담아갔지

〈번안시조〉

여(如) 노승 산속 생활 몇 해가 되었던가
흰 눈썹 하얀 머리 좌선(坐禪)이 평온하다
솔방울, 상에 떨어지고 꽃사슴은 자는데

삼십 년 이전부터 참개(參箇)한 진리인데
백천 겁 바깥으로 그 한계 뚫리더니
혜원은 구리병 속에 시냇물을 담았네

혜원(慧遠)은 중국 동진의 여산(廬山) 동림사에 주석(主席 : 머무르며 불도를 닦는 것)했던 고승이다. 30년 동안 도량을 한반도 나가지 않으며 사찰을 지켰다고 전한다. 수대(隋代) 정영사(淨影寺)의 승려였던 혜원과 구별하여 여산혜원(廬山慧遠)으로도 불린다. 중국 불교계의 중심적 인물의 한 사람이다. 참개(參箇)는 몹시 부끄러워서 개탄한다는 뜻이다.

여로(如老), 즉 여상인(如上人)은 삼십 년도 넘게 수련을 쌓은 승려였다. 중국 동진의 혜원과 비교하며 그 공덕을 높이 칭찬하고 있다.

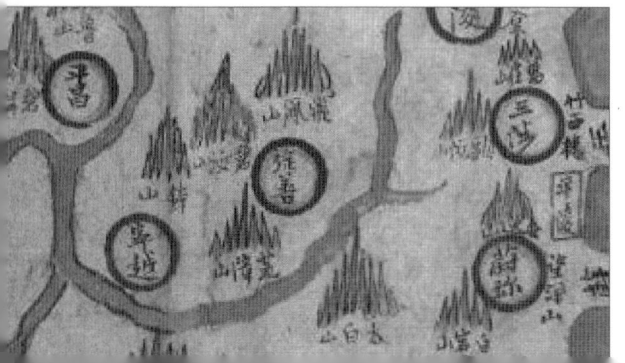

정선 벽파산의 위치. 출처 : 고려대 도서관 고지도 컬렉션

다음은 전선로(田禪老)를 시(詩)로 만나 보자. 제목은 '**산중유전선로**(山中有田禪老)' 이다.

산중에 전선로가 있었는데〔山中有田禪老〕: 501

人言旌善是朱陳 (인언정선시주진)	사람들이 말하길 정선은 주진(朱陳)이라
民樂耕耘壽域春 (민낙경운수역춘)	백성들 즐겨 경작하며 장수 누린다네
況有碧波山屼巃 (황유벽파산회롱)	게다가 높디높은 벽파산이 있어서
可堪棲隱養天眞 (가감서은양천진)	은거하며 본성을 기를 만하다네

〈변안시조〉

사람들이 말하기를 정선은 주진(朱陳)이라
경작을 즐겨하며 장수(長壽)를 누리는데
게다가 벽파산(碧波山) 있어 은거하기 좋다네

여기서 주진(朱陳)은 정선군의 옛 이름이다. 천진(天眞)은 불생불멸(不生不滅)의 참된 마음으로 세파에 젖지 않은 자연 그대로 참됨을 뜻한다.

위 시의 부제(副題)는 '산중에 있는 전 노승이 말하기를 정선에 벽파산이 있는데 은거하기 좋다고 하기에(山中有田禪老言旌善亦有碧波山最好可以棲隱)'다. 벽파산을 옛 지도에서 찾아보니, 정선읍 서북쪽에 있던 산으로 비봉산과 발산(鉢山) 사이에 있다.

『신증동국여지승람』 강원도 정선 산천 편에 '비봉산(飛鳳山)은 군 북쪽에 있는 진산(鎭山)이다. 대음산(大陰山)은 군 남쪽 2리에 있다. 벽파산(碧破山)은 군의 서쪽 26리에 있다.'라고 기록하고 있다. 다만 정선문화원 최원희 사무국장은 월간 산에서 "가리왕산에 대한 역사성보다 옛날에는 벽파령이 더 알려져 있었던 듯하다. 벽파령은 정선에서 평창으로 넘어 한양으로 가는 고갯길로서 고대로부터 사람들이 왕래했던 길이다. 가리왕산의 8부 능선으로 이어지는 능선길로 계속된다"라고 설명했다. 따라서 벽파산에 따른 고개를 벽파령이라고 불렸던 것으로 보인다.

오대산에 소당(小堂)까지 마련했던 김시습이 왜 마음이 변화였는지 급히 떠났다. 말이 통하는 노인들하고 잘 교유하고, 주변 경관도 좋아 지낼 만했을 텐데 봄에 오대산을 떠나 강릉에 가서 두세 달 머물다가 초가을에 다시 오대산을 거쳐 평창의 몇 고을과 영월을 지나 호서로 향하였다. 찬 바람이 일기 전에 겨울에 머물 곳을 마련해야 했고, 또 하나는 10월 24일에 있는 단종 제례에 참석하기 위해서였을 것이다.

김시습이 1460년대에 오대산을 방문한 것은 1460년 여름과 가을이었다. 그리고 1485

년 2차 관동 유람 길에 다시 찾아온다.

대관령을 넘어 강릉으로 접어들다

오대산에서 겨울을 지낸 김시습은 다시 길을 떠나 횡계를 지나 대관령에 이른다. 봄물이 드는 대관령을 뒤로하고 강릉으로 향했다. 몇 년 전에 어머니 장례를 위하여 외할머니와 함께 넘던 길이고 3년 동안 머물던 성씨의 고향이다. 김시습은 대관령 정상에서 드넓은 동해를 바라보면 깊은 감회에 젖었다. 어찌하는 것이 옳은 일인가?

대관령 김시습 시비.
출처 : 카페 산 좋고 물 좋고(2016.05.20)

대관령 옛길에서 김시습 시비를 만나다

대관령 고갯마루에서 강릉 바우길 2구간 표시를 따라 내려가면 내리막길은 다소 험하긴 해도 걸을 만하다. 수백 년 동안 오로지 사람의 발이 디뎌서 만들어진 길이 아닌가.

김시습은 대관령을 넘으며 시를 남겼다. 그 시가 대관령고개 길에 시비로 남아 있다. 매월당 시비는 대관령휴게소를 출발하여 40분 정도 강릉 쪽으로 내려가면 삼거리가 나오는데 이 삼거리에서 5분 정도 지나면 국사 서낭당이 보이고, 이곳에서 15분 거리에 있다. 즉 국사 서낭당과 반정(半程, 대관령을 지나는 사람들이 쉴 수 있는 주막이 있던 곳으로 강릉 구산역과 평창 횡계역의 중간 지점) 사이에 있다. 김시습은 대관령 정상에서 '**대령**(大嶺)'을 노래하였다. 이곳 대관령이야말로 산, 바다, 계곡, 그리고 고위평탄면 또는 고랭지(高冷地)에 이르기까지 우리나라 지형을 한꺼번에 볼 수 있는 곳이 아니다.

대관령에서(大嶺) : 487

大嶺雲初捲 (대령운초권)　대관령 구름이 처음 걷히니
危顚雪未消 (위전설미소)　꼭대기의 눈이 아직도 남아 있네.

羊腸山路險 (양장산노험)	양장(羊腸)처럼 산길은 험난도 한데
鳥道驛程遙 (조도역정요)	조도(鳥道) 같은 역정은 멀기도 하네.
老樹圍神廟 (노수위신묘)	늙은 나무 신당을 에워싸고
晴烟接海嶠 (청연접해교)	맑은 안개 바다 산에 접했구나!
登高堪作賦 (등고감작부)	높이 올라 글을 지으니
風景使人撩 (풍경사인료)	풍경이 사람의 흥을 돋우네.

〈번안시조〉

대관령 높은 고개 뜬구름 휘말리고
산 위에 겨울눈이 동장군 붙잡는데
언덕길 험난한 빙판, 역과 역은 멀구나

오래된 나무들이 신당을 에워싸고
해맑은 안개 숲이 온 누리 덮었는데
산 올라 한 수 읊으니 절로 흥이 솟는다

양장(羊腸)은 양(羊)의 창자인데 양의 창자같이 꼬불꼬불하고 험한 길을 비유할 때 쓰인다. 조도(鳥道)는 날아다니는 새도 넘기 어려울 만큼 험한 길을 표현한 것이고, 역정(驛程)은 역과 역 사이의 거리, 즉 거쳐 가는 길이나 과정을 뜻한다. 청연(晴煙)은 맑은 하늘에 낀 안개를 의미한다.

"양장(羊腸)처럼 산길은 험난도 한데, 조도(鳥道) 같은 역정은 멀기도 하네. 높이 올라 글을 지으니, 풍경이 사람의 흥을 돋우네" 라고 노래하고 있다. 험난한 길을 내려가야 하지만 동해를 바라보며 글을 지으니 새로운 흥이 돋아나고 있음을 숨기지 못하고 있다.

대관령 옛길을 걸어 대관령 박물관 쪽으로 나오면 첫번째 만나는 마을이 성산면 구산리이며, 성산면의 면 소재지이기도 하다. 구산리는 옛날부터 강릉으로 통하는 관문이었다.

구산역과 홍제원에 들리다

김시습은 구산역과 홍제원에 들렸다. 구산역은 마지막 역이고 홍제원은 지금은 시내에 있지만 당시에는 강릉도호부로 가는 마지막 원이었다. 조선시대 역원(驛院)은 주로 공적인 임무를 띤 관리, 사신, 상인 등 공무 여행자들이 이용했으며, 때로는 일반 행인에게도 숙박과 휴식 장소를 제공하는 일종의 국립 여관 역할을 했다. 김시습의 시(詩)에도 '역원(驛院)에 들렀다', 또는 '원(院)에서 잤다'라는 기록이 심심찮게 나온다. **'구산역(丘山驛)'**을 읽어보자. 구산역은 오늘날의 강원도 강릉시 성산면에 있었다.

구산역(丘山驛)에서 : 487

驛亭依小巘 (역정의소헌)	작은 봉우리의 역참 정자에 의지하니
花木更淸幽 (화목갱청유)	꽃과 나무들은 더욱 맑고 그윽하구나.
麥壟將雛雉 (맥롱장추치)	보리 밭두렁에는 꿩병아리 낳아가고
桑巓逐婦鳩 (상전축부구)	산마루 뽕밭엔 편안히 지어미 따르네.
年光隨處好 (년광수처호)	변하는 경치에 아름다운 곳을 따르고
歲月苦奔流 (세월고분류)	세월은 내달리듯 흘러가니 괴롭구나.
耐可從仙侶 (내가종선려)	참고 마주하여 신선을 벗하여 나가
看窮海上洲 (간궁해상주)	다한 곳 바라보니 바다 위의 땅이구나.

〈변안시조〉

역참(驛站) 앞 작은 정자 누각에 올라서니
꽃들과 나무들은 더욱 맑고 그윽한데
뽕밭엔 꿩병아리가 지어미를 따른다

수시로 자연경관 아름답게 변해가고
세월은 내달리듯 급히 흘러 괴롭지만
어느덧 신선 벗하며 바다 땅에 닿았다

상전(桑巓)은 뽕나무밭을 뜻한다. 흔히 상전벽해라 사자성어를 쓰는데 이는 "뽕나무밭이 푸른 바다가 된다"라는 뜻으로, 세상일이 덧없이 변하고 바뀌는 모습을 비유적으로 이르는 말이다. 즉, 매우 오랜 시간이 흘러 세상의 모습이 크게 변했음을 의미한다. 연광(年光)은 변하는 사철의 경치, 사람이나 생물이 살아온 햇수, 지나가는 달이나 해를 의미하며, 분류(奔流)는 내달리듯 빠르고 힘차게 흐르는 물줄기를 말한다. 여기서는 '참 세월이 빨리도 간다'라는 뜻이리라.

홍제원부터 표지석. 출처 : 강원한문고전연구소

강릉대도호부(江陵大都護府)에 속해 있던 홍제원은 오늘날에는 홍제동이 되었으며, 홍제동으로 강릉시 청사가 이전해 오고, 강릉 고속버스 터미널, 강릉 시외버스 터미널이 옮겨 오면서 낮은 언덕과 논밭이었던 이 지역이 도시화되었다. 김시습은 이 나지막한 언덕에서 '**홍제원루등조(弘濟院樓登眺)**'하며 강릉의 자연과 인문 환경을 부드럽게 노래하였다.

홍제원 누각에 올라 바라보다〔弘濟院樓登眺〕: 487

十里鶯花古院深 (십리앵화고원심)	십 리에 꾀꼬리와 꽃들이 오래된 뜰에 무성하고
倚樓終日費淸今 (의루종일비청금)	종일토록 누각에 의지해 한가한 오늘을 보내네.
煙生遠浦回漁艇 (연생원포회어정)	먼 물가에 안개가 일자 고기잡이배가 돌아오고
風定晴波浴水禽 (풍정청파욕수금)	바람 그치니 맑은 물결에 물새들이 목욕하네.
草色蒙茸侵巷陌 (초색몽용침항맥)	어지럽게 자라난 풀빛은 문밖 거리를 침범하고
柳條腰裊壓庭陰 (유조요뇨압정음)	버드나무 가지 허리에 매니 뜰의 그늘 좁혀지네.
幾家茅舍渾如畫 (기가모사혼여화)	몇 집의 띠 풀 지붕의 집들은 그림 같이 흐릿하고
都在靑煙翠竹林 (도재청연취죽림)	마을을 보니 푸른 연기와 대나무 숲은 푸르구나.

〈번안시조〉

한가히 누각에서 종일토록 내다 보니
꾀꼬리 꽃과 함께 옛 뜰에서 지저귀고
먼 물가 고깃배 들고 물새들은 춤춘다

촘촘히 자란 풀잎 길〔路〕가로 팔 벌리고
휘어진 버드나무, 뜰 그늘 좁히는데
흐릿한 띠풀 집에서 푸른 연기 오른다

고원(古院)은 오래된 원(院). 즉 홍제원(弘濟院)을 의미한다. 몽용(蒙茸)은 풀이 어지럽게 난 모양을 뜻한다.

강릉은 김시습의 강릉김씨 시조(始祖)인 명주 군왕 김주원의 능(陵)이 있는 곳이다. 구산역을 지나 홍제원에 이르러 "먼 물가에 안개가 일자 고기잡이배가 돌아오고"라고 시를 읊었다. 고기잡이배가 돌아오듯 자신도 고향에 돌아왔음을 상징적으로 보여준다.

관향의 고향 강릉에 들어서다

이제 강릉이다. 구산역, 홍제원을 거쳐 강릉 시내로 들어온 김시습은 강릉을 노래한다. 김시습은 강릉에 두세 달 머문 것으로 보인다.

강릉시는 대한민국 강원특별자치도 동해안 중부에 있는 시(市)로 서울과 비슷한 위도에 있는 영동지방 최대 도시이다. 서쪽으로는 남북으로 태백산맥이 뻗어있고, 동쪽으로 동해가 펼쳐져 있다.

강릉에는 강릉대도호부(조선의 지방행정제도를 보면, 대도호부는 강원도에서는 강릉에만, 원주에는 목, 춘천에는 도호부가 있었음)가 있었다. 대도호부에 걸맞은 명승지가 많아 가인 문객이 쉬며 노래했던 여러 누각이 있고 석호인 경포호도 있다. 경포대, 오죽헌, 임영관, 객사문 등 문화재가 있고 매년 5월, 강릉단오제가 열린다. 긴 해안선을 따라 해수욕장이 잘 발달하였다.

김시습도 구산역을 지나 홍제원을 넘어 강릉 객사에 도착했다. 그리고 **'강릉(江陵)'** 이라는 제목의 시를 읊었다. 김시습은 이 시(詩)에서 무엇을 노래하고 싶었을까? 김시습이 관아에 도착한 시간은 저녁때였다.

강릉대도호부 관아. 출처 : 강릉시청

강릉(江陵) : 488

鷄犬連鮫市 (계견연교시)	닭 울음, 개 짖는 소리가 바닷가 저자까지 들리는데
桑麻接海門 (상마접해문)	뽕나무와 삼은 바다의 통로와 접했네.
腥風吹晚浦 (성풍취만포)	비린 바람이 저물어 가는 물가에 불고
漁艇返花村 (어정반화촌)	고기잡이배는 꽃핀 마을로 돌아오네.

〈번안시조〉

계견(鷄犬)의 짓는 소리 교시(鮫市)까지 들리는데
삼잎과 뽕나무는 바닷길과 맞닿았네
해 지니 꽃핀 마을로 고깃배는 되오고

교시(鮫市)는 '상어 교(鮫)자'에 '시장 시(市)자'인데, 『매월당 전집』에서는 '바닷가 저자'라고 해석하고 있다. 여기서 저자(低者)란 조선시대 사(士), 농(農), 공(工), 상(商)의 신분 중에 가장 '낮은 자(低者)'들이 모여서 장사하는 거리, 즉 시장을 뜻한다. 해문(海門)은 두 육지 사이에 끼어있는 바다의 통로를 의미한다.

이 시에서는 고기잡이 배가 꽃핀 마을로 돌아오고 있다. 강릉에서 조금 높은 곳, 즉 홍제원과 비슷한 높이의 언덕에서 이 시를 읊은 김시습은 고기잡이배의 귀항(歸港)을 보면서 비린내를 맡고 있었을지도 모른다.

아름다운 강릉 풍광(風光)을 노래하다

김시습은 강릉에 있는 관동팔경 등을 둘러보며 두세 달 머물렀다. 그러나 과거 급제의 꿈을 이루지도 못하고 떠도는 입장에서 맹모같이 열정적으로 공부를 가르쳤던 어머님께서 잠들어 쉬시는 곳에 왔으니 죄송함도 넘쳤을 것이다. 성씨의 조상(祖上)인 명주 군왕에게도 가문의 영광을 다하지 못함에 가슴이 아팠을 게다.

강릉에서 첫 시(詩)는 문수당(文殊堂)에서 만나다

문수당은 통일신라 후반에 세워진 사찰이다. 문수사(文殊寺)로도 불렸으며 한산사(寒山寺)로 바뀌었다가 다시 한송사(寒松寺)로 불렸다. 고려시대에는 문인들이 이곳을 유람하고 시와 글을 남기기도 했다.

문수당(한송사)의 위치는 강릉시의 동쪽 남항진 바닷가로 두 보살상을 받

옛 문수당(한송사). 출처 : 디지털강릉문화대전

치던 대좌가 남아 있다. 조선시대까지는 중수(重修)가 이루어지기도 하였으나 19세기 이후 황량한 터만 남긴 채 폐사되었다.

김시습은 '문수당' 시에서 해변의 여유로움을 잘 표현하고 있다. 이는 김시습이 아주 편안한 가운데 유람하고 있다는 이야기가 된다.

김시습의 '문수당(文殊堂)'을 읽어보자.

문수당(文殊堂) : 488

寺在東溟碧浪涯 (사재동명벽낭애)	절이 있는 동쪽 바다에 물가의 파도는 푸른데
野棠花裏鳥喈喈 (야당화리조개개)	들판의 해당화 꽃들 속에서 새들은 지저귀네.
白沙翠竹客相送 (백사취죽객상송)	흰 모래에 푸른 대나무 나그네 서로 전송하고
青海黃茅風正喈 (청해황모풍정개)	푸른 바다 누런 띠풀 바람은 때마침 온화하네.
古佛有靈能善幻 (고불유령능선환)	오래된 부처 신령함 있어 능히 착하게 바뀌고
居僧無事坐清齋 (거승무사좌청재)	거주하는 스님 일 없어 맑게 재계하고 앉았네.
禪宮亦似人寰變 (선궁역사인환변)	참선하는 절은 또한 사람 세계가 변한 것 같고
古砌草荒雲半埋 (고체초황운반매)	오래된 섬돌 거친 잡초를 구름이 반쯤 감추네.

〈변안시조〉

절 동쪽 바닷가에 푸르른 파도 일고
해당화꽃 사이에서 새들이 지저귄다
나그네 전송하는데 띠풀 바람 잠자고

부처님 신령하여 착하게 바뀌었고
스님은 일이 없어 재계하고 앉아 있네
참선은 사람 감추고 섬돌 풀은 구름이 감추네

재계(齋戒)는 제사에 참여하는 여러 사람이 몸과 마음을 깨끗이 하는 의식이며, 선궁(禪宮)은 사찰(寺刹)을 의미한다. 인환(人寰)은 사람이 살고 있는 세계를 뜻한다. 청해황모(青海黃茅)에서 청해는 푸른 바다, 황모는 누런 띠풀이라고 해석이 가능하다. 즉 바다가 보이는 들판의 누런 띠풀을 의미한다. 가을이라는 의미가 아니겠는가?

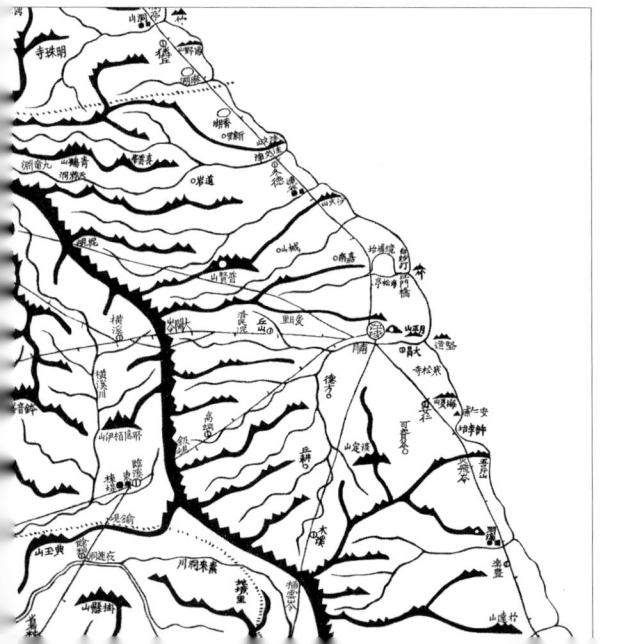

대동여지도의 한송사와 백시정. 출처 : 대동여지도

김시습은 '거주하는 스님, 할 일이 없어 맑게 재개하고 앉았네'라고 하였다. 상주하는 스님이 할 일이 없이 그저 몸을 깨끗이 하고 좌선하고 있다는 표현일 것이다. 조금 쇠락한 사찰의 안타까움을 간접적으로 표현하고 있다.

백사정, 한송정을 노래하다

며칠 쉬다가 바닷가로 가보았다. 모래벌판이 드넓게 펼쳐져 있다. 아무래도 강릉에서는 동해를 바라보며 백사장을 걷는 것이 멋진 풍경 중의 하나일 것이다. 김시습도 빠질 수 없어 바닷가로 나간다. 그리고 백사정(白沙汀)을 노래한다.

'백사정' 시를 이해하려면 해안지형을 알아야 한다. 다음 글을 참조하자.
 해안지형으로는 곶(串, 바다로 돌출된 육지의 끝부분)과 양(梁, 들보, 다리, 둑, 제방 등을 뜻하는 한자)이라고 붙은 지명이 많다. 이외에 지형적 특색을 설명하는 백사(白沙)가 있다. 모래밭이 있는 해안지방은 백사(白沙), 백사장(白沙場), 또는 백사정(白沙汀) 등으로 표현한다. 강릉에서는 백사정이라고 한다. 정(汀)은 곶과 같은 뜻을 갖는다. 동해안에는 양(梁)은 발달하지 않았다.

대동여지도를 보면 강릉 백사정은 오늘날 강문교(江門橋)가 있는 바로 위에 표시되어 있다. 경포호에서 나오는 물이 바다와 만나는 곳에 강문교가 있는데 여기서 조금 올라가면 경포해수욕장이다. 대동여지도에서는 이곳을 백사정이라 하였다.

김시습의 '**백사정(白沙汀)**'을 읽어보자. 하얀 백사장을 걸으며 드넓은 동해를 보면서 더 넓은 세상에서 뜻을 펴지 못한 것을 안타까워하기도 하고, 한편으로는 벼슬이란 순식간에 사라지기도 하고 목숨이 날아가기도 하는 것을 생각하며 여유로운 유람 생활에 만족했을 수도 있다. 삶은 양날의 검이다.

흰 모래 깔린 바닷가〔白沙汀〕: 488

依依煙樹似雲屯 (의의연수사운둔)	한들거리는 안개 낀 나무에 구름이 진을 친 것 같고
沙軟風輕十里原 (사연경풍십리원)	십 리의 언덕에 가벼운 바람에 모래는 부드럽구나.
島影正同雲影杳 (도영정동운영묘)	섬 그림자 때마침 함께하며 구름 그림자 아득하고
松濤長伴海濤喧 (송도장반해도훤)	소나무 물결 짝하여 나가니 바다의 파도 시끄럽네.
煙開鯨口波聲壯 (연개경구파성장)	고래 입에서 안개를 뿜어대니 물결 소리 웅장하고
日射鼇頭曉色暾 (일사오두효색돈)	햇살이 비치는 거북이 머리에는 새벽빛이 비치네.
汀畔白鷗閑似我 (정반백구한사아)	물가 경계의 흰 갈매기는 나를 닮은 듯 한가하고
忘機相對弄春暄 (망기상대농춘훤)	서로 마주해 속새를 잊고서 따스한 봄을 희롱하네.

〈번안시조〉

안개 낀 나무 곁에 구름이 친 진(屯)을 사이로

저 멀리 모래바람 부드럽게 불어오니
아득한 구름 그림자, 파도 소리 넘는다

고래는 안개 뿜어 잔물결 잠재우고
햇살은 거북 머리에 새벽빛 비추는데
한가한 갈매기들은 따뜻한 봄 즐긴다

의의(依依)는 고향을 떠날 때와 조금도 다름없다는 뜻으로 연약한 나뭇가지가 바람에 한들거리는 모양이다. 아쉬워하고 사모하고 그러면서도 뭔가 섭섭해하는 모양을 뜻한다. 아쉽다는 이야기이다. 연수(煙樹)는 연기나 안개구름 따위에 둘러싸여 뿌옇고 멀리 보이는 나무를 의미하고 오두(鰲頭)는 큰 바다 자라의 머리이다. 망기(忘機)는 속의 일이나 욕심을 잊음을 뜻한다.

김시습은 모래바람, 파도 소리, 고래 안개, 거북 머리, 흰 갈매기 등 백사정의 정겨운 모습을 담담하게 그려내고 있다.

오늘날에는 강릉 해변 백사장의 모래가 깎이며 해안침식이 발생해 심각하게 훼손되고 있다는 보도(2021.05.05. 강원일보 등 보도)에 안타까울 뿐이다. 그러나 문제는 그 원인이 불분명하다는 데 있다. 철저한 원인 분석과 그에 따른 올바른 처방으로 원래 모습대로 회복되기를 ….

한송정(寒松亭) 노래를 살펴보자. 한송정은 강릉시 강동면 하시동리의 차(茶) 유적지가 있는 정자(亭子)이다. 『동국여지승람』에서는 한송정을 '동쪽으로 큰 바다에 임했고 소나무가 울창하다. 정자 곁에 차샘(茶泉), 돌아궁이(石竈), 돌절구(石臼)가 있는데 곧 술랑선인(述郞仙)들이 놀던 곳이다'라고 기록하고 있다. 한송정이 언제 지어졌는지 또 언제 없어졌는지에 대한 기록은 남아 있지 않다. 신라 진흥왕 때 화랑들이 한송정을 방문했다는 기록이 있고 그 이후 여러 역사적 인물이 한송정을 방문한 기록과 한시가 전한다. 현재는 공군 제18전투비행단 안에 있어 출입이 자유롭지 않다. 시(詩) '**한송정(寒松亭)**'이다.

한송정에서〔寒松亭〕: 489

海風吹斷浪滔天 (해풍취단낭도천)	바닷바람이 불다 끊기며 함부로 하늘 높이 퍼지고
松作雲和意外絃 (송작운화의외현)	소나무에 이른 구름 화답하며 뜻밖의 현악기 뜯네.
敗砌草埋狐兔過 (패체초매호토과)	무너진 섬돌은 잡초에 묻혀 여우와 토끼가 지나고
野棠花落鷓鴣眠 (야당화낙자고면)	들의 팥배나무 꽃이 떨어지니 자고새가 잠이 드네.
神仙舊迹桑田變 (신선구적상전변)	신선들의 오래된 자취는 뽕나무밭으로 변하였고

塵世浮生甲子遷 (진세부생갑자천)　티끌 많은 세상 덧없는 인생 속에 갑자만 옮겨가네.
獨上高亭回首望 (독상고정회수망)　높은 정자에 혼자서 올라가 머리를 돌려 바라보니
蓬萊島在五雲邊 (봉래도재오운변)　신선이 사는 섬이 오색구름 가장자리에 있구나.

〈번안시조〉

바닷바람 불다 끊겨 하늘 높이 흩어지고
흰 구름 화답하며 현악기를 뜯고 있다
섬돌엔 잡초 우거지고 자고새는 잠자고

신선들 간데없고 뽕 밭은 한창인데
덧없는 인생 속에 갑자(甲子)만 옮겨가네
누(樓)에서 봉래도(蓬萊島) 보니 구름 속에 잠겼네

　도천(滔天)은 높은 하늘에 널리 퍼짐을 뜻하니 세력이 엄청나게 크게 퍼진다는 뜻이다. 봉래도(蓬萊島)는 삼신산(三神山)의 하나로 신선이 산다는 곳이다.

한송정. 출처 : 한국향토문화전자대전

　김시습이 한송정을 방문했을 때는 정자는 이미 많이 쇠락했었다. 다 쓰러져 가는 한송정. 글의 흐름으로 보면 도교적 감각으로 글을 썼다. 신선을 비롯하여 자연의 섭리가 시 한 수에 가득하다. '덧없는 인생 속에 갑자만 옮겨가네'하며 이룬 것은 없는데 나이만 먹어간다고 자기반성을 하고 있다.

경포대에서 다섯 개의 달을 만나다.

　경포대는 강원도 강릉시 경포로 365번지, 경포호수 북쪽 작은 언덕에 있는 누각으로, 관동팔경 중의 하나이다. '경포대(鏡浦臺)'라는 것은 '여름밤의 밝은 달과 호수의 맑은 물이 아름다운 경관을 이룬다'라는 데서 유래되었다. 경포대는 1326년(고려 충숙왕 13)에 강원도의 관리였던 존무사(存撫使) 박숙정(朴淑貞)이 세웠다고 한다.

다섯 개의 달(하늘·호수·바다·술잔 그리고 연인 눈의 달)이 뜬다는 경포대. 아름다운 비유이며, 탁월한 표현이다. 제일강산(第一江山)이라는 현판도 경포대의 자긍심이다. 경포대를 노래한 시인은 엄청나게 많다. 김시습의 눈으로 '경포대(鏡浦臺)'를 보자.

경포대에서〔鏡浦臺〕: 489

萬里扶桑望眼賒 (만리부상망안사)	만 리의 해가 돋는 동쪽 바다 아득한 눈으로 바라보니
蒼波淼淼蘸朝霞 (창파묘묘잠조하)	푸른 물결 넓고 아득한데 아침노을 물에 담갔구나.
秦皇謾愛三山藥 (진황만애삼산약)	진시황은 부질없이 삼신산의 불사약 사랑하였고
漢使空浮八月槎 (한사공부팔월사)	한나라 사신은 부질없이 팔월에 뗏목을 띄웠다네.
白浪滔天鼇背抃 (백낭도천오배변)	높은 하늘에 퍼지는 흰 물결이 자라의 등을 때리고
紅雲揷地蜃樓斜 (홍운삽지신루사)	붉은 구름이 꽂힌 대지에는 신기루가 비스듬하네.
從今陡覺仙遊壯 (종금두각선유장)	이제부터 높이 솟아 드러난 신선의 유람 웅장하여
杯視東溟碧海涯 (배시동명벽해애)	동쪽 아득히 푸른 바다 물가에서 술잔을 대접하네.

〈변안시조〉

해 돋는 동쪽 바다 저 멀리 바라보니
물결은 아득한데 아침노을 담겼구나
진시황(秦始皇) 불사약 꿈도, 한(韓) 사신도 보이고

하늘에 흰 물결이 자라 등〔鼇背〕을 때리는데
구름이 꽂힌 대지 신기루도 누웠구나
드넓은 신선 유람 터, 한잔 술이 오간다

1915년 경포대. 출처: 강원도민일보(2016.09.01)

묘묘(淼淼)는 '바다 따위가 넓고 끝이 없어 아득하다'이며, 발해(渤海)는 바다 가운데 있는데, 신선들이 살고, 불사약이 있으며, 새와 짐승이 모두 희고 궁궐이 황금으로 지어졌다고 하는 상상의 나라이며, 팔월사(八月槎)는 8월의 떼배, 신선 배이다. 선유(仙遊)는 신선이 되어 자유로이 놀러 다님, 즉 사람의 죽음을 미화한 말이다. 때로는 임금의 유람을 뜻하기도 한다.

김시습은 경포대에서 동해를 바라보면서 '진시황은 부질없이 삼신산의 불사약을 사랑하였고, 한(漢)나라 사신은 부질없이 팔월에 뗏목을 띄웠다네'라며 불사약을 구하려 사람을 보낸 진시황의 욕망을 꾸짖고 있다. 그저 신선이 오면 술 한 잔이나 대접할 일이다.

동해 일출을 보며, 유선가를 부르다

김시습은 강릉에 두세 달 머무는 동안 여러 차례 일출을 보았다. 동해 일출은 매일매일 보아도 그 맛이 각각 다르다. 김시습도 그 아름다움에 얼마나 가슴이 녹았겠는가. 해풍에 부딪는 소나무의 솔바람 소리가 매력적으로 들렸을 것이다. 육백 년 전이라고 그 불꽃 같은 감성이 달랐으랴. 한 폭의 그림을 보는 듯한 일출 광경은 젊은이를 벅차게 했으리라. '일출(日出)'은 20구 장시(長詩)여서 첫 4구와 끝 4구만 번안한다.

일출(日出) : 490

첫 4구
君不見桃都之山金鷄鳴 (군불견도도지산금계명) 그대 보지 못했나 도도산의 금계가 우는 것을
煌煌暘谷飛耀靈　　　　(황황양곡비요령)　　　휘황하게 빛나는 해돋는 골에 빛나는 신령 오르고
大如車蓋浴滄波　　　　(대여거개욕창파)　　　큰 수레 같은 덮개가 큰 바다의 물결에 목욕하면서
蒼蒼凉凉麗東溟　　　　(창창랑랑여동명)　　　푸르고 어슴푸레 맑고 깨끗한 동쪽 바다 아름답네.

〈번안시조〉

그대는 못 들었나 도도산 금계 울음
휘황차게 해 돋으면 신령도 따라오고
큰 덮개 바다 풍랑이 동쪽 바다 덮친다

끝 4구
願令四海群億兆 (원령사해군억조) 원하기는 아름다운 사방 바다에 아주 많이 모이어
壽等大椿無殤夭 (수등대춘무상요) 장수하는 목숨을 견주니 일찍 죽는 젊은이 없구나.
歌竟流霞充我腸 (가경류하충아장) 시 짓기를 끝내니 신선의 술이 나의 마음 가득하여
華生五臟滄溟小 (화생오장창명소) 오장 육부가 화려하게 살아나니 큰 바다가 작구나.

〈번안시조〉

빛나는 큰 바다에 영재(英才)가 모여들어

장수의 삶을 주니 젊은이도 신났구나
시 짓고 신선 술 마시니 큰 바다가 작구나

도도(桃都)는 중국 동남쪽에 도도산이 있고 산 위에 있는 나무를 도도라 한다는 전설이 있다. 양곡(暘谷)은 해가 처음 돋는 골짜기라는 뜻이다. 희화(羲和)는 중국 신화에 나오는 제준의 첫 번째 아내이고, 준오(踆烏)는 태양 속에 산다는 세 발 달린 까마귀이다. 요교(夭矯)는 구불구불하고 방자한 모양이며, 구극(駒隙)은 흰말이 지나가는 것을 문틈으로 보듯이 눈 깜박할 사이라는 뜻이다. 대춘(大椿)은 장수를 비유한 말이고, 상요(殤夭)는 성년이 되지 못하고 20세 미만의 어린 나이에 죽음을 뜻한다. 유하(流霞)는 신선이 마신다는 좋은 술이다.

김시습은 이 시 한 수에서도 중국의 전설과 고대 인물을 되살려내고 있다. 동해의 엄청난 바닷물과 같은 거대한 지식이 파도처럼 넘실대고 있다.

강릉은 항구가 있는 도시이다. 김시습은 배도 타 봤다. 그냥 배가 아니라 떠도는 신선이 함께 타고 노니는 배다. 하여 떠도는 신선의 노래를 불렀다. '유선가(遊仙歌)'를 보자. 유선가를 말 그대로 해석하면 '떠도는 신선의 노래'다. 유선가는 오언절구 육수(六首)로 되어 있어 제1수와 제6수만 번안한다.

떠도는 신선의 노래〔遊仙歌〕: 497

제1수
駕鶴逍遙海上山 (가학소요해상산) 학을 타고 소요하며 바다와 산을 오르니
蓬萊宮闕五雲間 (봉래궁궐오운간) 봉래산 궁궐은 오색구름 사이에 있구나.
人寰正在風波底 (인환정재풍파저) 사람 고을 바로 살펴 바람 물결 평정하고
百歲勞勞不自閑 (백세노노부자한) 백 년을 힘쓰면서 스스로 한가하지 못하네.

〈번안시조〉

학 타고 소요하며 바다와 산 올라가니
봉래산 구중궁궐 오색구름 사이에 있고
고을을 바로 살피니 백 년 세월 바쁘네

제6수
曾隨玉女渡天河 (증수옥녀도천하) 일찍이 선녀를 따라서 은하수를 건너가
記得鈞天第一歌 (기득균천제일가) 하늘 가운데 기억해 제일의 노래를 얻었네.

| 來播人間應未識 (내파인간응미식) | 사람 사이 돌아와 베푸니 응당 알지 못하여 |
| 閑吹長笛入煙蘿 (한취장적입연라) | 긴 피리를 한가히 불며 안개 울타리에 드네. |

〈번안시조〉

일찍이 선녀 따라 은하수 건너가서
저 하늘 기억하며 좋은 노래 흥얼대며
긴 피리 한가히 불며 안개 담을 넘는다

가학(駕鶴)은 '학을 타다'이며 해상산(海上山)은 바다의 산이다. 봉래(蓬萊)는 중국 전설에 나타나는 가상스러운 영산(靈山)인 삼신산(三神山) 가운데 하나인데 동쪽 바다 가운데에 있으며, 신선이 살고 불로초와 불사약이 있다고 한다. 부자한(不自閑)은 한가롭지 않다는 뜻이다. 옥녀(玉女)는 선경에 있는 여인, 즉 선녀(仙女)다. 천하(天河)는 하늘에 흐르는 은하(銀河)이고, 균천(鈞天)은 구천(九天)의 하나이다.

이 노래는 실제로는 바다와는 거리가 있다. 하늘 세계를 노래하는 김시습은, 세상에서 하늘을 보면서 천상의 이야기를 하고 있다. 생명이 있는 존재는 아무래도 자신과 현실에 집착을 하지만 김시습은 어느 날 학을 타고 정신세계를 넘어 날아간다. 선유가(遊仙歌)를 부르며….

강릉을 떠나 다시 평창으로 향하다

김시습은 두세 달을 강릉에 머물렀다. 그리고 그해 여름 다시 오대산으로 갔다. 그는 왜 강릉에 오랫동안 머물지 않고 오대산으로 갔을까? 아마도 호서행을 서둘렀기 때문일 것이다.

강릉을 떠나 평창으로 갔다면 분명 오대산에 들렸을 텐데 이때는 특별한 시를 남기지 않고 떠났다. 오대산을 떠나 용평면 장평리를 지나 대화면 대화리, 평창읍 주진리에 도착하면 나루터가 보인다. 평창강을 건너는 백양진(白楊津)이다.

백양진을 건너 평창관에 이르다

김시습의 시에 백양진(白楊津)이 있기에 여기저기 검색하여 보았는데 어디에서도 발견할 수 없었다. 하여 평창의 토착 시인이자 향토 사학자인 정원대 님께 도움을 청하였다. 그의 말을 빌리면 백양진은 오늘날 주진초등학교 앞 배 터인데 지금은 단진교와 주진교 두 다리가 놓여 있다고 한다. 그렇다면 백양진은 평창 관아로 들어가기 위한 마지막 나루터인 셈이다. 그 백양진에서 '**도백양진(渡白楊津)**'을 읊는다.

백양진을 건너며〔渡白楊津〕: 501

白楊津晚渡 (백양진만도)	백양 나루를 해 저물어 건너려니
波淺石粼粼 (파천석린린)	얕은 물결에 돌들 맑고 깨끗하네.
牧笛煙村暮 (목적연촌모)	목동의 피리 안개 낀 마을 저물고
漁歌秋水濱 (어가추수빈)	어부의 노래에 강 물가 추상같네.
蒹葭含白露 (겸가함백로)	갈대와 억새는 흰 이슬을 머금고
黍稷弄黃雲 (서직농황운)	기장과 피는 누런 구름을 즐기네.
寂歷山城裏 (적력산성리)	산성 가운데를 고요히 지나려니
砧聲處處閒 (침성처처한)	다듬이 소리 곳곳에 한가하구나.

〈변안시조〉

백양진 나루에서 해 저물어 건너려니
얕은 강 잔물결에 물속 돌이 깨끗한데
마을엔 피리 울리고 어부 노래 흥겹다

갈대와 억새 풀은 흰 이슬 흠뻑 먹고
기장과 피 무리는 구름과 어울린다
노산성(魯山城) 지나가는데 다듬 소리 은은하다

목적(牧笛)은 목동이 부는 피리이고 황운(黃雲)은 누런빛 구름, 넓은 들판에 벼가 누렇게 익은 것을 황색 구름에 비유한 것이다. 해는 뉘엿뉘엿 넘어가는데 마을의 정겨운 모습을 한 눈에 그려볼 수 있게 표현하였다.

이제 곧 평창 관아인 평창관이다. 김시습은 '**숙평창관(宿平昌館)**'을 남겼다. 그러나 오늘날 평창관(平昌館)은 그 어디서도 찾을 수 없었다. 평창관은 군에 소속되었던 관아의 객사(客舍)였을 터인데 지금은 흔적도 없다. 기록으로는 평창읍 백오로 177에 있는 평창읍사무소 터가 고려시대부터 조선시대까지 평창군 관아로 사용하였다고 하며, 평창군 관아의 정문인 대외루(大畏樓)가 있었다고 하나 역시 그 흔적을 확인하지 못하였다.

평창관에 머물며〔宿平昌館〕: 501~502

歲暮獨遠遊 (세모독원유)　세모에 홀로 멀리 떠도나니
平昌孤館秋 (평창고관추)　평창의 외로운 객사 시름겹구나.
梧桐搖檻外 (오동요함외)　오동나무는 난간 밖에 흔들리고
蟋蟀語床頭 (실솔어상두)　귀뚜라미는 상 머리에 소리 내네.
已歷江湖遍 (이력강호편)　이미 강과 호수를 두루 지났으니
頻驚歲月遒 (빈경세월주)　급하게 세월이 닥치니 놀랍구나.
客懷誰與話 (객회수여화)　나그네 회포 누구와 함께 말할까?
窓畔雨湫湫 (창반우추추)　창가에는 근심스레 비가 내리네.

〈번안시조〉

세모에 홀로 멀리 이곳저곳 떠돌다가
어느 날 평창 객사 시름겹게 머무는데
오동잎 흔들거리고 귀뚜라미 처량하다

강 건너고 호수 지나 여기저기 두루 보니
지나간 한 세월이 놀랍도록 빠르구나
나그네 회포 풀라며 가을비가 내린다

추추(湫湫)는 근심하며 슬퍼하는 모양을 뜻한다.

시(詩)가 '늘그막에 홀로 멀리 떠도나니 평창의 외로운 객사 시름겹구나'로 시작된다. 이 때가 1460년 가을, 봄에 관동여행을 시작하여 벌써 추수 때가 되었다. 그동안 힘차게 달려왔다. 어찌 외로움이 다가오지 않겠는가? 가을비가 오는데 귀뚜라미 우는 소리는 또 얼마나 처량했을까?

응암굴을 노래하며, 마제진을 건너다

평창관을 떠나 응암굴로 향해 간다.
응암굴은 평창읍 응암리 평창강 건너편 절벽에 있는 두 개의 굴로 임진왜란 당시 노성산성에서 왜적을 맞아 싸우던 관리와 백성이 이곳으로 후퇴하여 은둔하였던 곳으로 '관(官)굴과 민(民)굴로 나누어져 있었다'라고 한다.

그러나 이런 사연은 김시습보다 약 130년 후의 일이니, 김시습이 이곳을 지날 때는 그냥 '응암굴(鷹巖窟)'이었을 뿐이고, 어떤 역사성하고는 관련이 없다.

응암굴(鷹巖窟): 503

古窟煙霞繞 (고굴연하요)	오래된 동굴 부근 안개와 노을이 둘러싸고
淸江魚鼈浮 (청강어별부)	맑은 강에는 물고기와 자라가 떠다니네.
鶻巢蒼蘚壁 (골소창선벽)	송골매 푸른 이끼 석벽에 집을 짓고
鳧浴白蘋洲 (부욕백빈주)	오리 목욕하는 마름꽃 물가 깨끗하구나.
地僻人蹤罕 (지벽인종한)	땅이 궁벽하니 사람들의 발자취 드물고
巖高樹木樛 (암고수목규)	바위는 높고 초목과 나무 구불구불하네.
可堪棲此地 (가감서차지)	가히 이 장소에서 거처하며 참아내려니
伴鹿狎群鷗 (반록압군구)	사슴을 짝하여 물새 무리를 희롱한다네.

〈번안시조〉

오래된 동굴 부근 노을이 둘러 있고
해맑은 강물에는 물고기 헤엄친다
송골매 석벽 집 짓고 오리 떼는 목욕하네

좁은 땅 궁벽하니 발자취 거의 없고
바위가 높고 험해 나무는 휘었구나
꽃사슴 한 쌍 머물고, 물새 무리 희롱하네

응암굴은 평창읍에서 영월 방면으로 31번 국도를 타고 달려 마지삼거리에서 응암리 강변 쪽으로 가야 한다. 평창읍에서 8km, 약 10분 걸리니 가까운 곳이다. 김시습이야 구름과 같이 걸어갔을 테니까 꽤 걸렸으리라.

마제진을 검색하다가 마지1리에 대한 설명이 눈에 띄었다.

용암굴. 출처 : 지역N문화 이야기 자료

"평창읍의 남부 동남쪽에 위치하며 옛날 물이 솟아오르며 말이 났다 하여 마지리라 불렀다고 전하여 온다. 마지진, 마지나루가 오래전에 있어 뱃길로 왕래하던 마을이었으나 1956년 다리(도돈교)가 가설되어 나루가 없어졌다."

김시습은 평창관에서 출발하여 응암굴을 보고 마제진으로 나와 강을 건넜다. 다리를 놓기 전에는 당나귀, 우마차, 화물 등을 싣는 넓은 뗏목 형태의 배가 있었고, 삿대로 배를 밀어 운행했다. 김시습도 마제진에서 이 배를 타고 건너 마지리로 갔을 것이다. 김시습은 '도마제진(渡馬蹄津)'을 노래하며 마지리를 지나 '고덕치'를 향하였고, 여기서부터는 영월이다.

응암굴의 역고드름, 출처 : 샹그릴라를 찾아서(2022.12.26.)

마제진 나루를 건너며〔渡馬蹄津〕: 502

野渡無人風滿洲 (야도무인풍만주)	들판을 건너니 인적 없고 물가의 바람 풍족한데
白蘋紅蓼映漁舟 (백빈홍료영어주)	흰 꽃피는 마름 붉은 여뀌가 어부의 배에 비추네.
江楓湛處波光冷 (강풍담처파광냉)	강가의 단풍이 잠긴 곳의 물결 빛은 차가운데
籬菊開時野興幽 (이국개시야흥유)	울타리의 국화 피는 계절 들판의 흥취 그윽하네.
牧笛剩生關北恨 (목적잉생관북한)	목동의 피리 더욱 싱싱한데 관북 지방 한스럽고
征鴻叫向嶺南秋 (정홍규향령남추)	먼 길 가는 기러기 추상같은 영남 향해 부르짖네.
蒼崖兩岸渾如畫 (창애량안혼여화)	높은 절벽과 양쪽 언덕은 그야말로 그림 같은데
十幅蒲帆入石頭 (십폭포범입석두)	열 폭의 부들로 만든 돛단배 돌머리(石頭)로 드는구나.

〈번안시조〉

들판을 건너서니 바람이 풍족하고
활짝 핀 붉은 여뀌, 고깃배 비추는데
가을 강 물결 빛 차고 국화 향(香)은 그윽하네

목동의 피리 소리 관북(關北)이 한스럽고
먼 길 가는 기러기는 영남 향해 부르짖네
자연은 그림 같은데 돛단배는 힘겹구나

관북(關北)은 철령관 북쪽 지방, 즉 함경도 지방을 두루 이르는 말이다. 창애(蒼崖)는 아주 높은 절벽을 의미한다.

김시습은 이 시(詩)에서 '목동의 피리 더욱 싱싱한데 관북 지방 한스럽고, 먼 길 가는 기러기 추상같은 영남 향해 부르짖네'에 주목하게 된다. 관북은 가보지 못하여 한스럽고, 영남은 여기서 가까운데 호서를 들려 가기로 했기 때문에 가까운 날에는 가지 못하니까 부르짖는다고 하지 않았을까? 그러나 어찌하랴. 김시습이 해마다 하는 일이지만 늦가을에는 동학사를 들려야 하니까….

영월에서 단종을 만난 후, 호서(湖西)로 떠나다.

김시습은 평창 유람을 마치고 영월로 향하였다. 여기까지 와서 단종이 승하한 영월을 그냥 지나칠 수야 없지 않는가?

영월에 도착하여 아직 성분(成墳)이 되지 않은 동을지산(冬乙旨山, 후에 장릉이 조성됨)에 들려 멀리서나마 통곡하며 배례(拜禮)를 올렸다. 단종의 무덤은 1541년

영월 장릉. 출처 : 국가유산포털

(중종 36년), 왕명에 따라 처음 찾아내 제사를 지냈다고 한다.

이어서 유배지 청령포와 사망지 관풍헌에서 단종을 생각하며 뜨거운 눈물을 흘렸다.

영월에 이르러 청령포에서 단종을 만나다

영월은 김시습에게는 초행(初行)길이나 동학사에서 만난 엄흥도(嚴興道, 영월의 호장(戶長)으로 단종의 시신을 거둠)로부터 영월 사정을 자세히 들었으므로 단종의 혼을 따라갈 수 있었다.

그리고 '**유영월군(遊寧越郡)**'이라고 제목을 붙여 노래했다. '영월군을 유람하며'라는 이 시에서는 단종을 직접적으로 언급하지는 않았다.

영월군을 유람하며〔遊寧越郡〕: 504

寧越山川險 (영월산천험)	영월군의 산과 내는 험준한 데다
雲煙隔嶺南 (운연격령남)	구름과 안개가 고개 남쪽 가리네.
峻峯連太白 (준봉연태백)	준엄한 봉우리 태백산에 잇닿아
遠岫染深藍 (운수염심람)	먼 산봉우리 짙은 쪽빛 물들었네.
崖蜜輸民稅 (애밀수민세)	벼랑의 꿀 백성 세금으로 나르고
山桑飼野蠶 (산상사야잠)	산의 뽕잎으로 산누에를 기르네.
居人無巧詐 (거인무교사)	거주하는 사람 남을 속이지 않고
淳朴且癡憨 (순박차치감)	순박한 데다 또 어리고 질박하네.

〈번안시조〉

산과 강 험준하여 보석처럼 숨어 있고
구름과 짙은 안개 고개 남쪽 휘감으니
태백산 잇닿은 산봉(山峯), 짙은 쪽빛 물들었네

벼랑의 백성 꿀은 세금으로 퍼 나르고
누에는 집 뽕 없어 산 뽕으로 기른다네
순박한 영월 군민은 따르기만 한다오

　순박(淳朴)은 소박하고 순진함, 인정이 두텁고 거짓이 없음을 뜻한다. 영월에는 그런 사람들이 살았다. 단종이 유배를 올 정도면 아주 옹벽(擁壁)한 벽지가 아니었겠는가? 그런 곳에 사는 사람들은 매우 순종적이었을 것이다. 영월은 지형상 감입곡류가 발달한 지방이어서 물은 깊고 산은 높아 이웃과 교류하기도 매우 불편한 곳이었다.
　영월에 왔지만, 단종을 추모하는 글을 남기지 못하였다. 아직은 세조가 다스리던 시기, 함부로 말할 수 없었으리라. 하여, 가슴으로 시를 짓고, 통곡하며 지나갔으리라.

김시습, 단종 죽은 지 3년 만에 영월을 방문하다

　김시습이 영월을 방문한 것은 단종이 사사(賜死)된 지 3년이 다 되어가는 1460년 추석을 조금 넘긴 시기였다. 강릉을 떠나 오대산을 지나 평창을 거쳐 영월까지 도착하였다. 그 이전에 영월에 들렸다는 기록은 없다.

영월군 고지도. 출처 : 대동여지도

그러나 공주 동학사에서 단종의 제례를 지낼 때 '영월 호장(戶長) 엄흥도(嚴興道)도 참석하였다.'라는 기록이 있다. 이 부분에 대하여 문경에 있는 엄흥도의 충정을 기리는 비각에 다음과 같이 기록되어 있다.

"엄흥도가 세 아들과 함께 단종의 시신을 거두어 동을지산에 매장하였다. 그리고 옥체에서 거둔 어포(御袍)를 모시고 계룡산 동학사로 가서 매월당 김시습과 함께 초혼제를 올리고 고인의 명복을 빌었다."

그렇다면 그때 동학사에서 김시습을 만나 많은 이야기를 나누었을 것이다. 김시습은 엄흥도로부터 영월 어디쯤 단종을 모셨다는 이야기를 듣고 이번 영월 방문에는 단종 가묘에 들려 가야겠다고 다짐하고 방문하였으나, 아직은 주변의 눈(眼)이 있어 직접 참배하기는 어려웠을 것이다. 하여, 먼발치에서 통곡하며 피눈물을 흘리며 배례하였다. 아무것도 할 수 없는 처지가 한심하기 짝이 없었다. 그렇다고 하염없이 단종을 기리고만 있을 수는 없는 일, 홀연히 주영현으로 발걸음을 옮겼다.

주천현 누각에서 주천(酒泉)을 노래하다

주영현은 오늘날 영월군 주천면이다.

주천면은 영월에 속했다가, 충북 제천에 속했다가, 원주에 속하기도 하는 등 변화가 많았던 지역이다. 김시습이 방문할 당시에는 주영현이라는 독립된 행정 단위였다.
주천은 그 명칭도 주연현(酒淵縣), 주천현(酒泉縣), 주영현(酒永縣)으로 불리다가 최종적으로 주천이 되었고 지금은 영월군의 한 면(面)이 되었다. 엄흥용 영월문화원장은 '주연현, 주천면 등으로 불리기는 하였으나 주영현이라는 명칭을 들을 바 없다고 하면서 주연현의 오기일 가능성이 있다'라고 보고 있다. 김시습은 시 제목을 **'등주천현루(登酒泉縣樓)'**라고 하였는데 어느 누각이었을까? 빙허루(憑虛樓)였다.

주천현 누각에 올라〔登酒泉縣樓〕 : 504

高樓遠望獨徘徊 (고루원망독배회)	고루(高樓)에서 먼 곳 보며 홀로 배회하니
江鳥雙雙去又回 (강조쌍쌍거우회)	강가의 새들 쌍쌍이 날아갔다 돌아온다.
小渚草深迷釣艇 (소저초심미조정)	작은 물가에 풀 무성하니 낚싯배 찾기 어렵고
長空風緊落庭槐 (장공풍긴낙정괴)	넓은 하늘에 바람 빠르니 마당 가 회나무 잎 떨어진다.
吏呼遞馬聲初急 (이호체마성초급)	아전 말 갈아타려 부르는 소리 급한데
客向遙程語正催 (객향요정어정최)	나그네 먼 길 향하려는 말 참으로 촉급하다.
未到此鄕名已好 (미도차향명이호)	이 고을 닿기 전에 그 이름 아름답게 여겼으니
誰家酩酊似淋灰 (수가명정사림회)	뉘 집에서 술에 취해 마냥 마셔 볼꼬.

〈번안시조〉

나 홀로 고루(高樓) 올라 먼 곳을 바라보니
강 새들 짝을 지어 날아갔다 돌아오고
낚싯배, 풀숲에 숨어 회나무 잎 떨구네

아전이 말 갈아타려 급하게 소리치나
나그네 갈 길 멀어 마음이 촉급(促急)하다
이 고을〔酒泉〕, 여로(旅路) 닿으면 뉘 집에서 취할꼬

김시습은 주천에 대한 기대가 컸다. 높은 누각에 올라 보니 자연은 생동감 있게 움직이는데 주천(酒泉)이라는 지명에서 떠오르는 술 한 잔 생각에 기대가 큰 듯하다. 그 기대는 이 마을 닿기 전부터였다. 오죽하면 '이 고을 닿기 전에 주천이라는 그 이름 아름답게 여겼으니 뉘 집에서 술에 취해 마냥 마셔 볼꼬' 하였을까? 과연 김시습은 이날 밤에 코가 삐뚤어지도록 마셨을까?

김시습은 이 시(詩)에서 '고루(高樓)에 올랐다'라고 읊었다. '주천에 있는 고루는 빙허루(憑虛樓)뿐'이라고 주천이 고향인 김영복 전 영월교육장은 말한다. 빙허루에 대하여 알아보자.

"빙허루는 강원도 영월군 주천면 신일리 산356번지 망산(望山, 304m) 정상

주천의 누각 빙허루. 출처 : 영월디지털문화대전

에 있다. 주천 시내에서 주천강을 건너가면 술샘(酒泉)이 있고 이곳을 지나 야산으로 조금만 올라가면 보인다. 빙허루는 단종의 복권과 관련되어 어제시(御製詩)가 걸려 있다. 숙종 때 불이 나서 모두가 재가 된 것을 1930년 무렵 망산에 정자를 다시 세우면서 빙허루라고 불렀는데, 6·25전쟁 때 다시 소실되어 1986년 다시 지었다.

김시습이 주천에 들렸을 때는 빙허루는 있었지만, 어제시는 없었다.

도중(途中)을 읊으며 호서 순람(巡覽)을 시작하다.

김시습은 유람하던 중에 '도중(途中)'을 여러 편 썼다. 늘 길 위에 있었으니까 '도중(途中)'의 시가 많을 수밖에 없다. 여기의 '도중(途中)'은 관동을 돌아 새로운 방문지 호서로 나가는 심정을 표현하고 있다.

길을 가다가〔途中〕: 505

關東山己盡 (관동산기진)	관동의 산은 이미 다 돌았는데
南國月初圓 (남국월초원)	남쪽 나라 달이 비로소 둥글었군.
眼底峰無數 (안저봉무수)	눈 아래엔 봉우리 무수하고
腰間錢又纏 (요간전우전)	허리춤엔 엽전 차고 나다니는 몸.
壯年席不暖 (장년석불난)	여러 해 동안 한곳에 머무르지 못해
竟日肺生烟 (경일폐생연)	폐부에선 온종일 달군 김이 나오고
遊歷何時遍 (유력하시편)	떠도는 이 생활을 어느 때 다하여
團茅息萬緣 (단모식만연)	초가 포단에 앉아 1만 인연 그치랴.

〈번안시조〉

관동의 산이란 산(山), 모두 다 돌았는데
오늘은 남쪽 지방 보름달을 보는구나
눈(眼) 아래 봉우리 많고 허리 품엔 엽전 차고

여러 해 유람하며 한곳에 못 머무니
가슴은 하루 종일 따뜻한 김 내뿜지만
이제는 그만 떠돌고 머무르고 싶구나

'눈(眼) 아래 봉우리 무수하고 허리춤엔 엽전 차고 나다니는 몸'이라 했다. 이 부분은 무슨 뜻인지 난해하다. 고단한 유람 생활을 표현한 것일 거다.

관동은 다 돌았으니 이제 남쪽의 달을 보고 싶다고 이야기하면서도 한편으로는 한곳에 머물러 쉬고 싶다는 뜻을 강하게 표현하고 있다. 그러나 김시습은 가을에 동학사에 들러 단종의 추제를 올리고 호남지방으로 순람을 계속하였다. 때로는 마음과 몸이 따로 움직였다는 뜻도 된다.

1460년(세조 6년) 9월, 김시습은 그해 봄부터 9월까지 관동을 유람하면서 쓴 시들을 모아 「유관동록(遊關東錄)」으로 정리하였다. 김시습은 후지에 이렇게 적었다.

"우리나라는 산수가 맑고 고와서 달인(達人, 널리 사물의 도리에 정통한 사람)과 군자(君子, 학식과 덕행이 높은 사람)를 흠모했다. 공자도 구이(九夷, 동방의 이민족을 지칭)에 살고 싶다고 했다. 심지어 속말에 따르면, 어떤 중국인이 "고려국에 태어나서 직접 금강산을 보고 싶다"라고 말했다고 한다. 천석(泉石)이 맑고 시원하여 비루하고 옹색한 가슴을 씻어낼 수 있기 때문에 그런 것이다.

나는 관서에서부터 와서 다시 관동으로 들어가 금강산·오대산에 노닐면서 명승지를 찾아보았는데, 산 모습은 기괴하고 시내의 물빛은 영롱했으며, 개심대의 높은 폭포와 풍령(설악)의 흰 바위, 명연(鳴淵)에 괸 물은 모두 사람의 마음과 눈을 씻어줄 수 있었다. 그런데 골짜기가 깊고 나무숲이 조밀하여 속인이 거의 이르러 오지 않은 곳으로는 오대산이 가장 훌륭하였다.

강릉의 경포대와 한송정은 신선이 놀며 즐기던 곳이다. 한이 되는 것은 동반한 사람들에게 끌려 국도(國島)와 삼일포(三日浦), 총석정(叢石亭)을 유람할 수 없었다. 후일 다시 유람하리라."

김시습은 또한 「유관동록」 후지에 '드넓은 바다를 보며 인간의 왜소함'을 기록했다. 또 총석정과 삼일포를 둘러보지 못한 일을 애석해하면서 누구 탓이 아닌 '뜬구름 같은 자취로 동으로 번쩍 서로 번쩍하기에 이렇게 됐을 뿐이다'라며 자신을 탓하고 있다.

**여기까지
1차 관동 유람을 마친 김시습은
호서로 간다.**

관서 및 관동 유람에 이어
호서·호남으로 순례(巡禮)를 떠난 것이다.
그리고 충청·호남 지역 유람을 마친 후
「**유호남록(遊湖南錄)**」을 엮는다.

VI

경주에 머물며, 관동 남동부를 유람하다

---◆---

- 어머니 품에 안겨, 울진을 돌아 보다
- 우릉도를 바라본 후, 태백산·정선에 이르다
- 다시 한성으로 올라가 폭천정사에 머물다

Ⅵ. 경주에 머물며, 관동 남동부를 유람하다

김시습은 1차 관동 유람길을 마치고 어디로 갔을까? 호서로 방향을 잡았다. 아마 이 시기에 단종 추제(秋祭)를 지내기 위하여 동학사에 들렀을지도 모른다. 그는 먼저 청주의 경(慶)씨 성을 가진 생원 집에 묵었다. 그리고 1960년 10월, 논산 개태사(開泰寺), 은진 객사(恩津客舍) 등 충청남도 지역을 거쳐 완주 삼례역(參禮驛)으로 이어지는 호남 순회를 시작한다.

1461년~1462년, 호남 순회에 이어 합천 해인사(海印寺)를 시작으로 영남으로 간 김시습은 성씨의 고향 경주에서 8여 년을 머물렀다. 경주에 체류할 때 관동 남동부를 돌아보았으므로 이 시기의 해적이를 살펴보도록 하자.

1460년(26세, 세조 5년)
- 봄에 뱃길로 관동로를 거쳐 오대산에 이르고, 여름에는 강릉, 가을에는 다시 평창, 영월을 유람하다.
- 그해 9월에 관동 지방을 유람하면서 쓴 시들을 모아 「유관동록」을 엮고 후지를 쓰다.
- 10월에 호서로 향해 청주, 은진을 지나, 호남으로 향하다.

1461년(27세, 세조 6년)
- 봄에 전주(全州) 등을, 가을에 천원역(川原驛), 능악(楞岳) 등을 지나다.
- 겨울은 진산(鎭山)의 묘월정사(卯月精舍)와 가성사(佳城寺)에서 지내다.

1462년(28세, 세조 7년)
- 영광(靈光), 광주, 순천, 남원(南原), 함양(咸陽) 등을 거치다.
- 영남으로 넘어가 합천 해인사(海印寺)에 들리다.
- 이어서 경주에 이르러 금오산(金鰲山) 중턱 용장사(茸長寺) 경실(經室)에 머물다.

1463년(29세, 세조 8년)
- 봄에 신라 경주 유적 둘러 보고 차를 재배하다.
- 가을, 『유호남록』(遊湖南錄)을 엮고 후지를 짓다.
- 가을, 책을 사기 위해 한성으로 올라가, 내불당에서 『묘법연화경』(妙法蓮華經) 언해 작업에 참여하다.
- 『법화경』 언해 작업에 참석하고 금오산으로 돌아가다.

1464년(30세, 세조 9년)
- 5월, 양주 회암사에서 열린 효령대군의 원각 법회에 참석하다.

1465년(31세, 세조 10년)
- 경주로 내려가 천룡사(天龍寺) 부근에 금오산실(金鰲山室)을 짓고 정착하다.
- 3월 그믐에 효령대군 요청으로 원각사(圓覺寺) 낙성회에 참여, 「원각사찬시(圓覺寺讚詩)」를 짓다.

- 4월 서거정과 교유하며, 여름은 도봉산에서 보내다가 8월 말에 금오산으로 돌아가다.

1465년(31세, 세조 10년)~1468(34세, 세조 13년, 예종 즉위년)
- 이 무렵 금오신화(金鰲新話)를 지은 듯하다.

1468년(34세, 세조 13년, 예종 즉위년)~1471(37세, 성종 2년)
- 이 기간 어느 해에 동해(東海)를 따라 강원 동남부 지방인 울진, 평해, 태백산, 정선, 삼척 등을 유람하다.

1468년(34세, 세조 13년, 예종 즉위년)
- 9월, 세조 승하, 예종 즉위하다.
- 겨울, 고인(古人)의 시구를 모아「산거집구」(山居集句) 100수를 짓다.

1469년(35세, 예종 1년, 성종 즉위년)
- 11월, 예종 승하, 성종 즉위하다.

1470년(36세, 성종 원년)
- 『경국대전』완성하다.

1471년(37세, 성종 2년)
- 봄, 변신을 결심하고 서울로 향하다.

관동을 떠나 호서와 호남을 거친 김시습은 관향(강릉 김씨)의 본향(강릉 김씨 시조 김주원은 경주 김씨의 시조 김알지의 21세손이다)인 경주에 정착한다. 그는 경주에 십여 년(1462~1471)간 머물렀다. 대부분은 경주에 있었지만, 가끔 서울에도 오르내렸다. 3월 15일과 10월 24일에는 단종의 춘추제(春秋祭)에 참석하기 위해 공주 동학사에 다녀오기도 하였다. 그리고 1471년(37세, 성종 2년) 봄, 변화를 결심하고 서울로 올라갔다. 또 다른 변신의 시발점이었다.

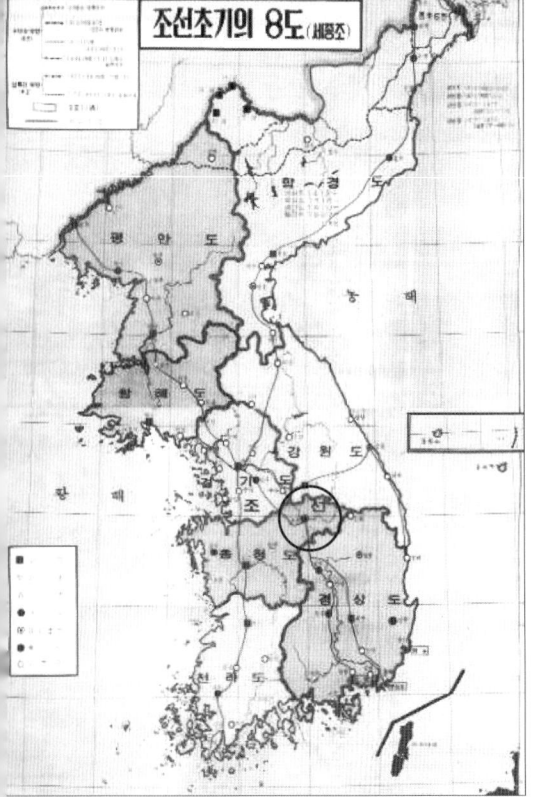

조선초기 팔도. 출처 : 경기도 메모리

왼쪽 지도에서 보듯이 김시습이 전국을 유람하였을 당시에는 울진과 평해는 강원도 땅이었다. 1914년에 울진군과 평해군이 통합하여 울진군이 되었다가, 1963년, 강원도를 떠나 경상북도로 편입되었다.

김시습은 경주에 머무르던 동안 강원 동남부, 즉 울진, 삼척, 정선, 태백, 동해 지역을 다녀왔다. 특히 울진은 어머니 본관(貫鄕, 울진 장씨)인 곳이어서 더욱 관심이 많았다.

울진, 지금은 강원도 땅이 아니다. 그러나 김시습이 이곳을 방문하였을 때는 관동 땅이었기에 여기서 살펴보기로 한다.

어머니 품에 안겨, 울진을 돌아 보다

울진은 대부분 산악지대로 이루어져 군세(郡勢)는 그리 크지 않지만, 이곳에는 어느 지역보다도 아름다운 자연환경을 간직하고 있다. 특히 전국에서 가장 아름다운 관동팔경 중 두 곳이 바로 이 울진군에 속해 있는데, '망양정(望洋亭)'과 '월송정(越松亭)'이 그곳이다.

김시습이 경주에 은거하면서 울진에 언제 갔는지에 대한 정확한 기록은 찾을 수 없다. 「유금오록(遊金鰲錄)」에 이곳을 방문한 한시 작품이 있는 것으로 보아 경주에 머무는 동안 어느 한 시기에 다녀왔을 것이다. 따라서 경주 금오산실에 있으면서 2~3개월 정도, 아니면 길어야 6개월 정도의 일정으로 경상북도 북부 지방과 함께 강원 동남부를 유람하였을 것이다.

울진에서 어머니의 품에 안기다

김시습은 '과울진(過蔚珍)' 시(詩)에서 외가에 대하여 비교적 자세히 언급하고 있다. 이 시에서 김시습은 자신의 외가가 울진이며, 선사(仙槎, 조선시대에도 울진현의 별호는 선사(仙槎)였다)는 고려시대 울진의 옛 이름이다. 따라서 선사 장씨가 곧 울진 장씨이다. 김시습은 울진 방문에서 외갓집에 온 것 같은 기분이 들었을 것이다.

울진에 들리다[過蔚珍] : 570

蔚珍多外族	(울진다외족)	울진 땅에 외가 친척 많이 살고
源派出仙槎	(원파출선사)	분파와 자손들은 선사(仙槎)에서 나왔다네
人言張騫後	(인언장건후)	사람들이 장건의 후손이라 말하니
譜系漢臣家	(보계한신가)	계보가 한나라 신하의 집안이네.
西域曾專對	(서역증전대)	서역으로 일찍이 사신으로 나갔고
東韓又駕車	(동한우가거)	동쪽 삼한으로 또 수레 몰고 왔다네
嗟磋時世遠	(차차시세원)	오호라 때와 세대 벌어졌으니
遙想海天涯	(요상해천애)	바다 끝 저 멀리를 생각하네.

〈변안시조〉

경북 북부 울진 땅에 외가 친척 많이 살고
분파와 자손들이 선사(仙槎, 울진)에서 나왔는데
장건의 후손이라 하니 한(漢) 신하의 집안일세

일찍이 서역으로 사신(使臣)되어 진출했고
동쪽인 삼한(三韓)으로 수레 몰고 달려왔네
오호라 바다 저 멀리 옛 조상을 그리우네

어머니 쪽 조상을 기리는 김시습의 모습이 떠오른다. 실크로드를 개척한 중국 한나라 장건(張騫)의 후예임을 자랑스럽게 생각하고 있다. 장건은 지금의 중국 산시성 한중시 성고현 사람으로 기원전 2세기 중국 한나라 때 여행가이자, 외교관이었으며 서역(西域)으로의 실크로드 개척에 큰 공헌을 하였다. 그 장건의 후예가 동쪽 삼한(三韓)으로 와 어머니의 조상이 되었다고 하며 그리워(慕)하고 있다.

월송정(越松亭)과 망양정(望洋亭)도 만나보다

김시습의 '**유평해월송정(遊平海越松亭)**'을 감상해 보자. 월송정은 울진군에서도 남쪽 평해읍에 있다. 『세종실록지리지』에서는 강원도 삼척도호부 평해군(平海郡)을 설명하면서, 온천과 더불어 월송정을 소개하고 있다. 경치가 아름다워 관동팔경의 하나로 꼽힌다.

월송정. 출처 : 울진군

평해 월송정에서 놀며〔遊平海越松亭〕: 568

春風駘盪越松亭 (춘풍태탕월송정)	춘풍이라 따스한 봄날의 월송정이여
海碧沙明十里汀 (해벽사명십리정)	푸른 강 맑은 모래 십 리나 이어졌네!
一望平原無限思 (일망평원무한사)	끝없는 평원에 무한한 생각 일어나는데
燒痕草色更靑靑 (소흔초색갱청청)	불탄 흔적에 풀색이 그 더욱 푸른 것을

〈번안시조〉

따스한 바람부는 새 봄날 월송정에
푸른 강 맑은 모래 십 리나 이어지니
생각은 파도를 타고, 풀색 더욱 푸르구나

김시습이 월송정에 간 시기는 이른 봄이다. 무한히 넓은 동해를 바라보니 저 멀리서부터 파도가 넘실댄다. 김시습의 마음도 파도를 따라 물결쳤을 것이다. 무슨 생각을 하였으며 무슨 꿈을 꾸었을까?

울진 망양정   망양정의 매월당 시 편액

망양정(望洋亭)으로 간 김시습은 거기서 '**등망양정간월**(登望洋亭看月)' 시 한 수를 읊는다. 관동팔경의 하나인 망양정은 울진군 근남면 산포리의 왕피천 하구에 있다. 넓은 동해를 바라보며 산 정상에 날아오를 듯이 앉아 아름다운 경관을 자랑하고 있다.

망양정은 고려시대에 울진군 기성면 망양리 해안가에 처음 세워졌다고 하며, 망양리 현 종산 남쪽 기슭으로 이전하였다가, 1860년에 현 위치에 다시 건축되었다고 한다.

망양정에 올라 달을 보며〔登望洋亭看月〕: 568

十里沙平望大洋 (십리사평망대양)	십 리 평평한 모래에서 넓은 바다를 바라보니
海天潦闊月蒼蒼 (해천요활월창창)	바다와 하늘은 넓고 멀지만, 달빛은 창창하네!
蓬山正與塵寰隔 (봉산정여진환격)	봉래산이 그야말로 속세와 떨어졌으니
人在浮藜一葉傍 (인재부여일엽방)	사람은 물 위에 뜬 마름 한 잎에 사는 게지.

〈번안시조〉

평평한 모래벌판, 대해(大海)가 펼쳐지고
드넓은 먼 바다에 봉래산 솟아 있네
인생은 물 위 떠도는 마름 한 잎 삶이라

김시습은 '사람은 물 위에 뜬 마름 한 잎에 사는 게지'라고 노래하였다. '마름'은 쌍떡잎식물 장미군 아욱과 도금양목(桃金孃目)의 한해살이 풀이다. 진흙 속에 뿌리를 박고, 줄기는 물속에서 가늘고 길게 자라 물 위로 나오며 깃털 모양의 뿌리가 있다. 마름모라는 도형도 마름에서 연유한다. 인간의 삶이 '마름' 풀처럼 불안하고 불안정함을 비유하고 있다.

신선들이 놀던 성류굴에서도 발길을 멈추다

김시습은 성류굴(聖留窟)을 방문하여 시를 남겼다. 성류굴은 울진군 근남면 구산리에 있는 석회암동굴로 천연기념물 155호이다.

성류굴(聖留窟)이라는 이름은 '성불이 머물던'이라는 뜻이 있다. 성류굴은 원래 신선들이 한가로이 놀던 곳이라는 뜻으로 선유굴이라 불리었으나, 신라 31대 신문왕(神文王)의 아들 보천태자가 굴 안에 수도하는 사찰(寺刹)을 건립함에 성인(聖人)이 머물렀다고 하여 성류사로 호칭하였다고 전한다.

성류굴, 출처 : 국가유산청 국가유산포탈

김시습은 '숙울진성류굴(宿蔚珍聖留窟)'에서 맑은 왕피천과 성류굴 둘레의 산뜻한 봄 풍광을 읊고 있다.

성류굴에 묵으며〔宿蔚珍聖留窟〕: 569

窟前春水漾苔磯 (굴전춘수양태기)　굴 앞 봄물이 이끼 바위 위로 흐르고
巖後山花映落暉 (암후산화영락휘)　바위 뒤 산 꽃에 노을 햇살 비치네
更有一般淸絶味 (갱유일반청절미)　여기에 또한 빼어난 맑은 흥취 있는데
夜深巢鶴警人飛 (야심소학경인비)　깊은 밤 둥지의 학이 사람에 놀라 날아가네.

〈번안시조〉

성류굴 봄 냇물이 이끼 바위 지나가고
산 꽃에 저녁노을 부채처럼 펼쳐지니
빼어난 맑은 흥취에 둥지 학도 놀란다

　김시습이 방문하였을 15세기 중반에는 지금처럼 개발이 되지는 않았겠지만, 자연의 묘사를 통해 아름다운 곳임을 알려 주고 있다. 신라 진흥왕이 배를 타고 성류굴에 행차하기 위해 잔교(棧橋, 배를 정박할 수 있는 가교)를 설치했고 그때 50명의 수행원이 동행했다는 뜻이 깃든 각석(刻石 : 돌에 새기는 것) 명문(銘文 : 금석·기물 등에 새겨놓은 글)이 발견된 것으로 보아 오래전부터 알려진 명승지였다.

우릉도를 바라본 후, 태백산·정선에 이르다

　직선거리로 따지면 울릉도와 가장 가까운 곳은 삼척과 울진이다. 그런데 오늘날 울릉도 가는 뱃길은 동해와 포항에 열려 있다. 여러 가지 여건이 그렇게 만들었으리라. 김시습이 이곳을 방문했을 때는 지금처럼 정기 항로가 있었던 것도 아니고 오히려 왜구의 출몰이 심하여 1403년 태종은 강원도의 무릉도(武陵島 : 울릉도) 거주민들에게 모두 육지로 나오도록 명을 내리는 공도(空島) 정책을 추진하기도 하였다.
　김시습은 그 먼 곳의 우리 땅 우릉도를 머릿속으로 바라보면서 한 수 지었다. 그리고 태백산과 정선, 삼척을 유람했다.

울릉도. 출처 : 울릉군 관광문화　　　　　　　　　　　　　　　　독도. 출처 : 강원일보

숨을만한 먼 섬, 우릉도(羽陵島)를 바라보다

김시습은 동해에 외로이 서 있는 우리의 섬 우릉도를 보며 '**망우릉도(望羽陵島)**'를 읊는다. 당시에는 우릉도라 불렀다. 오늘날 우리가 느끼는 감정하고는 전혀 다른 감성(感性)으로 만감이 교차했을 것이다.

우릉도를 바라보며〔望羽陵島〕: 569

玄洲蓬島飽曾聞 (현주봉도포증문)	현주(玄洲)의 봉래도는 일찍이 실컷 들었던지라
思欲仙遊謝世氛 (사욕선유사세분)	선유(仙遊)하며 세상의 기운 이별하려 생각했다.
人說羽陵堪避隱 (인설우릉감피은)	우릉도에 피해 숨을 만하다고 말들 하는데
登高試望渺如雲 (등고시망묘여운)	높이 올라 바라보니 아득하기 구름 같네.

〈변안시조〉

현주(玄洲)의 봉래도는 일찍부터 잘 알기에
선유(仙遊)하며 세상 피해 이별하려 하였지만
우릉도, 숨을 만 하나 구름처럼 아득하네

현주(玄洲)는 북해(北海) 가운데 있는 섬 이름인데, 거기에는 신선이 살고 금지옥초(金芝玉草)가 많이 있다고 한다. 봉래도(蓬萊島)는 중국 전설에서 나타나는 가상적 영산(靈山)이다. 동쪽 바다의 가운데, 즉 현주(玄洲)에 있으며, 신선이 사는데 불로초와 불사약이 있다고 전한다.

동해를 바라보며 '신선이 살고 있고 금지옥초(金芝玉草)가 많이 있는 북해(北海) 가운데 있는 섬 '현주'를 떠올린다. 물론 상상의 섬 봉래도(蓬萊島)도 품으면서…. '우릉도가 숨을만하다'라는 시어(詩語)에는 은연중에 김시습의 마음이 투영되어 있다.

지난해(2024년) 8월, 생애 처음으로 울릉도를 방문하였다. 동쪽 끝에 있는 땅을 밟는다는 두근거림에 큰 기대를 하고 떠났다. 3박 4일 일정이었는데 핵심은 두 번째 날에 진행된 독도 방문이었다. 독도에는 선착장이 없어 부두에 그냥 배를 대야 하므로 풍랑이 높으면 댈 수 없다는 안내를 받았지만, 우리는 운이 좋게 상륙하여 독도의 이곳저곳을 마음껏 간직하고 돌아왔다. 뜻깊은 추억을 남겨준 아름다운 섬이 독도와 울릉도다.
김시습도 그런 심정으로 우릉도를 바라보았을 것이다.

태백산을 바라본 후, 정선에 이르다

김시습은 울진에서 출발하여 삼척을 거쳐 태백산(太白山)으로 향하였다. 민족의 명산(名山)이기 때문에 오르려는 생각도 하고 왔을 것이다. 그러나 오랜 여행으로 몸도 많이 지쳤기에 그냥 바라보는 것으로 만족하기로 하였다. '**망태백산**(望太白山)'. 보기만 하여도 가슴이 벅찬 산이다.

태백산. 출처 : 대한민국의 산

태백산을 바라보며〔望太白山〕: 570

西望遙遙太白山 (서망요요태백산)	멀고 아득한 태백산을 서쪽에서 바라보니,
碧尖高挿聳雲間 (벽첨고삽용운간)	기암괴석이 구름 사이에 솟아있네!
人言嶽頂神靈異 (인언악정신령이)	사람들은 신령님의 영험이라 말하는데
辨得乾坤造化關 (변득건곤조화관)	분명코 천지의 조화로세

〈번안시조〉

아득한 태백산을 서쪽에서 바라보니
구름 사이 기암괴석 무수히 솟아있네
산신령, 영험이 있어 천지간이 조화롭다

태백산을 '서쪽에서 바라본다'라고 하였다. 그렇다면 지금의 당골이나 유일사 쪽으로 올라갔을 것이다. 단종이 세조에게 시해당한 뒤 태백산과 그 일대의 신이 되었다는 전설이 전해져 내려오고 있는데, 이는 김시습 방문보다 훨씬 뒤의 일이다.

태백산(太白山)은 민족의 영산(靈山)으로 신라 때부터 천제(天祭)를 지냈다고 한다. 현재 위치는 대한민국 강원특별자치도 영월군·정선군·태백시와 경상북도 봉화군 경계에 있는 높이 1,567m의 산이다.

김시습은 발걸음을 정선으로 옮겼다. 오대산에 있을 때도 '은거하기 좋은 곳'이라 하여 와 보고 싶었던 곳인데 이왕 여기까지 온 김에 들리기로 한 것이다. 정선군(旌善郡)은 대한민국 강원도 동남부 내륙에 있는 군이다.

민둥산. 출처 : 정선군

정선은 한국 민요 아리랑의 발상지 중 하나이다. '아라리'라고도 불리는 민요 '정선 아리랑'은 고려시대 말부터 불려 온 것으로 전해지고 있다. 정선 아리랑은 한강 뗏목을 타고 강원도의 다른 지역은 물론 서울까지 전해져, 이후 전국 각지에서 각기 독특한 아리랑이 불리는 계기가 되었다. 여량면의 '아우라지'는 뗏목이 출발하던 곳이며 정선 아리랑이 잉태된 곳이기도 하다. **'정선도중(旌善途中)'** 을 읽어보자. 몇 개의 도중(途中) 시(詩) 중의 하나이다.

정선 가는 도중에〔旌善途中〕: 570

民物似朱陳 (민물사주진)	민물(백성의 재물)은 주진촌과 비슷한데
春深花木新 (춘심화목신)	봄 깊으니, 꽃나무가 새로워졌네!
杏梢經雨拆 (행초경우탁)	살구 가지는 비를 맞아 꽃망울 터졌고
柳眼遇風顰 (유안우풍빈)	버들눈은 바람 만나 눈썹 찡그리네
地壁雲烟古 (지벽운연고)	땅은 궁벽한데 구름안개 오래됐고
山幽物像眞 (산유물상진)	산이 깊으니, 물상이 참되구나!
路逢巾杖者 (노봉건장자)	길에서 두건 쓰고 지팡이 짚은 이
疑是避秦人 (의시피진인)	아마도 진시황 피해 온 무릉도원 사람인 듯.

〈번안시조〉

백성의 일상 삶은 주진촌과 비슷하여
봄 깊어 꽃나무가 온 산에 활짝 피고
살구꽃 망울 터지고 버들눈썹 반기네

농지는 궁벽하나 구름안개 벗하면서
산(山) 사이 깊은 계곡 만물은 참되구나
진시황 피해 온 현인, 무릉에서 살겠지

여기서 주진촌은 정선의 옛 이름이다. 깊은 산에 사는 사람들의 마음속을 그림처럼 표현한다. 좁아도 넓게 보면서 무릉도원에 살고 있는 듯하다고 극찬한다. 한가하고 평화로운 산촌(山村)의 모습이다. 사물은 보는 사람의 눈에 따라 보이는 것, 김시습이 마음이 매우 편안했을 때 읊은 시일 것이다.

  김시습의 정선에 대한 다음 시는 제목만 한자(漢字)로 28자이고, 한글로는 67자이다. 하여 '**지정선(至旌善)**'이라고 시 제목을 줄여 제시하였다. 본 제목은 '경상도 청하현에서 처음으로 살구꽃을 보았는데, 강원도 삼척의 산골 마을에 이르니, 찬(寒) 가지만 쓸쓸하였는데, 정선에 도착하자 다시 살구꽃이 피는 것을 보고 지었다.
  원제(原題)는 경북청하현 초견행화 지강원삼척산촌 한초소색 지정선 복견행화초발(慶尙淸河縣 初見杏花 至江原三陟山村 寒梢蕭索 至旌善 復見杏花初發)이다.

정선에 도착하여〔至旌善〕: 570

淸河初見杏花開 (청하초견행화개)	청하에서 처음으로 살구꽃 피는 것을 보았더니
蕨嶺枝寒尙未胎 (궐령지한상미태)	궐령(蕨嶺)에는 날이 차서 아직 방울을 배지도 않았네.
旌善又看花爛熳 (정선우간화난만)	정선에 와 또 꽃이 활짝 핀 것을 보니
一元猶有兩般才 (일원유유양반재)	일원(一元)에도 오히려 두 가지 재주가 있네.

〈번안시조〉

청하에서 처음으로 살구꽃을 보았는데
날씨 찬 궐령(蕨嶺)에는 꽃망울도 안맺혔네
정선엔 활짝 폈으니 한 마을이 두 재주하네

  청하(淸河)는 경상북도 포항 지역의 옛 지명이다. 일원(一元)은 단일한 근원이나 실체를 뜻한다. 땅도 사람도 단일한 근원인데 그곳에서 꽃피는 시기가 각각 다르다고 세상의 이치를 노래하고 있다. 궐령(蕨嶺)에 대하여 검색하였으나, 일반 검색에서도, 동해시청, 삼척시청 홈페이지에서도 발견되지 않았다.
  다만 이규원(李圭遠, 1833~1901)의 울릉도 검찰일기에서 보면 '궐령(蕨嶺) 천곡치(泉谷峙)를 넘어 십리후평(十里後坪)을 지났다'라고 한 것으로 보아 궐령이라는 산에 있던 천곡치는 오늘날 동해시 천곡동인 것으로 보인다. 김시습은 이 길을 통하여 태백산도, 정선에도 갔다.

  이 시에서는 우리나라 기후 특성을 잘 설명하고 있다. 즉 남북으로 길게 뻗어 있고, 또 바닷가와 내륙지방이 있어 각기 기온의 차가 큰 것을 설명하고 있다. 포항에서는 살구꽃 피는 것을 보았고, 동해 궐령에서는 아직 꽃봉오리도 안 맺힌 것을 보았는데, 정선엔 활짝 폈다고 했다. 살구꽃 피는 것에서 일원(一元) 속의 다양성을 발견하고 있다.

삼척 죽서루. 출처 : 강원일보(2023.12.29)

삼척엔 국보가 있다. 바로 오십천(五十川) 암석 위 절경에 자리 잡은 관동팔경 중의 하나인 죽서루(竹西樓)이다. 2023년 12월 28일 국보로 승격되었다. 김시습도 이곳에 들렸으리라.

삼척에서 산가(山家)의 괴로움을 읊다

김시습이 강원 남동부 유람을 기록한 한시 중에서 마지막으로 수록된 시가 '**영산가고**(咏山家苦)'이다. 산골짜기 비탈밭에서 농사를 짓는 농민들이 세금과 부역으로 고단한 삶을 살고 있음을 노래하였다. 8수로 되어 있는데 그중에서 가장 안타까운 두 수를 번안한다. 제2수와 제6수다.

산가의 괴로움을 읊다〔咏山家苦〕: 571~572

2.
哺時畏虎掩門扉 (포시외호엄문비)	저녁 무렵 범 무서워 사립문 닫고
至卯方呲煮蕨薇 (지묘방와자궐미)	아침 5~7시[卯時]에 이르러 곧 움직이며 고사리를 끓이네.
縱是深山更深處 (종시심산경심처)	만약 깊은 산속이고 다시 깊은 곳이었다면
戶徭田賦可依違 (호요전부가의위)	집의 부역과 밭 세(稅) 미룰 수 있었을지도.

〈번안시조〉

포시(哺時)엔 범 무서워 사립문 일찍 닫고
묘시(卯時)에 일찍 깨어 고사리 끓이는데
깊은 산, 부역·밭세는 미룰 수가 있을지

6.
一家十口似同廬 (일가십구사동려)	한 집에 열 식구가 한 집에 동거하는 듯하지만
丁壯終無一日居 (정장종무일일거)	장정은 끝내 하루도 거하지 못하네.
國役邑徭牽苦務 (국역읍요견고무)	나라의 부역과 읍의 요역의 괴로운 근무에 끌려다니고
弱男兒女把春鋤 (약남아녀파춘서)	약한 남자와 아이 계집이라도 봄이면 호미를 잡아야 하네.

〈번안시조〉

우리 집 열 식구가 호적에 올려 있지만
장정(壯丁)은 단 하루도 함께 살지 못하면서
부역(國役)과 요역(邑徭) 나가니, 노약자만 남았네

포시(晡時)는 오후 3시~5시이며, 묘시(卯時)는 아침 5~7시이다. 의위(依違)는 무엇을 결정하지 못하고 우물쭈물하는 모양이다. 부역(賦役)은 국가가 필요한 여러 사업에 백성의 노동력을 강제로 징발하는 것을 말하며, 요역(徭役)은 백성이 세금 대신 노동을 제공하는 제도이다.

이 시에서는 일찍 자고 일찍 일어나는 백성들의 부지런한 일상 삶을 표현했다. 그러나 그 부지런함은 장정(壯丁)이 부역으로 없는 가운데 나머지 어린아이와 부녀자들이 농사를 짓고 세금을 걱정하며 살아가기 위한 어쩔 수 없는 선택이라고 표현하고 있다.
그리고 이 모든 상황에서 벗어나려면 '더 깊은 산속으로 들어가야 하는가?'라고 하며 그들을 대신하여 되묻고 있다. 애민(愛民)이 넘친다.

삼척에서 정선 가는 길에 쓴 이 글을 끝으로
금오산실 은거 중에 강원도 남동부를 유람한 시(詩)는
더 이상 발견하지 못하였다.

그리고 「유금오록」도 여기서 끝을 맺는다.
이제 경주 생활을 마감하고 한성으로 간다.

다시 한성으로 올라가 폭천정사에 머물다.

1462년부터 1471까지 경주에서의 생활을 마치고, **1471년 봄, 한성으로 올라간다.** 37세 때였다. 첫해는 한성과 한성 부근을 오가다가 1472년 가을, 수락산 폭천 부근에 터를 잡았다.
그는 1473년 봄에 적은 「유금오록」 후지에서 "신묘년(1471년) 봄에 누군가의 청으로 한성에 들어왔다가 임진년(1472년) 가을에 성동의 폭천정사(瀑泉精舍)에 은둔해서 터를 잡아 집을 짓고 일생을 마치려 했다"라고 썼다.

경주를 떠나 한성 동쪽 수락산 정착하다

김시습은 수락산(도봉산과 마주하여, 불암산 북쪽에 있다) 폭천(瀑泉) 부근에 폭천정사(瀑泉亭舍)라 이름을 붙인 거처를 짓고 직접 농사를 일구며 살았다. 이곳에서 유가(儒家)와 불가(佛家) 그리고 제자백가서(諸子百家書) 등 5,000여 권의 서책을 쌓아놓고 뒤적이며 지냈다. 그러다가 싫증이 나면 따뜻한 햇볕 아래 누워 한가롭게 낮잠 자는 것을 즐겼다.

또한 김시습은 자신의 호로 삼았던 '동봉(東峯)', 즉 수락산의 만장봉 부근에 자신의 다른 호인 '매월당(梅月堂)'이라는 이름을 붙인 처소를 짓고 거처하였다는 기록도 있다.

수락산 내원암. 출처 : 한국학중앙연구원

김시습이 머물던 폭천정사는 지금의 수락산 내원암 부근이다. 행정구역상으로는 경기도 남양주시에 속한다. 내원암 부근에는 금류폭포와 은류폭포가 있는데 김시습은 이 폭포들에서 착안해 '폭천정사'라는 이름을 지었던 것으로 보인다. 금류폭포 '옆에 이곳이 매월당 김시습이 은거했던 곳'이라는 안내문이 세워져 있다.

한성으로 온 김시습은 전부터 알고 지내던 사람들을 만나거나 서신을 보냈다. 어려서 이웃에 살았고 당시 평안북도 절도사로 있던 어유소(1434-1489)에게 13수의 시를 지어 부쳤다. 성균관 시절에 형님 동생 했던 고태필에게는 화원의 꽃을 재배하는 방법을 알려 주었다. 대제학으로 있던 서거정과도 교유했다. 그러나 누구도 김시습을 조정에 천거하지 않았다. 김시습의 그동안 행각이 유자(儒者) 모습에서 멀어져 있었기 때문일까?

북명(北銘)을 묵상하며, 춘천십경도 쓰다

김시습은 수락산 시절 거실 북쪽 벽에 북명(北銘)이라는 글을 걸어놓고 생활했다. 조정 관료를 비판하고 비난하기만 하는 것이 아니라, 자기 자신에게도 엄격하여, 선비로서의 풍모와 염치를 지켜야 함을 매일 묵상하였다. '북명(北銘)'은 『매월당 전집』 21권 '명(銘)' 편에 수록되어 있다. 번안시조는 생략한다.

북명(北銘) : 83

水一瓢食一簞	(수일표식일단)	한 쪽박 물과 한 그릇 밥일망정
切勿素餐	(절물소찬)	절대로 공밥을 먹지 말고
受一飯使一力	(수일반사일력)	한끼 밥을 받고 한차례 일을 시키고
須知義適	(수지의적)	의에 맞는 것을 알아야 한다
無一朝之患	(무일조지환)	하루 아침 걱정은 생각지 않고
而憂終身之憂	(이우종신지우)	종신의 근심을 걱정하며
有不病之瘦	(유불병지구)	병이 아닌 여윈몸 이지만
而樂不改之樂	(이락불개지락)	고칠 수 없는 그 낙을 즐기네
敦尙士風廉恥	(돈상사풍염치)	사풍의 염치를 숭상하고
輕厭俗態詐慝	(경염속태사특)	속태의 사특을 배제하고
勿喜矜譽	(물희긍예)	남이 칭찬한다고 좋아 말고
勿嗔毁辱	(물진훼욕)	남이 헐뜯는다고 노하지 말고
怡然順理	(이연순리)	화평하여 이치에 순종하며
悠然有得	(유연유득)	유유하여 얻음이 있게 하라
無心出岫之雲影	(무심출수지운영)	저 산의 구름처럼 무심하고
不阿懸空之月色	(불아현공지월색)	저 공중의 달같이 아첨이 없고
動靜語默忘形骸	(동정어묵망형해)	동정·어묵이 형해를 잊어
羲皇上世之淳朴	(희황상세지순박)	희황 시대의 순박으로 돌아가고
容止軌則存想像	(용지궤측존상상)	용지와 궤칙의 상상을 갖어
唐虞三代之典則	(당우삼대지전칙)	당우 3대의 전칙을 생각하라
冀子觀省	(기자관성)	보고 살피기 위하여
感書於北壁	(감서어북벽)	북녘 벽에 붙이노라.

수락산 시절, 뜻을 펴지 못하고 흰 구름과 산마루에 걸린 달을 벗 삼아 지냈던 김시습. 시간이 갈수록 그는 여기가 자신이 더 이상 머물 곳이 아니라는 생각을 갖게 된다. 그가 다시 길을 떠난 곳은 관동(關東)이다. 그의 삶은 말년을 향해 가고 있다.

김시습은 폭천정사 시기에 여러 승려와 교유했다. 특히 춘천 소양강 강가에 살고 있던 제자인 학매와 가까웠다. 『매월당 선생전』을 쓴 윤춘년은 김시습의 제자 승려로 도의(道義)와 학매(學梅)를 꼽았다. 김시습이 늦가을에 춘천으로 가는 학매에게 준 송별시가 전한다.

김시습은
수락산 폭천정사에 머무는 동안
제자 학매로부터
춘천 이야기를 듣고
「**춘천십경**(春川十景)」을 쓴다.

Ⅶ

한성에 머물며, 「춘천십경」을 쓰다

- 춘천십경, 시작(詩作) 배경을 살펴보자
- 「춘천십경」, 누구에게 듣고 썼을까?
- 춘천십경, 땅(地) 배경 다섯 편을 읽어보자
- 춘천십경, 강(江) 배경 다섯 편을 감상해 보자
- 환속, 재혼, 그러나 다시 한성을 떠나다

Ⅶ. 한성에 머물며, 「춘천십경(春川十景)」을 쓰다

김시습은 1471년, 37세에 경주에서 한성으로 올라와 1483년 다시 관동으로 유람을 떠날 때까지 12년간 서울에서 살았다. 귀경한 이듬해 가을, 수락산에 폭천정사(瀑泉精舍)를 짓고 여기서 여생을 마칠 계획(「유금오록」 후지 참조)을 갖기도 하였다. 이때 한성으로 상경하게 된 배경에는 세조(1455~1468)·예종(1468~1469)·성종(1469~1494)으로 이어진 왕위 계승으로 세조의 패권정치 시대가 막을 내리고, 성종의 왕도정치 시대로 가고 있다고 믿고 있었고, 주변의 권장도 있었다.

이 시기의 해적이를 정리해 보자. 「춘천십경」은 한성 체류 기간에 썼기 때문에 「춘천십경」과 직접 관련된 해적이는 따로 없다. 하여 경주에서 한성으로 올라왔다가 다시 관동으로 2차 유람을 떠날 때까지의 일정을 여기에 정리해 보았다.

1471년(37세, 성종 2년)
- 봄, 변신을 결심하여 경주를 떠나 서울로 향하였다.

1472년(38세, 성종 3년)
- 도봉산 산록에 있다가 성동(城東)의 수락산 폭천(瀑泉) 부근에 터를 잡고 이후 10여 년 동안 거주하다.
- 벼슬에 관심을 두고 여러 사람과 교류하고 육경(六經)을 다시 익히다.

1473년(39세, 성종 4년)~1474(40세, 성종 5년)
- 제자 선행(善行)과 함께 수락산 폭천정사(瀑泉精舍)에 살면서 농사를 짓다.
- 봄에 유금오록(遊金鰲錄)을 엮고 후지(後志)를 적다.

1475년(41세, 성종 6년)
- 5월에 정업원에 이틀 묵으며 불경을 가르치고 젊은 민(敏) 상인과 동료에게 불법을 가르치다.
- 남효온, 이정은, 홍유손 등 방외인과 교유하다.
- 이 시기를 전후하여 학매에서 듣고 「춘천십경」을 짓다.

1476년(42세, 성종 7년)
- 12월, 의상의 '일승법계합시일인(一乘法界圖合詩一印)'을 주해(註解)하여 책으로 엮다.

1477년(43세, 성종 8년)
- 스승 이계전의 아들이자 같이 공부한 평양부윤 이파(李坡)가 시를 보내오자, 화운시 「화기수운」(和箕叟韻) 15수를 지어 보내다.

1478년(44세, 성종 9년)
- 남효온이 소릉(昭陵) 복위 상소를 올렸다. 이후 남효원의 음주, 방랑, 은둔생활을 타이르다.

1479년(45세, 성종 10년)
- 왕후 윤(尹)씨, 서인으로 폐출(廢黜)되다.

1480년(46세, 성종 11년)
- 황정경(黃庭經)을 읽는 등 도교에 주목하고, 벽곡(辟穀)과 황정(둥글레) 복용법을 배우다.

1481년(47세, 성종 12년)
- 봄, 환속하여 조부와 부친 제사를 지내고 안(安) 씨와 재혼하다.
- 이식(李湜), 이정은(李貞恩) 등 종실, 남효원 등 죽림칠현과 교유하다.

1482년(48세, 성종 13년)
- 폐비 윤 씨, 사사(賜死)되다.

1483년(49세, 성종 14년)
- 두 번째 부인 안 씨와 1년 만에 사별한 듯하다.
- 늦봄(3월19일), 정국이 혼란해지자, 다시 2차 관동 유람을 떠나다.
- 화천 사탄(史呑)을 거쳐 춘천 청평사 세향원에 머물다가 홍천(洪川), 인제(麟蹄)로 향하다.

위 해적이를 보면 김시습은 경주에서 한성으로 올라온 후 처음에는 벼슬에 관심을 두고 6경을 다시 공부하는 등 출사 준비를 하였다는 것을 알 수 있다. 그리고 종종 수락산에서 도성으로 내려와 당대 인물들과 교유했다. 어린 시절 교분이 있던 서거정, 김수온과 같은 고관대작도 만났지만, 진정 마음으로 교유한 부류는 자기보다 스무 살쯤 어린, 뜻이 맞는 젊은 방외인들이었다. 남효온, 이정은(李貞恩, 생몰년 미상), 우선언(禹善言, 생몰년 미상), 안응세(安應世, 1455~1480), 홍유손(洪裕孫, 1431년~1529년) 등이 그들이다. 김시습은 이들과 어울리며 삶의 가장 중요한 장년기에 한성의 저잣거리에서 탁주를 마시고 시국(時局)을 논하였다.

그러다 1481년(47세, 성종 12) 봄, 출사(出仕)를 위해 환속(還俗)하고, 조부와 부친 제사를 지내고 안(安) 씨와 결혼도 하였다. 외양부터 불교 모습을 벗어 던지고 유교적 질서 속으로 환원(還元)한 셈이다. 그러나 조정은 아직도 세조 옹립에 공을 세운 훈구파가 실권을 쥐고 있어 김시습에게 등용(登庸)의 기회는 주어지지 않았다. 고관대작이 되어 있는 옛 성균관 시절의 친구들도 외면하였다. 김시습을 천거하면 나타날지 모르는 주변의 비난이 두려웠을 것이다.

김시습의 서울 생활은 처음에는 희망이었으나 점점 절망으로 다가왔다. 서울로 올라올 때는 세상이 달라져서 출사할 수 있지 않을까 하는 희망이 있었으나, 결국 아무것도 이루어지지 않아 실로 감당하기 어려웠다.
벼슬길에도 오르지 못하고 재혼한 아내하고도 곧 사별하였다. 또다시 혼자가 되었다. 한성에 더 머물 이유가 없어진 것이다. 김시습의 한성 생활은 실망을 넘어 절망의 단계에까지 이르렀다. 그 아득함을 누가 알아주랴?

춘천십경, 시작(詩作) 배경을 살펴보자

김시습은 서울 생활 중에서 춘천에서 온 손님의 이야기를 듣고 춘천십경을 쓴다. 그렇다면 언제 썼을까? 그리고 춘천이 '춘천십경'에서 표현한 것처럼 아름다운 고장이었을까. '누구에게 듣고 썼다'라고 했는데 누구에게 들었을까? 살펴보자.

「유관동록(遊關東錄)」에는 춘천지방 관련 시문(詩文)은 없다. 그러나 「관동일록」과 『국역 매월당 전집』 제1권 '기행' 편 등에서 몇 편이 발견된다. 「관동일록」에 수록된 춘천 관계 시문은 제2차 관동유람 때 춘천에서 쓴 것이고 『매월당 전집』 제1권의 '기행' 편에 수록된 시들은 언제 썼는지 정확하게 알기는 어렵다.

'춘천이 아름답다'라고 한 것은 사실인가

춘천시는 영서 중서부에 있는 도시로, 강원도의 도청 소재지이다. 춘천의 자연환경은 산과 강, 호수가 어우러진 아름다운 풍광을 지녔으며, 북한강과 소양강이 합쳐지고 의암댐의 담수로 인하여 호수를 이루고 있어 '호반의 도시'로도 불린다. 기후는 내륙 분지 특유의 차고 건조한 특성을 보이며, 사계절이 뚜렷하고 여름에는 습도가 높으며, 겨울에는 눈이 많이 내리는 편이다.

춘천이 아름답다는 학매의 자랑은 학매 고향이 춘천이니까 내 고향에 대한 자랑으로 들을 수도 있다. 그러나 그 자랑은 사실이다. 조선 후기 지리 인문학자 이중환(李重煥, 1690~1752)은 그의 저서 『택리지(擇里志)』에서 '춘천 우두벌은 강을 끼고 있는 마을 중에서 평양 다음으로 살기 좋고 아름다운 마을'이라고 했기 때문이다. 그렇다면 충분히 자랑할 만하지 않는가?

춘천이 이처럼 아름다운 도시이기에, 김시습은 학매로부터 춘천에 관한 이야기를 듣고 쓴 「춘천십경」도 아름다운 문장으로 쓸 수 있었을 것이다.

김시습은 춘천에 언제, 몇 번이나 왔을까

이 부분에 관해 강원대 최승순 교수는 「매월당의 춘천 10경에 대한 고찰」에서 다음과 같이 기술하고 있다.

"매월당집 부록에 '단종이 선위하였다는 소식을 듣고 매우 놀라 변소에 떨어져 거짓 실성하듯 하여 **인제 설악산에 들어갔다**'라는 구절이 있다. 이것으로 보면 매월당이 승려가 된 것도 설악산에서이고 이 외에도 매월당과 설악산은 여러 가지 연고가 있다.

이렇게 되면 매월당이 그의 문집 부록에 있는 것 같이 설악산에 들어간 것이 확실하고 그가 설악으로 처음 갈 때의 행정(行程)은 춘천을 경유하는 것이 바른길이다. 「관동일록」의 '기행'편에 있는 춘천 관계 시문은 이때 써진 것으로 생각할 수 있고 남의 이야기를 듣고 지었다는 「춘천십경」 시(詩)도 이러한 배양토가 있었던 것을 짐작할 수 있다."

정주동 교수는 『매월당 김시습 연구』에서 중흥사를 떠난 후 3년간을 서울 주변 배회기로 분류하고 삼각산에서 떠나 어디로 갔을까를 물으며, 다음 네 가지 설을 소개하고 있다. **첫째, 설악산으로 직행했다는 설**, 둘째, 송도로 직행했다는 설, 셋째, 김화로 숨었다는 설, 넷째, 계룡산 동학사로 숨었다는 설 등이다. 그러면서 서울 주변과 동학사 등을 다니다가 김화로 숨어든 것으로 보고 있다. 만약 이때 설악산을 갔다면 춘천에 들렀을 가능성이 높다.

『국역 강원도지』를 중심으로 연구한 이학주 교수는 "오세암은 백담사 내에 있다. 신라 선덕왕 갑진년(甲辰年)에 자장 법사가 봉정암을 창건할 때 관음암(觀音庵)도 세웠다. 조선 세조 **병자년(丙子年)에 매월당(梅月堂) 김시습(金時習)**이 여기에 와서 머리를 깎고 검은 옷(승복)을 입었다. 매월당의 속상(俗像)과 도상(道像)이 여기에 있다."라고 밝히고 있다.

세조 병자년이면 1456년 세조 2년으로 김시습은 22세일 때다. 단종 복위 운동이 있던 해이다. 사육신의 시신을 매장하였던 김시습이 김화 사곡촌에 근거를 두고 여기저기 오가면 '사육신 매장', '단종 사후(死後) 단종의 혼령을 모시기 위해 동학사 오가기' 등에 정신이 없던 시기였다. 잠시 시간을 내서 오세암에 다녀왔을 가능성도 전혀 배제할 수는 없다.

심경호 교수는 『매월당 평전』에서 "김시습이 중흥사를 나온 뒤 어디로 향했는지는 분명치 않다. 전하는 말에 따르면 김시습이 법명을 삼은 설잠(雪岑)은 설악산을 뜻하며, **김시습이 중흥사를 나와 처음 숨은 곳이 설악산이었으므로 설잠이라고 했다고 한다.** 그가 설악산 오세암에서 삭발했다는 전설도 있다."라고 밝히고 있다.

여러 자료를 종합해 보면 김시습은 최소 춘천에 두 번 이상 다녀갔다고 볼 수 있다. 한 번의 기행에서 지은 시문(詩文)이라고 하면 제목이 중첩될 일이 없을 것이고, 설사 그럴 필요가 있을 때는 '또(又)'로 표기하는 것이 한시의 정석이고 김시습의 시 제목 부치는 습관인데 '기행'과 「관동일록」에는 '소양강', '청평산', '우두' 등 시제가 중복되어 있을 뿐만 아니라 「관동일록」과 '기행'은 편(編)이 다르므로 매월당이 최소한 두 번 이상 춘천에 왔었다고 보아야 할 것 같다.

「관동일록」은 김시습 49세 때 기록되었다. 그렇다면 '기행'에 들어 있는 춘천 관계 시문은 언제의 기록일까? 매우 궁금하다.

「춘천십경」, 누구에게 듣고 썼을까

김시습과 춘천을 이야기하자면 춘천 출신 제자 학매(學梅)를 빼놓을 수 없다. 학매가 젊은 시절, 선행(善行)과 함께 김시습의 수락산에도 수시로 드나들었다. 학매는 그때마다 고향인 춘천이 '너무 아름답다'라고 자랑하였을 것이다. 김시습은 이 자랑을 듣고 춘천십경을 썼다. 이 부분에 대하여 심경호 교수는 이렇게 말하고 있다.

"김시습은 수락산 시절에 여러 승려와 교유하였다. 그중에서도 가장 가까이 지낸 승려가 춘천 소양강 강가에 초가를 두고 있는 학매(學梅)였다. 김시습이 지은 춘천십경시(春川十景詩)는 학매의 말을 듣고 지은 것이 아닐까 한다."

김시습은 춘천십경을 지으며 '손님이 춘천에서 와서 그 고을 가운데 십경을 말하므로….'라고 하였다. 그 당시 김시습에게 춘천에 대하여 자세히 말할 사람은 학매뿐이다. 따라서 '학매의 말을 듣고 춘천십경을 지은 것이 아닐까?'라고, 분석한 심경호 교수의 연구에 동의한다.

여기서 학매에게 주는 시를 읽어보자

김시습이 학매(學梅)와 매사(梅大師)에게 쓴 시를 통하여 그 당시의 상황을 유추해 보자. 먼저 김시습이 제자 학매에게 주는 시(詩) **'시학매(示學梅)'** 2수를 살펴보자. 계절은 겨울이다. 바둑판을 앞에 두고 주변을 보니 매화꽃이 피긴 피었는데 그림으로 폈다. 여기서 매화는 정말 매화인가 아니면 매대사, 즉 학매인가?

학매에게 주는〔示學梅〕二首 : 164

1.
雲淨風寒月未團 (운정풍한월미단)	구름 맑고 바람 찬 초승달이라
新年景像富毫端 (신년경상부호단)	새해 풍경들은 붓끝에 푸짐하구나.
捲簾積雪明林巘 (권염적설명림헌)	발 걷으니 쌓인 눈에 봉우리 환하고
入夜溪聲繞塔壇 (입야계성요탑단)	저무는 개울 소리는 탑과 단 맴도네.
詩欠可人筒在樻 (시흠가인통재궤)	시는 마땅한 이 없어 통이 궤 안에 있고
碁無敵手子藏槃 (기무적수자장반)	바둑은 상대할 사람 없어 알을 넣어두네.
嗟噓縮項誰將伴 (차허축항수장반)	아아, 움츠린 목에 누가 함께 하리오
紙帳梅花仔細看 (지장매화자세간)	종이 휘장의 매화를 자세히 보누나.

〈번안시조〉

흰 구름 맑게 흘러 초승달 높이 뜨니
새해의 풍경들이 붓끝에 푸짐한데
산봉(山峯)은 눈〔雪〕 빛에 희고 개울 소리 맴도네

시문(詩文)이 쉽지 않아 궤 안에 넣어두고
바둑은 상대 없어 흑백 알 만져본다
그 누가 함께 하리오 매화화(梅花畵)만 폈구나

2.
學梅髡者學詩書 (학매곤자학시서)	학매 스님은 시와 글을 배우는 자로서
家在昭陽江上廬 (가재소양강상려)	집은 소양강 위에 있는 초가집이네
斷機有親新覲到 (단기유친신근도)	짜던 베를 자른 어버이 있어 근친하러 갔고
論文無地已參余 (논문무지기참여)	글을 논의할 곳 없어 나에게 참여했지
松如翠蓋雲如絮 (송여취개운여서)	소나무는 비췻빛 일산 구름은 솜털 같고
霜似瓊糜月如梳 (상사경미월여소)	서리는 옥가루 같고 달은 빗 같구나!
點爾與吾曾有夙 (점이여오증유숙)	너와 내가 점찍은 것은 묵은 인연이니
靑山穩處必從渠 (청산온처필종거)	푸른 산 조용한 곳엔 반드시 그대 따르리라.

〈번안시조〉

시와 글 배우는 자 그 이름 학매인데
고향은 관동 춘천 소양강 강가라네

베 짜는 부모님 뵈러 근친하러 갔다네

소나무 양산 같고 구름은 솜 같으며
서리는 비취 가루 초승달은 빗 같구나
너와 나 인연 깊으니 내 그대를 따르리

위 시는 학매가 속가(俗家)의 어버이에게 근친(覲親, 승려가 속가의 어버이를 뵙는 것) 가는 길에 준 글이다. 스님의 이름이 '매화를 배우다(學梅)'이고 김시습에게 시와 글을 배우고 있다. 이때 김시습은 '학매가 가는 곳에 따른다'라고 한 것처럼, 후에 청평사에 들려 학매와 사제(師弟)의 인연을 이어간다.

또 매대사에게 쓴 시도 살펴보자

이 시기 김시습의 시를 보면 춘천과 관련이 있는 또 한 분의 스님이 있으니, 곧 매 대사이다. 매사(梅大師)가 누구인지, 어느 때 사람인지는 분명하게 드러나 있지는 않다. 김시습은 매대사와 관련하여 두 편의 시를 남겼다. 이 두 편을 분석하여 보면 분명 춘천과 관련이 있는 매 대사에게 쓴 시(詩)인 것이 틀림없다. 먼저 '**증매사(贈梅師)**'를 읽어보자.

매 대사에게 주다〔贈梅師〕: 164

靑燈夜剪話團欒 (청등야전화단란)	푸른 등불 돋우며 이야기 단란하니
思在烟霞雲水間 (사재연하운수간)	생각은 안개 노을 구름과 물 사이라네
風冉冉時偏月白 (풍염염시편월백)	바람이 솔솔 불 때 조각달이 하얗고
水潺潺處剩雲閑 (수잔잔처잉운한)	물 잔잔한 곳에 남은 구름 한가해라
一生名利蠶成繭 (일생명리잠성견)	일평생의 명리는 누에가 고치 이룬 듯
百歲生涯香度槃 (백세생애향도반)	백 년의 생애는 향이 쟁반 지난 듯하니
我欲與梅同策杖 (아욕여매동책장)	나는 매 승려와 같이 지팡이 짚고서
龍泉福地任盤桓 (용천복지임반환)	용천의 복된 땅을 마음껏 거닐라네

〈번안시조〉

푸른 등불 돋워가며 이야기 정겨우니
생각엔 안개 노을, 풍경도 섞여 있고
조각달 하얗게 뜨니 남은 구름 잔잔하다

일평생 명리(名利)길은 누에고치 되듯 하고
백 년의 한번 삶에 향내가 사라지니
매대사(梅大師), 동행하면서 복된 땅을 거닐리

김시습은 '나는 **매 승려**와 같이 지팡이 짚고서 용천의 복된 땅을 마음껏 거닐라네'라고 노래했다. 여기서 매 승려는 학매 대사일 것이다. 용천(龍泉)이 무슨 의미인지 검색하였으나 정확한 답을 얻지 못하였다, 다만 '중국 여남(汝南) 서평현(西平懸)에 있었던 샘, 칼을 벼리는 데 좋은 물로 유명하다'라는 사전적 의미가 있었다. 이와 같이 용천을 좋은 물이 있는 곳이라는 의미로 해석한다면 춘천에는 '좋은 물'이 많으니까, 춘천을 의미하는 표현이 아닐까?

또 한 수는 '매 대사를 만났다가 다시 이별하며(逢梅又別) 4수(四首)'인데 이 시에서는 유난히 춘천 관련 지명이 많이 나온다. 즉 화악산, 춘성(춘천십경에도 취유 춘성(醉遊春城)이라고 하여 '춘성'이라는 지명(地名)이 나온다), 관동, 소양강, 청평 등이 그것이다. '**봉매우별(逢梅又別)**'을 감상해 보자. 4수로 되어 있는데 모두 번안하기로 한다.

청평사. 출처 : 청평사 홈페이지

매 대사를 만났다가 또 이별하다〔逢梅又別〕4首 : 164~165

1.

上人別仲夏 (상인별중하)	한여름에 스님과 이별하고
阻話數旬餘 (조화수순여)	한 달 남짓 대화가 끊겼네.
花岳山深處 (화악산심처)	화악산(花岳山) 깊은 곳엔
春城水漲初 (춘성수창초)	春城(春川)에 물이 넘쳐나네.
倚門時斫額 (의문시작액)	문에 기대어 때때로 이마를 부딪치며
望月又長歔 (망월우장허)	달을 바라보며 길게 한숨짓네.
却喜重携手 (각희중휴수)	다시 만난 것을 기뻐했는데
今朝更別余 (금조갱별여)	오늘 아침에 다시 나와 헤어졌네.

〈번안시조〉

한여름 뙤약볕에 스님과 이별하고

한 달이 넘는 날을 대화하지 못했다네
화악산(花岳山) 깊은 곳에선 봄내 강이 넘치리

대문에 기대보고 이마를 부딪치며
보름달 바라보니 한숨이 길어지네
만남을 기뻐했는데 아침 일찍 떠났네

2.
今年霾雨久 (금년매우구)   올해엔 흙비 오래 내려
凶歉問來方 (흉겸문래방)   흉년의 처방을 물어보네.
江水幾篙漲 (강수기고창)   강물이 얼마나 범람했는지
菜田應盡傷 (채전응진상)   채마밭은 응당 다 망쳤으리라.
天事旣如彼 (천사기여피)   하늘의 일이 이미 저와 같은데
人情那敢詳 (인정나감상)   인간의 뜻이 어찌 상세하게 할 수 있겠는가?
關東磽薄地 (관동교박지)   관동지방(關東地方)은 돌 많은 메마른 땅이라
官租可能當 (관조가능당)   세금은 감당할 수 있을까.

〈번안시조〉

올해엔 오랜 기간 흙비가 쏟아지니
흉년을 이기려는 처방은 돼 있는지
강물은 범람했는지, 채마밭은 괜찮은지

하늘이 하는 일은 이미 나(我)와 한 몸인데
인간의 미천한 뜻, 하늘에 미칠 건가
척박한 관동(關東)의 땅이 세(稅) 감당은 하려는지

3.
鳥飛返故鄕 (조비반고향)   새날아, 고향에 돌아가는데
瀟洒動行裝 (소쇄동행장)   빗물은 행장(行裝)을 적시네.
納納江山遠 (납납강산원)   축축이 젖은 강산은 아득하고
行行道路長 (행행도로장)   가도 가도 갈 길은 멀기만 하네.
昭陽秋水碧 (소양추수벽)   소양강(昭陽江) 가을 물은 푸르고
花岳晚雲凉 (화악만운량)   화악산(花岳山) 늦은 구름은 서늘하구나.

我語君須省 (아어군수성)　내가 그대에게 한 말을 꼭 살펴보시게
山僧忙不忙 (산승망불망)　산 스님이 바쁜지 바쁘지 않은지.

〈변안시조〉

새로운 날을 잡아 고향에 되 가는데
짓궂은 거친 빗물 행장(行裝)을 푹 적시네
산하(山河)는 축축한 데다 갈 길마저 멀구나

소양강(昭陽江) 가을 물은 푸르고 해맑은데
화악산(花岳山) 늦은 구름, 그늘이 서늘하네
산(山) 스님 얼마나 바쁜지, 그대 살펴 주시게

4.
聞說淸平洞 (문설청평동)　청평산(淸平山) 골짜기 이야기 들어보니
靑苔白石間 (청태백석간)　흰 돌 사이에 푸른 이끼 끼었다네.
山深梨栗熟 (산심이율숙)　山 깊은데 배와 밤은 익어가고
巖靜鶴僧閑 (암정학승한)　바위 고요한데 학과 스님은 한가롭다네.
君去幾時返 (군거기시반)　그대 떠났다가 언제 돌아올까?
我歸當共看 (아귀당공간)　나도 돌아와 함께 보아야지.
如今分袂後 (여금분메후)　지금 헤어진 뒤엔
楓葉正爛斑 (풍엽정란반)　단풍잎만 알록달록하구나.

〈변안시조〉

청평산(淸平山) 계곡에서 이야기 들어보니
하얀 돌 사이에는 푸른 이끼 끼어 있고
깊은 산 이율(梨栗, 배와 밤)은 익고 학과 스님 한가롭네

그대는 떠났다가 언제쯤 돌아올까
그때쯤 나도 와서 다 함께 보자꾸나
우리가 헤어진 뒤엔 단풍 더욱 깊으리

　헤어지는 분은 매대사인데 김시습도 떠나려고 마음먹고 있다. 마음이 아프고 서럽기도 한 매(梅) 스님은 어떤 관계일까? 혹 자기 자신을 매월당의 매(梅)를 써서 매대사라고 비유

적으로 표현한 것은 아닐까? 궁금한 것이 한둘이 아니다.

매대사가 누구인지 알기 위하여 여러 곳을 검색해도 드러나지 않는다. 그렇다면 문장의 흐름으로 해석해 볼 수밖에 없다.

혹 매대사(梅大師)는 '매화꽃을 뜻하는 것은 아닐까?'하고 생각해 보았는데 매화꽃은 아니다. 매화꽃은 늦어도 4월 이전에 핀다. 설중매(雪中梅)라고 하여 눈을 맞으면서 피기도 한다. 그런데 위 시에서 보면 '강물은 한참 부풀었고 **소양강 가을 물 파랗고**', '**채마밭은 다 상했겠지**', '**이제 헤어지고 나면 단풍이 한창 물들리라.**'라고 하였다. 모두 늦여름이 지나고 가을이 다가오고 있다는 표현이다. 따라서 매대사는 매화꽃하고는 관련이 없다. 그렇다면 또 하나의 가정을 생각해 볼 수 있다.

결론은 '학매'가 곧 '매대사'다

김시습의 춘천 제자 이름이 학매(學梅)다. 이 학매에서 '학(學)'을 빼고 매(梅)만 뽑아내서 애칭으로 매대사(梅大師)라고 했던 것이 아닐까? 이 가능성은 매우 높다. 학매 고향인 춘천의 지명이 많이 나오고 있어 이 글의 대상은 춘천과 관련이 있는 인물이라는 것도 알 수 있다. 따라서 위 시의 대상은 학매가 된다.

그렇다면 학매와 매대사는 같은 사람이라는 결론에 도달한다. 매우 의미 있고, 사실에 근접한 유추(類推)가 아닐까?

윗글을 보면 김시습은 춘천에 대하여 자세히도 알고 있다. 이런 제자와 스승 사이인데 무슨 말인들 못 하겠는가? 시간이 나는 대로 춘천에 관한 이야기를 두런두런 나누었을 것이다. 그리하여 마침내 춘천십경이 탄생한 것이라고 본다.

춘천. 출처 : 대동여지도

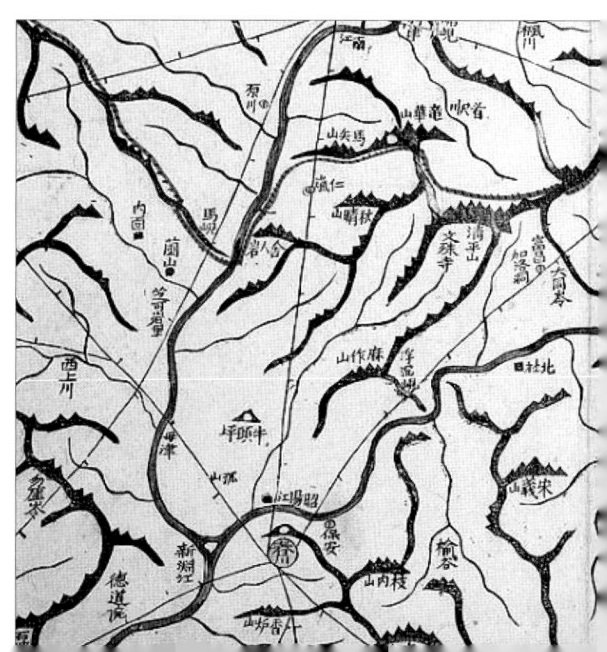

「춘천십경」을 어떻게 분류해 읽을 것인가

「춘천십경」을 '땅을 배경으로 한 시(詩)'와 '강을 배경으로 한 시(詩)'로 나누었다. 땅을 배경으로 한 시에는 취유춘성(醉遊春城), 채

춘천. 출처 : 중앙일보(2021.04.15)

약선동(採藥仙洞), 심승화악(尋僧花岳), 말마송원(秣馬松院), 벌토추림(伐兎楸林) 등 5수, 그리고 강을 배경으로 한 시에는 반도소양(返棹昭陽), 조어신연(釣魚新淵), 환도고산(喚渡孤山), 송객강정(送客江亭), 음과석교(吟過石橋) 등 5수로 분류하였다.

왼쪽 지도 어딘가에 「춘천십경」의 배경이 되는 땅이나 강이나 사연이 있을 것이다. 「춘천십경」 10편의 시는 한 편이 22구로 된 장시(長詩)이기에 첫 4구와 끝 4구만 번안하기로 한다.

먼저 지명이 분명하게 드러나는 작품 중에서 땅을 배경으로 하는 작품을 모아 살펴보자.

「춘천십경」, 땅(地) 배경 다섯 편을 읽어보자

이 춘천십경(春川十景)은 매월당집 제6권의 제영(題詠) 중에서 '손님이 춘천에서 와 그 고을 가운데 10경(十景)을 말하므로 아래와 같이 이 시를 지어 보였다'라는 설명이 있고 난 뒤 10경을 제시하고 있다. 시제(詩題)가 "춘천 10경"으로 되어 있는 것은 아니다.

먼저 술에 취하여 즐기는 춘천〔醉遊春城〕을 살펴보자

이 시는 김시습 춘천 10경의 서시(序詩, 책의 첫머리에 서문 대신 쓴 시)로 볼 수 있다. 따라서 여기서 말하는 춘성은 어느 특정한 지명을 말하는 것이 아니라 춘천이라는 광역 지방을 의미하는 것으로 해석할 수 있다.

춘천시는 1946년 춘천시와 춘성군으로 분리되었다. 그리고 1992년 춘성군이 춘천군으로 개칭되었고, 1995년에는 춘천군이 춘천시에 통합되면서 춘천시는 도농복합시가 되었다. 따라서 지금은 행정구역 명칭에서 '춘성'은 사라졌다. 그래도 옛 생각하면서 '**술에 취하여 즐기는 춘천**(醉遊春城)'을 살펴보자. 왜 춘천십경의 문을 여는 첫 시(詩)를 '술에 취하여 즐기는' 것으로 시작하였을까?

(1) 취유춘성(醉遊春城) : 336

첫 4구
春城百花開 (춘성백화개)　춘성에 온갖 꽃 만발하니
春興何嬌哉 (춘흥하교재)　봄철 흥이 그 얼마나 아름다운가.
薄言酌金罍 (박언작금뢰)　말없이 술독에 술을 따라서
且以寬心懷 (차이관심회)　또한 나의 심회를 풀어 보려오.

〈번안시조〉

춘성의 들녘마다 만발한 온갖 꽃은
봄철의 기쁨이고 바라보니 아름답다
멀리서 심회를 푸니 한잔 술이 달구나

끝 4구
江風細如縷 (강풍세여루)　강바람은 가늘기가 실과 같고
江水靑如苔 (강수청여태)　강물은 푸르기 이끼 같구나!
覽物興無窮 (남물흥무궁)　경물(景物, 계절 따라)을 구경하니 흥이 많지만
樂極生悲哀 (낙극생비애)　즐거움이 다하면 슬픔 온다오.

〈번안시조〉

강바람 부드럽게 비단옷 날 듯하고
강물의 푸르름은 이끼를 닮았는데
경물(景物)에 흥이 높으나, 즐거움 후 어쩌랴

경물(景物)은 계절에 따라 달라지는 경치를 말한다.
춘성(春城)은 춘천을 의미한다. 맨 첫 귀 '춘성에 모든 꽃이 활짝 피니 봄철 흥이 그 얼마나 아름다운가?'로 되어 있어, 춘천의 봄 경치가 좋다는 보통의 서경이다. 따라서 어느 특정한 곳의 경관을 표현한 것은 아니다.

신선골에 약초를 캐러〔採藥仙洞〕달려가 보자

약초란 원래 사람들이 발길이 적은 곳에서 잘 자란다. 귀한 약재일수록 심산유곡에 있다고 보는 것은 그 때문이다. 선동은 청평산 골짜기 깊은 곳에 있으니, 약재가 많았을 것이

다. 김시습의 '선동에서 약초 캐는데(採藥仙洞)'를 따라가 보자. 아마도 많은 약재를 캐기보다는 선동에 가는 것, 그 자체가 즐거웠을 것이다.

청평 선동 암각. 출처 : 청평사

(2) 채약선동(采藥仙洞) : 337~338

첫 4구
我慾采藥還 (아욕채약환)   선동(仙洞)에 숨어있는 산 약초 캐 오려고
艤舟淸平渚 (의주청평저)   청평산 소양강에 쪽배를 불렀다네.
我如劉阮行 (아여유완행)   나는 흡사 유완처럼 돌아다녀
食盡歸無處 (식진귀무처)   먹을 것은 떨어지고 갈 곳도 없네!

〈변안시조〉

선동에 숨어있는 산 약초 캐 오려고
청평산 나루터에 쪽배를 대었는데
진 유안(晋 劉阮) 다니듯 하니 먹을 것도 없구나

끝 4구
深嗟我塵人 (심차아진인)   아! 나는 속인이지만
已覺爾仙侶 (이각이선려)   이미 선녀와 짝이 되었네.
送我出洞門 (송아출동문)   동문 앞에서 나를 전송했는데
重尋迷處所 (중심미처소)   다시 가 보니 찾을 수가 없구나!

〈변안시조〉

이 몸은 선인보다 속인에 속하지만
산속에 드는 순간 선녀와 짝 되었네
들(入) 때는 전송하더니 돌아올 땐 없구나

유완(劉阮)은 유신(劉晨)과 완조(阮肇)의 성을 모은 것으로 모두 진(晋)나라 때 죽림칠현에 든 사람들이다. 노장(老莊)의 사상을 좋아하였고, 특히 호주가(好酒家)로 이름이 높았다. 약초를 캐러 가며 마치 유완처럼 자연에서 유영(遊泳)하는 듯하다.

이 시의 주제는 선동(仙洞), 즉 '신선의 고장에서 약초를 캤다'라는 것이다. 그 첫 연이 "나는 약을 캐려고 배를 타고 청평산으로 떠나갔었네"라고 한 뒤 유완(劉阮)처럼 돌아다녔다고 하였다. 김시습은 개인의 정회(情懷)에 비중을 두고 중국의 고사를 한데 엮고 있다.

하여, 선동에서 캔 약은 신선들이 먹는다는 불사불로약을 상정하게 된다.

스님을 찾아〔尋僧花岳〕화악산에 올라 보자

승려가 화악을 찾아 그 경관과 정회를 노래한 글로 춘천 화악산의 정경이다. 특히 '심승화악'은 경관 위주로 쓰인 글인데 화악산은 지금도 춘천에서 이름 있는 산이다. 폭포, 소나무, 돌길, 바람 등 화악산의 경치를 상세하게 서술하고 끝에는 매월당의 감회를 읊고 있다. **'화악산의 스님을 찾아〔尋僧花岳〕'**, 춘천의 명산에 올라가 보자.

화악산. 출처 : 춘천시청

(3) 심승화악(尋僧花岳) : 338

첫 4구
假日扶靑藜 (가일부청려)　한가한 날 명아주 지팡이에 의지해
陟彼華山岡 (척피화산강)　저기 화악산에 올라간다.
石逕何犖确 (석경하락학)　협소한 돌길은 어찌나 바위가 많은지
蒼蒼松檜涼 (창창송회량)　울창한 소나무 숲은 시원하다.

〈번안시조〉

한가한 한 여름에 지팡이 집어들고
한발씩 세어가며 화악산에 올라간다
바위틈 좁은 돌길에 소나무 숲 시원하다

끝 4구
火宅透塵網 (화택투진망)　속세엔 티끌 그물이 얽혀 있어
朅來投古皇 (걸래투고황)　돌아와 고황에게 몸을 맡기네.
願借一神通 (원차일신통)　부처의 신통력으로

哀愍垂慈光 (애민수자광)   어여삐 여겨 자비심을 베푸시길.

〈번안시조〉

속세에선 티끌 그물 얽혀서 살고 있고
돌아와 고황(古皇)에게 내 몸을 맡겨보니
부처의 신통력으로 자비심이 넘친다

고황(古皇)은 중국 전설 속 부족장 시조인 유소씨(有巢氏)를 말한다. 불교에서는 부처님(佛陀)에 비유하기도 한다. 화택(火宅)은 불이 충만해 있는 거택(居宅). 즉 번뇌가 많은 속세를 비유한 것이다.
아, 그리고 심승화악(尋僧花岳)이라고 하였는데 오늘날에는 화악산(花岳山)으로 쓰지 아니하고 화악산(華嶽山)으로 쓰고 있으며, 높이는 1,468m이다.

여기서 의문이 생긴다. 듣고 쓴 시가 이 정도란 말인가? 이는 분명 최소한 한 번쯤은 본 경관이지 듣고만 쓴 것은 아닌 듯하다. 특히 '한가한 날 명아주 지팡이에 의지해 저기 화악산에 올라간다. 협소한 돌길은 어찌나 바위가 많은지 울창한 소나무 숲은 시원하다.'라는 글귀는 실제로 경험하지 않았다면 표현하기 어렵다. 듣고만 쓴 것이 아니라, 보고 쓴 것이 거의 확실하다는데 방점을 찍고 싶다.

말에게 꼴 먹이는 송원(秣馬松院)을 찾아보자.

강원도에서 김시습에 관한 많은 저서를 남긴 권혁진 박사는 말마송원을 그대로 해석하면 '시골을 지나가다가 말에게 꼴 먹이기 좋은 곳을 묻는다. 시골 사람은 송원(松院) 뜰이라고 알려준다. 뭐 대강 이런 뜻이라고 말한다. 그러나 송원이 어디인지는 밝히지 못하고 이렇게 감상이 끝나면 너무 무책임하지만 어쩔 수 없다'라고 글을 맺고 있다.

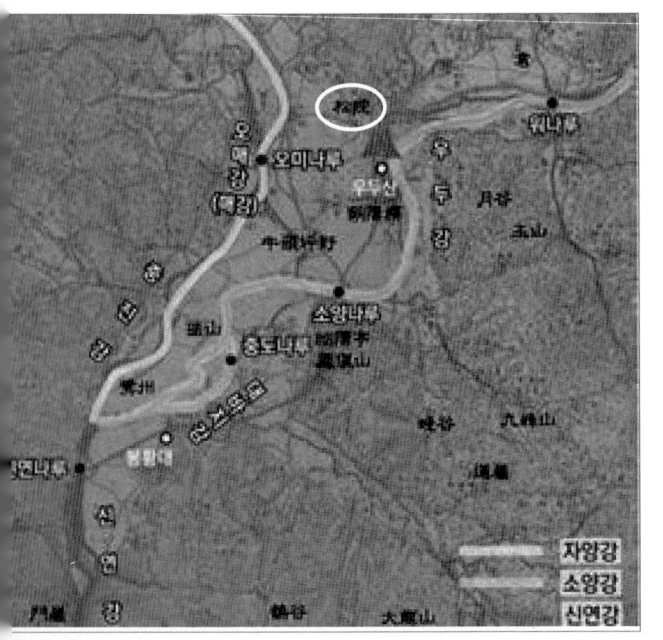

1919년경 제작된 춘천 지도. 출처 : 국립국토지리정보원

왼쪽 지도는 1919년경 일본 강점기의 지도이기는 하지만 우두산과 오미나루 위쪽에 '송원(松院)'이라고 쓰여있는

지명(地名)을 볼 수 있다. 이 송원이 '말마송원'의 송원과 한자가 같다. 그리고 우두벌에는 마적리(馬跡里), 마산리(馬山里)와 같이 말과 관련이 있는 지명(地名)도 '말마송원'과 어떤 관련이 있지 않을까? **'송원에서 말에게 꼴 먹이기〔秣馬松院〕'**를 감상해 보자.

(4) 말마송원(秣馬松院) : 341~342

첫 4구
我行村墟中 (아행촌허중)   내가 시골 마을 가다가
言旋秣我馬 (언선말아마)   돌아갈 때 말에게 꼴을 먹이네.
秣之何處好 (말지하처호)   어디가 좋은가 하니
秣之松院野 (말지송원야)   송원 뜰이라네.

〈변안시조〉

시골에 작은마을 꼴 뜯는 망아지들
갔다가 올 때까지 먹이를 먹고 있네
송원은 풀 뜯기 좋아 목동들이 산다네

끝 4구
假如虜塵飛 (가여노진비)   만약 오랑캐가 쳐들어와도
王命征戎覩 (왕명정융도)   왕명으로 정벌하는 것을 보리라.
六轡若若垂 (육비약약수)   여섯 고삐 드리우고만 있으니
咄爾其踦跨 (돌이기기과)   아아! 너는 어찌 머뭇거리고 있느냐?

〈변안시조〉

만약에 오랑캐가 남침해 온다 해도
지엄한 왕명으로 정벌하여 승리하리
너 어찌 고삐를 잡고 머뭇대고 있으랴

이 시는 경관일 수도 있지만 말을 먹이는 목축의 농업 속에서 시작하여 전쟁으로까지 확대되는 서사적인 시이다. 말마(秣馬)라는 것은 말을 먹인다는 뜻이니 이 시의 서술 부분이고, 송원(松院)은 이 시의 경관적 공간이다.
또 하나, 말은 원래 북쪽에서 많이 키운다. 만약 오랑캐가 쳐들어오면 이곳에서 키운 말을 타고 싸운다는 뜻이 담겨있는 듯 하다.

이 연구를 하면서 송원이라는 지명을 발견한 것이 큰 소득이었다. 그리고 분양마(分養馬)라는 새로운 지식을 얻은 것도 적지 않은 기쁨이었다.

추림으로 토끼를 잡으러〔伐兎楸林〕 가자

추림에서 토끼사냥을 한다는 내용이다. 여기서 말하는 추림도 잘 확인이 되지 않는다. 보통명사로도, 고유명사로도 생각할 수 있는 모호한 말이다. 보통명사로는 가래나무 숲으로 해석이 되나 알기가 어렵고, 고유명사로는 '추림'이라는 지역명이 정확하게 나타나지 않는다.

춘천 MBC 사옥과 봉의산. 출처 : 춘천문화방송

권혁진 박사의 견해는 오늘날의 MBC 부근일 가능성이 높다고 하며, 춘천지리지(春川地理誌, 춘천시, 1997) 45쪽에 게재된 '1611년 춘천 부사 유경종(柳慶宗, 1565~1623)이 요선당(遙仙堂)을 중건한 기문(記文)'에는 "옛날에 봉의산은 향로봉을 낮추고 왼쪽에 대룡산, **오른쪽에 추림**(楸林)이 있다."라고 기록되어 있다.

또 엄황(嚴愰, 1580~1653)의 『춘주지(春州誌)』에도 '추림수백사정(楸林樹白沙汀)'이라는 명칭이 있어 추림수는 현재의 삼천동 부근, 백사정은 신연강 중간에 있던 모래톱 섬(즉 백노주)을 일컬었던 것으로 추정할 수 있다.

그렇다면 추림은 지금의 MBC 일대라는 결론에 도달하게 된다. 오늘날 이곳에는 전망대가 있어 의암댐과 주변 춘천 시내를 관망하기에는 아주 좋은 장소가 되어 있다. '**추림에서 토끼사냥**〔伐兎楸林〕'을 해 보자

(5) 벌토추림(伐兎楸林) : 342

첫 4구
昨日西風吹 (작일서풍취)　어제는 서풍이 불더니
郊原霜意豪 (교원상의호)　성 밖 들에는 서리가 많이 내렸네.

牽黃臂蒼去 (견황비창거)　사냥개 끌고 매 어깨에 앉혀가니
伐兎秋林皐 (벌토추림고)　가을 숲에 토끼 쫓는 소리라.

〈변안시조〉

어제는 하루 종일 서풍이 불더니만
성 밖의 들녘에는 서리가 내렸다네
추림에 개·매 데리고 토끼 쫓아 헤맨다

끝 4구
珊弓白羽箭 (조궁백우전)　조궁(珊弓)과 백우전(白羽箭)을 메고
手握寒霜戟 (수악한상오)　손에는 서리 빛 창을 잡고서
一戰報我王 (일전보아왕)　한번 싸워 임금께 보답함이
却勝遭我猱 (각승조아노)　오히려 노(猱)에서 나를 만남보다 나으리

〈변안시조〉

무늬 넣은 활을 메고 긴 깃털 화살 들고
한 손엔 서리 빛 창 단단히 부여잡고
승리해 보답하는 것이, 만남보다 중(重)하리.

조궁(珊弓)은 아름답게 무늬를 새겨넣은 활을 말하며, 백우전(白羽箭)은 백조의 깃털이 장착된 화살의 일종이다.

추림에서의 토끼사냥이 춘천십경에 포함될 정도로 유명했다는 이야기도 된다. 여기에 김시습은 추상적인 충군(忠君) 사상이 더하여 고취되고 있다. 즉 토끼사냥을 주제로 하고 있으면서 그 사냥에 대한 사연은 없고 독수리 사냥에서 충군으로 끝맺음하고 있다.
권혁진 소장은 "매월당은 사냥에서 용맹과 호방함이 아닌 황폐함을 읽었다. '사냥하는 것은 정치를 황폐화시키는 것'이라 비판한 매월당의 시각으로 '추림에서 토끼사냥'을 감상하면 지나친 오독일까?"라고 묻고 있다.

「춘천십경」, 강(江) 배경 다섯 편을 감상해 보자.

춘천은 계곡 사이 퇴적지에 발달한 마을이다. 따라서 산과 강을 빼면 크게 할 이야기가

의암호와 봉의산 어반스캣치(작가 이병도). 출처 : 춘천사람들(2013.09.19)

없다. 춘천에서 강으로는 소양강과 자양강, 신연강, 북한강 등이 많이 이야기되며, 산으로는 봉의산과 청평산, 화악산, 삼악산 등이 소개된다. 위에서 땅 배경 작품을 훑어보았으니, 이번에는 강 배경 작품을 살펴보자.

소양강에 돌아오는 배〔返棹昭陽〕를 만나보자

김시습 당시 소양강의 모습이 어떠하였는지 지금은 상상하기도 어렵다. 춘천에 흐르는 두 강줄기(자양강과 소양강이 백노주에서 합수되며 신연강을 이루었다)에 1960년대~1970년대에 몇 개의 댐(의암댐, 소양강댐, 춘천댐)이 건설됨으로써 김시습 시대의 강마을은 사라지고 호수의 마을로 바뀌었다. 김시습 당시의 강마을을 상상하며 '**소양강에 돌아오는 배〔返棹昭陽〕**'를 만나보자. 윤슬이 출렁이는 강물은 온통 은빛으로 찰랑댔을 것이다.

(6) 반도소양(返棹昭陽) : 336~337

첫 4구
昭陽水初漲 (소양수초창)　소양강물 처음으로 불어나니
浪蹙穀紋細 (낭축곡문세)　보리밭 비단 물결 일어난다.
風靜鏡面平 (풍정경면평)　바람이 자니 거울 면 같이 평평한데
兩岸崔葦湋 (양안추위비)　양안의 갈댓잎 무성하다.

〈변안시조〉

눈 녹아 소양강물 풍족히 불어나니
보리밭 비단 물결 춤추며 일어나고
강물은 거울이 되어 갈댓잎을 비춘다

끝 4구
款乃聲不絶 (관내성부절)　　정겨운 노젓는 소리는 끊어지지 않는데
東方吐蟾桂 (동방토섬계)　　동쪽 하늘은 달을 토해 놓았네!
楊柳陰陰中 (양류음음중)　　수양버들 그늘 밑에
短蓬又還繫 (단봉우환계)　　작은 거룻배 돌아와 매어 놓는다.

〈번안시조〉

정겨운 삿대 소리 저 멀리 들려올 때
초저녁 동쪽 하늘 보름달 토하더니
버들잎 그늘 밑에는 거룻배가 되온다

우선 주제가 소양강으로 되어 있으니 당연히 춘천 10경에 들어야 할 춘천의 경관이다. 여기 소양 앞에 관형 되어 있는 반도는 뱃길을 말하는 것으로 이 시 가운데는 소양강의 뱃소리를 읊고 있어 낚시, 뱃노래 등이 소재로 활용이 되고 있다.

이 시의 전문(全文)에는 '모진예(母津汭)', '청평산(淸平山)' 등이 등장한다. 소양강 물의 경관에 배를 곁들여 풍류를 살렸고 여기에 춘천의 명산인 청평산을 원경(遠景)으로 묘사하고 있다.

신연강에서 물고기를 낚아〔釣魚新淵〕보자

소양강과 자양강이 만나 한 줄기로 모인 신연강(新淵江 또는 新延江, 새내)은 강원도 춘천시 서면, 남산면 방하리 등을 거쳐 경기도 가평군으로 흘러가는 하천이다. 의암댐이 건설되면서 신연강은 대부분 의암호가 되었다. 강 옆으로 경춘국도가 있으며, 경춘국도가 생기기 이전에는 춘천 관아를 떠나 송현동, 송암나루, 신연강 나루, 덕두원, 석파령, 당림리를 통해 서울과 춘천을 오갔다. 당시에는 수량도 풍부하고 주변에 인가(人家)도 있어 '**신연강에서 낚싯줄**〔釣魚新淵〕'을 던져 볼만 하였으리라.

특히 강문화가 찬란했던 조선 초기 춘천에는 각종 상선이 즐비하고, 뗏목이 쉬어가는 곳이었다. 뗏목은 인제 합강에서 춘천까지는 하룻길이었으나, 춘천에서 서울까지는 일주일에서 보름이 걸렸다. 그래서 춘천 나루터는 늘 사람으로 번잡스러웠고 낚시꾼도 적지 않았다.

그러나 의암댐이 건설되면서 신연강 주변의 강 서경(敍景)은 모두 의암호로 수몰되었고, 강문화는 호수의 문화로 바뀌었다.

신연교 개통. 출처 : 매일신보(1922.06.05.)

위 사진은 '춘천 신연강교(新淵江橋) 개통식 광경'으로 1922.06.05. 매일신보 보도 내용이다.
"춘천읍에서 경성 쪽으로 10리 나오면 신연강이 있는데 그 큰 강에다 40,114원의 공비(工費)로, 작년 9월 15일에 시작하여 신연교(新延橋)를 놓기에 분주해 온 바, 지난 5월 25일에 준공을 하고 개통식을 거행하였다. 배로도 통행을 계도(啓導)키 위하여 중앙 한곳에 돌리는 것을 설치하고 일정한 시간에 개폐(開閉)하는 설비까지 하였는데, 개통식 날은 굉장하였다더라."

(7) 조어신연(釣魚新淵) : 339

첫 4구
前年買綠蓑 (전년매녹사)　작년에는 푸른 도롱이 샀었고
今年買箬笠 (금년매약립)　금년에는 대를 엮은 삿갓을 샀다.
志慕玄眞子 (지모현진자)　마음은 현진자를 그리워하며
酒酣吹長笛 (주감취장적)　취기가 돌면 긴 피리를 분다.

〈변안시조〉

작년엔 도롱이를 시장에서 샀었는데
올해에는 대(竹)로 엮은 삿갓을 구했다네
현진자(玄眞子), 그리워하며 취기 속에 피리 분다

끝 4구
閱盡世間途 (열진세간도)　세상일 두루 겪어보니

朝暮風波惡 (조모풍파오)　　조석으로 풍파는 고약하구나!
打槳日暮還 (타장일모환)　　노를 저어 저녁에 돌아오는데
半江山月白 (반강산월백)　　강산에 달빛이 비치네.

〈번안시조〉

천하를 유람하며 세상일 겪어보니
조석으로 변화하는 고약한 풍파로다
저녁에 돌아오는데 반달 빛이 반갑구나

현진자(玄眞子)는 당나라 은자(隱者)인 장지화(張志和)의 호이다. 벼슬을 버리고 강호에서 연파조수(烟波釣叟, 물결 이는 물가에서 낚시하는 노인. 은둔자를 칭함)라 일컬으며 어부로 살았다.

『수춘지』(壽春誌, 향토사학사 김영하(金永河, 1879~1960년대?)가 맥국 시기부터 1950년대 춘천의 역사와 문화까지 포함하여 기록한 도서)를 보면 "봉의산 밑 노주 위쪽을 신연강(新延江)이라 하여 북한강의 상류다"라는 기록이 있다.

그러니까 조어신연의 신연은 지금의 봉의산 아래쪽 신연강, 즉 의암호의 옛 물줄기를 이르는 것이 틀림이 없을 것이니 '조어신연'은 신연강에서 낚시하는 경관인 것이다. 그러나 고기 낚는 것에 목적이 있는 것이 아니고 풍류와 세월 낚는 은자(隱者)의 심정을 노래하고 있다.

고산에서 나가려고 배(喚渡孤山)를 불러보자

지금의 의암호수 상류에 있던 고산(孤山) 주변은 의암댐으로 수몰되기 전까지는 농경지였다. 그리고 산 위에는 이삼십 명이 앉을 수 있는 공간이 있어 농사를 짓다가 올라가 쉬기도 하던 곳이었다. 고산은 상중도 끝자락에 솟아 있는데, 지금은 호수 위의 작은 섬으로 남아 있다.

춘천 고산. 출처 : 춘천시청

고산은 해발 98.9m인 작은 봉우리다. 1967년 의암댐 준공으로 의암호에 상당 부분이 잠기면서 그 위용이 다소 감소했다. 고산(孤山)은 우두 벌판으로부터 하중도에 이르는 공간에 홀로 우뚝 솟아있기에 붙여진 이름이다. 현재는 의암댐에 반쯤 잠긴 모습으로 남아 있다. **'고산에서 나가려고 배〔喚渡孤山〕'**를 불러보자.

(8) 환도고산(喚渡孤山) : 339~340

첫 4구
江平風不起 (강평풍불기)　강물 잔잔하고 바람 없으니
鏡面無査滓 (경면무사재)　거울처럼 맑아 티끌이 없네.
中有渡人舟 (중유도인주)　그 가운데 건너가는 배가 있는데
遠望一點耳 (원망일점이)　멀리서 보니 하나의 귀와 같구나.

〈변안시조〉

바람기 하나 없고 강물도 잔잔하니
맑기는 거울 같고 티끌도 안 보이네
강물엔 배 건너가고 고산은 귀와 같고

끝 4구
何處鬖鬆子 (하처봉송자)　어느 곳 더벅머리 고기잡이가
卷釣靑江沚 (권조청강지)　맑은 강가에서 낚시를 거둔다.
撫景獨徘徊 (무경독배회)　경치를 쫓아 홀로 헤매다가
忘却歸千里 (망각귀천리)　먼 길을 돌아가야 함을 잊었노라.

〈변안시조〉

한적한 어촌 사는 더벅머리 고기잡이
해맑은 표정으로 낚싯줄 거둬 들고
절경을 홀로 헤매다가 되오는 길 잊었네

주제는 고산에서 나가려고 배를 부른다고 되어 있으나 고산을 중심 한 서경시이다. 고산은 춘천 8경의 하나로 시문이 많은 섬이다.
　거울같이 맑은 물, 건너가는 배, 깎아 세운 듯한 석벽, 물결에 씻긴 모래, 석양빛, 갈대밭, 기러기, 낚시하는 어부 등의 시어로 엮여 있는 것이 바로 이 '환도고산'이다. 김시습의

춘천 10경 가운데서도 가장 서경적인 시이다.

그런데 시(詩) '환도고산(喚渡孤山)' 11구의 백빈주(白蘋洲)는 아무리 확인하려 하여도 검색이 안 되는 것으로 보아 **백노주(白鷺洲)**의 오기(誤記)이거나 아니면 다른 이름인 듯하다. 자양강(화천쪽에서 흘러오는 강줄기)과 소양강(소양댐 쪽에서 흘러오는 강줄기)이 합류되어 하나의 강이 되어 흐르는데 여기서부터 신연강이라 부르고 두 물줄기가 합류하는 지점에 형성된 모래벌이 '백노주'다.

「춘천십경」은 듣고 쓴 것이니 이 정도의 오류는 있을 수 있으리라.

소양정 누정에 올라 나그네〔送客江亭〕를 보내 주자

다음은 소양정이다. 소양정은 누각이므로 땅으로 분류할 수 있으나 여기서는 강을 바라보며 송객(送客)하기에 강으로 분류하였다.

소양정은 우리나라에서 가장 오래된 정자 중 하나로 알려져 있다. 삼국시대에 세워졌는데 위치는 지금 보다 훨씬 아래쪽에 있었다. 홍수 등으로 유실된 것을 몇 번 중수(重修)하였으나 6·25 때 다시 소실되어 1966년에 현재의 자리

1966년 다시 건립한 소양정. 출처 : 춘천시청

로 옮겨 다시 지은 것이다. 고려와 조선의 문인들, 즉 유숙(柳淑, 1324~1368년), 원천석(元天錫, 1330~?), 조준(趙浚, 1346~1405년), 김시습(金時習, 1435~1493년), 정약용(丁若鏞, 1762~1836년) 등 다양한 인물들이 이곳을 다녀갔다.

소양정에서 강 쪽으로 내려다보면 오른편으로 소양1교가 보인다. 1937년에 세워진 이 다리는 화천과 김화, 양구로 이어지는 주요한 교통로이며 현재까지 사용되고 있다. 다리 건너로 우두벌과 소양강 주변으로는 아파트가 많이 들어섰다.

'소양정에 올라 나그네를 보내(送客江亭)' 주자. 당시 소양정에 오르면 소양강으로 오르내리는 배를 수도 없이 많이 보았을 것이다. 조선 시대에는 강이 교통의 중심이었기 때문이다.

(9) 송객강정(送客江亭) : 340

첫 4구
江頭遠送人 (강두원송인)   나루터에서 객 멀리 보내는데
餞別江之亭 (전별강지정)   전별도 강가 정자에서 하네.
主人不忍別 (주인불인별)   주인은 차마 보내지 못하고
客亦難爲情 (객역난위정)   객 또한 아쉬워하네.

〈번안시조〉

나루터 선창에서 객 멀리 보내려고
헤어질 전별 시간 누(樓)에서 손 흔드네
주인은 보내지 못하고 아쉬운 객(客), 머뭇대네

끝 4구
主人復投轄 (주인복투할)   주인은 다시 수레 빗장을 주며
勸聲歌渭城 (권성가위성)   위성가 한 곡 들려 달라 권하네.
回燈更痛飮 (회등갱통음)   등잔 다시 불붙이고 실컷 마시며
明日當西征 (명일당서정)   날 밝는 대로 서쪽으로 떠나리라.

〈번안시조〉

주인은 짐수레의 빗장을 열어주며
뱃노래 한 곡조를 들려 달라 강권하니
등잔불 다시 붙이고 내일 떠날 기약하네

　위성(渭城)은 지금의 중국 섬서성(陝西省) 서안시(西安市) 서북쪽에 있는데, 진(秦)나라 도성인 함양 남쪽으로 위수(渭水)가 흐른다고 해서 위성(渭城)이라 불렸다. 위성가(渭城歌)는 당나라 시인 왕유가 위성에서 친구 원이(元二)를 안서(安西) 지역으로 떠나보내며 지은 송별 시이다.

　제목대로 라면 강가의 '정자에서 나그네를 보낸다'라고 되어 있으나 실제로는 정경보다 이별의 정회(情懷)를 노래하고 있다. 또 어쩌면 김시습은 이 시를 읊으면서 누구인가를, 아니면 자신을 보내고 있을지도 모른다.

1929년 공지천교. 출처 : 대한민국 신문 아카이브

1960년대 말 공지천교. 출처 : 대한민국 신문 아카이브

읊조리며 석교(吟過石橋)를 지나가 보자

이 시를 이해하려면 춘천의 석교(石橋)를 만나러 가야 하는데, 과연 석교는 어디에 있었을까? 음과석교(吟過石橋)는 '읊조리며 석교를 지나간다'라는 뜻인데 춘천과 춘천 근교에는 석교가 있었다는 기록은 발견할 수 없었다. 어디를 검색해 보아도 나오지 않는다. 김시습이 잘못 전해 들었거나 전해 주는 사람이 잘못 전해 주었는지도 모른다.

『김시습 호탕하게 유람하다』의 저자 권혁진 소장은 석교는 공지천교일 거라는 의견을 내놓는다. 서울에서 춘천으로 들어오는 곳에 석교가 놓일만한 곳은 공지천교가 유일하다고 말한다. 당시는 지금보다 강폭이 매우 좁았을 것이어서 비교적 석교 놓기가 수월했을 것이라는 견해를 피력하였다. 동의한다. 자, 이제 **'읊조리며 석교(吟過石橋)'**를 지나가 보자. 강물이 잔잔하게 화답하리라.

(10) 음과석교(吟過石橋) : 341

첫 4구
平生愛山水 (평생애산수) 한평생 자연을 좋아하니
有意輒駕之 (유의첩가지) 생각이 나면 번번이 말 타고 가네.
駕言恣遨遊 (가언자오유) 말 타고 가서는 마음껏 노니니
不憚行嶮巇 (불탄항험희) 험하고 위험한 것도 꺼리지 않네.

〈번안시조〉

한평생 살아오며 자연을 좋아하니

마음이 가는 대로 빈번히 말을 타고
마음껏 갈 수 있으니 위험해도 즐긴다

끝 4구
銀屑隨回飆 (은설수회표)　은빛 눈가루 회오리바람에 날리고
瓊糜簸松枝 (경미파송지)　옥 같은 싸락눈 솔가지를 흔드네.
誰知蕭索中 (수지소색중)　누가 알리오 맑은 대 찾는 가운데
磊落多詩思 (뇌락다시사)　시 생각만은 호탕하게 솟구치는 것을.

〈번안시조〉

순은(純銀) 빛 눈가루가 회오리에 날아올라
옥 같은 싸락눈이 솔가지를 흔드는데
쓸쓸한 가슴속에도 시(詩) 생각은 솟누나

　시의 마지막 수에 '쓸쓸한 마음속에도 시 생각만은 호탕하게 솟구치는 것을'로 마무리한 것으로 보아 김시습의 감회(感懷)어린 모습으로 다리를 건너며 노래하고 있는 모습을 상상해 본다. 낭만이 넘치지 않는가?

　여기서「춘천십경」을 마무리한다.
　한성에 있으면서 춘천십경을 쓰고 몇 년 후 김시습은 춘천을 직접 보러 떠난다. 역사적 기록이나 다양한 자료에는 1483년 관동으로 떠나기 이전에도 춘천에 한두 번 들렀을 가능성을 열어 두고 있다. 그러나 해적이 상으로 보면 춘천 방문은 1483년이 처음이다.

환속, 재혼, 그러나 다시 한성을 떠나다

　김시습은 전국 각지를 유람하다가 40대 후반에 환속(還俗)해서 수락산 내원암 아래에 기거했다. 그는 1471년(37세)~1483년(49세) 사이 약 12년간 금류폭포 내원암 근처에서 살았는데, 김시습은 이곳에 집을 지은 후 "폭포에서 도(道)에 정진한다"라는 의미로 '폭천정사'(瀑泉精舍)라 이름을 붙이고 농사를 지었다.

그러다가 서울 생활 마치기 3년 전(前), 1481년 47세 되던 봄에, 홀연 환속도 하고 결혼도 하는 등 김시습 삶에 대전환을 맞이하게 된다.

김시습, 환속하여 머리도 기르고 제사도 지내다

김시습의 10년 넘는 한성 생활 중 가장 큰 변화는 **환속과 결혼**이다. 율곡 이이가 선조의 명을 받아 쓴 『김시습전』에는 다음과 같은 구절이 나온다.

"나이 47세에 갑자기 머리를 기르고 글을 써서 조부와 부친에게 제사를 지냈다." 당시 김시습이 지은 '조부에게 치제한 글(祭祖父文)'의 대강은 이렇다.

"<효경> 오형(五刑)에 보면 죄 되는 것 삼천 가지를 나열했는데 그 가운데 불효가 가장 컸습니다. 대체로 하늘과 땅 안에 살면서 누가 양육하신 은혜를 저버리겠습니까? 어리석고 못난 소자가 가문을 이어야 할 텐데, 이단에 깊이 빠졌다가 말로에 가까스로 뉘우쳤습니다. <중략> 청빈한 생활임을 참작해서 간략하면서도 깨끗이 차리도록 힘썼고, 젯밥을 올리는 것도 정성으로 하였습니다."

그동안의 삶이 '이단(異端)에 깊이 빠져 불효(不孝)했다'라고 뉘우치고 있다. 여기서 이단이란 '불교에 심취했었음'을 말하리라. 그러나 이런 감성도 오래가지 못하였다. 그가 사십(四十)대에 꾸었던 한성에서 마지막 꿈도 모두 물거품이 되었기 때문이다.

김시습, 재혼했으나 오래가지 못하였다

환속한 김시습은 안 씨의 딸을 아내로 맞았다. 두 번째 결혼이었다. 그러나 두 번째 결혼 또한 그리 오래가지 않았다. 안 씨에 대한 별다른 기록이 없고 2년 뒤에 홀로 관동으로 떠난 것으로 볼 때 결혼한 지 얼마 되지 않아 사별한 듯하다. 첫 번째 부인이었던 남 씨와 마찬가지로 김시습의 가정생활은 그다지 성공적이지 못하였다.

정치적 희망도 물거품이 되고 가정적 화목도 뿌리째 흔들리니 떠날 수밖에 없었다. 사실 김시습이 경주에서 한성으로 올라온 것은 정치판이 바뀌었다고 보았기 때문이었는데, 실제는 요지부동이었다.
그래서 김시습은 다시 **한성을 떠났다**. 떠남을 주저할 아무런 이유가 없었다. 붙잡는 사람이라곤 추강(秋江) 등 시문과 주낙(酒樂)의 친구들뿐이었다. 그들과 이별주를 나누어 마시니 눈물이 앞을 가렸다. 더구나 추강 남효온은 건강이 좋지 않을 때이니, 더욱 서러웠을 것이다. 김시습에게는 가족은 물론 단 한 명의 피붙이도 없었다. 어려서 함께 공부하던 친구들도 아무런 도움이 되지 못했다.

하여, 떠난다.

두 번째 관동길에 오르다

김시습은 1483년, 49세 되던 해 늦봄에 다시 떠나기로 한다. 출사도 꿈꾸고, 환속도 하고, 재혼도 해 보며 대전환을 꾀하였으나 모든 일이 뜻대로 되지 않아 주어진 운명을 받아들이기로 한 것이다. 더 이상 서울 근교에 머물고 싶지 않았다. 하여 어머니께서 묻혀계신 곳, 관동으로 다시 방랑의 길을 떠나기로 하였다.

남효온은 김시습의 오랜 지기로 19년 연하(年下)의 친구였다. 그는 아픈 몸을 이끌고 동대문 밖까지 마중 나와 김시습과 이별의 술잔을 나누었다. 그는 김시습에게 송별의 시를 읊었고 김시습도 남효온에게 답시를 써서 서로 아쉬움을 나누었다.

서울을 떠난 김시습은 **화천 사탄**(당시는 춘천도호부에 속해 있었다)을 거쳐 **춘천**으로 향하였다. 춘천에는 제자 학매(學梅)가 있다. 어쩌면 학매는 서울에서부터 동행하면서 스승을 안내하였을지도 모른다. 지금까지는 한성에서 춘천에 대하여 듣고 춘천십경을 썼지만, 이제는 진짜 춘천을 보고 쓸 수 있게 되었다. 머리에 그려만 보던 곳을 실제로 보게 되었으니, 가슴이 설렜을 것이다.

아, 김시습이
그토록
그리워했던 관동!
강원도 땅!

한성에서 십여 년의 세월은 희망에서 실망(失望)으로,
또 한편으로는 세상을 해탈(解脫)하다시피 한 달관(達觀)의 경지에 올려놓았다.
새로운 기대가 모두 무너진 천근만근의 무거운 탈 한성(脫漢城)이었으나,
다른 한편으로는 더 포기할 것이 없이 가벼워 훌훌 날아오르는 기분이었을 것이다.

다시 떠나는
김시습의 2차 관동유람,
강원도로 떠나오기에 반가우면서도
꿈을 정리하고 떠나기에
몹시 안타깝다.

VIII

2차 관동 유람, 훌훌 털고 떠나다

- 사십 대의 한성 생활은 한낮의 꿈이었다
- 한성에서 출발하여, 사탄(史呑, 사내)에 들리다
- 모진 나루를 지나 우두벌에 이르다
- 소양정(昭陽亭)에 올라 소양강을 노래하다
- 춘천의 절경(絶景)을 찾아 회포를 풀다
- 춘천 산하를 한 폭의 그림처럼 그리다
- 청평사 세향원에 머물다
- 겨울을 나니, 마음은 떠나고 있었다
- 인제 오세암에 들리다
- 홍천을 지나 평창 독산원에 이르다
- 사패(詞牌)에 전사(塡詞)하며 강릉을 노래하다
- 관향 강릉, 볼거리를 둘러보고 사연도 만나다
- 동산관(東山館)에서 동해를 바라보다
- 낙진촌(樂眞村)에서 산관(散官)과 젊은이들을 만나다

Ⅷ. 2차 관동 유람, 훌훌 털고 떠나다

금오산실에서 상경하여 2차 관동 유람을 위하여 출발하기까지 한성 생활은 김시습이 기대했던 것에 미치지 못하였다. 관직에 오르는 꿈을 실현하기 위하여 노력도 하고, 환속도 하고, 결혼도 하였으나 모두 뜻대로 되지 않았다.

하여, 모든 걸 내려놓고 다시 관동으로 떠난다. 1차 관동 유람은 단종의 유배 길을 따라 한강을 거슬러 원주로 가는 물길이었지만, 이번엔 화천, 춘천, 평창, 강릉, 양양으로 가는 육로 길이었다.

2차 관동 유람 해적이를 살펴보자.

1483년(49세, 성종 14년)
- 두 번째 부인 안 씨와 1년 만에 사별한 듯하다.
- 늦봄(3월19일), 정국이 혼란해지자, 다시 2차 관동 유람을 떠나다.
- 화천 사탄(史呑)을 거쳐 춘천 청평사 세향원에 머물다가 홍천(洪川), 인제(麟蹄)로 향하다.

1484년(50세, 성종 15년)
- 네 편의 고사를 소재로 한 고사시(故事詩)도 남기다.

1485년(51세, 성종 16년)
- 봄에 오대산을 넘다가 '독산원'을 지나 강릉에 체류하다.
- 동산현을 거쳐 낙진촌(樂眞村)에 머물며 동봉여섯노래〔東峯六歌〕를 짓다.

1486년(52세, 성종 17년)
- 양양의 설악 쪽으로 들어가 법수치리(法水峙里) 검달동(黔達洞)에 정착하고 농사를 짓다.

여기까지는 2차 관동 유람이다. 한성에서 출발하여 화천에서 강릉까지의 2차 관동길에서의 시(詩)는 『국역 매월당 전집』 13권, 「관동일록」에 유람 노정(路程)에 따라 엮어져 있다.

위 여정(旅程)을 보면 '1483년 가을쯤에 홍천, 인제를 지나다'라고 되어 있고 '1485년 봄에 오대산을 넘다가 독산원을 지나 강릉에 체류하였다'라고 하였다. 그렇다면 그 사이 약 1년 반 동안은 어디에 있었을까? 확인된 기록에는 없지만 이때 오세암에 들렀다고 보는 것이 타당할 것 같다.

이후는 양양 법수치리 검달동를 주거주지(主居住地)하여 은거하며 활동하던 시기이다.

사십 대의 한성 생활은 한낮의 꿈이었다

되는 일이 없었다. 과거에 응시도 생각해 보고 출세한 친구들을 쳐다도 보고, 아마도 혹 음서(蔭敍)로 조정에 나아가는 방법도 생각해 보았을 것이다. 모두 막혀 있었다. 마지막으로 환속하여 제사도 지내고 결혼도 하여 가정을 꾸려 보았다. 그러나 별 효과가 없었다. 오직 방외적 삶을 사는 지식인 술친구들만 지속적인 관심을 보였다.

꿈은 '꿈'이었다

김시습은 오랫동안 두타의 모습으로 유람했기 때문에 웬만한 사람들은 김시습을 승려라고 생각하였다. 또 세조로부터 도첩(度牒)을 받을 적도 있다. 고려 시기만 해도 귀한 신분이었던 승려는 조선시대에 와서 부모와 임금을 버리고 출가하여 충효 윤리를 무시한 존재로 보았다. 승려를 천민으로 취급했던 성리학 중심의 사대부 사회에서는 승려가 발 디딜 틈은 없었다.

하여, 마지막 방법을 동원하였다. 환속도 하고 제사도 지내고 결혼도 했다. 유학자(儒學者)의 모습을 보인다면 길이 열릴 수도 있다고 생각했을 것이다. 그러나 길을 까마득했다. 술에 취할 때는 술기운으로 살만하였으나, 술이 깨면 절망의 나락으로 떨어졌다. 나이도 49세나 되었고…. 그러니 또 떠날 수밖에….

어디로 가야 할까

결론은 관동이었다. 이번에는 그 범위를 넓혔다. 사랑하는 제자 학매가 있는 춘천도 들리기로 한 것이다. 가는 길에, 이백여 년 뒤에 곡운구곡(谷雲九曲)이라 불리게 되는 화천 사탄에 먼저 들렸다.
젊은 시절, 단종이 세조에게 양위하고 상왕이 되었다는 소식을 듣고 김화 사곡촌에 은거한 적이 있는데, 이때 가까운 사탄내면(史呑內面, 지금은 화천군 사내면이나 당시는 춘천부에 속했음)이나 춘천에 한두 번은 들렸는지도 모른다. 기록은 없지만 가능성은 매우 높다. 가깝고 경치가 좋다고 소문이 난 곳이 아닌가?

춘천을 떠나 인제 관음암(1643년 설정이 중건하면서 오세암이라 하였다)과 홍천에 들러서 존경하는 나옹선사가 계셨던 평창 오대산을 거쳐 어머님이 계시는 강릉으로 향하였다. 이때 인제에 들렸다는 기록은 있으나, 오세암에 들렸는지 아닌지는 더 연구가 필요하다.

한성에서 출발하여, 사탄(史呑)에 들리다

김시습은 학동기부터 과거시험 실패한 후 중흥사에 들어가서 공부할 때까지는 유학자로, 중흥사를 떠나면서 관서 유람을 시작으로 내금강, 1차 관동 유람, 호서, 호남, 영남을 거쳐 경주에 머무를 때까지는 설잠이라는 승려로, 그리고 경주에서 다시 한성으로 올라와 수년간은 유학자인지, 승려인지 구별이 어려운 삶을 살다가, 1481년 환속(還俗)하여 제사도 지내고 결혼도 하는 등 유학자가 되었다가, 1483년 다시 승려로 변신하였다. 이후로는 스님으로 생활하였으나 열반한 뒤에 매장해 달라고 한 것은 온전한 스님의 삶을 살았는지에 대한 판단을 어렵게 하고 있다.

드디어 2차 관동 유람의 첫걸음을 화천 사탄으로 정하고 한성에서 출발하였다. 1483년 늦은 봄(3월 19일)의 일이다.

추강 송별시와 김시습 답시를 나누다

사실 탕유하기는 승려 차림이 좋았다. 어느 사찰에 가도 특별한 사유가 없는 한 끼니와 잠자리는 해결할 수 있었기 때문이다. 제자인 선행과 함께 관동으로 가는 김시습에게는 각종 책 말고는 별다른 짐이 없었다.

중년 이후 김시습과 가장 절친했던 남효온과 홍유손이 동대문 밖까지 따라 나와 탁주를 기울이며 작별을 아쉬워했다. 두 사람은 이 만남이 김시습과의 마지막 만남이 되리라 생각하고 눈시울을 붉혔다.

이때 남효온이 김시습에게 **송별시**(『추강집(秋江集)』 권 3, 「동교송별동봉선생지춘천구은(東郊送別東峯先生之春川舊隱)」)를, 김시습은 남효온에게 **답시**(이 시는 『매월당 시집』 및 추강집(秋江集)』 권 2, 남효온 차운시 다음에도 첨부되어 있다)를 서로 주고받았다. 이렇게 시를 주고받고 탁주도 한 사발씩 나누었으리라.

아쉬움을 뒤로 하고 동교(東郊, 서울 동쪽 교외를 의미한다고 볼 때 수락산 김시습 은거지 폭천정사일 것이다)를 출발한 김시습은 현재의 화천군 사내면을 거쳐 춘천으로 향하였다.

먼저 화천(華川) 사내면에 들리다

1483년 늦봄 3월 19일, 육경(六經), 제자백가서(諸子百家書), 역사서 등을 수레에 싣고 관동으로 떠났다. 먼저 춘천으로 향하였다. 당시 춘천으로 가는 길에는 크게 두 갈래 길이 있다. 하나는 뱃길로 한강을 거슬러 올라가는 길인데, 조선 후기의 문신이자 실학자·저술가·시인·철학자인 정약용(丁若鏞, 1762~1836)은 두 번이나 이 물길을 이용하여 춘천에 왔다. 이 물길은 육로 발달이 덜 되었던 때에는 물류(物流)의 길이요, 뗏목을 운반하던 길이기도 하였다. 또 하나는 육로로 가는 길이다. 김시습은 육로를 택하였다.

이렇게 시작된 김시습은 관동 탕유 기록은 매월당 전집 중 시집 13권 「관동일록」, 및 14권 「명주일록」에 수록되어 있다.

「관동일록」을 보면 김시습은 사창(史倉, 史呑 또는 史內)을 거쳐 춘천으로 향한다.
후에 곡운 김수증(谷雲 金壽增, 1624~1701)과 그의 조카 김창집(金昌集, 1648~1722)이 곡운구곡에서 김시습을 노래한 것이 이를 증명한다. 또 곡운구곡에 김시습과 관련된 지명이나 이야기가 아직 남아 있다.
또 곡운 선생은 애초에는 융의연(隆義淵)이란 연못 주변에 매월당을 모신 사당인 '융의당(隆義堂)'을 세우려고 했었는데 미처 짓지 못하고, 화음동(華陰洞)으로 거처를 옮긴 이후에는 '유지당(有知堂)'이란 건물을 짓고 제갈량과 김시습을 모셨다고 전한다.

이곳 사탄은 원래 사탄내면으로 춘천부에 속했었다. 그러다가 1895년, 사탄내면을 줄여서 사내면이 되었다. 해방 이후 남북을 갈랐던 3·8선과 6.25 한국동란 이후의 휴전선으로 인하여 행정 소속이 여러 번 바뀌다가 1954년에 최종적으로 화천군에 속하게 되었다.
아쉽게도 사내에서 김시습이 남긴 시문은 전하지 않는다.

백오십 년 후, 김수증이 김시습을 노래하다

화천의 곡운구곡(谷雲九曲)은 조선시대의 성리학자인 김수증(金壽增, 1624~1701)의 호 '곡운'을 딴 것으로, 그가 1670년부터 화천군 사내면 영당동에 거주하며 지촌천의 물굽이 9개에 각각 '방화계(榜花溪), 청옥협(靑玉峽), 신녀협(神女峽), 백운담(白雲潭), 명옥뢰(鳴玉瀨), 와룡담(臥龍潭), 명월계(明月溪), 융의연(隆義淵), 첩석대(疊石坮)'라고 이름을 지어 곡운구곡이라 칭한 데서 유래하고 있다.

곡운구곡 중에 청은대(淸隱臺)가 있다. 이는 김시습의 호 벽산청은(碧山淸隱)에서 온 것으로 매월당이 노닐던 곳이라 하여 그렇게 붙였다고 한다. 김시습의 시에 "푸른 산에 맑게 은거하니 그대와 걸맞아(碧山淸隱好稱君, 매월당 시집 제1권 pp. 64~65. 자신에게 준다(自貽))"란 구절을 볼 수 있는데, 결코 벼슬길에 나서지 않겠다는 굳은 다짐을 보여주는 시이다. 이 구절에서 '청은(淸隱)'을 취한 것으로 보

화천 사내 청은대. 출처 : 블로그 대청봉의 여행일기

인다. 김시습 보다 백오십 년 후, 김수증은 왜 하필이면 곡운구곡에 숨어들었을까? 혹 김시습의 흔적을 찾아온 것은 아닐까?

조선 중기 이병연(李秉淵, 1671~1751)은 조선을 대표하는 시인 중의 한 사람으로, 겸재 정선과 예술적 동반자 관계로 유명한데 이 이병연은 청은대를 '**매월대(梅月臺)**'라 부르고 시를 읊었다.

또 영조 대의 오원(吳瑗, 1700~1740)은 21세 때 곡운에 와서 김창흡(金昌翕)을 만나고 쓴 곡운행기(谷雲行記)에서 "서쪽은 매월당의 터인데 청은대라 부른다."라는 기록을 남겼다.

모진 나루를 지나 우두벌에 이르다

김시습은 화천 사내 계곡에 잠시 머물다가 춘천으로 나오는 도중에 모진 나루를 건너며 한 수 읊었다. 시 '**무진(毋津)**'이다. 이 나루를 건너면 고탄이다. 김시습은 모진 나루를 건너 고탄을 지나 춘천으로 들어왔다. 모진 나루는 춘천시 사북면 원평리와 인람리 사이 북한강을 건너던 나루터이다. 역사의 곡절을 겪은 후 지금은 춘천댐으로 인하여 수몰되었다.

춘천의 첫 발걸음을 모진 나루에서 내딛다

김시습의 시(詩)를 따라 춘천으로 들어가 보자. 시가 배치된 순서를 따라가는 것이기는 하지만, 이 순서가 정확하게 김시습이 유람한 순서는 아닐 것이다.

개통 당시 모진교. 출처 : 조선신문(1934.12.10.)   1948년 38선으로 갈라진 모진교. 출처 : 춘천문화원

먼저 '무진(毋津)'에 도착하였다. 김시습은 여기서 한 수 남겼다. 원천석도 정약용도 남겼으니 꽤 유명한 나루였다. 김시습은 이 나루를 건너 우두사를 향하여 부지런히 걸었을 것이다. '한가한 물새들 물가에 나누어 머물고 밝은 달은 배와 함께 가는구나.' 하고 노래하면서 무진 나루를 건널 때는 이미 달이 떠 있었다. 여로(旅路)가 늦어졌다는 이야기이다.

무진 나루는 어느 때부터인가 모진 나루로 이름이 바뀌었으며, 일제강점기인 1934년 다리가 놓여 나루는 그 기능이 상실되었다. 이후 해방이 되고 남북이 3·8선으로 분단되자, 모진교도 남북으로 분단되었다가 1953년 휴전으로 완전히 수복되었으나 1965년에 춘천댐의 준공으로 수몰되어 지금은 흔적도 찾을 수 없다.

무진나루에서〔毋津〕: 54

毋津初解纜 (무진초해람)	무진에서 비로소 닻줄을 풀자
楊柳晚潮生 (양류만조생)	버드나무에 저녁 밀물이 이네.
淡淡沙汀遠 (담담사정원)	맑고 깨끗한 모래 물가는 깊은데
茫茫煙樹平 (망망연수평)	아득한 안개에 나무들 가지런하네.
閑鷗分渚泊 (한구분저박)	한가한 물새들 물가에 나누어 머물고
明月共船行 (명월공선행)	밝은 달은 배와 함께 가는구나.
渺渺水雲外 (묘묘수운외)	아득히 물과 구름 밖으로
一身歸去輕 (일신귀거경)	돌아가는 몸 하나 가벼이 간다네.

〈변안시조〉

무진의 나루에서 닻줄을 풀어놓자

강가의 버드나무 밀물에 일렁이고
강물은 깊고 넓은데 저녁 안개 짙구나

한가한 물새들이 물가에 머무는데
밝은 달 배와 함께 강 건너 마실 가고
저 멀리 구름 헤치니 이내 몸은 가볍구나

　김시습은 또 춘천에 다다라서 '돌아가는 몸 하나 가벼이 간다'라고 했다. 제자 학매가 있어서인지, 춘천 방문이 가벼웠던 모양이다. 모진 나루 건너편이 인람리이고 강변 길을 따라 조금 내려오면 고탄리이다. 여기서 '고탄(古呑)'을 쓴다. 고탄(古呑)은 춘천 시내로 오는 길, 인람리에서 무진 나루를 건너 김화, 철원으로 가는 길, 화천과 양구로 가는 길이 있는 삼거리로, 작은 교통중심지이였다. 김시습도 고탄을 지나 춘천으로 내려왔을 것이다.

고탄에서〔古呑〕: 55

渺渺靑山遠 (묘묘청산원)	아득히 먼 청산은 멀어지고
行行綠水濱 (항항녹수빈)	가고 가도 잇닿은 강물은 푸르구나.
高峯留晚照 (고봉류만조)	높은 봉우리에 머무는 황혼의 빛
小路礙荒榛 (소로애황진)	작은 길은 거친 덤불에 막히네.
萬里乾坤闊 (만리건곤활)	만 리나 되는 천지는 광활한데
平生落魄人 (평생낙백인)	평생 보잘것없는 사람이라오.
始知爲客樂 (시지위객낙)	비로소 알았네. 나그네 된 즐거움도
不及在居貧 (불급재거빈)	가난하게 집에서 사는 것만 못함을

〈번안시조〉

저 멀리 푸른 산은 시야에서 멀어지고
가고 가도 끝이 없는 강줄기 검푸른데
산봉(山峯) 위 작은 빛줄기 덤불에서 막히네

머나먼 만 리 길에 천지는 광활한데
한평생 유람해 온 하찮은 나그네 삶
유랑이 즐겁다 해도 내 집만은 못하네

　낙백(落魄)은 '넋이 떨어진다'라는 뜻이다. 뜻을 얻지 못하고 실의에 빠져 있는 것을 비유한 말이다. 나그네 삶이 아무리 자유롭고 즐겁다고 할지라도 내 집만은 못하다고 고백하고 있다. 강행군 여로에 몸이 피곤하니 이제 쉬어야 할 곳을 찾아야 할 때가 된 것이다.

춘천의 옛 지형도를 보면 강줄기가 복잡하게 나타나 있다. 지금은 댐으로 수몰되어 강줄기가 단순화되었다. 댐 이전에는 소양강과 자양강 사이에 넓은 평지가 있었는데, 오늘날에는 작은 섬 몇 개만 남고 모두 호수로 변하였다.

살기 좋은 강 마을, 우두벌에 다다르다

고탄을 지난 용산리를 거쳐 시내를 향해 내려오면 또 두 길이 있다. 여기서 청평사(淸平寺)로 갈 것인가, 우두벌로 갈 것인가를 결정해야 한다. 김시습은 날도 저물어 가까운 '**우두벌**〔牛頭原〕'을 지나 우두사(牛頭寺)로 갔다. '저문 연기가 걷히고 돌아가는 배'라고 노래한 것으로 보아 저녁때다.

우두원(牛頭原)에서 : 53

牛頭原上暮煙收 (우두원상모연수)　우두원에 오르니 저문 연기 걷히고
萬頃黃雲麥隴秋 (만경황운맥롱추)　넓은 들판 누런 물결 언덕의 보리가 여무네.
白鳥一雙飜落日 (백조일쌍번낙일)　흰 새 한 쌍이 지는 해에 날아가니
蒼波十里送歸舟 (창파십리송귀주)　푸른 물결 십 리에 돌아가는 배 배웅하네.
江山處處詩添興 (강산처처시첨흥)　강과 산 곳곳에 시 짓는 흥겨움을 더하고
風月年年酒解愁 (풍월년년주해수)　청풍명월에 해마다 술로써 시름을 푸네.
野水斷橋村逕曲 (야수단교촌경곡)　거친 강물에 끊긴 다리 마을 길은 굽이지고
牧童相喚穩騎牛 (목동상환온기우)　목동들은 서로 부르며 편안히 소를 타는구나.

〈번안시조〉

우두원 올라서니 연기 걷혀 날 저물고
넓은 들 누런 물결 보리가 여무는데
새 한 쌍 지는 해 쫓고, 조각배는 물결치네

강과 산 곳곳에서 흥겨워 시(詩) 짓는데
해마다 청풍명월에 술로써 시름 풀고
큰비에 다리 끊겨도 목동들은 평안하다

윗글에서 보면 김시습이 춘천에 도착한 계절(季節)은 '넓은 들판 누런 물결 언덕에 보리가 익어가네'라고 노래한 것으로 보아 초여름이었다. 음력으로는 5~6월쯤으로 이른바 '보릿고개' 시기이다. 보릿고개는 한국의 봄철 기근을 가리키는 말로 춘궁기(春窮期)·맥령기(麥嶺期)라고도 한다. 기근 시기를 보내는 것이 고개를 힘겹게 넘어가는 것과 같다고 하여 보릿고개라고 부른 것이 어원이다.

조선 후기 이중환의 택리지에는 우두벌에 대해서 "춘천의 **우두촌**은 소양강 상류에 두 가닥 물이 옷깃처럼 합류하는 그 안쪽에 위치하였다. 물가에는 돌이 있고 돌 아래에 강이 있으며 강 너머에는 산이 있다. 비록 두메 복판이지만 멀리 펼쳐져서 시원하고 명랑하며, 또 강 하류에는 배가 통하여 생선과 소금의 이익이 있다"라고 하여 들판이 넉넉하고 물산이 풍부한 고장으로 기록하고 있다. 우두벌에 대한 칭찬이 넘친다.

김시습은 춘천에 들어와서 밤늦게 **우두사**에 들어 잠을 청했다. 우두산에 있던 사찰이 우두사인데, 지금은 없다. 김시습이 우두산에 도착하였을 때는 이미 석양의 물결이 그윽한 시간이었다. 고탄을 지나서 우두사까지 오는 데는 큰 나루가 없다. 아마도 주변의 나루나 강가를 보고 서경을 읊었을 것이다. 그리고 발걸음을 재촉하였다. '**숙우두사**(宿牛頭寺)'를 쓰면서 우두사 주변도 둘러보았을 것이다.

우두사에서 자며〔宿牛頭寺〕: 588

棲鴉驚散暮天鍾 (서아경산모천종)	깃들었던 까마귀 저물녘 종소리에 놀라 흩어지는데
寺在煙霞第幾重 (사재연하제기중)	절은 연하(烟霞) 몇 겹 속에 서 있단 말인가?
措大幾時將附鳳 (석대기시장부봉)	궁한 선비(措大)는 어느 때나 봉황새에 붙으려나
闍梨今夕已降龍 (사리금석기강룡)	중(闍梨)은 이 저녁에 벌써 용을 항복 받았다.
月明林下僧歸院 (월명임하승귀원)	달 밝은 수풀 아래엔 중이 절로 돌아가고
雲暝峯前鶴口松 (운명봉전학口송)	구름 어두운 봉 앞에는 학이 솔에 깃들이었네!
最是江頭饒客恨 (최시강두요객한)	강가에 느긋한 나그네 가장 한스러운 것은
荻花深處鴈嗈嗈 (강화심처조옹옹)	갈대꽃 깊은 곳에 기러기 옹옹 우는 것.

〈번안시조〉

깃들었던 까마귀는 종소리에 흩어지고
사찰은 연하(烟霞)속에 홀로 서 외롭구나
봉황새 언제 보려나 용(龍) 형상은 보려나

달 밝은 수풀 아래 스님이 돌아가고
어두운 봉(峯) 앞에는 솔에 학이 깃들었네
나그네 안타까움에 기러기도 우짖네

연하(烟霞)는 안개와 노을, 즉 고요한 산수 경치를 비유적으로 이르는 말이다. 차대(措大)는 빈한한 선비를 가리키는 말로, 빈사(貧士)나 빈유(貧儒)와 같은 뜻의 말이다. 사리(闍梨)는 불교에서 스승을 뜻하는 아사리(阿闍梨)를 줄인 말이다.

김시습은 몹시 피곤하였을 것이다. 제자 학매(學梅)와 함께 이동하였겠지만 오늘 이동 거리가 만만치 않다. '달 밝은 수풀 아래엔 중이 절로 돌아가고, 구름 어두운 봉 앞에는 학이 솔에 깃들이었네!'라며 밤이 늦었음을 읊고 있다. 긴 여정으로 피곤한 김시습의 코를 고는 소리가 들리는 듯하다.

김시습이 하루 숙박을 한 우두사가 있는 우두산은 133m의 나지막한 언덕 같은 산이다.

소양정(昭陽亭)에 올라 소양강을 노래하다

소양정의 원래 위치 사진, 출처 : 춘천시

우두사에서 남쪽을 바라보며 소양강 물줄기 따라 한참 동안 내려가다 보면 아담한 삼각형 산이 보인다. 봉의산이다. 이 봉의산 강가에 작은 정자가 있다. 아침이면 안개에 둘러싸여서 아름답고 신비롭기도 하다. 하여 그 절경에 끌려 소양정으로 향하게 된다.

소양정(昭陽亭)은 강원특별자치도 춘천시에 있는 누정이다. 1984년 6월 2일 강원특별자치도 문화재자료 제1호로 지정되었다. 봉의산(鳳儀山, 301m로 춘천의 진산이다) 기슭에 자리 잡은 소양정은 삼국시대에 세운 것으로, 처음에는 이요루(二樂樓)라고 부르던 것을 조선 순종 때부터 소양정이라 고쳐 불렀다.

소양강 언저리에서 소양강을 바라보다

소양정은 원래는 지금보다 아래쪽인 소양강 강가에 있었다. 현재 있는 것은 1966년 다시 지은 것이다. 지금은 찾는 이가 적으나 조선시대에만 해도 내로라하는 시인 묵객이 소양강을 바라보며 지은 많은 시문(詩文)을 남겼다. 김시습이 그냥 지나칠 수 있었으랴?
　김시습의 '소양강(昭陽江)'을 읽어보자.

소양강에서〔昭陽江〕: 54

渡頭煙暝夕陽波 (도두연명석양파)　안개 어둑한 나루에 석양의 물결
一葉扁舟一棹歌 (일엽편주일도가)　일엽편주엔 한결같은 노 젓는 노래.
鷗鷺不管人世變 (구로불관인세변)　갈매기와 해오라기는 세상 사람 변해도 간섭지 않고
雙雙飛過上灣渦 (쌍쌍비과상만와)　소용돌이 물굽이 위로 쌍쌍이 날며 지나가네.

〈번안시조〉

어둑한 안개 나루 저녁놀 물결치고
뱃사공 노랫소리 조각배에 퍼지는데
구로(鷗鷺)는 변함이 없이 쌍쌍 날며 오르네

　도두(渡頭)는 나루, 강가나 냇가 등에서 배가 건너다니는 일정한 장소를 말한다. 불관(不管)은 관계하지 않는다, 돌보지 않는다, 간섭하지 않는다는 뜻을 지녔다. 구로(鷗鷺)는 갈매기와 백로를 가리킨다. 구로와의 맹세란 곧 그들을 벗으로 삼는다는 뜻으로, 세상일에 간여하지 않고 강호에 은퇴하여 지내는 것을 의미한다. 곧 김시습, 자기 모습이다.

　소양정은 위치가 매우 빼어나다. 자연경관이 아름답기에 누정에 오르면 세상사의 번잡함을 잊고 한가하게 사색의 시간을 가질 수 있다. 또 시를 짓는 풍류 문화의 장소이기도 하다. 소양정 관련 한시가 많은 이유가 여기에 있다.
　김시습도 소양강 1편, 등소양정 2편, 소양의 노래 등을 남기고 있다.

1966년에 이전한 소양정과 소양제1교, 출처 : 강원일보(2023.02.02)

소양정에 올라 소양강을 바라보자

김시습은 춘천에 머무르면서 여러 차례 소양정에 올랐다. 호암바위가 올려다보는 소양정은 강가 가까이에 있어 풍류를 즐기기에는 안성맞춤이다. 소양팔경 중의 하나가 호암송풍(虎岩松風)이다. 호암 바위에 있는 소나무에 부는 바람 소리를 의미한다. 이처럼 소양정 주변은 절경이었다.

김시습의 '소양정에 올라(登昭陽亭)'를 감상해 보자. '등소양정(登昭陽亭)'은 두 수가 있다. 먼저 '백백수금경수과(拍拍水禽掠水過)'로 시작되는 시(詩)를 먼저 읽어보자.

소양정에 올라(登昭陽亭) I : 587

拍拍水禽掠水過 (박박수금략수과)	푸드덕푸드덕 물새들은 물 위를 스쳐 가는데
山城東隅夕陽多 (산성동우석양다)	산성 동쪽 모퉁이엔 석양도 짙어라.
風生嬭渡帆初飽 (풍생내도범초포)	내도(嬭渡)에 바람 일자 돛은 비로소 배부르고
葉下蘆淵江自波 (엽하로연강자파)	갈대밭에 잎이 지자, 강은 절로 물결이 인다.
楊口山來尖似戟 (양구산래첨사극)	양구(楊口)에서 뻗어 온 산 창처럼 뾰족하고
牛頭渚合曲如叉 (우두저합곡여차)	우두에서 합쳐진 물가 팔찌처럼 굽었다.
倚欄弔古空搔首 (의난조고공소수)	난간 의지해 옛날을 슬퍼하며 공연히 머리 긁으니
一曲采菱何處歌 (일곡채릉하처가)	한 곡조 채릉가(采菱歌)를 어디에서 부를까?

〈변안시조〉

푸드덕 물새들은 물 위에 스쳐 놀고
산 동쪽 모퉁이엔 석양이 검붉은데
내도(嬭渡)에 바람은 일고 강은 절로 물결친다

양구(楊口)에서 뻗어 온 산 창처럼 뾰족하고
우두에서 합쳐진 물 팔찌처럼 굽었구나
난간에 기대고 서서 채릉가(采菱歌)를 부른다

내도(嬭渡)는 갖가지 방법으로 검색해 보아도 검색되지 않는다. 글자 한 자씩 확인해 보면 내(嬭)는 '젖내', '젖', '유모'의 뜻이 있고 도(渡)는 '건널도'이고 '건너다', '건네다', '건너지르다'의 뜻이 있다. 그러므로 내도는 배가 나루에서 처음 출항하는 것을 의미하는 것이 아닌가 하고 생각해 본다. AI는 '내도는 춘천 소양강의 옛 지명으로 뗏목처럼 좁은 물줄기나

섬을 의미한다.'라고 설명하고 있다. 채릉가(采菱歌)는 초인(楚人, 초나라 사람)의 가곡 명으로 마름(한해살이풀의 한 종류)을 따는 처녀들의 노래를 말한다.

오늘날의 소양정. 출처 : 춘천사람들(2017.06.22)

 김시습의 유람 행로나 시어(詩語)에는 오늘날 관동의 행정 지명(대한민국 강원도의 지명이 모두 보인다. 물론 당시에는 없었던 속초, 동해는 없다) 이 모두 발견되나 양구(楊口)는 찾지 못하였다. 그런데, 위 시(詩)에서 소양강을 설명하면서 '양구(楊口)에서 뻗어 온 산 창처럼 뾰족하고'라고 표현하여 처음 '양구'라는 단어가 출현하였다. 김시습이 '양구'에 다녀갔는지는 알 수 없으나 알고는 있었다는 이야기가 된다. 무척 반갑다.

 김시습의 '**등소양정(登昭陽亭)**'이라는 같은 제목의 또 다른 오언율시는 '조외천장진(鳥外天將盡)'으로 시작되는 3수 시이다. 1수만 감상해 보자.

소양정에 올라〔登昭陽亭〕Ⅱ , 605

1.
鳥外天將盡 (조외천장진)	새는 하늘 끝까지 날아가고
愁邊恨不休 (수변한부휴)	시름에 겨워 한(恨)은 그치질 않네.
山多從北轉 (산다종북전)	산은 북쪽으로 굽이굽이 돌아나가고
江自向西流 (강자향서류)	강은 절로 서쪽으로 흐르네.
雁下汀洲遠 (안하정주원)	기러기 내리는 물가 모래톱은 멀고
舟回古岸幽 (주회고안유)	배 돌아드는 옛 언덕 아득하구나
何時抛世網 (하시포세망)	어느 때 세상의 법망 벗어버리고
乘興此重遊 (승흥차중유)	흥에 겨워 다시 노닐 수 있을까?

〈번안시조〉

들새는 하늘 높이 날개 쳐 올라가고
시름에 겨운 한(恨)은 그칠 줄 모르는데
산들은 북(北)에서 오고, 강은 서(西)로 흐른다

기러기 내리는 곳 모래톱은 멀리 있고
아득한 언덕 넘어 배 드는 포구 있네

세상사(世上事) 언제 벗어나 편히 쉴 수 있을까

수변(愁邊)은 '근심이 끝나려는 시점'을 의미한다. 사정(沙汀)은 물가의 모래사장으로 사저(沙渚)라고도 한다. 세망(世網)은 사회의 법률·예교(禮敎)·윤리도덕 등이 사람을 속박하는 그물로 세속의 번잡한 일에 얽매이는 일을 뜻한다. 승흥(乘興)은 흥을 탄다는 뜻으로 마음이 외물의 속박을 벗어날 때 참된 쾌락을 맛볼 수 있다는 의미로 쓰인다.

소양정에는 '봉의산을 오르는 사람만이 가끔 들를 뿐 찾아주는 이가 없다'라고 한가한 소양정 주변 풍경을 노래하고 있다. 특별히 이 시에 대하여 허균(許筠, 1569~1618)은 '스스로 고아하고 넓고 심원해 더 이상 위로 오를 데가 없다'라고 했으며, 김창흡(金昌翕, 1653~1722)은 '매월당의 판상시(板上詩)는 마땅히 정자의 맨 위에 둬야 할 것'이라고 극찬했다.

소양(昭陽)의 노래를 부르다

김시습은 서울에서 춘천으로 왔지만, 늘 신주(神州)가 그리웠다. 신주를 검색하면 "남북국시대 발해의 지방행정 구역" 또는 "죽은 사람의 이름, 친족 관계, 관직 등을 쓴 나무 조각"이라고 검색되고 있다. 그런데 김시습은. "~ 멀리 신주 향하여 이백리를 달리네"라고 노래하였다. 즉 신주를 향하여 달려가고 있다. 신주(神州)는 어디일까? '**소양인(昭陽引)**'을 보자. 총 18구 중 첫 4구, 끝 4구를 번안한다.

소양의 노래〔昭陽引〕: 575

첫4구
昭陽江上春風起 (소양강상춘풍기)　소양강 물 위에 봄바람 일어나니
縠紋細蹙江之水 (곡문세축강지수)　옷 무늬 가늘게 강물 위에 주름진다.
江水悠悠日夜流 (강수유유일야류)　강물을 유유히 밤낮으로 흘러내려
遙向神州二百里 (요향신주이백리)　멀리 신주 향하여 이백리를 달리네.

〈번안시조〉

소양강 윤슬 위에 봄바람 일어나니
꽃 치마 옷 무늬가 물결에 춤을 추고
강물은 밤낮 흘러서 신주(神州) 향해 달리네

끝4구
昭陽江水入韓流	(소양강수입한류)	소양강 흐르는 물 한강수로 들어가고
鳳城宮闕摩蒼穹	(봉성궁궐마창궁)	봉성(鳳城)의 궁궐들은 푸른 하늘 만지는데
安得洞開九重豺虎關	(안득동개구중시호관)	어찌하여 구중의 승냥이나 호랑이처럼 관문 활짝 열고
大叫一逞蕘蕘狂	(대규일영추요광)	미친 천인처럼 부르짖어 볼까?

〈번안시조〉

소양강 흐르는 물, 한강으로 들어가고
봉성(鳳城)의 궁궐들은 푸른 하늘 어리는데
시호(豺虎)가 구중(九重)문 열 듯 부르짖어 볼까나

  김시습은 춘천에서 소양강을 보면서 이 강줄기를 따라 '**봉성(鳳城)의 궁궐**'로 흘러가고 있다. 당시 조선의 서울 한성을 향해 흘러가고 있는 것은 무엇일까? 소양강 물줄기인가? 김시습의 마음인가?

  '신주이백리(神州二百里)'에 대한 두 가지 생각이 있다. 즉 '서울을 지나 서해를 의미한다'와 '관동길을 의미한다'라는 관점에서 더 깊은 상고(詳考)를 해 보아야 할 것이지만 위 시(詩)의 흐름을 보았을 때 한성을 향하는 마음을 표현한 것이 틀림없는 듯하다.
  즉 "소양강 흐르는 물은 한강수로 들어가고, 봉성(鳳城)의 궁궐들은 푸른 하늘 만지는데, 어찌하여 구중의 승냥이나 호랑이처럼 관문 활짝 열고, 미친 천인처럼 부르짖어 볼까?"라고 하였다. 김시습은 한성으로 흘러가고 있는 것이다.

소양교 낙성식. 출처 : 매일신보(1933.12.15)

춘천의 절경(絶景)을 찾아 회포를 풀다

　김시습의 춘천에서 삶은 자유 분망했다. 자연경관이나 인문경관은 물론 개인적이고 서정적 표현도 아끼지 않았다. 춘천의 땅은 넓지는 않지만 아기자기하다. 산과 강이 묘하게 어울리는 아름다운 풍광이 사람의 마음을 사로잡는다.

　한편, 조선시대에는 가끔 춘천으로 귀양을 오는 사람들이 있었다. 조선시대 한문 4대가 가운데 한 분인 상촌 신흠(申欽, 1566~1628)도 1616년부터 1623년까지 7년간 머물렀다. 한성에 가까운 데다가 수운이 발달하여 물산의 집합지로서 사람 살기가 좋았기 때문일 것이다.

소양강 강변 한가한 곳에 친구가 다녀가다

　여기에 선보이는 세 편의 시는 아마도 김시습이 춘천을 떠나기 직전에 썼을 것으로 보인다. 하여 회포를 쓰고(書懷), 누군가를 다시 보내고(重送), 결국엔 나그네 마음(旅情)이 되어 소양강 강가를 거닐고 있다. 지금도 소양강 어딘가에서는 '육백 년 세월에 많이도 변했구나' 하며 혼자 중얼거리면서 서성대고 있을지도 모른다.

　먼저 '서회(書懷)'를 읽어보자. 회포를 글로 쓰는 김시습, 그는 회포뿐만 아니라 마음도 쓸 줄 알았다.

회포를 쓰다〔書懷〕: 576

異域新知少 (이역신지소)　　이역(異域)이라 새로 아는 이 적은 데다가
他鄕故舊疎 (타향고구소)　　타향이라 옛 친구도 드물다.
曾離三畝宅 (증이삼무택)　　일찍이 세 묘(畝)의 집을 떠났고
己捨五車書 (기사오거서)　　벌써 다섯 수레 책을 읽었다.
丘壑平生願 (구학평생원)　　자연 속에서의 삶 평생의 소원이요
簪纓雅志疎 (잠영아지소)　　높은 관직은 내 아름다운 뜻과 멀다.
溪山明麗處 (계산명려처)　　시내와 산 아름다운 곳에
卜築老樵漁 (복축노초어)　　집 짓고 나무하기와 낚시질로 늙으리.

〈변안시조〉

첫 방문 이역(異域)이라 타향에 머무르니
아는 이 별로 없고 친구 또한 드물구나

일찍이 세 묘(畝)의 집 떠나 책 다섯 수레 읽었네

자연에서 사는 삶이 평생의 소원이고
벼슬이나 고관직은 내 뜻과는 어긋나니
청완(淸婉)한 산천과 함께 초어(樵漁)하며 늙으리

묘(畝)는 땅의 면적을 나타내는 단위로 1묘는 대략 30평이니 세 묘는 100평이 채 안 되는 면적이다. 청완(淸婉)은 티 없이 맑고 아름답다는 뜻이고, 초어(樵漁)는 나무를 하는 일과 고기를 잡는 일을 뜻하니, 초야에 묻혀 살겠다는 의지를 나타낸 말이다.

또 '누군가'가 다녀간 모양이다

청평사에서는 아는 사람이 거의 없으니 한가했을 터이고, 하여 다섯 수레의 책을 읽으며 수양의 시간을 보낼 수 있었다. 자연 속에서 살기를 소망하면서 나무하고 낚시질하며 늙기를 꿈꾸고 있다. 관직 욕망에서 완전히 벗어난 듯하다. 이렇게 한가하게 지내고 있는데 누군가 왔다가 간 모양이다. '중송(重送)'을 감상해 보자.

다시 보내며〔重送〕: 326

昭陽春水漲 (소양춘수창)   소양강에 봄, 물이 불어나고
花岳暮雲濃 (화악모운농)   화악산에는 저문 구름 짙어간다.
子去復幾許 (자거부기허)   자네 떠나면 또 얼마나 걸리나
碧山千萬重 (벽산천만중)   푸른 산은 천겹 만겹 가리어 있다.

〈번안시조〉

소양강에 봄이 오니 강물이 불어나고
화악산 저문 구름 칠흑처럼 짙어간다
그대여, 언제 만나랴 산이 만 겹〔萬重〕 가리는데

자거(子去)는 '자네 떠나면' 또는 '그대 떠나면' 등으로 해석하고 있다. 과연 누구일까? 중송(重送), 즉 거듭 보낸다고 했다. 과연 누가 청평사에 두 번이나 왔다 갔단 말인가?

김시습의 아쉬운 심정이 잘 나타나 있다. 물은 불어나고, 저녁놀은 붉게 물들고, '자네'

는 떠나가고, 푸른 산은 천 겹 만 겹 앞을 가리니 또 볼 수 있을지 안타까움을 표하고 있다. 아마도 추강(秋江) 정도의 상당한 인연이 있는 '자네'가 왔다 간 것 같다.

『유점사본말사지』에 따르면 매월당 김시습이 세향원을 새로 지어 거주하였다는 기록이 있다. 또 김상헌(金尙憲, 1570~1652)은 「청평록(淸平錄)」에서 '절의 남쪽 골짜기 속에 세향원(細香院)이 있는데, 김시습이 머물러 살던 곳으로 지금은 무너졌다'라고 기록을 남겼다.
김시습이 청평사에서 머문 곳은 손수 지은 세향원이라는 소옥이었다.

춘천 산하를 한 폭의 그림처럼 그리다

다음 시(詩)는 매월당 김시습 전집 제1권 '기행' 편에 수록되어 있다. 김시습은 기행 편을 쓰면서 '내가 봄철을 이용하여 산에서 나와 서울에 사는 옛 친구를 방문하고 도중의 좋은 경치를 기록하다(여승춘시(余乘春時) 자산방구우어경도(自山訪舊友於京都) 도중기기승경(途中記其勝景)'라고 설명하고 있다.

소양강과 자양강이 합류하여 흐르는 신연강도 건너고

내금강의 금강천은 금강산 비로봉에서 발원해 회양군 내금강면, 양구군 수입면(양구군 최북쪽에 위치한 면으로 미수복 지역)을 지나 김화군 임남면에서 북한강에 합류하는 북한의 하천이다. 계속하여 화천을 지나 춘천으로 유입되면서 모진강, 자양강, 신연강으로 바뀐다. 신연강이 흐르던 곳에 있던 나루가 신연 나루다.

신연나루 위치. 출처 : 구글지도

1922년 이전, 서울에서 춘천으로 올 때 당림리에서 삼악산 석파령을 넘어오면 그곳이 덕두원 나루요, 강을 건너면 신연 나루와 송암 나루에 닿았다. 도착점이 두 곳인 이유는 유속(流速)에 따라 배 도착 지점이 달랐기 때문이다. 1922년 경춘국도가 개통하고, 1939년 서울 성동역과 춘천역 사이 경춘선이 놓여서 나루터는 그 기능을 상실하게 된다. 게다가 1967년 의암댐이 완공되면서부터 흔적조차 사라졌다. 매우 아쉽다. 김시습도 신연 나루에서 '**도신연**(渡新淵)'하였다.

신연강을 건너며〔渡新淵〕: 588

西風吹拂木綿衣 (서풍취불목면의)	서풍이 불어와서 솜옷을 흔드는데
客路難堪賦式微 (객로난감부식미)	나그넷길이라 식미(式微) 짓기 어려워라.
兩兩汀鳧依蓼睡 (양량정부의료수)	짝지은 물가 오리, 여귀풀에 의지해 졸며
雙雙江燕掠人飛 (쌍쌍강연량인비)	쌍쌍이 강 제비는 사람 스쳐 날아가네.
江山信美非吾土 (강산신미비오토)	강산은 참으로 아름다우나 내 땅 아니며
風景雖饒不似歸 (풍경수요불사귀)	풍경은 비록 멋있으나 돌아감만 못하구나.
儘道不歸歸便好 (진도불귀귀편호)	아무리 안 간다고 하여도 돌아감이 좋은 것
故園煙月照蓬扉 (고원연월조봉비)	고향의 안개 낀 달이 사립문 비추겠지.

〈번안시조〉

서풍이 몹시 불어 솜옷을 흔드는데
나그네 초행길에 어찌할지 모르겠네
오리는 물가에서 졸고 강 제비는 한가한데

강산은 어여쁘나 내 땅은 하나 없고
풍경은 멋있으나 돌아감만 못 하구나
아무리 안 간다 해도 고향 달은 반기리

식미(式微)는 『시경』에 실려 있는 '식미'를 말한다. '쇠미하고 쇠미하거늘 어찌 돌아가지 않는고(式微式微 胡不歸)'로 시작하는 이 시는 객지에서 고향으로 돌아가기를 원하는 시로 알려져 있다. '식미(式微) 짓기 어렵다'라는 표현은 고향으로 돌아가기 어렵다는 의미일 거다.

김시습은 이상과 현실의 괴리(乖離)로 인하여 늘 외로웠다. 새들마저 짝을 짓고 쌍쌍이 날지만, 그는 늘 혼자였다. 그런 그에게 신연강 나루는 외로움을 다시 느끼게 한다. 떠남과 돌아옴이 교차하는 나루터에서 돌아갈 수 없는 고향을 그리워하며 김시습은 시로 외로움을 달랬다.

외로운 고산에서 붕어 낚시를 즐겨보자

'고산(孤山)'은 강 가운데 외로이 떠 있는 산이란 뜻이다. 그런데 춘천에 있는 고산은 의암호로 인해 산 아랫부분이 물에 잠겨 작은 산봉우리가 됐다. 김시습 당시의 고산 지역은 자양강과 소양강 사이의 비옥한 퇴적지에 솟아 있던 작은 동산이었다. 과거 큰 장마에 북쪽 금성 땅에서 떠내려왔다는 전설로 부래산(浮來山)이라고도 불린다. 특히 고산은 풍광이 뛰어나 김시습, 신흠(申欽), 장유(張維), 이정구(李廷龜), 이식(李植), 이항복, 이황 등 많은 이들이 시문을 남겼다.

고산에서〔孤山〕 : 592

孤山煙浪泛扁舟 (고산연랑범편주)	고산 안개 낀 물결에 조각배 띄우니
峭壁層崖蕩客愁 (초벽층애탕객수)	깎아지른 높이만큼 시름이 몰려오네.
漁笛帶風聲嫋嫋 (어적대풍성뇨뇨)	고깃배의 피리 소리 바람에 실려 오고
江波涵日影悠悠 (강파함일영유유)	강물에 담긴 해그림자는 길어지누나.
錦鱗因餌牽絲出 (금린인이견사출)	물고기 미끼 물고 낚시에 딸려 나오며
彩鴨隨派得意浮 (채압수파득의부)	물결 따라 색동이로 마음껏 떠다닌다.
從此盡抛名利事 (종차진포명리사)	이곳에서 세상 명리(名利) 던져버리자.
一竿明月占派頭 (일간명월점파두)	밝은 달빛 한 줄기 강물에 퍼지는구나.

〈변안시조〉

안개 낀 고산 물결 조각배 띄웠더니
깎아진 높이만큼 시름이 몰려오고
고깃배, 바람에 실려 해그림자 흔든다

물고기 미끼 물고 낚시에 딸려 오고
물결 따라 색동 오리 마음껏 춤추는데
명리(名利)는 달빛에 섞어 강물 속에 던지랴

김시습이 거닐던 고산은 지금은 상상하기가 어렵다. 상당부분 물속으로 들어가고 작은 봉우리로만 남아 있어 조선 초기와는 전혀 새로운 풍경으로 변신했기 때문이다.

239쪽 춘천 지도를 보면 댐이 생기기 전의 춘천 모습을 볼 수 있다. 지도 중간 아래 소양강(昭陽江)이라고 쓰인 곳에서 왼쪽으로 조금 가면 고산(孤山)이 있고 아래쪽으로 내려오면 백로주(白鷺洲)가 있다. 고산도 있었고 백로주(소양강과 자양강이 합치는 중도 남단에 있었던 모래벌판. 지금은 의암댐에 수몰)도 있었다는 이야기이다.

또 호수는 보이지 않고 강줄기가 가느다랗게 표시되어 있다. 강마을이었다는 이야기이다. 그러니 배를 타고 민물고기를 낚는 모습을 쉽게 보았으리라. 춘천은 이런 강마을 따라 한때 '민물매운탕'이 유명했었는데 지금은 '닭갈비'와 '막국수'에 밀려 몇 집만 남아 명맥을 이어가고 있다. **'조어**(釣魚)**'**를 읽어보자.

춘천 고지도. 출처 : 고려대 도서관 고지도 컬렉션

고기를 낚으며〔釣魚〕: 592

自料此生休問天 (자료차생휴문천)	이생을 스스로 생각하고 하늘에 묻지 말자
好將簪笏買漁船 (호장잠홀매어선)	높은 벼슬자리로 고깃배 사는 일 좋기도 해라
鸕鶿已慣遲回去 (로사기관지회거)	가마우지는 이미 버릇되어 느긋하게 돌아가고
編鯽初驚撥刺旋 (편즉초경발자선)	붕어는 처음 놀라 팔딱거리며 뛰논다.
小渚蒲深鳧浴浪 (소저포심부욕랑)	작은 물가 부들 깊어, 오리는 물결에 목욕하고
孤山風靜鶴歸煙 (고산풍정학귀연)	고산(孤山)에 바람 자니 학은 안갯속으로 돌아온다.
桐江物色人休問 (동강물색인휴문)	동강(桐江)의 물색을 사람들은 묻지 마라
肯有機心到此邊 (긍유기심도차변)	세상 욕심 있다면 어찌 이곳에 이를 것인가?

〈번안시조〉

금생(今生)은 내 몫이니 나 혼자 생각하고
벼슬로 어선(漁船) 사니 좋기만 한 세상인데
큰 강가 조어(鳥魚)들처럼 자유롭게 노닐자

물가에 부들 깊어 오리는 목욕하고
고산(孤山)에 바람 자니 학들이 돌아온다
물색(物色)은 묻지도 말라 욕심 하나 없도다

이 시에는 춘천 고산 주변을 노래한 흔적이 두 곳에서 나타난다. 하나는 고산(孤山)이다. 일부 해석에는 외로운 산이라고 해석한 것도 있다. 그러나 여기서는 춘천 우두벌 앞에 있는 홀로 있는 고산(孤山)으로 보아야 한다. 또 하나는 동강(桐江)이다. 동강은 북한강에서 화천강(華川江)으로 갈라져 올라가는 중간을 말한다. 따라서 고산을 노래한 것이 분명하다.

'고산(孤山)에 바람 자니 학은 안갯속으로 돌아온다.'라고 했다. 얼마나 세밀한 서경적, 서정적 표현인가?

김시습의 시에는 맥국(貊國)이 살아있다

김시습은 춘천이 고대 왕국이었던 맥국 수도였음을 잘 알고 있었다. 그의 시에는 맥국이 자주 등장한다. 그만큼 관심이 많았다는 뜻이다.

『삼국사기(三國史記)』를 보면 "명주(溟州)는 옛날의 예국(穢國)인데 농부가 밭을 갈다가 '예왕의 도장'(穢王之印)을 발견해 바쳤다.", "춘주(春州)는 예전의 우수주(牛首州)인데 옛날의 맥국(貊國)이다."라는 기록이 있다. 여기서 춘주는 춘천지방이며 명주는 강릉지방이다.

김시습의 맥국 시를 접해보자. 먼저 '**도중(途中)**'이다. 처음 눈이 내리는 날, '마을에는 술은 있는데, 손님 노릇 오래 하니 밥상에 고기가 없다'라고 투덜댄다.

도중(途中) : 604

貊國初飛雪 (맥국초비설)	맥국에 처음으로 눈이 날리니
春城木葉疏 (춘성목엽소)	이곳 춘천 땅에도 나뭇잎이 듬성듬성해졌네.
秋深村有酒 (추심촌유주)	가을 깊어 마을에는 술이 있는데
客久食無魚 (객구식무어)	손님 노릇 오래 하니 밥상에 고기가 없네.
山遠天垂野 (산원천수야)	산이 멀어 하늘은 들에 드리우고
江遙地接虛 (강요지접허)	강이 머니 대지는 허공에 붙었다.
孤鴻落日外 (고홍낙일외)	외로운 기러기도 지는 해(日) 밖으로 날아가니
征馬政躊躇 (정마정주저)	타고 가던 말조차 갈 곳 몰라 머뭇거린다.

〈번안시조〉

맥국에 처음으로 흰 눈이 내리는데
초겨울 춘천 땅에 나뭇잎은 듬성하고
늦가을 술은 익는데, 객(客) 밥상은 초라하네

먼 산이 거기 있고 하늘은 들에 있어
강 또한 먼 곳이니 대지는 허허롭다
기러기 저 멀리 날고, 길 잃은 말(馬) 머뭇대네

춘천에는 맥국 관련 지명과 전설이 여럿 전해진다. 신북읍에 궐 터(왕궁터), 맥둑, 아침 못, 발산(왕뒤, 왕대산), 성문안, 마적산 등이 남아 있는 대표 지명이다. 여기에 많은 수의 고인돌과 적석총이 남아 있고 유물·유적 또한 상당하게 분포되어 있다.

늦가을 수확이 끝나 술을 담그고 휴식을 준비하는 마을 사람과 나그네의 모습이 대비되어 그려져 있다. 길손에게 자연은 무한대로 열려 있는 공간이다. 그러나 외로운 기러기는 지는 해 밖으로 사라지고, 타고 가던 말도 어디로 가야 할지 갈 곳 몰라 머뭇거린다.

1919년 신북 발산과 대궐터 모습, 출처 : 국립중앙박물관

유랑 시인에게 자연은 늘 선택해야 하는 길이다. 하늘을 지붕으로 삼고 떠돌아다니는 길손에게 말을 타고 다니는 일은 가능한 일이 아니다. 시 전편에 흐르는 떠돌아다니는 고단한 삶, 곧 김시습 자신의 삶이다.

맥국(貊國)은 강원도 춘천을 중심으로 영서지방에 있었던 고대국가다. 사서(史書)에서 맥국에 관한 기록은 손에 꼽힐 정도다. 하지만 맥국의 위치에 대해선 삼국사기와 삼국유사에서 언급하고 있으므로, 실재하고 있던 나라임은 분명하다.

때는 봄이다. '춘사(春思)'를 감상해 보자. 위에서 살펴본 '도중(途中)' 시(詩)는 겨울에 접어드는 시기인데 '봄 생각'은 봄바람이 일어나는 봄의 시(詩)이다.

봄 생각[春思] : 576

貊國春風起 (맥국춘풍기)	맥국에 봄바람이 일어나니
滄波鳧鴈聲 (창파부안성)	푸른 물결에선 오리 기러기 소리.
晴光浮水面 (청광부수면)	개인 빛은 물 위쪽에 떠 있고
暖氣動江城 (난기동강성)	따뜻한 기운 강마을에서 움직인다.
白髮催年老 (백발최연로)	백발은 늙은 나이 재촉하는데
紅塵逼世情 (홍진핍세정)	붉은 티끌세상 정을 핍박한다네
餘生詎幾久 (여생거기구)	여생이 어찌 얼마 오래 갈거나
端合學犂耕 (단합학리경)	밭갈이나 배우는 게 제격이리라.

〈변안시조〉

춘천은 맥국 수도 봄바람 일어나고
푸르른 물결에선 오리 소리 요란하니
햇빛은 물 위에 뜨고, 봄기운이 일렁인다

머리칼 백발 되어 나이를 재촉하고
홍진(紅塵)은 세상 정(情)을 핍박하고 펼치는데
여생이 얼마나 갈까 농사짓기 배우랴

홍진(紅塵)은 세속을 일컬을 때 자주 사용하는 낱말이다. '붉은 먼지'라는 새김으로 다가온다. 직접 그렇게 풀어도 큰 잘못은 없다. 원래는 사람이 많이 모여들고 물자의 이동이 활발한 번잡한 도시를 가리켰다. 따라서 홍진(紅塵)이라는 낱말은 먼지 이는 시끄러운 세상, 번잡하고 갈등과 번민이 많은 속된 세상을 비유하는 의미로 쓴다.

김시습이 춘천에서 맞이한 봄은 싱그럽다. '맥국에 봄바람이 일어나니 따뜻한 기운 강마을에서 움직이고, 백발은 늙은 나이 재촉하는데 여생은 얼마나 오래 갈 거냐?'라고 자신의 미래를 걱정하고 있다. 이제라도 '농사를 배워야 하나?'라며 현실적인 문제도 함께 스스로에게 묻고 있다.

맥국 터 표지. 출처 : 춘천시정지 '봄내' 375호.

김시습, 어디를 가도 나그네가 된다

김시습은 춘천 이곳저곳의 풍광을 돌아보면서 소양강 나그네가 된다. 나그네는 자기 집을 떠나 낯선 곳에서 묵으면서 꽤 먼 길을 가거나 이곳저곳을 방랑하는 사람이다. 김시습이 곧 나그네다.

이 시는 「매월당 시집」 1권 기행(紀行) 편에 수록되어 있다. 춘천에 관련된 이야기는 주로 「관동일록(關東日錄)」에 수록되어 있는데 이 시는 다른 곳에 있는 것이다. 시 제목이 **'여정(旅情)'**

인데 수록된 곳도 행로(行路) 중에 있는 모양이다.

김시습은 나그네가 된 심정을 솔직히 토로하면서, 소양강 강변을 거닐며 시를 읊고 있다.

나그네 마음(旅情) : 58~59

旅情如浪漲昭陽 (여정여랑창소양)　길손의 회포, 물결처럼 출렁이며 소양강에 넘치는데
無限春愁浩莫量 (무한춘수호막량)　끝없는 봄 근심은 넓고 커서 헤아릴 길 없구나!
借問白鷗儂可笑 (차문백구농가소)　묻노라 백구(白鷗)야! 내 모습이 얼마나 우습냐?
與他萍草任悠揚 (여타평초임유양)　저 부평초처럼 마음대로 떠돌아다니며 흐르는 모습이.

〈번안시조〉

길손의 회포 물결 소양강에 넘치는데
끝없는 봄 근심은 헤아릴 길이 없네
백구야 내가 우습냐? 부평초가 그립다

여정(旅情)은 객지에서 품게 되는 울적한 느낌이고, 춘수(春愁)는 봄철에 일어나는 뒤숭숭한 근심이다. 차문(借問)은 남에게 모르는 것을 묻는 것이다. 유양(悠揚)은 태도가 듬직하여 급하지 않음을 뜻한다.

그런데 웬 수심(愁心)일까? 김시습은 앞으로 정확하게 갈 길이 정해진 것도 없는데, 이곳에 더 있기도 어려워서 떠나기는 해야 하는데…. 하는 뜻일 것이다. 얼마나 답답했으면 흰 물새에게 묻고 부평초(浮萍草, 정처 없이 떠돌아다니는 신세의 비유)에 호소했을까?

소양강 물결을 보면서 봄 근심이 크게 넓어서 헤아릴 길이 없다고 했을까? 소양강물이 한성을 향하여 흐르는데 서울(한양도성)에서 벌어지는 일을 근심하고 있는 것일까? 아니면 김시습 본인이 부평초처럼 떠돌아다니고 있는 현실을 근심하고 있는 것일까?

이어서 '환산(環山)'을 감상해 보자. 어딘가를 열흘씩이나 출타(出他)했다가 돌아왔더니 산골짜기 초옥(草屋)은 먼지가 두툼하게 쌓여 있다.

산으로 돌아와(還山) : 223

山中四月盡 (산중사월진)　산속엔 4월이 다 가고
客臥動輕旬 (객와동경순)　나그네는 가볍게 열흘이 지나간다.

四壁圖書蛀 (사벽도서주)	사면 벽에는 도서에 좀이 슬어
三間几席塵 (삼간궤석진)	삼간 방 책상엔 먼지만 쌓였다.
菁花多結實 (청화다결실)	우거진 꽃에는 열매 많고
杏子已生仁 (행자이생인)	살구 열매엔 이미 씨가 생겼다.
靜倚屛風睡 (정의병풍수)	고요히 병풍에 기대어 잠드니
風爲入幕賓 (풍위입막빈)	바람은 휘장 속으로 들어와 손님이 된다.

〈번안시조〉

계곡 속 깊은 산속 4월이 다 지나고
나그네 일기장이 열흘이 훌쩍 간다
좀이 쓴 사면(四面) 서책엔 먼지 가득 쌓였다

우거진 수풀 사이 꽃 지니 열매 맺고
앞마당 살구나무 큰 열매 자라는데
병풍 뒤 바람들어 와 손님처럼 잠든다

산속이라 했다. 김시습이 산속에다 은거지를 마련한 것은 여러 번이다. 수락산, 복계산, 치악산, 오대산, 청평산, 설악산, 경주 용장사, 법수치 등이 기록에 남아 있다. 여기서는 「관동일록」에 수록되어 있고 춘천 부근을 이야기하고 있으니, 당연히 청평사 세향원에 은거할 때 이야기다.

'바람이 휘장 속으로 들어와 손님'이 되는 세향원(細香院)의 4월이다. 어딘가 출타했다가 돌아오니 책은 좀이 쓸고 책상에는 먼지만 그득하였다. 얼마나 오랜 시간 외유(外遊)하였기에 책하고는 담을 쌓았단 말인가? 아니면 과장(誇張)한 것인가? 또 아니라면 제자 학매의 부지런하지 못함을 꾸짖는 것은 아닌가?
4월에 어딘가 다녀오긴 다녀왔는데, 어디를 다녀왔을까?

청평사 세향원에 머물다

우두사를 떠난 김시습은 학매를 따라 청평사로 향했다(아마 그랬을 것이다). 우두사에서 청평사는 한나절 길도 되지 않는다. 그러나 지금은 소양강댐이 된 기락천(幾落遷)을 지나야 한다. 천(遷)이란 절벽에 높이 걸린 길을 뜻하는 한자이다.

청평사로 가는 길에서 조금만 더 북쪽으로 가면 볼 수 있는 '말마송원(秣馬松院)'의 올미마을도 살펴보고 갔을 수도 있다. 또 올미마을에서 작은 고개를 넘어 신북읍 샘밭에 있는 고대 맥국(貊國)의 성터나 고인돌 등을 훑어보고 갔을 수도 있다.

드디어 그리던 청평산을 바라보다

청평사가 있는 청평산(지금은 주로 오봉산(五峯山)이라고 부른다)에 오르려면 적탄암과 기락천을 지나야 한다.

김시습은 우두사가 있는 우두산을 출발하여 중간 위쪽에 있는 고맥도(古貊都, 고맥국의 도읍지)에 들려 여기저기 훑어보고 다시 발길을 돌려 마작산(磨作山,

춘천 고지도. 광여도(廣輿圖). 출처 : 규장각 원문 검색서비스

785m, 지금은 마적산(馬蹟山)이라고 부른다) 입구의 좁은 암석 협곡인 적암탄(狄巖灘)을 힘겹게 조금 지나면 곧 기락천이다. 이 적암탄에 1973년 소양강 다목적댐이 건설되었다.

청평사 올라가는 계곡 길은 계곡대로 절경이지만 고개를 들어서 북쪽을 보면 웅장한 청평산(淸平山)이 떡 버티고 있다. '**청평산(淸平山)**' 시 한 수가 저절로 나온다.

청평산에서〔淸平山〕: 53

淸平山色映人衣 (청평산색영인의)	청평산의 산색은 사람들 옷을 가리고
慘淡煙光送落暉 (참담연광송낙휘)	처량한 안개 기운이 쓸쓸한 빛을 보내네.
巖溜洒空輕作霧 (암류쇄공경작무)	바위의 낙숫물 허공에 뿌려 가벼이 안개가 되고
春蘿拱木碧成幃 (춘라공목벽성위)	봄 담쟁이 나무를 둘러 푸른 장막 되었구나.
玉沙瑤草人間遠 (옥사요초인간원)	옥 모래땅의 요초(瑤草)는 인간 세상 멀리하고
琪樹瓊花世慮微 (기수경화세려미)	좋은 나무 옥 같은 꽃에 세상의 근심 적어지네.
只好誅茅棲絶頂 (지호주모서절정)	다만 좋아하는 띠 베어놓은 언덕에 살면서
從今嘉遯莫相違 (종금가둔막상위)	이제부터 숨어 사는 즐거움은 어긋나지 말지니.

〈변안시조〉

청평산 푸른 산색 사람들 옷 가리고
처량한 안개 숲은 쓸쓸한 빛 보내는데
낙숫물 안개 만들고, 봄 담쟁이 푸르다

모래땅 요초(瑤草) 무리 세상사 멀리하고
뭇 목화(木花) 옥 같으니 세상 근심 떠나간다
남은 삶, 숨어 살면서 즐거움만 취하다

요초(瑤草)는 신농씨(神農氏)의 딸 요희가 죽어서 피어난 꽃이라는 의미가 있고, 기수(琪樹)는 구슬을 드리우고 있다는 선경(仙境)의 옥수(玉樹)다. 경화(瓊花)는 양주의 경화원(瓊花院)에 있는 명화(名花)이다.

이제 청평산(淸平山)으로 들어가 보자. 청평산에는 청평사(淸平寺)가 있다. 청평사 뒷산은 청평산이 원래 이름인데 지금은 다섯 개 봉우리가 있다고 하여 오봉산(五峯山)으로 더 알려져 있다. 오봉 중 1봉은 나한봉, 2봉은 관음봉, 3봉은 문수봉, 4봉은 보현봉, 5봉은 비로봉으로 부르기도 한다. 최고봉은 779m의 비로봉이며 다섯 개가 고만고만하다. 산림청이나 블랙야크에서 100대 명산(名山)으로 지정하였다.

나그네, 청평사에 오르다

육백 년 전으로 거슬러 올라가서 지금의 소양강댐 주변을 서성이며, 기락천(幾落遷)을 찾는 김시습을 발견한다. 어디로 가야 할지 난감한 표정이다. 그는 곧 방향을 잡고 청평사 쪽으로 천천히 발걸음을 옮긴다. 그리고 '유객(有客)'이 된다.
특히 유객(有客)이라는 제목에는 '자조'와 '자기성찰'의 뜻이 담겨 있다. 이 시(詩)의 수련(首聯)에는 유한(幽閑, 정숙함, 고요함)과 초매(超邁, 보통 더 뛰어나다)의 품격이 잘 나타나 있기에, 훗날 '허균(許筠, 1569~1618)'은 이 시를 읽고 '한껏 한적하다(閑適自任)'라고 평했다.

어떤 나그네〔有客〕: 606

有客淸平寺 (유객청평사)   손님이 청평사에 들러
春山任意遊 (춘산임의유)   봄 산에 자유로이 노니네.

鳥啼孤塔靜 (조제고탑정)	새 우는 탑은 고요하고
花落小溪流 (화락소계류)	꽃 떨어진 시내 흐르네.
佳菜知時秀 (가채지시수)	나물은 때를 알아 예쁘고
香菌過雨柔 (향균과우유)	버섯은 비 온 후 윤택하네.
行吟入仙洞 (항음입선동)	읊조리며 신선 계곡에 드니
消我百年愁 (소아백년수)	나의 평생 수심 사라지네

〈번안시조〉

나그네 손님 되어 청평사에 올라 서니
봄 산은 계곡 사이 울긋불긋 화려한데
개울은 석탑 아래로 꽃잎 품고 흐르네

나물은 때를 알아 싹 트니 어여쁘고
버섯은 비 온 후에 사방에 솟아난다
나그네 시 읊조리며 오랜 근심 잊는다

가채(佳菜)는 좋은 나물을, 과우(過雨)는 비맞음을, 행음(行吟)은 거닐면서 시를 읊는 것을 뜻한다, 소아(消我)는 '나는 조금은 알다 또는 비로소 알다'라는 뜻으로 쓰이고, 백년우(百年憂)는 백 년의 근심, 오랫동안 쌓인 근심을 의미한다.

봄 산에 노닐고 있는 나그네의 한가한 모습이다. 선경후정(先景後情) 방식의 오언율시다. 배경은 청평사의 봄이다. 우짖는 산새, 흐르는 계곡물, 맛있는 나물, 싱싱한 버섯 등이 오감(五感)을 만족시켜 주고 있다. 이곳에서만은 세상의 일을 잊고 자연 봄날은 마음껏 누린다.

청평사는 강원도 춘천시 북산면 청평산 아래에 있는 오래된 사찰이다. 청평사 일원은 유명한 이자현(李資玄), 나옹화상(懶翁和尙), 김시습(金時習) 등이 은거하던 곳이기도 하다. 나옹화상은 1367(공민왕 16)에 청평사 복희암(福禧庵)에서 2년 동안 머물렀다. 김시습이 세향원을 짓고 머물렀던 자리가 복희암 터였다는 주장도 있다.

청평사. 출처 : 춘천시 관광포털

김시습의 시(詩) '**청평사(淸平寺)**'를 읽어보자. 김시습은 이 시를 통하여 청평산 계곡에 잠들어 있는 이자현을 깨우고 있다.

청평사(淸平寺)에서 : 589

寺前溪水響瑽琤 (사전계수향종쟁)　절 앞에 시냇물 소리 명랑하고
金碧高低鼓板鳴 (금벽고저고판명)　여러 단청 건물에 고판 울리네.
雲碓自舂新壤粟 (운대자용신양속)　물레방아는 새로 나온 곡식 찧고
瓦爐閑煮老松苓 (와로한자노송령)　질화로에선 한가로이 송령 끓이네.
庭前栢樹非餘境 (정전백수비여경)　뜰 앞의 잣나무는 남은 경계 아니요
窓外靑山不世情 (창외청산불세정)　창밖 푸른 산은 세상 정이 아니라네.
樂道百篇窮法理 (낙도백편궁법뢰)　즐거이 일백 편 말하며 이치는 궁구하고
無人喚起李先生 (무인환기이선생)　이 선생을 불러일으킬 사람 없구나.

〈번안시조〉

절 앞에 시냇물은 우렁차게 흘러가고
단청이 고운 건물 고판(鼓板)을 울리는데
물방아 새 곡식 찧고, 화로에선 복령 끓고

뜰 앞의 잣나무는 세상 경계 될 수 없고
창밖의 푸른 산도 세상 정(情)이 아니라네
이자현, 부르려 하나 일으킬 자(者) 없구나

고판(鼓板)은 글의 강의 또는 강석사(講釋師 : 이야기꾼) 등이 말할 때 울리는 판을 말한다. 송영(松苓)은 복령(茯苓)의 다른 이름이고, 백편(百篇)은 시경(詩經) 300편을 의미한다. 이선생(李先生)은 고려 예종 때 청평사를 중건한 이자현(李資玄)을 지칭하고 있다. 궁구(窮究)는 속속들이 차고 들어 깊게 연구함을 뜻한다.

김시습은 청평사에서 정회(情懷)를 풀어 놓고 있다. 고려 중기의 문인으로 청평사를 중건한 진락공(眞樂公) 이자현도 불러내고 있다. 문벌과 배경은 있었으나 관직에 욕심이 없었던 진락공. 문벌과 배경은 없었으나 학문은 높았던 김시습. 두 인물이 350년을 사이에 두고 만나 무슨 이야기를 나누었을까?

세향원 남쪽 창에서 시를 읊다

김시습과 청평사를 이야기하려면 **세향원**(細香院)을 빼놓을 수 없다. 김시습이 청평사로 찾아온 시기에 49세 되던 해인 1483년이었다. 김시습이 청평사에 머물 때 지냈던 곳이 세향원이다. 세향(細香)이란 이름은 '잔잔한 또는 은은한 향기'로 풀이할 수 있다. 요란하지 않은 김시습의 자취가 연상된다.

김시습이 세향원에서 남긴 시가 **'제청평산세향원남창**(題淸平山細香院南窓)'이다.
세향원 터는 지형상 뒷산이 높고 가파른 서향(西向)이고, 집 정면은 골짜기와 산기슭이 내려다보이는 동향(東向)이다. 세향원 방에 들어앉아 정면을 바라보고 방향을 잡는다면 오른쪽 벽면이 남향이고, 남창이 있었을 것이다. 바로 그 남창에서 쓴 시이다. 이 시는 칠언율시 2수로 되어 있다.

세향원 터가 '도로에서 10m'라는 안내판

청평산 세향원 남쪽 창에 쓰다〔題淸平山細香院南窓〕: 187

1.
朝日將暾曙色分 (조일장돈서색분)	아침 해 떠오르며 밝은 빛 드러나니
林霏開處鳥呼群 (임비개처조호군)	숲속 흰한 곳 새들은 떼를 불러 우짖네.
遠峯浮翠排窓看 (원봉부취배창간)	먼 봉우리에 뜬 푸른 빛 창 열고 바라보니
隣寺疎鍾隔巘聞 (인사소종격헌문)	이웃 절 조용한 종소리 산 너머에 들리네.
靑鳥信傳窺藥竈 (청조신전규약조)	파랑새는 약 짓는 신선의 소식 전하고
碧桃花落點苔紋 (벽도화락점태문)	푸른 복숭아꽃은 떨어져 이끼에 아롱지네.
定應羽客朝元返 (정응우객조원반)	정히 신선이 조회하고 돌아오는 것에 맞추어
松下閑披小篆文 (송하한피소전문)	소나무 아래 한가로이 작은 도가(道家)의 책 펼치네.

〈번안시조〉

아침 해 돋을 무렵 새벽빛 밝아오니
숲 안개 걷히면서 새들은 짝을 찾고
산 너머, 절(寺) 종소리에 도리천(忉利天)이 열린다

약 짓는 신선(神仙) 소식 파랑새가 전하는데
복숭아 꽃잎 지고 이끼도 아롱지니
신선이 돌아올 시간, 도가(道家) 책을 펼친다

2.
夕陽山色淡還濃 (석양산색담환농)　석양의 산빛 묽은 듯 다시 짙고
倦鳥知歸趁暮鍾 (권조지귀진모종)　지친 새 돌아갈 줄 알아 저녁 종소리 좇네.
碁局不收邀客訪 (기국불수요객방)　바둑판 걷지 않고 찾아온 손 맞으며
丹房慵鎖倩雲封 (단방용쇄천운봉)　선방은 잠가 둔 채 구름 뒤덮기를 기다리네.
方塘倒揷千層岫 (방당도삽천층수)　절 못엔 천 길의 산봉우리 거꾸로 비치고
絶壁奔飛萬丈淙 (절벽분비만장종)　절벽엔 만 길의 물, 곤두박질쳐 날아드네.
此是淸平仙境趣 (차시청평선경취)　이러한 청평산의 신선 지경의 취미인걸
何須喇喇問前蹤 (하수나나문전종)　어이하여 시끄럽게 지난 발자취 물을 건가?

〈변안시조〉

석양의 긴 산빛이 묽은 듯 다시 짙고
지친 새 제집 가려 저녁 종 쫓아가니
선방은 잠가 둔 채로 구름 덮기 기다린다

연못에 천 길 산이 거꾸로 사열하고
절벽엔 만 길 물이 한걸음에 쏟아대니
청평산 신선 지경에 지난 자취 물을까

이 시는 세향원 남쪽 창을 보면서 청평사 계곡을 노래하고 있다. '먼 봉우리'는 청평산이고, '이웃 절 조용한 종소리'는 아마도 청평사의 종소리일 것이다. '절 못'은 영지(影池)일 것이고 또 '절벽엔 만 길의 물'은 구성폭포이다. 청평산 근처의 자연이 신선의 지경이라고 생각하며 '지난 발자취는 묻지도 말라'라고 한다. 아름답고 유적지가 많은 청평사 계곡을 잘 묘사하고 있다.

세향원 터는 어디에 있는가

세향원 터는 청평사 입구에 있는 구성폭포에서 조금 더 올라간 곳에 부도가 있고 이자현

부도 옆(청평사 고려선원 안내도가 있는 곳)으로 조그마한 두 개의 계곡이 합쳐지는데, 두 계곡 사이의 능선을 따라 백여 미터 정도 올라가면 산등성이 가까운 곳에 다소곳이 앉아 있다. 석축은 아직 그 모양이 남아 있는데, 중간은 허물어지

'세향원 터'로 추정되는 청평 계곡의 집터

고, 터 앞과 오른쪽은 약간 넓은 평지가 형성되어 있다. 김시습은 이곳에서 학매(學梅)를 가르치고 책을 읽고 기도한 의미 있는 곳인데, 현재는 방치된 상태이다. 복원(復原)하지 못하더라도 더 이상 훼손되지 않도록 관심을 가져야 할 것이다. 또 안내 표시판이라도 세워 놓으면 얼마나 좋으랴?

지금 길옆에 있는 현대식 건물 '세향원'은 새로 지은 건물로, 청평사 방문객들을 위한 휴식 공간으로 활용되고 있다.

청평 계곡에는 지금도 이자현(李資玄)이 살고 있다

청평사 계곡으로 올라가 보자. 청평사를 다 올라가서 우측으로 회전문(回轉門, 보물 164호)을 보면서 왼쪽 골짜기로 올라가면 식암(息庵)이 있다, 식암(息庵)은 이자현이 청평산으로 들어와 37년간 주로 거처하던 공간이다. 그 규모가 매우 작아서, 무릎을 굽혀야만 머무를 수 있을 정도이며 매월당 김시습은 청평산에 머무를 때 이곳을 좋아해서 가끔 머물렀다고 한다. 김시습은 '**식암연야**(息庵練若)'라는 시를 남기고 있다.

식암의 연야(息庵練若) : 590

寺在烟霞翠壁間 (사재연하취벽간)   사찰은 안개 속 푸른 절벽 사이에 있어
懸崖開鑿架雲端 (현애개착가운단)   벼랑에 바위 뚫고 구름 끝에 세웠네.
風磨松檜搖淸磬 (풍마송회요청경)   바람이 솔을 문질러 맑은 경쇠 흔들고
月映罘罳壓小欄 (월영부시압소난)   달이 담장에 비쳐 작은 난간 누르네.
是是非非將底用 (시시비비장저용)   옳거니 그르거니 어디다 쓰겠는가?
營營碌碌竟何顔 (영영녹록경하안)   이익 따라 남을 쫓은들 결국 무슨 꼴이 되랴
不如仙洞松窓下 (불여선동송창하)   선동의 소나무 창 아래 앉아서
兩卷黃庭仔細看 (양권황정자세간)   두 권 『황정경』을 살펴봄만 못하리.

〈번안시조〉

사찰은 짙은 안개 절벽 사이 숨어 있어
벼랑에 바위 뚫고 구름 끝에 서 있는데
바람이 경쇠 흔드니 달(月)은 난간 비추네

옳거니 그르거니 어디다 쓰겠는가
이익 따라 남 쫓은들 꼴불견 아니던가
선동(仙洞)의 창 앞에 앉아 『황정경』이나 읽으리

연야(練若)는 달리 난야(蘭若)라고도 한다. 난야(蘭若)는 범어 아란야(aranya)를 음역한 아란야(阿蘭若)의 약칭이다. 이 말은 '산림이나 황야'를 말하는데, 그 속뜻은 '출가 수행자들이 조용히 수행하기에 적합한 장소'라는 의미를 지닌다. 경(磬)쇠는 민속 점을 치는 일을 직업으로 삼는 맹인(盲人)이 경을 읽을 때 흔드는 놋 종지 모양의 작은 방울로 경자라고도 한다. 또는 옥이나 돌로 만든 타악기로 아악 연주에서 주로 시작과

청평 식암 암각. 출처 : 청평사

마지막을 알리는 데 쓰이기도 한다. 황정경(黃庭經)은 도가(道家)의 경문 중 하나이다.

청평사 좌측 골짜기를 따라 '청평선동(淸平仙洞)', '척번대(滌煩臺)'를 지나 계곡을 오르면 식암 터이자, 최근 해체한 적멸보궁 터가 있고 뒤편의 암벽에 청평 식암이라고 암각(岩刻)되어 있다. 청평선동 글씨와 함께 이자현(李資玄, 1061~1125)이 썼다고 전해진다.

김시습의 '**선동**(仙洞)'을 읽어보자.

선동에서(仙洞) : 589

細徑縈紆接翠巒 (세경영우접취만)	가는 길이 굽이굽이 푸른 산에 이어졌는데
寒泉倒瀉落琤潺 (한천도사낙쟁잔)	찬 샘이 거꾸로 쏟아져 졸졸 떨어진다.
石床香桂烟霞老 (석상향계연하노)	석상(石床)의 향계(香桂)엔 연하(煙霞)가 짙었는데

玉鼎靈砂日月閑 (옥정영사일월한)	옥 솥 속의 영사(靈砂)엔 해와 달이 한가하네.
龍漢赤明空劫外 (용한적명공겁외)	용한(龍漢)과 적명(赤明)은 공겁(空劫) 밖에 있는데
瑤池玄圃上淸間 (요지현포상청간)	요지(瑤池)와 현포(玄圃)는 상청(上淸) 사이에 보이네.
觀棋竟夕忘歸思 (관기경석망귀사)	온 저녁 바둑 두다가 돌아갈 걸 잊으니
雲遶天壇鶴未還 (운요천단학미환)	구름은 천단(天壇)을 둘러싸고 학은 아직 안 왔네.

〈번안시조〉

가는 길 굽이굽이 푸른 산 이어지고
샘물이 솟구쳐서 분수처럼 떨어진다
향계(香桂)엔 연하(煙霞)가 짙고, 해와 달은 한가하네

용한(龍漢)과 정명(赤明)은 공겁(空劫) 밖에 존재하고
요지(瑤池)와 현포(玄圃)는 상청(上淸) 사이 보이는데
온 저녁 돌아갈 걸 잊고 천단(天壇)에서 기다리네

향계(香桂)는 계피의 일종이다. 적명(赤明)은 왕이 백성을 골고루 보살펴 따뜻한 온기가 전해지는 것을 뜻하며, 요지(瑤池)는 서왕모(西王母)의 거처인 곤륜산(崑崙山)의 연못이며, 현포(玄圃)는 곤륜산(崑崙山)에 있는 신선의 동산이다. 상청(上淸)은 도교에서 우주의 최고 경지를 나타내는 삼청(三淸) 중 하나이며, 천단(天壇)은 북경에 있으며 명·청시대 황제들이 제천의식을 행하던 장소이다. 공겁(空劫)은 사겁(四劫, 세상이 성립했다가 소멸하고 다시 생성되는 성겁·주겁·괴겁·공겁의 네 시기를 가리키는 불교 용어)중 하나이다.

청평사 선동에 누우니 새 울음에 탑 하나 고요하고, 지는 꽃잎, 흐르는 개울물에 나물들도 때를 알아 돋아나고 있었다. 시를 흥얼대며 선동(仙洞)에 있으니, 모든 근심 걱정이 사라졌으리라. 봄의 흥취를 제대로 즐기는 김시습의 모습이 떠오른다. 전체적으로 시어에 도교적 냄새가 강하게 풍긴다.

겨울을 나니, 마음은 떠나고 있었다

김시습의 세향원 삶은 욕심을 채우기 보다는 자연 속에서 자연을 벗하며 더불어 사는 삶을 살았다. 그가 청평사에서 쓴 시에는 아름다운 자연 속에서 속세의 근심을 잊고자 하는 모습과 자연과 혼연일체가 된 심정이 잘 나타나 있다. 김시습은 자신을 나그네에게 비유하기 좋아했고 청평사는 나그네로 치환된 김시습이 살기에는 넉넉하였다. 청평사에는 김시

습의 발자국이 여기저기 찍혀 있다.

스스로를 풀이 해 보다

사실 김시습은 청평사에서 지내는 동안 이런저런 일로 힘들었다. 지난해에는 큰비를 만났는데 올해에는 천연두를 만나서 고생했다. 하여 내년에는 은거지를 옮기려고 마음먹고 있었다.
'자해(自解)' 시(詩)에서는 김시습의 숨은 마음을 드러내고 있다. 읽어보자.

스스로 풀이하며〔自解〕: 613~614

去歲遭天水 (거세조천수)	작년에 빗물을 만났더니
今年遘伯强 (금년구백강)	올해에 천연두를 만나게 됐네.
一身嬰患難 (일신영환난)	한 몸에 근심과 어려움이 얽히어
萬事摠乖張 (만사총괴장)	만사가 모두 다 어그러졌네.
貊國身如寄 (맥국신여기)	맥국에 다 몸을 붙인 것 같아
神都夢可忘 (신도몽가망)	신도에 대한 꿈은 잊을만했다.
明年身若健 (명년신약건)	내년에 몸이 만약 건강하다면
底處可倘佯 (저처가당양)	어디가 노닐 만한 곳이리오?

〈번안시조〉

작년에 큰비 만나 수로에 빠지더니
올해에 역질 만나 집안에 누워 있네
한 몸에 어려움 얽혀 만사형통 힘드네

잇몸을 맥국에다 묻은 듯 하더니만
신도(神都)를 향한 꿈도 잊을 만 하더이다
내년에 건강하다면 노닐 곳을 찾으리

역질(疫疾)은 전염병이다. 신도(神都)는 신의 도시 또는 신성한 도시를 뜻한다.
청평사에 있는 동안, 처음에는 기쁨이 컸으나 차츰 나그네가 되었다. 어쩌면 한시도 마음 놓고 있었던 것은 아닌 듯하다. 학매와 또 다른 제자들을 가르치기는 하였지만 만족하지 못한 듯하다. 부평초처럼 떠나가고 싶을 뿐이었다. 역질도 한몫했다. '내년에 몸이 만약 건강하다면, 어디가 노닐 만한 곳이리오?'라고 반문하고 있다.

나이 오십에 자식 없음을 탄식하다

청평사 세향원에서 1년을 보내고 난 후 1484년 봄이 되었다. 이제 김시습도 나이 오십이 되었다. 새벽 이른 시간에 안개를 뚫고 세향원 언덕을 내려와 청평사 오르는 길에 문득 그동안의 삶이 떠오른다. 나이 오십이라…. 후회가 밀려온다. 어떻게 살아야 잘 살았다고 할 것인가? 만 가지 생각에 잠겨 '**자탄**(自歎)'을 읊조린다.

스스로 탄식하다〔自歎〕: 577

五十已無子 (오십이무자) 내 나이 오십에 아들 하나 없고
餘生眞可憐 (여생진가련) 남은 인생이 정말로 가련하다.
何須占泰否 (하수점태부) 어찌 반드시 운수를 점쳐 가릴까
不必怨人天 (불필원인천) 사람도 하늘도 원망하지는 않으리라.
麗日烘窓紙 (여일홍창지) 고운 해가 창호지에 밝게 비치니
淸塵糝坐氈 (청진삼좌전) 맑은 티끌은 앉은 모포 깔개에 쌓인다.
殘年無可願 (잔년무가원) 이제 남은 목숨 바랄 것도 없으니
飮啄任吾便 (음탁임오편) 먹고 사는 것이야 편한 대로 맡기리라.

〈번안시조〉

내 나이 오십인데 아들 하나 못 두었네
얼마나 남았는지, 남은 생 가련하나
점(占)쳐서 알 수 없는 일, 원망 없이 살리라

아침에 고운 해가 창문 밝게 비추는데
해맑은 티끌 앉은 모포 깔개 모양인데
무엇을 더 바랄건가 편히 음탁(飮啄) 하리라

음탁(飮啄)은 새가 물을 마시고 모이를 쪼는 것을 말한다. 여기서는 먹고 마시는 것은 편한 대로 맡기겠다는 달관된 모습을 보인다.

나이 오십에 아들 하나 없다고 탄식하는 것으로 시작된 시(詩)다. 어찌 그렇지 않겠는가? 오십이면 적은 나이가 아니다. 조선 초기의 평균 나이가 사십 내외였었는데 이미 그보다 10년 정도 더 살지 않았는가? 물론 기력도 예전만 못하였으리라. 두 번 결혼에 실패한 것을 되돌아보며 한편으로는 '가정을 잘 이끌고 범부(凡夫)로 살 수도 있었을 텐데' 하는 후회도 밀려왔을 것이다.

인제 오세암에 들리다

1484년(성종 15년)은 김시습이 50세가 되는 해이다. 춘천에서 자탄(自歎)이라는 시를 쓴 김시습은 봄에 춘천을 떠나 홍천(洪川), 인제(麟蹄)를 지나간다. 이때 오세암에 들린 것이 아닌가 추측해 본다. 아마도 인제에 먼저 갔을 것이다.

즉 춘천에서 배를 타고 출발하여 소양강의 거슬러 올라가서 인제 합강정(내린천과 인북천이 만나는 지점, 합강정은 1676년에 건립되어 김시습 시절에는 없었던 건물이다)에 도착, 홍진포 나루터(합강정 앞에 있던 포구의 옛 이름) 에서 내려 백담사와 오세암을 찾아갔을 것이다. 오세암에서 한 해 겨울을 보낸 김시습은 다시 합강정으로 나오거나 또 다른 길(예를 들면 기린, 상남, 홍천 내촌, 서석 등)을 통해 홍천을 거쳐 평창으로 갔을 것이다.

'오세암에 들렸다'라는 기록을 보자

잠깐, 여기서 김시습이 오세암에 들렸다는 세 가지 기록을 찾아보자.

첫째, 만해 스님이 지은 '건봉사급건봉사말사사적기(乾鳳寺及乾鳳寺末寺事蹟)'의 기록이다.
만해 스님이 지은 건봉사급건봉사말사사적기와 백담사사적(百潭寺寺蹟)에는 "불기(佛紀) 2483년(세조 원년, 1455) 영축사가 불타고, 같은 해 **매월당 김시습이 관음암에 와서 머리를 깎고 치(緇, 승복)를 입었다**"라고 기록되어 있다.
관음암은 643년(선덕여왕 12년)에 자장율사가 지었는데, 꼭 백 년 후인 1643년(인조 21년) 설정이 중건하면서 오세암이라 개칭하였다. 따라서 김시습이 방문하였을 때는 아직 관음암이었다.

그리고 아래 표에서 '1455년 영축사 -재하다'라는 기록이 있는데, 여기서 영축사는 백담사의 다섯 번째 이름(한계사로 시작하여 불에 탈 때마다 절의 터를 옮겼는데, 그때마다 절 이름도 한계사, 운흥사, 심원사, 선구사, 영축사, 백담사로 바뀌었다)이다.

1455년	2483년	조선 세조 원년	올해	영축차-재하다
1455년	2483년	조선 세조 원년	올해	매원 김시습이 관음암에 와 머리를 깎고 승복을 입었다.
1456년	2484년	조선 세조 2년	병자	사승 재익·재화·신열 등이 영축사를 고지의 상류 20리에 증건하고 百潭寺라 개칭하다.

백담사 사적 중 김시습 관련 부분 / 여름날. https://blog.naver.com/dvmhong/70096949813

김시습이 방문했다고 하는 1455년을 전후한 백담사와 관련된 또 다른 기록을 보면 '그러나 1443년에 화재로 다시 소실되었고, 1447년에 옛터의 서쪽 1리쯤 되는 곳에 다시 절을 세우고 영축사(靈鷲寺)라 하였다.'라고 기록되어 있다. 즉 김시습이 방문하였을 때, 백담사는 영축사라는 이름으로 신축한 직후였다.

이 기록에 따르면 김시습은 1455년 단종이 양위하고 세조가 등극하던 해에 오세암으로 출가한 것으로 기록되어 있다. 이는 1483년보다 28년이나 앞선 오세암 방문 기록이다.

둘째, 강원한문고전연구소장 권혁진 박사는 다음(홍천뉴스투데이, 2024.03.11)과 같이 기술하고 있다.

"성종 14년인 1483년, 다시 강원도로 향했다. 춘천 청평사로 들어오면서 시를 읊조렸다. "나그네 청평사에서, 봄산 경치 즐기나니…. 라고 시를 흥얼대며 선동에 들어서니, 씻은 듯이 사라지는 근심 걱정" 봄날 청평사를 찾은 김시습은 시간이 흐르자 조금씩 변화되었다. 나물과 버섯의 맛과 향기를 느끼면서 절로 흥얼거렸다. 가슴속에 맺혀있던 고독과 분노, 근심과 회한은 사라진 것일까? **청평사에 머물던 그는 설악산 오세암을 거쳐 양양으로 향했다.** 노년의 산속 생활은 바람과의 생활이었다. 따뜻한 봄날에 흐르는 구름을 보면서 다시 유랑을 생각했다."

이 글을 보면 김시습은 1483년, 2차 관동 유람할 때 춘천에서 오세암으로 직행하였고, 오세암에서 양양으로 간 것으로 보고 있다.

셋째, 정주동(鄭鉒東)의 『매월당 김시습 연구』에서는 다음과 같이 정리하고 있다.

"춘천에서 머물다가 다시 동쪽 아득한 신주(神州), 관동(關東) 이백리(二百里) 길을 향해 거처를 옮겼다(소양인(昭陽引) 참조). 신주에 이른 시습(時習)은 주로 양양(襄陽), 강릉(江陵) 사이를 소요하면서 **설악산(雪岳山), 한계산(寒溪山), 청평산(淸平山)** 등에 우거(寓居)하였고, 기타 주천대(酒泉臺), 수춘(壽春), 사탄(史呑) 등에 이르렀다.

양양지방(襄陽地方)에서는 **만경대(萬景臺)에 오세암(五歲庵)을 지어 우거지(寓居地)로 삼고** 다소의 산답(山畓)깨나 얻어서 몸소 갈아서 호구(糊口)하였지마는 이것도 흉년(凶年)과 탐관(貪官)들에 의하여 궁색하기 그지없었다.

이때 양양부사(襄陽府使)로 와 있던 유자한(柳自漢)으로부터 두터운 예대(禮待)를 받았다."

백담사의 전신인 한계사지의 위치, 출처 : 월간 산(2016.07.19)

오세암 매월당 영정, 1923년 홍갈로(Charles Hurt) 신부 촬영.
출처 : 네이버 블로그 '여름날'(2017.12.08)

이 시기를 정주동은 배회기(徘徊期, 1483~1493)로 보고 있으며, 그중에서도 관동배회기(關東徘徊期 : 1483~1491)로 보고 있다. 이 시기에 **관동의 여러 곳을 배회하였는데 그중의 한 곳을 설악산 오세암으로 보고 있다.**

그러나 윗글에서 설악산 오세암이라고 한 곳은 내설악 오세암이 아니라 외설악 법수치 검달동 부근 어딘가에 초옥을 짓고, 제자 선행(善行)하고 살면서 오세암이라 칭하였을 가능성도 높다. 더 연구해 보아야 할 것이다.

이런 여러 자료를 종합해 보면 김시습이 오세암에 들린 것은 확실하나 그 시기가 명확하지 않다는 점이다. 들린 시기를 정리해 보면 첫째는 세조 즉위 직후인 1455년, 둘째는 춘천에 머물다 떠난 1483년 전후, 셋째는 법수치 검달동에 은거하던 1486년 전후가 된다. 또 하나 가능성은 위의 세 가지 중에서 두 번, 또는 세 번 다 실현됐을 가능성도 완전히 배제할 수는 없다.

김시습의 '한계(寒溪)' 시(詩)를 감상해 보자

홍천이나 인제에서의 김시습 행보(行步)에 따른 시(詩)나 유적(遺蹟)은 특별히 알려진 것이 없다. 너무 아쉽다. 그런데 유일하게 시 한 편을 발견하여 여기에 제시한다. 이 한시의 근거는 노산의 「설악 행각」으로부터 출발한다.

노산의 **「설악 행각(1933)」**에는 다음과 같은 글이 발견된다.
"대승폭동(大勝瀑洞)을 내려 한계 본류로 나오니 해는 이미 꺼지고, 황혼 속에 흐르는 물소리만 더욱 찹니다. 동쪽으로 '상투봉' 위에 달이 둥실 솟아올라, 나그네 오늘 밤 잠자리를 또 한 번 불안하게 하려 합니다. 나는 문득 불우한 방랑객 매월당(梅月堂)의 **한계시(寒溪詩)**를 읊으며 갑니다."

노산이 읊은 매월당의 한계(寒溪) 시

嗚咽寒溪水 (명연한계수)	목메어 우는 「한계」의 물아
空山日夜流 (공산일야류)	빈 산에서 밤낮 흐르나
夢魂歸未得 (몽혼귀미득)	꿈속에도 돌아 못 가고
飄轉實堪愁 (표전실감수)	떠도는 이 심정 시름에 찼네.

　위 노산의 글을 배경으로 김시습의 오세암 관련 시(詩)를 찾아보았다. '한계'라는 시가 검색된다. 여기서 한계는 인제 한계령의 '한계'로 보아야 한다. 노산도 한계령(寒溪嶺)의 '한계'로 보았다.

　인제 여초서예관의 서예 작품에 있는 김시습의 시 '한계' 전문을 알아 보기 위하여 아무리 검색해 보아도 출전(出典)을 찾을 수 없었다. 그런데 마지막으로 『매월당 전집』을 한 쪽씩 꼼꼼히 살펴보니 제13권 「관동일록」에 '찬 시내에서 - 寒溪 -'라고 번역되어 실려 있었다. 이는 그냥 '한계(寒溪)'라고 해석해 놓아야 맞다. '찬 계곡'을 의미하는 일반 명사가 아니라 '한계 계곡'을 의미하는 고유명사이기 때문이다. 김시습의 시 **한계(寒溪)**를 감상해 보자. 시(詩)의 첫 구가 '오열하는 한계수'다. 즉 찬 계곡을 의미하는 한계(寒溪)가 아니라 한계에 흐르는 '물(水)'을 뜻한다.

한계(寒溪) : 610

嗚咽寒溪水 (명연한계수)	오열하는 한계수는
空山日夜流 (공산일야류)	빈산에 밤낮으로 흐르네.
不能隨俊乂 (불능수준예)	잘나신 인걸들을 따를 수도 없어
且可任優休 (차가임우휴)	또 멈추어 쉼에 몸을 맡기네.
地僻雲牙淨 (지벽운아정)	땅이 궁벽하니 운지버섯 깨끗하고
潭淸石髮柔 (담청석발유)	소가 맑으니 물이끼 부드럽다.
夢魂歸未得 (몽혼귀미득)	꿈속의 넋도 돌아가지 못하고
飄轉實堪愁 (표전실감수)	방랑으로 떠돌며 실로 시름만 견디네.

〈번안시조〉

계곡물 내려치며 오열하는 한계수야
빈 산 지나 밤낮으로 어디로 흘러가나
어차피 임 못 따르리니, 쉬엄쉬엄 가거라

토양이 궁벽하니 운지버섯 깨끗하고
작은 못(潭) 해맑아서 물이끼 부드러운데
혼백은 못 돌아가고 방랑하며 떠도네

한계(寒溪)는 한계령 계곡이고, 준예(俊乂)는 준재, 인걸이다. 운아(雲牙)는 뜻을 잘 알 수 없으나 '운아(雲芽, 운지버섯 싹)로 표현되었다면 운지 버섯을 의미한다. 석발(石髮)은 조류(藻類), 물이끼, 청태, 녹태 등을 통칭한다.

이 시는 김시습이 한계, 즉 오세암 계곡에 왔었다는 유일한 근거가 되는 작품이다. 오세암 등 내설악에서 쓴 김시습의 시는 여러 편 있겠지만 현재로서는 발견되지 않고 있다.

또 이 시가 「관동일록」에 수록되어 있다는 것은, 1484년 김시습 2차 관동 유람 길에 춘천을 떠나 홍천, 인제를 거쳐 평창 독산원, 강릉으로 이동하였다고 했는데, 이때 인제에 들렸다는 강력한 증거가 된다.

홍천을 지나 평창 독산원에 이르다

그러다 보니 어느덧 1485년(성종 16년), 봄이 되었다. 위의 주장이 맞는다면 겨울은 오세암에서 난 셈이다. 오세암을 떠나 오대산으로 향하다가 독산(禿山, 민둥산이라는 뜻)에서 도안(道安) 스님이 1484년 독산원을 중수한 것을 크게 칭찬하며 독산원기(禿山院記)를 써 주었다. 그리고 평창을 떠나 대관령(大關嶺)을 넘어 강릉으로 향하였다.

독산원에서 도안의 공덕을 기리다

독산원은 『신증동국여지승람(新增東國輿地勝覽)』의 기록에 의하면 강릉대도호부에 소속된 원(院) 중의 하나였다. 즉 홍제원(洪濟院), 제민원(濟民院), 대령원(大嶺院), **독산원**(禿山院), 인락원(人樂院), 인부원(人富院), 자인원(慈仁院), 장연원(長淵院), 무응구리원(無應仇里院), 장수원(長壽院), 대제원(大濟院), 송현원(松峴院) 등이 그것이다.

김시습은 독산원을 지나며 도안 스님의 공덕을 찬양하여 기(記)를 써주었다. 이 '독산원기'는 매월당 문집 제21권, '기(記 : 한문 문체의 하나로 사적(事蹟)과 경치를 적은 글) 편'에 수록되어 있다.

그렇다면 독산원은 어디일까? 김시습의 독산원기를 보면 '독산원은 오대산의 남쪽 성오평(省塢坪)의 경계에 있으면서'라고 위치를 설명하고 있다. 그러면 성오평은 어디인가? 오대산 월정사의 스님과 대화를 보면 다음과 같이 설명(오대산 월정사 홈페이지에서)하고 있다.

"국왕 수결(手決) 1457년 8월 14일 어보(御寶). 오대산 아래 10여 리 거리인 성오평(省烏坪) 동쪽 작은 봉우리에 올라 크게 문무과를 거행하니 이렇게 성대한 일은 일찍이 없었다. 과거를 마친 세조는 마침내 대궐로 돌아갔다. 〈중략〉 삼국유사에 실린 글을 참조하면 현재의 월정삼거리인 것 같습니다."

이 자료는 '세조가 오대산을 방문하고 과거시험을 치렀음'을 정리한 글이다. 이 글로 보아 '성오평'은 지금의 오대산 입구 월정삼거리 어디쯤인 것으로 추측해 볼 수 있다.

김시습은 강릉으로 떠나면서 도안 스님에게 **'증도안자고세(贈道安字高世)'**라는 시 한 수를 지어 주었다. '빛을 감춘 채', '만 번이나 크게 웃으리.' 등 크게 칭찬하고 있다.

도안 자 고세에게 주다〔贈道安字高世〕: 177

韜光高世道常安 (도관고세도상안)　빛을 감춘 채 고세(高世)의 도(道) 언제나 편안하리
足躡雲崖萬疊山 (족섭운애만첩산)　구름 언덕 만첩 산을 밟아 가네
此去萬回應自笑 (차거만회응자소)　이번 가면 만 번이나 으레 혼자 웃으리
三淸福地任盤桓 (삼청복지임반환)　삼청(三淸)의 복된 땅에 마음대로 어정대리.

〈번안시조〉

빛 감춘 고세(高世)의 도(道), 언제나 편안하리
구름 언덕 만첩(萬疊) 산을 사뿐히 즈려밟고
혼자서 만 번 웃으며 복된 땅〔福地 : 절〕을 밟으리

김시습은 또 길을 떠난다. 오대산에 얼마나 머물렀는지는 기록이 없다. 지난번 관동 지방 방문(1차 유람) 때에는 상원사 부근에 소당(小堂)을 짓고 머무른 적도 있다. 이번에는 그럴 만한 시간이 없다. 부지런히 강릉으로 향하였다.

사패(詞牌)에 전사(塡詞)하며 강릉을 노래하다

 김시습은 다시 대관령 정상에서 강릉을 바라본다. 대관령은 영서와 영동을 구분하는 지리적 경계이기는 하나, 김시습이 살았던 시대에는 평창 대부분이 강릉대도호부에 소속되어 있었기 때문에 평창부터 강릉이라는 느낌으로 유람했을 것이다.

 특히 2차 강릉지방을 유람할 때는 독특한 한시 작품을 남기고 있다. 즉 기존의 한시 작법에 따라 글을 지은 것이 아니라 사패에 전사하며 노래했다. 따라서 한구(句)의 글자 수가 매우 자유롭다.

악보는 먼저, 작사는 악보에 맞추어 짓다

 그렇다면 사(詞), 사패(詞牌), 전사(塡詞)는 어떤 의미가 있는가. 먼저 사(詞)는 시가 음악과 완전히 분리된 뒤에 노래 가사로 생겨난 한문 문체이다. 그리고 모든 사(詞)는 악보가 먼저 나오고 그다음의 곡에 맞추어 작사하는 방식이다. 당시에 모든 사에는 악보가 있었는데, 이 악보를 사패(詞牌)라고 부른다. 전사(塡詞)는 주로 사(詞)문학에서 사용되는 용어로, 정해진 악보인 사조(詞調)에 가사를 채워 넣는 방식을 의미한다.

 따라서 악보는 사패, 악보에 글을 채워 넣는 것을 전사, 채워 넣은 글을 사라 한다.
 사패 유형에는 여러 가지가 있으나 여기서는 김시습의 시에 붙인 제목에 따라 몇 가지만 알아보자. 첫째, 다른 사람의 시구(詩句) 중 몇 개 글자로 사패를 삼은 경우는 **만정방**(滿庭芳)이라 하고, 둘째, 지명을 사패명으로 삼은 경우는 **팔성감주**(八聲甘州)라 하며, 셋째, 송사(宋詞)의 한 곡조(曲調)인 **강성자**(江城子)가 있고, 넷째, 당나라 때 교방곡의 이름이었다가 사의 곡조 명이 된 **동선가**(洞仙歌), 그리고 다섯째, 조(調)에 맞추어 글자와 리듬을 다듬는 형식인 **석주만**(石州慢) 등이 있다.

 결국 사패는 사(詞)의 내용과는 무관한 곡조적 명칭이므로, 별도로 부제를 붙여 내용에 관계되는 제목을 알리게 된다. 김시습의 작품을 예로 들면 '석주만'은 사패명이고 노래 제목은 '한송정'이며, '동선가'는 사패명이고 '경포'는 노래 제목인 셈이다.
 김시습은 강릉지방에서는 사패(詞牌)에 전사(塡詞 : 중국 송나라 때 유행한 한시의 격식) 하여 경승지에서 감회를 노래한 작품을 다수 남겼다. 한송정(寒松亭)은 석주만(石州慢), 경포(鏡浦)는 동선가(洞仙歌), 화표주(華表柱)는 만정방(滿庭芳), 백사정(白沙汀)은 팔성감주(八聲甘州), 동산관(東山

館)은 강성자(江城子)의 사패(詞牌)를 활용하였다.

「관동일록」작품 중에서도 강릉에서 쓴 시들은 김시습의 시편들 가운데서도 특히 고독한 내면 정서를 짙게 드러내 보인다. 연륜(年輪)은 어쩔 수 없었을까? 곡은 준비되어 있고 곡에 맞추어 작사하다가 보니 그렇게 된 것인가?

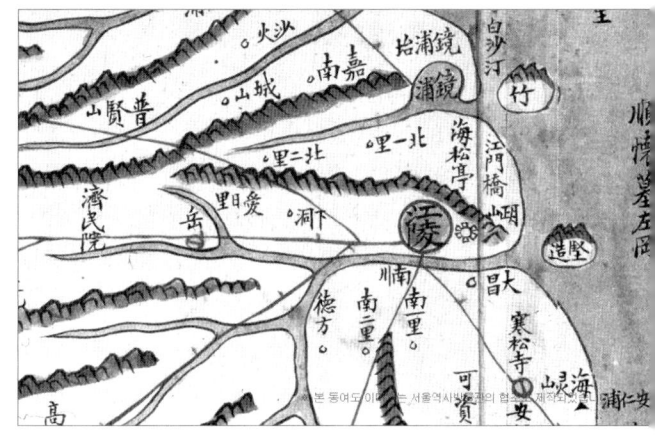

강릉 고지도(동여도, 19C), 출처 : 한국학자료센타 한국학자료포털

'한송정'은 '석주만', '경포'는 '동선가'의 곡에 맞추다

　김시습의 '한송정(寒松亭)' 시를 보자.
　먼저 한송정(寒松亭)의 위치를 알아보자. 동여도(東輿圖, 조선 후기 철종 연간에 제작된 전국 지도)를 참고해 보자. 위 지도를 보면 한송사(寒松寺)가 지도 오른쪽 아래에 있다. 그러니까 당시 관아로부터는 조금 떨어져 있었다. 이 한송사(寒松寺)에 부속되어 있던 정자가 한송정이다.

　석주만 곡조에 한송정 제목으로 쓴 이 시는 16구 시이므로 첫 5구와 끝 5구만 번안한다. 이미 작곡되어 있는 곡조에 맞추어 글을 쓰다 보니 한시 작법과는 많이 다른 글자 수를 이루고 있다.

석주만 곡조(石州慢)로 노래한 '한송정(寒松亭)' : 618

〈첫 5구〉
十里寒聲　　　(십리한성)　　십 리에 찬 바람 소리
蕭颯高低　　　(소삽고저)　　스산하고 높고 낮게
吹我耳側　　　(취아이측)　　내 귓가에 불어오네.
疑聞帝居紅雲　(의문제거홍운)　혹시 상제가 붉은 구름에서
奏彼鈞天廣樂　(주피균천광락)　저 하늘 곡을 연주하는가?

〈번안시조〉

십 리길 걷다 보니 바람 소리 요란하고

공기는 스산하나 높고 낮게 흘러가네
상제(上帝)가 구름 위에서 하늘 곡을 부르나

끝 5구

流年如許	(류년여허)	흐르는 시간 이와 같아
跳丸歲月蹉跎	(도환세월차타)	빠른 세월에 어긋나기만 하니
前人視我今猶昔	(전인시아금유석)	앞 사람이 나를 보면 지금도 옛날 같아
慷慨發長歌	(강개발장가)	강개하게 긴 노래 부르노라니
滿沙汀飛鴨	(만사정비압)	모래벌 가득한 오리 날아오르네.

〈번안시조〉

시간이 빨리 흘러 세월이 어긋나서
사람이 나를 보면 지금도 옛 같은데
긴 노래 부르다 보니 오리 날아 오르네

김시습은 한가로운 해안가에서 동해 경치를 자신과 동일시(同一視)하고 등치(等値)시키면서 한송정 앞 바다 풍경을 표현하고 있다. 마음을 내려놓고 넓디넓은 바다를 바라보면서 무슨 생각을 하며 노래 불렀을까? 그러면서도 '세월이 빨리 가니 매사가 어긋나니'라고 나이 탓을 하고 있다. 노년기에 접어든 것이다.

한송정에서 조금 올라가면 경포호가 있다. 김시습은 동선가 곡에 맞추어 **'경포(鏡浦)'**라는 글을 썼다. 첫 3구과 끝 4구를 번안하기로 한다.
여기서 경포는 경포대(1326년 건립)가 아닌 경포 앞바다이다. 경포 앞바다에 나가 동해의 큰 파도 물결을 보면서 곡조에 맞춰 시를 읊었다. 이때 강릉지방에서 부른 김시습의 노래는 대체로 소식(蘇軾)의 동선가를 화운(和韻, 남이 지은 시의 운자를 써서 답시(答詩)를 짓는 것) 한 듯하다.

동선가(洞仙歌)로 노래한 '경포(鏡浦)' : 619

첫 3구

靑樽白髮	(정준백발)	푸른 술통 흰머리로
畫舸汀洲遠	(화가정주요)	그림배를 타고 물가 모래톱을 빙 둘렀으니
嫌却皇華負年少	(혐각황화부년소)	벼슬길 때문에 젊은 시절 져 버린 것 싫어라.

〈번안시조〉

술통은 푸르르고 머리는 흰색인데
그림배 타고 나가 모래톱 둘러보니
젊을 때 벼슬길 위해 흘린 세월 아쉽다

끝 4구

法駕東巡絲管鬧	(법가동순사관뇨)	법가가 관동을 돌아보니 음악 소리 요란한데
羽葆幢旗前導	(우보당여전도)	새털 일산과 깃발이 앞서서 인도하니
作千古閑談付漁樵	(작천고한담부어초)	천고의 얘깃거리 어부와 나무꾼에게 부치게 되었네.
問亭畔雲霞爲誰繚繞	(문정반운하위수료요)	묻노니, 정자 가의 구름 노을 뉘를 위해 빙 둘러쳐졌는가?

〈번안시조〉

법가(法駕)가 관동 보니 음악 소리 요란하고
깃발과 새털 일산(日傘) 앞서서 인도하네
묻노니, 구름 노을은 누굴 위해 있는가

법가(法駕)는 조선시대, 임금이 거동할 때 타던 수레의 한 가지이다. 우(羽)는 동양음악에서 오음(五音, 궁상각치우)의 하나로 마지막 음이다.

읽으면 읽을수록 김시습의 폭넓은 지적 화수분(貨水盆)에 감복한다. 김시습 때에는 생활 근거지를 옮길 때에는 필요한 서적을 한 수레씩 실어 나르던 시절이었다. 책이 있다고 하더라도 시 한 수를 짓는데 일일이 그 많은 참고서적을 다 뒤질 수는 없지 않았겠는가? 모두 김시습의 머릿속에 있었다고 보아야 한다. 대단한 독서량이고 또한 돌아다니는 도시관이며 조선 최고의 천재다.

'백사정'은 '팔성감주' 곡에 맞추다

이어 **팔성감주**(八聲甘州)로 노래한 '**백사정**(白沙汀)'을 보자.
팔성감주는 사패명(詞牌名)으로 감주(甘州), 소소우(瀟瀟雨)라고도 하며, 원래 당(唐)대의 변새곡(邊塞曲)이었으며 팔성(八聲)으로 노래한다는 의미이다. 사(詞)는 상하 양편(兩片)으로 상

경포해변, 출처 : 강릉시청

편에는 사물의 풍경을 하편에는 서정(抒情)을 나타낸다. 팔성감주의 제목으로 쓴 사(詞)로는 소식(蘇軾)의 팔성감주(八聲甘州)가 대표적이다. 백사정의 첫 4구와 끝 4구를 번안한다.

백사정(白沙汀)은 경포 앞바다의 모래사장이다. 모래가 평평하고 넓게 퇴적되어 만들어진 해안지형을 사빈(沙濱)이라고 한다. 사빈은 오늘날 해수욕장으로 활용되고 있으며 여름철 관광객이 넘쳐난다. 김시습은 사빈이 넓고 길게 펼쳐진 경포 앞바다를 노래했다.

팔성감주(八聲甘州)로 노래한 '백사정(白沙汀)' : 619

첫 4구

海無垠沙汀白	(해무은사정백)	바다는 한이 없고 모래톱은 맑은데
晴光濛濛射殘輝	(청광몽몽사잔휘)	갠 빛 침침하게 남은 빛을 쏘아댄다.
見雙雙白鷗浮沈波際	(견쌍쌍백구부침파제)	쌍쌍의 흰 갈매기가 물결 위에 떴다 잠겼다가 하면서
咬嘎爭飛	(교알쟁비)	서로 울며 다투어 날 음을 보노라.

〈번안시조〉

바다는 끝이 없고 모래톱은 해맑은데
갠 빛이 침침하게 남은 빛을 쏘아댄다
갈매기 휘돌아 놀며 다투는 걸 보노라

끝 4구

望那邊滄波萬頃	(망나변창파만경)	저쪽 바다 물결 일만 이랑 바라보고
顧這般身影淚沾衣	(고저반신영루고의)	이런 몸의 그림자를 돌아보니 눈물이 옷깃을 적신다.
韶光暮底	(소광모저)	봄빛은 저무는데
心獻賦獨待丹墀	(심헌부독대단지)	무슨 심사로 부(賦)를 바치고 홀로 붉은 뜰에 모신 건가?

〈번안시조〉

저 멀리 바다 물결 일만 이랑 바라보며
이 내 몸 그림자를 돌아보고 옷 적시는데
봄빛은 저물어 가니 홀로 뜰에 모신 건가

만경(萬頃)은 백만 이랑이라는 뜻으로 지면이나 수면이 아주 넓음을 일컫는 말이다. 부(賦)는 감상을 느낀 그대로 적는 한시체의 한 종류이다. 이 시는 노래로는 적합할 것 같으나 비유와 의미 확장 등의 요소가 스며들어 시적 해석을 어렵게 하고 있다.

이제 **만정방**(滿庭芳)으로 노래한 '**화표주**(華表柱)'에 대하여 살펴보자. 그런데 강릉에는 화표주가 없고 정선에 있다. 당시에는 김시습이 정선까지 갔다는 기록을 찾을 길이 없으므로 이 글은 소식(蘇軾)의 만정방(滿庭芳, 사패명(詞牌名). 쌍조(雙調) 95자이다)을 화운한 사(詞)로 보아야 할 것이다. 시와 번안은 생략한다.

관향 강릉, 볼거리를 둘러보고 사연도 만나다

잠시 강릉에 머물며 사패에 전사하여 글을 쓰던 김시습은 이런저런 일을 겪으며 강릉 생활을 즐긴다. 기록에 의하면 옥에도 갇히고, 새로운 사람도 만나면서, 계절을 흘려보낸다. 그러나 김시습의 은거지는 강릉이 아니었다. 봄이 되면 다시 떠난다.

강릉에서 떠난 김시습은 동산현을 지나 낙진촌에서 잠시 머물다가 양양 법수치 검달동을 은거지로 삼고 정착한다.

김시습의 강릉이야기를 들어보자.

김시습은 왜 강릉옥벽(江陵獄壁)에 시를 썼을까

김시습은 강릉에 머물 때 강릉 옥(獄)에 갇힌 적이 있다. 어디서 어떻게 무슨 일로 인하여 갇히게 되었는지는 기록이 없어 알 수 없으나 '**제강릉옥벽**(題江陵獄壁)'이라는 글을 남기고 있다. 어쩐 일일까? 강릉옥(江陵獄)은 어디에 있었을까? 당시에는 관아가 있는 곳에 함께 있었을 것이므로 강릉대도호부 감옥에 갇혀 있었을 것이다. 옥(獄)에 오랫동안 있었던 것 같지는 않다. 옥에서 단 한 편의 시(詩)만 남겼기 때문이다.

강릉 옥벽에 시를 쓰다〔題江陵獄壁〕: 115

吁嗟麟也出非時 (우차린야출비시)	아! 아프도다! 기린이 나옴은 제때가 아니니
西狩當年過獵師 (서수당년과엽사)	서쪽으로 사냥 간 그해에 사냥꾼을 지나쳤네.
不是宣尼傷一撫 (불시선니상일무)	공자〔宣尼〕가 슬퍼하여 한번 아니 만졌더라면

千秋萬歲謂麏麋 (천추만세위균미) 영원히 너를 사슴이라 일컬었으리.

〈변안시조〉

기린이 일찍 나와 아프고도 아프도다
서쪽으로 사냥간 해(年), 사냥꾼 지나쳤네
공자가 만졌더라면 사슴이라 했을 텐데

선니(宣尼)는 공자를 의미하고 균미(麏麋)는 고라니이다. 균(麏)은 노루 '균' 또는 떼지을 '군'으로 읽으며 미(麋)는 큰 사슴 '미' 자이다.'

기린은 상서로운 동물이다. 살아있는 풀을 밟지 않으며 벌레도 밟지 않는다. 자비롭고 덕이 높은 짐승이라 생명을 해치는 법이 없다. 김시습은 기린을 자신에게 비유했다. 시대를 잘못 태어난 기린 신세였다고 본 것이다. 아울러 공자님 덕에 풀려났음을 시사하고 있다.

그런데 김시습은 왜 강릉 옥에 갇혔을까? 글쎄다. 알 수 없는 일이다.

강릉에 머물다 보니 새 사람도 사귀었다. 박씨 성을 가진 처사(處士)를 만난 것이다. 처사는 관직에 나가지 않고 초야에 묻혀 지내는 지식인을 뜻한다. 이 정의에 따르면 김시습도 처사다. 그런데 김시습이 박 처사라고 부를 정도면 어느 정도 수준이 맞았다는 이야기가 된다.

1912년 강릉대도호부 객사인 임영관, 출처 : 디지털강릉문화대전

'증강릉박처사(贈江陵朴處士)' 시(詩)는 「관동일록」에 수록된 것이 아니라 『매월당 전집』의 시집 제6권의 '시를 지어 보내다(投贈)'에 수록되어 있다. 「관동일록」이나 「명주일록」이 아닌 곳에 별도로 수록되어 있다는 것은 강릉에 온 적이 더 있다는 것을 시사하는 것이 아닐까?

강릉 박처사에게 주다[贈江陵朴處士] : 84

閱盡人間能幾何 (열진인간능기하) 인간들 가리어 모으면 능히 얼마나 될까

世情隨却宦奔波 (세정수각환분파)		세상 물정 따르며 다시 세찬 물결 배우네.
不如高臥長松下 (불여고와장송하)		큰 소나무 아래 높이 누워 있음만 못하니
大唱商山四皓歌 (대창상산사호가)		상산사호의 노래를 크게 노래한다네.

〈번안시조〉

인간을 선별하면 얼마나 남을 건가
이 세상 물정 따라 세찬 물결 되 배우며
대송하(大松下), 눕기 어려워 상산사호(商山四皓) 노래하네

세정(世情)은 세상 물정, 즉 세속에 관한 마음이며, 상산사호(商山四皓)는 진시황(秦始皇) 때에 난리를 피하여 섬서성(陝西省) 상산(商山)에 들어가서 숨은 네 사람, 즉 동원공(東園公), 기리계(綺里季), 황공망(黃公望), 녹리선생(甪里先生)을 의미한다. 호(皓)란 본래 희다는 뜻으로, 이들이 모두 눈썹과 수염(鬚髥)이 모두 흰 노인이었다는 데서 유래한다.

강릉 박 처사는 누구일까? 아마도 우리의 편안한 이웃과 같으나 글공부를 한 촌노(村老)일 것이다. '가려 모을 사람이 거의 없음을 한탄하며 상산사호의 노래나 크게 부른다'라는 이야기이니, 어디인가로 다시 떠나려는 듯하다. 실제로 곧 떠난다.

동지를 지나, 섣달그믐에 입춘을 기다리다.

강릉은 명승지가 많은 곳이다. 명승지에는 계절에 따라 민속놀이가 많이 이루어지고 있다. 특히 유네스코 인류무형문화유산으로 등재된 '강릉단오제(江陵端午祭)'가 유명하다. 다음 글은 김시습이 강릉에서 **'동지(冬至)'**를 맞아 남긴 글이다.

동지(冬至) : 637
상한 운수를 다시 얻어 그로 인해 사사로운 마음을 시로 짓다(運數得剝而復 因以作詩志之)

1.
至日江陵客 (지일강릉객)		동짓날 강릉의 나그네가
長安憶故人 (장안억고인)		서울의 옛 친구를 기억나게 하네.
一陽今正復 (일양금정복)		모든 양기가 이제 바르게 돌아오는데
千里更誰親 (천리갱수친)		멀리 떨어져 다시 누구와 친해지려나.

小豆煎茶鼎 (소두전차정)	팥을 솥에 달여 차로 마시고
孤燈伴老身 (고등반노신)	외로운 등잔에 늙은 몸을 의지하네.
浮名五十載 (부명오십재)	나쁜 평판의 오십 년에
遇復可能伸 (우복가능신)	다시 만나 펼치기가 가능할는지….

〈번안시조〉

한겨울 동짓날에 강릉의 나그네가
한성의 옛 친구를 기억하고 생각하네
양기(陽氣)가 돌아왔는데 새 친구는 어디 있나

단팥을 가마솥에 푹 달여 차 마시며
외로운 등잔 앞에 늙은 몸 의지하네
오십년 나쁜 평판에 꿈꾸기가 될는지

2.

逢剝多衰耗 (봉박다쇠모)	크게 다쳐 쇠하고 줄어듦이 많아도
今朝喜復來 (금조희부래)	오늘 아침엔 기쁨이 다시 돌아오네.
天心元本靜 (천심원본정)	하늘의 뜻은 첫째 본성이 고요 함인데
物化自相催 (물화자상최)	물건의 변화는 서로 스스로 재촉하네.
希韻生琴調 (희운생금조)	바라는 소리는 거문고를 연주하여 나오고
吹陽動管灰 (취양동관회)	한낮의 바람은 관속의 재를 움직이네.
從知人世事 (종지인세사)	놓으면 알게 되는 사람들의 세상일
亦有笑顔開 (역유소안개)	또한 알리라 명예를 비웃어야 깨우침을

〈번안시조〉

다쳐서 몸 쇠하고 줄어듦이 많다 해도
아침엔 기쁜 마음 다시 또 돌아오네
하늘 뜻, 고요 함인데 세상사(世上事)는 변하네

거문고 연주하니 바라던 소리 나고
한낮의 솔바람은 관회(管灰)처럼 오르는데
놓으면 알게 되는 일, 깨우쳐야 되리라

관회(管灰)는 사물이 점점 피어오르는 것을 뜻하며, 소안개(笑顔開)는 '웃는 얼굴을 펴다' 또는 '미소를 짓다'라는 뜻이다. 일반적으로 기쁨이나 행복을 표현할 때 사용된다.

동지(冬至)가 되니, 강릉의 나그네 김시습은 한성의 옛 친구들이 생각난다. 이 먼 곳에 왔는데 '누구를 알아 친하랴?'라며 반문(反問)한다. 친구 사귀기에는 시간이 필요할 것이다. 혹 십대 중반에 어머님 시묘살이했던 3년 동안, 더러 친구를 사귈 수도 있었을 터인데 그렇지 않았는지 계속 친구 타령이다.

동지에 먹는 팥죽은 팥이 양색인 붉은색을 띠어 음귀를 쫓는 효과가 있다고 믿는 민속신앙으로 발전하여 가정서 널리 활용되었다. 김시습도 팥을 달여 차로 마셨다고 쓰고 있다.

입춘까지는 강릉에 머무르다

추운 한겨울에는 이동하는 것은 매우 불편한 일이다. 영동지방은 영서지방보다는 겨울에 덜 추우나 눈(雪)이 많은 편이어서 때로는 폭설(暴雪)도 온다. 하여 강릉 어디선가 겨울을 나면서 섣달 그믐달을 맞는다. '**객중수세(客中守歲)**'를 읽어보자.

객 중의 그믐밤(客中守歲) : 637~634

守歲身爲客 (수세신위객) 섣달그믐날, 이 몸은 나그네 되어
飄零傍海濱 (표영방해빈) 바닷가에 밀려와 영락해 있다.
屠蘇誰酩酊 (도소수명정) 도소주(屠蘇酒)엔 누가 곤드레 취하였나?
羈旅轉酸辛 (기여전산신) 나그넷길 더욱 신산(辛酸)하여라
舊崇消殘夜 (구숭소잔야) 옛날의 재앙은 남은 밤 동안 사라지고
新禧迓令辰 (신희아령진) 새 복은 좋은 명절에 맞이하잔다
感時警節序 (감시경절서) 시절에 느끼고 절서(節序)에 놀랐지만
不敢問傍人 (불감문방인) 감히 옆의 사람에게 묻지도 못해라.

〈번안시조〉

섣달도 그믐인데 이 몸은 나그네라
바닷가 밀려와서 힘들고 고달픈데
도소주(屠蘇酒) 곤드레 취하니 나그넷길 신산(辛酸)하다

지난해 재앙일랑 남은 밤에 사라지고
새해엔 좋은 명절, 복 많이 맞이하자
그래도 새 절서(節序) 맞아 함께 웃고 가야지

신산(辛酸)하다고 했다. 세상살이가 힘들고 고생스러움을 비유적으로 이르는 말이다. 절서(節序)는 계절의 질서를 뜻한다. 계절이야 사람의 마음을 고려하지 않는다. 정확하게 오고 갈 뿐이다. 도소주(屠蘇酒)는 도라지, 방풍, 산초, 육계를 넣어서 빚은 술이다. 전통적으로 설날 아침에 차례를 마치고 세찬(歲饌, 설날에 차리는 음식)과 함께 마시는 찬술이다. 새해 아침에 도소주를 마시면 나쁜 기운을 물리친다고 믿었으며, 1년 동안 질병에 걸리지 않는다고 여겼다.

섣달그믐이면 누구나 싱숭생숭하다. 김시습도 그랬을 것이다.

동산관(東山館)에서 동해를 바라보다

강릉에서 조금 머물다가 이제 양양으로 향하였다. 양양으로 가는 길에 동산과 낙진촌에 들렸다. 동산은 옛날 강릉과 양양 사이에 있던 작은 현(縣)이다. 강릉에서 옛 동산현 관아가 있던 자리인 동산관에 들린 후 양양 낙진촌으로 향하였다. 왜 동산현만 들렸겠는가? 강릉시 북단에 있는 주문진에도 들렸을 것이고, 매호가 있는 남애도 들렸을 것이다.

동산관(東山館)은 양양(襄陽)의 어디쯤일까?

여기저기 아무리 찾아보아도 동산관은 찾을 수가 없었다. '동산'을 치면 동산 해수욕장이 나온다. 동산해수욕장을 검색하니 동산항도 보인다. 또 관란정도 동산현의 현루(縣樓)이였을 것으로 보여 관란정을 먼저 살펴봤다.

강원문화예술연구소장인 허준구 박사는 '허준구의 신(新) 한시 기행'에서 관란정(觀瀾亭)은 지금의 동산해수욕장과 죽도해수욕장 사이에 있었을 것으로 보고 있다.
"관란정은 아마도 동산현(조선시대 양양의 속현)의 관루(官樓)가 아니었을까 추측된다. 정자에서 동쪽을 바라보면 죽도가 보였으며, 정자 너머 저쪽을 바라보면 태백산맥의 웅장한 자태가 드러난다."

고려 말기 강원도 존무사(存撫使, 조선에서는 관찰사)였던 안축(安軸, 1282~1348)이 지은 관란정 관련 글도 발견된다. "일찍이 고려말에 강원도 관찰사 격인 강릉도 존무사로 온 안축은 강원도 양양군 현남면 동산리에 있었던 관란정에 올라 시를 지어 읊었다."

동산(洞山)에는 고구려, 신라, 고려 그리고 조선 초기까지는 현(縣)이 있었다. 그래서 동산현 남쪽에 있는 면이 지금의 현남면(縣南面)이요, 동산현 북쪽에 있는 면이 지금의 현북면(縣北面)이다.

그런데 지명에서 보면 음은 같은 데 한자가 다르다. 신라, 고려, 조선 때는 동산현(洞山縣), 동산리(洞山里)로 쓰다가, 현재는 동산리(銅山里)로 기록되어 있는데, 김시습은 동산관(東山館)이라고 한자를 다르게 썼다. 아마도 한역(漢譯)하다가 생긴 오류일 것이다.

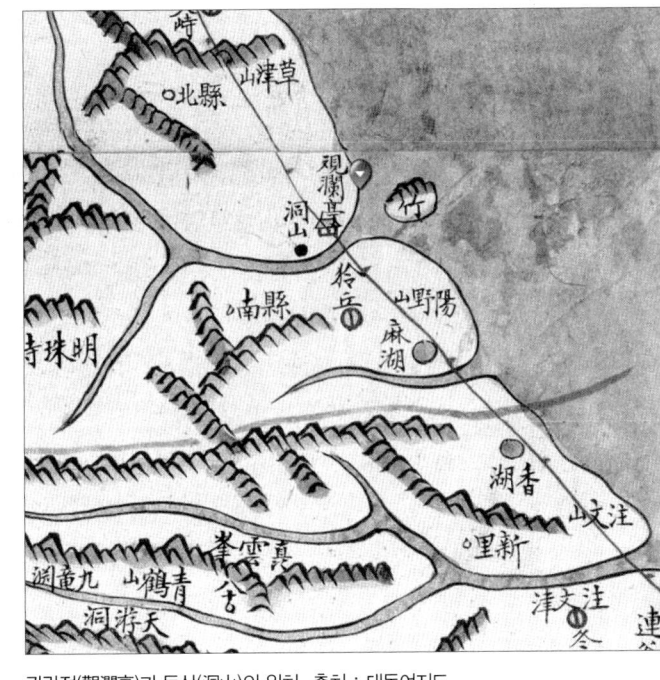

관란정(觀瀾亭)과 동산(洞山)의 위치. 출처 : 대동여지도

김시습이 양양 법수치리에 정착하기 전, 강릉에서 양양 낙진촌으로 이동하면서 옛 동산현 관아가 있던 자리인 동산관에서 한 수 읊었다.

'동산관' 시를 '강성자' 곡에 맞추어 짓다

'동산관(東山館)' 시(詩)는 강성자(江城子, 사패(詞牌) 중 한 종류) 형식의 노래다. 강성자는 원래 당나라 때 주령(酒令, 술자리에서 흥을 돋우기 위한 노래)의 곡조였으며 당 말기에 위장(韋庄)이 처음 곡조에 가사를 붙였다. 처음에는 단조(單調)였다가 소식이 처음 '쌍조(双調)로 변환하였다'라고 한다. 감상해 보자.

강성자(江城子)로 노래한 동산관(洞山館) : 620

海濱孤館接滄溟	(해빈고관접창명)	바닷가의 외로운 집 바다와 접했는데
倚風檻望蓬瀛	(의풍령망봉영)	창문을 의지하여 봉래·영주 바라보니
浩渺滄波數點白鷗輕	(호묘창파수점백구경)	넓고 아득한 바다 물결에 흰갈매기 무리가 날렵하구나!
物外浮沈渠似我	(물외부침거사아)	세상 밖에서 부침하니 그도 나와 같지만
渠不競我忘形	(거불경아망형)	그는 나와 망형(亡形)을 다투지 않는구나.
異鄉千里影伶俜	(이향천리영영빙)	낯선 땅 천 리 길에 그림자가 헤매니
鬢星星眼靑靑	(빈성성안청청)	백발은 성성하나 눈만은 푸르디푸르다.
怪乾坤身世一長亭	(저건곤신세일장정)	괴이해라. 천지간 이내 신세 하나의 긴 장정(長征)인 것이

| 若見安期煩寄語 | (약견안기번기어) | 만약에 안기생(安期生)을 만난다면 말 좀 전해주오. |
| 千日酒與君傾 | (천일주여군경) | 천일주(天一酒)를 그와 더불어 기울이자고. |

〈번안시조〉

바닷가 외로운 집 창파와 접했는데
창문에 의지하여 봉래·영주 바라보니
아득한 바다 물결에 흰 갈매기 날렵하다

세상이 부침하니 우리 모두 같은 처지
사는데 외형이란 다툴 게 뭐 있는가?
낯선 땅 천리길 오니 백발이 성성하네

괴이(怪異)한 이내 신세 긴 장정(長征) 계속되니
안기생(安期生) 만난다면 내 말 좀 전해 주오
천일주(天一酒), 그와 더불어 취하도록 마시리

봉래·영주는 중국 전설에 나오는 삼산(봉래산蓬萊山、방장산方丈山、영주산瀛洲山)을 통틀어 이르는 말이다. 진시황과 한 무제가 불로불사약을 구하기 위하여 동남동녀(童男童女) 수천 명을 보냈다고 한다. 진시황이 삼신산을 찾으려 하는 이러한 배경에는 사전에 어떤 약속이 있었기 때문이라 한다고 하는데 그 약속의 상대가 바로 천년 장수한 신선(神仙) "안기생"(安期生)이다.

김시습은 천년 신선 안기생(安期生)과 술 한잔하고 싶었을 것이다. 또 김시습도 안기생처럼 장수(長壽)를 누리고 싶은 욕심도 없지 않았으리라.

여기서 확인이 안 되는 지명(地名)이 있어 어려움이 있었다. **낙진촌(樂眞村)**이다. 강원도에서 여러 권의 김시습 연구 저서를 출간한바 있는 강원한문고전연구소장 권혁진 박사께 의견을 물어보았는데 낙진촌에 대해서는 명확한 위치를 알고 있지 못하다는 답을 들었다. 매월당 김시습 기념사업회 소종섭 소장과도 통화하였고, 강릉의 알만한 문중에 문의했지만 역시 같은 대답을 들었다. 매우 아쉽다.

낙진촌(樂眞村)에서 산관(散官)과 젊은이들을 만나다.

 강원도에서 발간한『국역 매월당 전집』시집 13권「관동일록」을 보면 김시습의 한시 배열이 백사정(白沙汀)→ 동산관(洞山館)→ 낙진촌(樂眞村) → 양양(襄陽)의 순으로 되어 있다. 작품 배열이 반드시 작품 창작 일시와 순열(順列)이 되어 있는 것은 아닐 테지만 대체로 유람 순서를 지킨 것으로 본다면 낙진촌은 동산관을 지나고 양양에는 못 미치는 지점일 것으로 추측할 수 있다.

낙진촌(樂眞村)은 어디쯤 있었을까

『김시습 호탕하게 유람하다(권혁진 저)』에서는 다음과 같이 말하고 있다.

 "낙진촌이 어디에 있는지는 알 길 없다. 수많은 자료를 찾고 지도를 훑어봤으나 아직 행방이 묘연하다. 시(詩) 속에 마을 모습이 멀리서 보인다. 소나무와 대나무로 둘러싸인 집, 이뿐이다. 동해안에서 쉽게 볼 수 있는 촌가의 모습이다."

 김시습은 동해(여기는 '동해안'의 의미)에서 낙진당을 세운 산관(散官)을 보았으며, 그의 한가한 뜻을 예찬하면서도 곧 조정에 들어가 일하게 되기를 기원하였다. 아마도 그 산관(散官)은 승지를 지내다가 늙은 양친을 봉양한다는 이유로 벼슬을 버리고 이곳에 온 듯하다.

낙진당(樂眞堂)에서 조정에 벼슬하던 재상을 만나다

 강릉에서 출발하여 동산관을 지나 양양으로 가는 도중에 낙진촌이 있었고 그곳에 낙진당이 있었다. 당시로서는 규모가 있던 마을이었다. 왜냐하면 대화가 가능한 젊은이들도 꽤 있었고 산관도 있었기 때문이다. 그곳에서 '**낙진당(樂眞堂)**'이라는 제목의 칠언율시 5수를 지었는데 그중 둘째 수를 보자.

낙진당(樂眞堂) 五首 중 제2수 : 140~141

2.
內外分憂喉舌臣 (내외분우후설신)　임금과 조정에서 벼슬하던 재상
如何投紱臥溟濱 (여하투불와명빈)　어이해 인끈 놓고 동해 가에 누웠는가?
人推不起蒼生望 (인추불기창생망)　밀어도 일어나지 않으시나 창생은 바란다오.

公願無違鶴髮親 (공원무위학발친)　공의 소원은 학 발 양친을 모시는 것
托疾山林陶宰相 (탁질산림도재상)　병 핑계로 산림에 처함은 산중재상 도홍경이고
居貧閑寂晉遺民 (거빈한적진유민)　가난해도 한적함은 진나라 유민 도연명이네
殷勤爲報君須記 (은근위보군수기)　간곡하게 말하오니 그대는 기억하시오.
咄咄今非樂我眞 (돌돌금비낙아진)　지금 본성을 즐길 때가 아닌 것을….

〈번안시조〉

출사(出仕)해 임금님과 국정을 논하더니
어이해 인끈 놓고 동해안에 멈추었나
창생(蒼生)도 양친 부양(扶養)도 다 이루면 좋겠네

병 핑계 앞세워서 도홍경 뒤따르고
가난해도 한적함은 도연명 닮았구나
그대는 꼭 기억하여 나갈 때를 잊지 마오

창생(蒼生)은 세상의 모든 사람을 의미하며, 학발(鶴髮)은 두루미처럼 머리가 백발인 것을 뜻한다. 도홍경(陶弘景, 456~536)은 중국 남조(南朝)의 양(梁)나라 학자이다. 그는 일찍이 구곡산(句曲山)에 은거하여 학업에 정진하였으며, 유·불·도 삼교(三敎)에 능통하였다. 도연명(陶淵明, 365~427)은 41세 때 벼슬을 사임한 후 다시 벼슬에 나가지 않는데, 이때의 퇴관(退官) 성명서가 유명한 「귀거래사(歸去來辭)」이다.

김시습은 산관(散官)이 양친 부양과 쉼도 좋지만, 곧 조정에 복귀하여 나랏일을 잘해 주기를 기대하고 있다.

낙진촌 사경(四境)을 읊으며 취향(醉鄕)에 노닐다

여기서 '낙진촌거사경(樂眞村居四景)'도 읊는다. 낙진촌 네 곳의 경치를 정리한 글이다. 16구 칠언 배율의 시(詩)이지만 사경(四境)을 읊은 시(詩)이기에 4구씩 끊어 번안하도록 한다.

낙진촌 거처의 사경〔樂眞村居四景〕: 620

繞屋扶疎松竹林 (요옥부소송죽림)　집 둘러 퍼진 것이 솔과 대숲인데

間關時聽語幽禽 (간관시청어유금) 꾀꼴꾀꼴 가끔 산새 소리 듣는다
日張睡罷披經史 (일장수파피경사) 날이 길어 졸음 깨자, 경서·역서 펴 보다가
不覺滿庭花雨深 (불각만정화우심) 뜰에 가득한 꽃비가 깊었음을 깨닫지 못하였네.
自作荷筩香沁唇 (자작하통향심진) 스스로 하통(荷筩) 술잔에 따르니 향기 입술에 젖는데
醉香塵世鬪淸眞 (취향진세투청진) 취향(醉香)과 티끌세상 맑고 참됨을 다투누나
分明那箇分眞贗 (분명나개분진안) 분명히 그것은 참과 거짓 감춤인데
柳岸矻人鶯語新 (유안골인앵어신) 버들 언덕에 사람 찌르는 꾀꼬리 소리 새롭다.
風擺高梧動夜砧 (풍파고오동야침) 바람 오동 흔들고 밤다듬이 울리니
秋聲先繞在床琴 (추성선요재상금) 가을 소리 먼저 상금(床琴)에 둘러 있구나
月明長笛來何處 (월명장적내하처) 달 밝은데 긴 피리 어디서 들려오는가?
人在漁磯蘆葦深 (인재어기노위심) 사람은 낚시터 갈대 깊은 곳에 있네.
南窓烘日擁貂衾 (남창홍일옹초금) 남창에 해 쪼이는데 담비 이불 두르고
小篆新裝炷水沈 (소전신장주수침) 소전(小篆) 향로 새로 꾸며 수침향을 피우네.
昨夜堗溫春氣盎 (작야돌온춘기앙) 지난밤 따뜻한 구들 봄기운이 넘치니
一枝梅蘂洩天心 (일지매예설천심) 한 가지의 매화 송이 하늘마음 새어 나네.

〈번안시조〉

집 둘러 퍼진 것은 소나무와 대숲인데
꾀꼴꾀꼴 산새 소리 이따금 찾아오니
졸다가 경서 읽다가 오는 꽃비 잊었네

하통(荷筩)에 술 따르고 입술이 적셔지니
취향(醉香)과 티끌세상 맑고 참됨 다투는데
참·거짓 가리는 일에 꾀꼴 소리 새롭다

오동나무 흔들리고 밤〔夜〕 다듬이 울려대니
가을 소리 상금(床琴) 위에 자리 잡고 앉았구나
갈대숲 깊은 곳에서 사람 혼자 머문다

남창에 해 쪼이고 담비이불 둘러쓰고
소전(小篆)을 새로 꾸며 수침향(水沈香) 피우는데
구들장 봄이 넘치고 매화꽃이 솟는다

하통(荷筩)은 연 줄기에 구멍을 내어 술을 빨아 먹는 술잔이다. 상금(床琴)은 평상에 기댄 거문고, 그리고 소전(小篆)은 한문 글씨인 고전 팔체서의 하나이다. 즉 중국 진나라 시황제

때에 이사가 대전(大篆)을 조금 더 간략하게 바꾸어 만든 글씨체이다. 수침향(水沈香)은 물에 가라앉는 향이라는 뜻으로, 침향의 높은 비중을 나타낸다.

김시습은 동해에 이르러 낙진촌에 머물렀다. 버드나무가 들어선 시내 언덕에 자리 잡은 집 둘레에는 소나무 숲과 대숲이 있었고 산새 소리만 이따금 들리는 곳, 거기서 여러 날을 경서와 역사서를 읽다 졸다 하였다. 그러다 지루하면 취향(醉鄕)에 노닐었다. 한가하고 평화스러운 시간이었다.

동봉육가(東峯六歌)로 파란만장한 삶을 되돌아보다

김시습은 1485년 무렵에 동봉여섯노래(東峯六歌)를 지어 자신의 삶을 회고하였다. 이 시는 자전적(自傳的)인 시인데 동해 양양 부근 낙진촌에서 지었다고 한다. 동봉(東峯)은 김시습의 호이며 수락산 동쪽 봉우리인 만장봉(萬丈峰)을 애호(愛好)하여 그 봉우리를 동봉(東峯)이라고 부르는 것도 모자라 자신의 호(號)로 삼았다. 몇 개의 호 중에서 시(詩)의 제목으로 쓴 것은 동봉(東峯)이 유일하다.

동봉육가는 '11장 김시습의 손을 놓다'에서 자세히 감상해 보기로 한다.

치악산·금오산을 그리워하며 회포(懷抱)를 쓰다

다음 시는 정확하게 언제 썼는지 시기를 명확히 알 수 없는데, 치악산에서 화전(火田)하여 씨를 뿌렸다고 하였다. 그렇다면 이번 유람 중은 아니고 1460년 26세 때의 일이라고 보아야 한다.

그해 봄에 서울을 떠나 용문사, 신륵사 등을 거쳐 치악산에도 들리고 횡성 각림사, 평창, 오대산, 강릉을 거쳐 다시 평창으로 나와 영월에 들렸다가 9월에 「유관동록」까지 엮었으니 매우 바쁜 강행군이었는데, 어떻게 치악산에서 화전을 일구고 씨를 뿌릴 시간이 있었을까?

시(詩) '**서회**(書懷)'에는 '치악산에서 호미로 화전에 씨뿌리고'라고 표현하고 있다. 계절상으로는 봄이다. 그런데 여정(旅程) 상으로는 불가능하니, 글쎄다.

회포를 쓰다〔書懷〕: 84

頭邊歲月苦奔流 (두변세월고분류)	머리 가의 세월은 계속 흘러 달아나
不覺推遷又白頭 (부각추천우백두)	모르는 사이 옮겨붙어 더 흰머리 되었네.
雉岳去年鋤火種 (치악거년서화종)	지난해 치악산에 호미로 화전에 씨뿌리고
鼇岑昔日治春疇 (오잠석일치춘주)	옛날에는 금오산에서 봄 농사를 지었다네.
飮峯啄澗吾生願 (음봉탁간오생원)	골짜기 쪼아 산에서 먹는 것 내 평생 원함이오.
枉道從人已不求 (왕도종인이부구)	사특한 길로 사람들 따라도 이를 구하지 못하네.
更擬好山移住處 (갱의호산이주처)	좋은 산 다시 헤아려 살 곳을 옮기려니
碧雲秋色屬雙眸 (벽운추색촉쌍모)	푸른 구름 가을빛이 두 눈동자에 흡족하네.

〈변안시조〉

세월은 머릿속을 하염없이 흘러가서
어느새 머리칼은 흰머리가 되었구나
지난해 치악산 화전(火田), 더 옛날엔 금오춘농(金鰲春農)

산에서 먹는 것이 내 평생 원(願)함이나
사특의 길〔枉道〕 가는 사람 구하지도 못하였고
살 곳을 옮기려 하니 가을빛이 넉넉하네

금오춘농(金鰲春農)은 조어(造語)이다. 김시습이 옛날에 금오산에서 봄 농사를 지었다 하였기에 저자가 조어(造語)한 것이다. 왕도(枉道)는 정도(正道)를 굽혀 남에게 아첨하는 것이다.

특히 '지난해에는 치악산에서 화전을 하였다'고 하였는데 여러 곳을 검색하여도 은거했던 위치와 시기가 짐작되지 않는다. 치악산 화전 위치는 각림사 주변의 치악산 북쪽 산록(山麓)이 아니겠는가? 추측만 해 본다.

치악산에서 화전을 했던 시기로 가장 가능성이 높을 때는 김시습이 치악산에 들렀던 1460년(26세), 1차 관동 유람할 때이다. 위 시(詩)에서 지난해 치악산에 들러 화전을 하였다고 하였으니까, 이 글을 쓴 해는 1461년이 되는데, 1461년이면 김시습이 한창 호서를 유람하던 시기이다. 앞뒤가 맞지 않는다. 아마도 김시습이 착각한 듯싶다.

그리고 다시 은거지를 옮겨야 하겠다는 뜻을 밝히고 있다. 흰머리가 계속 늘어나서 늙어가면서도 정도(正道)로 남에게 아첨하는 자들도 구하지 못하고 있다고 자신을 꾸짖으며 또 떠날 준비를 하는 것이다.

그리하여
잠시 머물던 **낙진촌**을 떠난다.
마지막 관동 은거지는
양양 법수치리 **검달동**이다.

IX

양양 검달동, 불꽃이 차츰 스러들다

---◆---

- 검달동에 은거하며 세월을 낚다
- 마지막 사랑의 불꽃, 짧은 심지를 불사르다
- 오십 중반에 들어 노년기 현상이 나타나다
- 제자 선행(善行)을 놓아주다
- 검달동의 외로움, 시와 술로 달래다
- 자연의 소리를 들으며, 삶을 돌아보다
- 낙산사 법회(法會), 번민을 보내다
- 벼슬아치는 힐난(詰難)하고, 백성 삶은 걱정하다
- 양양 부사 유자한과 깊게 교유하다

Ⅸ. 양양 검달동, 불꽃이 차츰 스러들다

김시습은 강릉, 동산관, 낙진촌을 거쳐, 1486년(52세, 성종 17년) 양양 현북면 법수치리 검달동에 도착하여 짐을 풀었다. 물론 제자 선행도 동행하였다.

검달동은 김시습의 두 번째 관동 방문에서 유람을 끝내고 5년 내외를 체류해 살면서, 집도 짓고 농사도 지으며 정착 생활을 한 곳이다. 틈틈이 양양군수 유자한과 교류도 하고, 상원사·낙산사 법회에도 참석하였다. 관기 소동라와 사랑도 나누고, 주변의 이곳저곳을 여행하면서 마지막 생을 불태웠던 골짜기가 법수치리 검달동이다. 이곳 작품은 자연의 아름다움과 노년의 고단한 삶, 그리고 과거에 대한 회상이 담긴 글이 주류를 이루고 있다.

이 시기의 해적이를 살펴보자.

1485년(51세, 성종 16년)
- 봄에 오대산을 넘다가 독산원을 지나 강릉에 체류하였다.
- 동산현을 거쳐 낙진촌(樂眞村)에 머물며 동봉여섯노래〔東峯六歌〕를 지었다.

1486년(52세, 성종 17년)
- 양양의 설악 쪽으로 들어가 법수치(法水峙) 부근에 있는 검달동(黔達洞)에 정착하여 농사를 지었다.
- 양양 '만경대(萬景臺)에 오세암(五歲庵)을 지어 우거지(寓居地)로 삼았다'라는 기록도 있다.

1487년(53세, 성종 18년)
- 양양부사 유자한(柳自漢)과 서한을 나누는 등 교류하다.
- 유자한의 청으로 구황책에 관한 상소문을 대신 짓고 유자한에게『장자』등을 가르치기도 하다.
- 유자한이 보내준 여인을 물리치고, 출사를 권유했지만 사양하다.

1487년(53세, 성종 18년)~1490년(56세, 성종 21년)
- 폭천정사에서 부터 함께 한 제자 선행(善行)을 떠나보내다.
- 노쇠함에 대한 시를 많이 지었고, 은일(隱逸)의 답답함〔欸悶〕을 노래하다.

1490년(56세, 성종 21년)
- 가을, 중흥사에 나타나다.

1491년(57세, 성종 22년)
- 봄, 중흥사에 머물다.

김시습이 양양에서 소옥을 짓고 머문 법수치(法水峙)는 '계곡물이 마치 불가 법수처럼 뿜어져 나와 남대천 본줄기 시초가 되어서 붙여진 지명'이라 한다. 그렇다면 김시습이 여기저기 귀동냥해서 찾아들 만하다. 법수가 뿜어져 나오는 골짜기니까…. 그리고 법수치의 '치'는 고개 '치(峙)'다. 주변에 꽤 큰 고개가 있었던 모양이다. 검색해 보았으나 찾지 못하였다.

검달동에 은거하며 세월을 낚다

김시습의 은거 생활은 단순히 한 곳에 정착하는 은거가 아니고 주변을 두루 둘러보는 날이 많은 은거였다. 오대산, 강릉, 설악산, 낙산사, 그리고 오늘날 속초지방까지 두루 다녔다. 이때 기록에는 없지만 삼일포와 총석정에는 다녀왔는지도 모르겠다. 다만 '관동의 명산'이라는 제목의 시에서는 삼일포와 총석정을 다녀온 듯한 표현이 있다.

양양부사 유자한과의 교류도 많았다. 오십도 중반이라는 나이는 조선 초기로서는 장수하는 축에 속하였다. 하여, 고령은 어쩔 수 없는지 건강에 문제가 나타나기 시작하였다. 검달동에 있는 동안 제자 선행도 떠났다. 다시 혼자가 된 것이다.

이 시기의 작품은 주로 『매월당 전집』 14집 「명주일록(溟州日錄)」과 15권 「잡부(雜賦)」에 수록되어 있다.

한편, 「명주일록」은 주로 양양의 현북면 법수치리에서 은거하면서 쓴 작품이니까 '양양일록(襄陽日錄)'이라고 했으면 어땠을까 하는 마음이 없는 것도 아니다.

검달동에 은거하며 작은 방랑을 즐기다

낙진촌을 떠난 김시습은 양양군 현북면 법수치리로 간다. 김시습은 낙진촌과 법수치리에서 지방 젊은이들에게 육경자사(六經子史)를 가르쳤는데, 육경(六經)은 시경(詩經), 서경(書經), 주역(周易), 예경(禮經), 낙경(樂經), 춘추(春秋)이며, 자사(子史)는 제자서(諸子書)와 사서(史書)를 의미한다. 아울러 시와 문장을 벗 삼아 유유자적한 생활을 보냈다.

검달동 김시습 집터. 출처 : 21c 부여 신문(2014.10.21)

양양군 현북면 법수치리 법수치 계곡의 정식 하천 이름은 양양 남대천이다. 강릉 부연동에서 흘러온 물줄기와 오대산 자락의 응복산, 만월봉, 복룡산 등 세 개의 산에서 발원하는 물줄기가 만나 어성전천(魚成田川)으로 향하는데 그 길이가 11㎞이다. 우리나라 하천은 지형적 특징으로 북에서 남으로, 동에서 서쪽으로 흐르는 것이 일반적인데, 법수치 계곡은 특이하게 남서쪽에서 동북쪽으로 흐른다.

김시습은 왜 검달동으로 갔을까

김시습은 왜 이 깊은 산속을 거처로 정했던 것일까. 돌이켜보면 경주 금오산 용장사, 수락산 폭천정사, 청평사 세향원 등 김시습이 머물던 곳은 주변에 물이 흐르고 비교적 산이 깊다는 공통점이 있다. 검달동도 그렇다.

그렇다면 김시습은 왜 검달동을 은거지로 삼았을까? 불가와의 관련이나 유자한과의 인연을 눈여겨볼 수도 있으나, 이 책 '02장 어머님을 강릉으로 모시다'에서 이미 제시한 고려대 심경호 교수의 글(김시습 - 천재의 광기, 매월당집과 금오신화, 2015.10.26.)이 눈에 띈다. 심경호 교수의 논문에는 "그의 어머니가 죽자, 병으로 몸이 약했던 그의 아버지는 양양의 농장으로 가족을 거느리고 내려가서 다시는 그를 서울로 보내지 않았다. 어린 시습은 3년 동안 관례대로 어머니의 묘소에서 복상했는데, 이 기간을 채 마치기도 전에 외할머니마저 세상을 떠났다."라는 부분에 주목하지 않을 수 없다.

이글을 보면 김시습이 '삼 년 시묘살이'를 한 곳이 강릉이 아닌 '양양'이었으며 그곳에 '농장이 있었다'라는 이야기가 된다. 이렇게 되면 김시습이 이번 두 번째 관동 유람길 끝에 은거한 곳이 왜 '양양'이었는지에 대한 의문은 저절로 풀린다.

영조 때 편찬된 『여지도서(輿地圖書, 조선 영조 연간에, 왕명으로 각 읍에서 편찬한 읍지를 모아 55책으로 편찬한 전국 읍지)』에는 "(검달동은) 부의 남쪽 80리에 있다. 김시습이 집터를 가려서 거처한 곳이다. 동구(洞口)에는 영지(領地)가 있는데, 전하는 말에 오세동자가 채취(採取)하던 곳이라고 한다"라고 기록되어 있다. 김시습이 검달동에 은거한 것이 사실이라는 기록이다.

검달동에 자리 잡은 김시습은 먼저 집을 지어야 했다. 집이라야 얼기설기 엮어 눈비나 피하고 책이 젖지 않을 정도였을 것이다. 산골짜기라 논이 있었을 리가 만무하다. 하여 띠풀을 이용하여 지붕을 이었을 것이다. 세월이 흐르면서 조금씩 집 모양을 갖추었으리라.

오대산 상원사 법회(法會)에도 수시로 다녀오다

김시습은 양양에 사는 동안 수시로 오대산 상원사에도 다녀왔다. 특히 양양 법수치에서 상원사 가는 길은 생각보다 가깝다. 오늘날의 연곡을 지나 진고개를 넘으면 바로 지척(咫尺)이다. 또 산을 타고 가도 한나절도 안 걸린다. 자주 다녔으리라. 하여, '**제상원사**(題上院寺)'를 남긴다.

아마도 먼저 오대산에 은거할 때 상원사 부근에 지었던 소옥(小屋)이 그대로 남아 있었다면 더 자주 다녔을 것이다. 감상해 보자.

상원사에서 쓰다〔題上院寺〕: 621

踪跡猶如水上萍 (종적유여수상평) 종적은 물 위의 부평초와 같으나
雲山只可送餘生 (운산지가송여생) 구름산만은 여생을 보낼 만하네.
自憐形影徒相吊 (자련형영도상적) 몸과 그림자 서로 위로하는 것이 서글프나
端喜林泉是處情 (단희임천시처정) 숲과 샘이 정 둘만 함을 기뻐하노라.
遣悶譏除庭草色 (견민만제정초색) 근심 없애려 뜰의 풀 되는대로 제거하고
牽愁厭聽砌蛩聲 (견수염청체공성) 수심 일으키는 귀뚜라미 소리 실컷 듣네.
明朝若入紅塵去 (명조약입홍진거) 내일 아침 만약에 홍진세계로 들어간다면
應落人間得失評 (응낙인간득실평) 인간들의 득실(得失) 비평에 떨어지리라.

〈변안시조〉

종적(踪跡)은 연못 위의 부평초 같은 신세
구름산 언덕 아래 여생을 보내볼까
영육 간 위로(慰勞) 서글퍼 정(情) 둘 곳을 찾노라

근심을 없애려고 뜰의 풀 제거하고
수심을 일으키는 벌레 소리 실컷 듣네
내일의 홍진세계는 득실평(得失評)에 떨어지리

종적(踪跡)은 발자취 종(踪)과 발자취 적(跡)의 합작이니 발자취를 의미하고, 홍진(紅塵)은 속세를 이르는 말이다.

아마도 검달동에 있다가 상원사에서 밤을 보내자니 자연의 힘이 엄습해 왔을 것이다. 하여 '내일 아침 만약에 홍진세계(紅塵世界, 어지럽고 속된 세상을 가리키는 말)로 들어간다면 인간들의

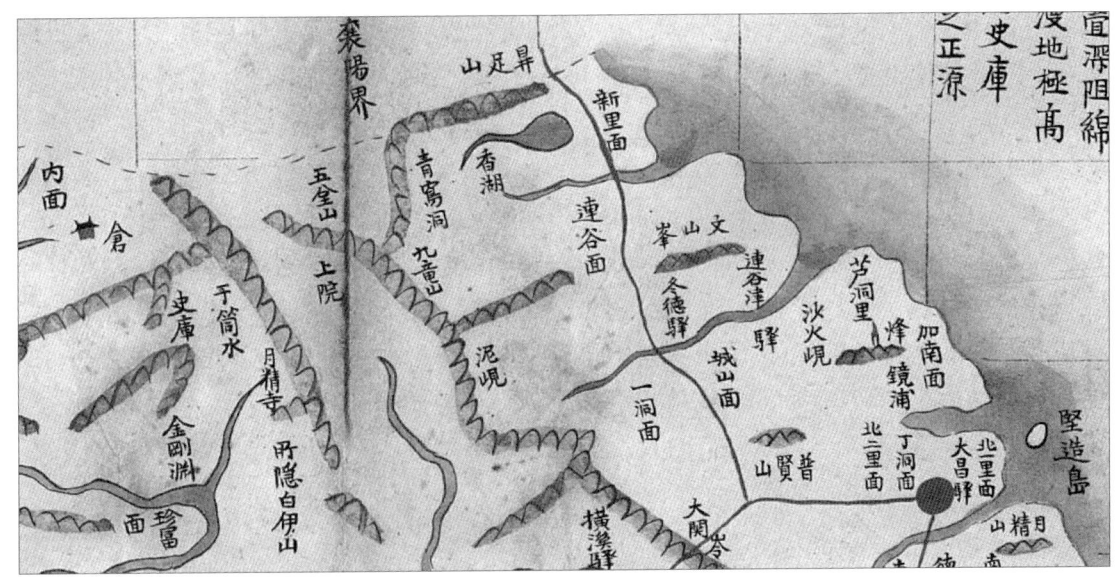

오대산 부근. 출처 : 고려대 도서관 고지도 컬렉션

득실 비평에 떨어지리라.'라고 염려 반 기대 반에 머무르고 있는 김시습의 안타까운 심정을 발견하게 된다.

법수치리에는 김시습의 어떤 흔적이 남아 있을까

강릉시 연곡면 삼산리 두로봉 동쪽 계곡에서 시작하여 양양을 남북으로 길게 굽이쳐 동해로 흘러드는 남대천 최상류에서 오대산 북쪽의 법수치 계곡을 만난다. 주소는 양양군 현북면 법수치리다. 남대천 물줄기를 따라 기암절벽과 투명한 계곡물을 감상하며 20여 리를 넘게 상류로 오르면, 마침내 어성천 법수치마을에 닿는다. 한때 현성초등학교 법수치분교가 있었는데 2007년에 학생 수 감소로 폐교되었다.

59호 국도를 따라 대승폭포(대승폭포는 인제에도 있다)를 지나면 있었던 검달골(黔達谷)은 지금은 굴아우골이라 한다. 『양양문화』에 의하면 이 계곡 언덕에 전에 '안현준'이라는 사람이 살던 집터가 김시습이 머물던 집터라는 설도 있음을 소개하고 있다.

조선 중엽 이해조(李海朝, 1660~1711)가 1709년 2월(숙종 35)에 양양 부사로 부임했다. 그는 재임 시 양양의 아름다운 명소 30곳을 엄선하여 '현산 30경'이라는 시문을 남겼는데, 그 중 제23경, 24경, 28경에 김시습 관련된 기록을 남기고 있다(양양문화 21호, 2010).

"제23경 봉정암(설악산) 편 서문에 '봉정(峯頂) 아래 이십 리 정도에 십이폭포가 있고, 서쪽엔 매월당 김시습(梅月堂 金時習)이 살던 옛터가 있다.'라고 하였고, 제24경 사림사(沙林寺 : 선림원지(禪林院址) 편에 '절 앞의 돌비에는 곧 『매월당집(梅月堂集)』에 왕희지(王羲之)의 글자체로 홍각선사(弘覺禪師)의 행적을 기록했다.'라고 했고, 제28경 검달동(黔達洞) 편에 '검달동은 부의 남쪽 팔십 리 아주 험준한 산골에 있다. 첩첩한 산봉우리가 빙 둘러 안고 있어 인적은 드물다. 매월당 김시습이 옛날 수년간 수학하며 은거하던 곳으로 살던 터는 아직 남아 있다. 속세에 전하기로는 오세의 어린 동자가 살던 터라 한다.'라는 기록이 있다. 이해조는 김시습의 검달동 터에 대한 시(詩) '**검동황허**(黔洞荒墟)'도 남기고 있다. 매월당이 살던 검달동의 소옥(小屋) 터가 황폐해져 있음을 노래하고 있다. 시문만 소개한다.

이해조의 검달동 황폐한 터〔黔洞荒墟〕

知君本淸寒 (지군본청한)	그대는 아는지 매월당의 본성을
卜地焉取黔 (복지언취검)	살 곳을 고르다 검달동을 택했구나.
猶傳五歲童 (유전오세동)	오세 신동이 전하는
不死千年心 (불사천년심)	마음은 천년을 이어가네.
悽悽采薇歌 (처처채미가)	고사리 캐던 구슬픈 노래
後世誰知音 (후세수지음)	후세에 누가 그 소리 알리.
空餘小梅月 (공여소매월)	매월당의 작은 집터만 남았는데
掩暎五柳陰 (엄영오류음)	다섯 그루 버들이 빛을 가렸구나.

이해조가 법수치리 검달동에 관하여 쓴 시(詩)다. 이 글은 김시습이 이곳을 떠난 지 120여 년이 지난 후에 쓰인 글인데 그때까지는 김시습 흔적이나 전해지는 이야기가 많이 남아 있었다는 이야기가 된다.

이런 기록들로 보아 김시습이 검달동에 머물렀던 것은 확실하다. 시(詩)로나마 김시습이 남아 있어서 다행이다. 그러나 유물·유적은 아직 발견되지 않고 있다. 김시습의 은거지는 돌〔石〕을 활용하여 도구를 만들고 건축물을 지은 것이 아니고, 주로 나무〔木〕나 흙〔土〕으로 지은 초옥(草屋)이었을 것이기에 흔적을 발견하기란 쉽지 않으리라.

마지막 사랑의 불꽃, 짧은 심지를 불사르다

김시습에게 여인(女人)은 모두 다섯 명 정도를 생각해 볼 수 있다. 맹모 같은 어머니와 어려서부터 어머니와 함께 보살펴 주셨던 외할머니, 그리고 세 여인이다. 첫 번째 아내 남씨와 두 번째 아내 안 씨 그리고 양양 기생 소동라가 그들이다.

김시습에게 큰 영향을 주셨던 어머니와 외할머니는 김시습이 이십이 되기 전에 돌아가셔서 김시습이 안정적으로 살아가는 데는 매우 아쉬운 일이다. 두 아내와의 삶도 일이 년을 넘기지 못하고 인연을 멀리하였다. 그렇다면 양양 기생 소동라(所冬羅)와는 어땠을까?

사랑의 현산(峴山) 꽃 한송이, 소동라를 노래하다

소동라(所東羅)는 양양도호부(양양의 옛 이름이 현산(峴山)이다)에 소속되어 있는 관기로 서른한 살의 현수(絃首, 기생 중에서 우두머리 기생을 이르던 말)였다.
그런 관기 소동라를 김시습은 뜨거운 눈으로 보면서 현산의 꽃떨기를 노래〔詠峴山花叢〕했다. 이 시는 미인을 읊은 향렴체(香奩體) 시다. 김시습은 이 외에도 기생을 읊다〔詠妓〕, 아름답고 고운 것을 예쁘게 여겨서〔美美艶〕, 향렴체 꽃을 읊었다〔香奩體咏花〕, 추한 꽃을 읊는다〔咏醜花〕 등 '꽃' 즉 여인에 관한 시(詩)를 남기고 있다.

김시습의 시 **'영현산화총(詠峴山花叢)'**은 모두 20수이다. 여기서는 1, 6, 9, 10, 14, 20수 등 6수를 번안하기로 한다. 김시습의 마지막 뜨거운 사랑을 온몸으로 느껴보자.

현산의 꽃떨기를 노래하다〔詠峴山花叢〕: 699~702.

1수
金釵玉面照羅幃 (금채옥면조라위)　얇은 장막 그 너머 그림 같은 모습
粉汗凝香細褪衣 (분한응향세퇴의)　분 냄새 땀 냄새 살짝 옷에 배고
故作妬嬌顰蹙態 (고작투교빈축태)　사랑이 겨워서 얼굴을 찡그리니
傍人錯道笑楊妃 (방인착도소양비)　남이 보기에는 양귀비가 왔다 하리.

〈번안시조〉

얕은 담 장막 너머 그림 같은 그녀 모습
분 냄새 땀 냄새가 옷에 살짝 배어 있고
사랑에 눈으로 보니 양귀비가 여기 있네

6수
墻花路柳驛亭梅 (장화노류역정매)　　임자 없는 꽃 길가의 매화
折朶攀條幾度回 (절타반조기도회)　　가지 채 꺾어보기 한두 번인가?
嘉爾對人能有語 (가이대인능유어)　　사람을 보면 말하는 꽃이여
靚粧新髻爲君來 (정장신계위군래)　　상투를 새로 짜고 그대 찾아왔네.

〈번안시조〉

길가에 임자 없는 매화꽃 피었는데
가지 채 꺾어보기 여러 번 하였도다
말하는 예쁜 꽃이여, 단장하고 찾노라

9수
不施脂粉媚人情 (불시지분미인정)　　단장하지 않은 얼굴도 사나이 마음 홀리거늘
堪聽嬌多笑罵聲 (감청교다소매성)　　앙탈마저 밀어라니 견딜 수가 있나.
最愛睡覺扶侍女 (최애수각부시녀)　　즐겁기는 자다 깨어 다시 사랑하는 것
方知美態自天生 (방지미태자천성)　　미녀는 아무래도 하늘의 작품일레

〈번안시조〉

꽃단장 않았어도 사나이 마음 홀려
앙탈도 밀어(密語)라니 견딜 수 없더구나
자다가 또 사랑하니, 하늘 작품 미녀로다

10수
羅衫風擺露香肌 (나삼풍파로향기)　　바람결에 적삼 열려 살 내음도 향기로이
堪愛窓前刺繡時 (감애창전자수시)　　창가에서 수놓는 모습 그만이어라.
繡倦停針伸欠後 (수권정침신흠후)　　수 놓다가 쉬면서 하품하며
襄陽歌者峴山兒 (양양가자현산아)　　양양을 노래하네. 현산의 사나이

〈번안시조〉

바람결 열린 적삼 살 내음 향기롭고
창가에 놓은 수(繡)가 참으로 곱고곱다
쉬면서 양양 노래하는 나는 현산 사나이

14수
江陵早發到襄陽 (강릉조발도양양)　　　강릉을 바삐 떠나 양양에 오니

千古風流取次情 (천고풍류취차정)　　풍류의 멋도 새삼스러울새
偶入花叢看一朶 (우입화총간일타)　　꽃밭에 들어가 그중의 한송이
嫣然欲笑百媚態 (언연욕소백미태)　　한 번의 미소로 백 마디를 속삭이네

〈번안시조〉

강릉을 바삐 떠나 양양에 도착하니
옛 풍류 멋이 있고 새 풍류 흥미롭다
그대는 한송이의 꽃, 꽃 미소로 속삭이네

20수
風流落落政難禁 (풍유낙낙정난금)　풍류가 낙낙한 게 정히 금하기 어려운데
醉入花叢深復深 (취인화총심복심)　취해서 꽃밭으로 깊고 또 깊이 들어가서
認爾據床相對笑 (인이거상상대소)　홀연히 평상에 걸터앉아 서로 보고 웃었으니
丈夫本自輕千金 (장부본자경천금)　대장부 본래부터 천금을 가볍게 여김일세

〈번안시조〉

풍류가 낙낙(落落)하여 참기가 어렵기에
취해서 꽃밭으로 깊숙이 들어가서
홀연히 마주 웃으니, 천금(千金)보다 가볍네

이 글을 쓴 그날, 김시습은 강릉에서 일찍 떠나 양양으로 돌아와 동헌 바로 앞에 있는 잔디밭에서 술자리를 벌인 모양이다. 물론 소동라도 나왔다. 이 자리에서 매월당은 위의 시 '현산의 꽃떨기를 노래함'이라는 제목의 한시 20수를 지었다.

이 중 10수에서 '바람결에 적삼 열려 살 내음도 향기로이 ~ 양양을 노래하네. 현산의 사나이'라고 읊으며 양양과 소동라에 대한 짙은 애정을 나타냈고, 이어서 14수에서 '강릉을 바삐 떠나 양양에 오니 ~ 꽃밭에 들어가 그중의 한송이'라고 노래하였으며, 마지막 20수에서는 '취해서 꽃밭으로 깊고 또 깊이 들어가서 ~ 대장부 본래부터 천금을 가볍게 여김일세'라고 읊었다. 소동라에 대한 뜨거운 사랑을 고백한 것이다.

세 번째 사랑도 행복한 결말은 아니었다

그러나 이 사랑도 오래가지는 못하였다. 김시습은 후세를 이을 아들을 원하였지만, 소동

라는 그런 뜻이 전혀 없었기 때문이다. 소동라도 30세가 넘었지만, 김시습은 무려 50세가 넘었다. 둘의 나이도 걸림돌이 되었을 것이다. 양반과 기생 사이에 낳은 자식은 천민인 얼자(孽子)가 된다. 천민의 신분으로 얼마나 복되게 살 수 있겠느냐는 생각도 했을 것이다. 또 소동라가 보기에는 김시습은 시(詩)를 멋지게 짓고 읊으며 풍류를 즐길 줄은 알지만, 벼슬도 없고, 재산도 없었기에 주저하였을 것이다. 그때나 지금이나 경제력은 삶의 질을 유지하는데 불가피한 요소였다.

이렇게 하여 김시습에게 세 번째 여인도 떠나갔다. 18살에 장가들었던 첫 번째 아내인 남 씨는 1년여 만에 사망하여 이별하였다. 두 번째 아내 안 씨는 47살에 결혼하였으나 이 또한 일 년여 밖에 지탱하지 못하였다. 세 번째 여인은 양양 기녀 소동라인데, 사랑은 했지만 이루어지지는 못하였다. 이처럼 김시습에게 결혼이나 연애는 행복으로 이어지지 못하였다. 이 또한 김시습에게 아픔으로 남았다.

나는 노년기 김시습과 '소동라'의 사랑을 응원한다. 그러나 사랑은 이상이 아니라 현실이었기에, 더욱이 계급 사회, 남녀불평등의 성리학적 세계였기에, 게다가 너무 늦게 만났기에, 뜨거웠지만 결실을 보지 못하였다. 혹 하늘에서는 맺어졌을까?

김시습은 '웃음'을 글로 쓴 시인이다

김시습의 '서소(書笑)'라는 시가 다가온다. 오언율시 2수로 되어 있다. 웃음을 쓸 수 있는 시인은 김시습 외에 또 누가 있을까? 그런데 '웃음을 읽으면서도' 가슴이 저리는 듯한 아픔이 다가오는 것은 웬일까?

웃음을 쓰다(書笑) 二首 : 646

1.
板屋如轎小 (판옥여교소)	판잣집은 작은 가마와 같고
矮窓闔不開 (왜창합불개)	난쟁이 창문 문짝은 열리지 않네.
階前鼯出沒 (계전오출몰)	섬돌 앞엔 날다람쥐 출몰하고
簷外鳥飛回 (첨외조비회)	처마 밖에는 새들이 날며 돌아오네.
蕎麥和皮擣 (교맥화피도)	메밀과 보리를 합하여 찧어 벗기고
蔔根帶葉檑 (봉근대엽뢰)	순무 뿌리는 잎을 두른 무기 같구나.
和羹作餺飥 (화갱작발탁)	보리떡 수제비 만들어 함께 끓여서

喫了笑哈哈 (끽료소해해)　먹기를 마치고 비웃듯 즐기며 웃는구나.

〈번안시조〉

산골짝 판잣집은 조그만 가마 같고
난쟁이 창문 문짝 삐걱대며 열리는데
섬돌엔 다람쥐 놀고 처마 밑엔 새가 드네

메밀에 보리 넣고 곱게 찧어 벗겨내고
무 뿌리 무기(武器)처럼 잎을 둘러 장식하여
보리떡 만들어 먹고 비웃듯이 즐긴다

2.
鼠竊翻陶器 (서절번도기)　쥐들은 날듯이 질그릇을 훔쳐 가고
烏爭落板簷 (오쟁낙판첨)　까마귀는 다투다 판자 처마에 떨어지네.
日長唯有睡 (일장유유수)　해는 길어 오직 졸음만 있으니
風靜可無簾 (풍정가무렴)　가히 주렴을 무시하듯 바람은 고요하네.
盤饌唯沈菜 (반찬유심채)　소반의 반찬은 오직 오래된 나물에다
床排只海鹽 (상배지해염)　다만 바닷물에 절인 걸로 음식상을 갖추네.
莫思多重味 (막사다중미)　더 좋은 맛을 삼가 생각지 말고
下筯太廉纖 (하저태렴섬)　매우 검소하게 아끼며 젓가락을 내리네.

〈번안시조〉

쥐들은 날아가듯 질그릇 훔쳐 가고
까마귀 다투다가 처마에서 떨어지니
긴 해는 졸면서 넘고 솔바람도 숨는다

소반의 찬이라곤 오래된 나물에다
바닷물에 배추 절여 음식상 차렸으니
좋은 맛, 생각 말자며 젓가락을 접는다

뢰(檑)는 '무기 이름 뢰'로 나무를 원기둥 모양으로 깎아 높은 데서 밑으로 굴려서 적을 막는 데 쓰이는 일종의 무기이다.

'판잣집', '난쟁이 창문', '보리떡 수제비' '오래된 나물', '바닷물에 절인' 등의 비유 속에 빈곤한 삶을 비추면서 '먹기를 마치고 비웃듯이 즐기며 웃는구나', '좋은 맛 생각지 말고'라고 하였다. 글에 가난이 스몄으나 낙천적인 것은 여전하다.

오십 중반에 들어 노년기 현상이 나타나다

이때쯤이면 오십을 넘긴 김시습에게 여기저기 건강에 적신호가 켜지기 시작하였다. 오십이 넘었으니 이미 김시습은 장수하고 있는 셈이다. 그래서 옛말에 '이십 전(前) 자식 삼십 전(前) 재물'이라고 했고, 또 60살이 되면 오래 살았다고 환갑(還甲) 잔치도 했다.

김시습은 십대 후반에서 이십대 초반에는 사랑하는 사람들이 한꺼번에 떠나갔고, 이십대와 삼십대는 유람으로 세월을 낚았으며, 사십대에는 꿈이 덧없이 스러졌고, 이제 오십대에는 소동라와의 사랑도 물거품처럼 사라지더니, 제자 선행도 떠나갔다. 이럭저럭 몸이 아프니 마음도 지쳐갔다.

기본적인 신체 기능(技能)이 급속도로 저하되었다

김시습은 오십대 중·후반에 들어서면서 체력이 급격하게 저하되기 시작하였다.
하여 이 시기에 쓴 시 중에 '발백(髮白)', '이중(耳重)', '목수(目羞)', '아중(牙蚛)' 등이 눈에 띈다. 건강한 삶은 유지하기 위하여 기초적인 기능을 하는 머리, 귀, 눈, 이빨 등에서 모두 노쇠 현상이 나타나기 시작한 것이다. 먼저 **'발백(髮白)'**을 감상해 보자. 겉으로 드러나는 늙음이 머리칼의 색에서부터 시작된 모양이다.

터럭이 희었다〔髮白〕: 649

白髮莫饒我 (백발막요아)   흰머리는 사정없이
如絲取次生 (여사취차생)   나고 또 나지만
蕭蕭不庇禿 (소소불비독)   숱이 적어 대머리 덮지 못하고
短短屢藏纓 (단단누장영)   게다가 짧아서 갓끈으로 가리니
竹搯徒留篋 (죽체도류협)   족집게는 일찌감치 빗점에 두고
牙梳已勿幷 (아소이물병)   뿔 빗도 이제는 쓸모가 없다.
殘年餘幾幾 (잔년여기기)   여생이 얼마인지 모르는 터에

喜爾報頹齡 (희이보퇴령)　나를 알게 하는구나. 흰머리가.

〈번안시조〉

까맣던 머리칼에 흰머리 나더니만
점점 더 늘어나서 온 머리 백발이네
숱 적은 대머리 되니 갓끈으로 가린다

족집게 일찌감치 빗점에 꽂아두고
뿔 빗도 숱이 적어 쓸모가 없어지니
남은 생, 모르는 터에 흰머리가 깨우치네

'터럭'은 '사람이나 길짐승의 몸에 난 길고 굵은 털'을 말한다. 발백(髮百)은 머리카락이 하얗게 세는 것인데 백발(白髮), 백모(白毛)라고도 한다. 김시습도 '흰머리는 사정없이 나고 또 나지만, 숱이 적어 대머리를 덮지 못하고' 있는 자기의 머리를 보며 처지를 한탄하고 있다.

'이중(耳重)'를 읽어보자. 어쩌랴. 비켜 갈 수 없는 것이 나이인 것을….

귀가 어둡다(耳重) : 650

衰頹勿復歎 (쇠퇴물복탄)　늙었다고 새삼 한탄할 것 없더라.
已作鶡冠翁 (이작갈관옹)　이미 초라한 늙은이가 아니었던가?
眼似去年眩 (안사거년현)　눈은 전부터 저물었고
耳疑今歲聾 (이의금세롱)　올해는 귀까지 먹은 것 같으니
應酬言屢錯 (응수언누착)　이야기하다 보면 서로 헷갈리고
得失計還空 (득실계환공)　이리저리 따져 봤자 그게 그거라.
誤聽紙衾卷 (오청지금권)　종잇장 접치는 소리까지
翻爲窓外風 (번의창외풍)　창밖의 바람으로 착각하니까.

〈번안시조〉

새삼스레 늙었다고 한탄할 게 뭐 있겠나
초라한 늙은이가 내 모습 아니던가
두 눈이 점점 저물고 귀도 따라 먹는 듯

이야기 하다 보면 서로 말이 헷갈리고

이리저리 따져 봤자 거기서 거기더라
종잇장 접치는 소리, 창밖 바람 같구나

이중(耳重)은 귀가 잘 들리지 않는 증상을 말한다. 이는 풍기(風氣)가 귓구멍을 막아서 일어난다고 본다.

신체가 허약해지면서 소리 듣기가 어려워지는 병증(病症)이 나타난다. 나이는 많고 영양은 부족한 데서 오는 현상이 아니겠는가? 올해는 귀까지 먹었다고 고백하는 김시습. 아픔의 편린(片鱗)이 다가와 찌른다.

'목수(目羞)' 해야 할 정도로 눈도 점점 더 침침해지고 있다.

눈이 부끄러워〔目羞〕: 650

經書今棄擲 (경서금기척)   경서(經書) 이제 내던지고
已是數年餘 (이시수년여)   이미 몇 년이 지났구나!
況復風邪逼 (황복풍사핍)   하물며 다시 사악(邪惡)한 바람에 쫓겨
因成齒髮疎 (인성치발소)   이빨과 머리털도 성글어졌다.
奇爻重作二 (기효중작이)   일(一) 효(爻)가 겹쳐 이(二) 효(爻)로 보이고
兼字化爲魚 (겸자화위어)   "兼"자(字)가 변하여 "魚"자(字)로 보인다.
雪夷看天際 (설이간천제)   눈이 덮인 속에서 멀리 하늘 끝을 바라보니
飛蛟滿大虛 (비교만대허)   모기들만 날아 하늘에 가득하다.

〈변안시조〉

늘 읽던 경서(經書)들도 저 멀리 내 던진 후
몇 년이 지났건만 가까이 못 하누나
사악(邪惡)한 바람에 쫓겨 치발(齒髮)들은 성글고

일효(一爻)가 흔들려서 이효(二爻)로 겹 보이고
"兼"자(字)가 변하여서 "魚"자(字)로 헛보인다
내 눈 속 하늘을 보니 모기들만 가득하다

경서(經書)는 성현들의 가르침을 기록한 책 이름의 총칭이다. 사서오경 등 유교의 가르침을 쓴 서적(書籍)이다.

이효(2爻)는 사귀다, 가로 긋다의 뜻이고 육효(六爻)는 역(易)의 괘(卦)를 이룬 가로획인데

모두 눈이 잘 안 보여 글자도 구별할 수 없다는 표현이다. 이 글을 쓰면서도 얼마나 가슴 아팠을까? 이제는 떠나야 할 때 임을 예감하고 있다.

또 **아중**(牙蚛) 때문에 음식 씹기도 어렵게 되었다. 젊은 시절엔 눈썹을 세우고 '돼지 다리를 뜯었다'라고 하였는데, 어금니에 벌레가 생긴 뒤부터는 모든 음식을 '지지고 볶고 으깨서 겨우 먹는다'라고 하소연한다.

벌레 먹은 어금니〔牙蚛〕: 65

伊昔少年日 (이석소년일)	저 옛날 나의 젊은 시절엔
瞠眉決彘肩 (당미결체견)	눈썹 세우고 돼지 다리를 뜯어댔는데.
自從牙齒齲 (자종아치우)	어금니에 벌레가 생긴 뒤부터는
已擇脆甘嚥 (이택취감연)	어린 닭도 볶아서 다시 지지네
細芋烹重爛 (세우팽중란)	작은 토란도 삶아서 거듭 으깨고
兒鷄煮復煎 (아계자부전)	어린 닭도 볶아서 다시 지지네
如斯得滋味 (여사득자미)	이렇게 하고서야 맛을 얻게 되니
生事可堪憐 (생사가감련)	사는 일 불쌍하다고 여길 만도 하네.

〈번안시조〉

그 옛날 이십 전후 젊음이 넘치던 때
눈썹도 부릅뜨고 돼지 발〔足〕도 뜯었는데
어금니 벌레 생긴 후 골라 씹고 삼키네

토란도 곰 삶아서 여러 번 으깬 후에
어린 닭 푹 볶아서 또 다시 지진다네
이렇게 입맛 얻으니 불쌍한 삶 아닌가

중(蚛)은 벌레 먹는다는 뜻을 지니고 있으며, 당(瞠)은 보다 똑바로 보다 등의 의미로 쓰인다. 체(彘)는 돼지를, 우(齲)는 충치, 잇병 등으로 쓰인다. 란(爛)은 빛나다, 윤택하다, 문드러지다로, 취(脆)는 연하다, 가볍다, 부드럽다 등으로 다양하게 활용된다. 연(嚥)은 삼키다, 마시다 이며, 우(芋)는 여기서는 클 우자로 쓰였으며, 토란(土卵)은 천남성과의 여러해살이풀이다.

위 시는 모두 이(齒)가 튼튼하지 않다는 뜻으로 쓰인 글이니 김시습의 이빨이 어지간히 부

김시습이 머문 곳으로 추정되는 현북면 법수치리 산 26~27번지 일대. 출처 : 양양문화 2025년 1월호.

실했던 모양이다. 하긴 조선 초기가 아닌가? 뭐 변변한 예방조치나 치료 방법이 있었겠는가? 더군다나 자주 방랑하는 처지니 음식을 고루 먹기도 어려웠을 것이요, 제때 먹기도 수월치 않았을 것이다.

늙고 병들어 선방(仙方)의 영묘한 약도 소용이 없고

김시습은 '늙어서 든 병 찾아드는 속에서 삼 년이나 예맥(濊貊) 가운데 머물렀었네'라고 노래했다. 여기서 예맥은 예족과 맥족을 의미하는데, 예족(濊族)의 예국은 강릉을 중심으로, 맥족(貊族)의 맥국은 춘천을 중심으로 번성했던 고왕국으로 알려져 있다. 김시습이 쓴 '노병(老病)' 시(詩)에는 예와 맥을 총칭하는 '예맥'을 썼으니 관동 전체를 의미하는 말로 쓴 것으로 추정해 본다.

따라서 '삼 년이나 예맥에 머물렀다'라는 것은 관동에 온 지 3년이 지났다는 이야기가 되고 그 삼 년 동안에 건강이 '급속도로 악화하였다'라는 뜻이리라.

늙고 병들어〔老病〕: 682

老病侵尋裏 (노병침심리)	늙어서 든 병 찾아드는 속에서
三年濊貊中 (삼년예맥중)	삼 년이나 예맥(濊貊) 가운데 머물렀었네.
相逢無故舊 (상봉무고구)	서로 만나도 옛 친구 없고
相對有花叢 (상대유화총)	서로가 대하는 건 꽃떨기가 있네.
不禁縣空月 (불금현공월)	허공에 달린 달을 금할 수 없고
生憎捎樹風 (생증소수풍)	나무 끝에 바람을 얄미워한다.
今年何處泊 (금년하처박)	올해에는 어느 곳에 머물 것이냐?
天地一飄蓬 (천지일표봉)	하늘과 땅 사이에 휘날리는 쑥대 신세.

〈번안시조〉

삼 년을 예맥(濊貊)에서 머물며 살다 보니

늙어서 몸 안으로 병(病)들이 찾아들고
옛 친구 어디로 갔나 꽃떨기만 반긴다

허공에 높이 뜬 달, 사람이 막을쏜가
나무 끝 골바람만 얄미워 바라본다
올해는 어디 머물까 천지(天地) 간의 쑥대 신세

병이 더욱 심해지는데, 좋은 약도 듣지 않아 실망했을 것이며, 따라서 아픔도 크고 고통도 심했을 것이다. 몸이 아프니, 마음고생이야 말할 게 뭐 있겠는가?
　특히 '올해에는 어느 곳에 머물 것이냐? 하늘과 땅 사이에 휘날리는 쑥대 신세'라고 노래하고 있다. 자신을 돌아보며, 자신이 처한 현실을 비관적으로 바라보고 있다.

세월이 갈수록 당연히 병은 더욱더 심해져 갈 뿐이다. 하여 '**병극(病劇)**'에 몹시 힘들어했다. 선방(仙方)도 나를 속이고, 얼굴은 야위고, 배는 굶주렸다고 하며 병으로 인하여 달라진 외모를 안타까이 나열하고 있다.

병이 심하여〔病劇〕: 350

良劑終無效 (양제종무효)　　좋은 약도 끝끝내 효험 없으니
仙方向我欺 (선방향아기)　　선방(仙方)이라 하더라도 나를 속이네.
對人常嘿語 (대인상묵어)　　사람에 대해 언제든지 말은 안 하지만
有意輒題詩 (유의첩제시)　　뜻 있으면 문득 시를 짓네.
顔似江梅瘦 (안사강매수)　　얼굴은 강매(江梅)같이 여위어지고
腸如野鶴飢 (장여야학기)　　창자는 야학(野鶴)같이 굶주렸네.
流年遽如許 (류년거여허)　　세월 가는 것 빠름이 이와 같으니
癯鬢半成絲 (구빈반성사)　　병든 귀밑 반쯤이나 백발 되었네.

〈번안시조〉

몇 가지 좋은 약도 끝끝내 효험 없고
선방(仙方)이 있다 해도 써 봐야 소용없네!
타인(他人) 말, 들을 게 없어 들어앉아 시(詩)나 짓네

얼굴은 깡말라서 강매(江梅)같이 줄어들고

창자는 야학(野鶴)같이 굶주려 꼬륵 댄다
세월은 번개와 같아 백발 되고 병들었네

선방(仙方)은 영묘한 방법, 여기서는 좋다는 약을 다 썼다는 뜻이다. 강매(江梅)는 강가의 매화이며, 야학(野鶴)은 들녘의 학이다.
　이 두 가지 비유가 어떤 의미일까? 아무튼 마르고 야위었다고 표현일께다. 몸은 병으로 지쳐가고 지금으로서는 백약무효(百藥無效)할 것이다.

죽을 먹으며 채미가(采薇歌)를 부른다

　이가 성하지 않으니, 밥도 제대로 먹지 못하고, 죽을 먹으나 끼니가 시원치 않다. 제자 선행이 떠나간 후 시중 들어줄 사람도 없다. 그 처참한 모습이 눈에 선하다. 이제 시기를 정하여 이 궁핍한 골짜기를 떠날 수밖에 없다. 그래도 어디엔가 가서 밥이라도 제대로 얻어먹어야 하지 않겠나? 몸과 마음이 몹시 쇠약해져 있다.

　식량이 떨어지니 밥을 지을 수 없었을 것이고, 소화 기능이 쇠약해졌으니 죽을 먹게 된다. '식죽(食粥)'하며 삶의 어려움이 깊어지고 있다.

죽을 먹고서〔食粥〕: 253

白粥如膏穩朝餐 (백죽여고온조찬)　흰죽이 곰 같아 아침 먹기 좋구나
飽來偃臥夢邯鄲 (포래언와몽감단)　배불러 번듯이 누워 한 단의 꿈을 꾼다.
人間三萬六千日 (인간삼만육천일)　인간 생애 삼만 육천일에
且莫咻咻多苦辛 (차막휴휴다고신)　아직은 편하다고 말하지 말라, 쓰고 신 일 많으리니

〈번안시조〉

흰죽이 곰삭아서 아침 먹기 참 좋구나
식후에 바로 누워 일장춘몽 꿈 꿔 본다
인간 삶, 길어야 백 년 쓰고 신(辛) 일 넘치네

　여기서 한단(邯鄲)은 '한단(邯鄲, 전국 시대 조나라의 수도)에서 꾼 꿈'이라는 말로 인생의 부귀영화는 덧없고 헛됨을 비유한 말이다. 한단지몽(邯鄲之夢)에서 나왔다.

아직도 이십 전에 한성에서 꾸었던 꿈이 꿈틀거리고 있다. 생활과 몸의 현실과 상상의 세계에서의 꿈이 공존하며 괴리된 모습을 보여주는 김시습. 결국에는 건강과 조석(朝夕)을 때우는 것이 어려워지게 된다.

김시습은 점점 모든 것을 다 내려놓은 심정을 노래하게 된다. 채미가는 고사리 캐는 노래라는 뜻으로, 절의지사(節義之士)의 노래를 이르는 말이다. 그의 '**채미곡(采薇曲)**'을 들어보자.

채미곡(采薇曲) : 295

山澤何妨老大平 (산택하방노대평)　산천에서 편안히 늙어 마침을 어찌 방해하나
放勳時有許由氓 (방훈시유허유맹)　허유 같은 백성이 관등을 버린 시절이 있었네.
北山薇蕨甜如蜜 (북산미궐첨여밀)　북산의 고사리와 고비는 달기가 꿀과 같은데
何羨千鍾縛此生 (하선천종박차생)　일천 술잔에 이승 얽매임, 어찌 부러워하리오.

〈번안시조〉

산에서 늙어가니 무엇이 부러우랴
허유(許由)도 관등(官等)버려 초야(草野)에 묻혔는데
미궐(薇蕨, 고사리와 고비)이 꿀같이 달고 일천술잔 넘친다

허유(許由)는 고대 중국 전설상의 이름으로 요(堯) 임금이 자기에게 왕위를 물려주려 하자 받지 않고 귀가 더러워졌다며 영천(潁川)에서 귀를 씻고 기산(箕山)으로 숨어 들어갔다는 이야기가 전해지는 인물이다.

김시습은 미궐(薇蕨, 고비과에 속하는 다년생 양치식물)이지만 배부르고 술은 넉넉하게 있으니 부러울 게 없다고 여유를 부리고 있다. 허유도 그랬는데 나도 그러고 있지 않느냐? 뭐 이런 뜻이리라. 그러나 늘 그랬을까?

매월당김시습기념사업회의 김시습 유적 답사단이 김시습이 양양에 머물 때 거처했던 양양군 현북면 법수치 검달동의 집터를 답사한 적이 있다. 숲이 우거진 산골짝에 꽤 너른 공터가 있으나 아무런 흔적을 찾을 수는 없었다.

그래도 김시습이 술에 취하여 껄껄 웃으며 날린 시구(詩句)가 앞산에 부딪혀 되돌아오는 메아리만은 듣고 왔을 것이다. 천년은 넘게 우짖으며 머물 김시습인데 이제 겨우 육백 년밖에 지나지 않았으니까.

제자 선행(善行)을 놓아주다

검달동 산골짜기 소옥에서 사는데 얼마나 심심하고 고단했으랴. 때때로 양양 관아에 나가기도 하고 아니면 선행과 저포놀이도 하며 무료함을 달랬다.

'저포놀이(樗蒲놀이, 나무로 만든 주사위를 던져 그 사위로 승부를 다투는 민속놀이)' 이야기를 하려면 김시습의 소설「만복사저포기」를 빼놓을 수 없다.「만복사저포기」는 한편의 비극적 전기(傳奇)작품이다. 불우한 주인공 양생의 비극이 있고, 현실에서 사랑을 끝내 성취하지 못하고 떠난 환녀(幻女)의 비극이 있다. 양생이 감히 부처님과 저포놀이에서 이겨, 환녀와 부부로 행복하게 지냈다는 그 저포놀이를 김시습은 제자 선행과 하며 무료함을 달랬다.

저포놀이 하던 선행을 떠나보내고 그리워하다

선행과 단둘이 사는 산골짜기 초옥에 무엇을 하든지 둘밖에 더 있겠는가? 하여, 선행과 저포놀이를 하고 시를 남겼다. **'여선행투저포희제(與善行鬪樗蒲戲題)'** 라는 제목의 시다. 총 16구여서 처음 4구와 끝 4구만 번안하기로 한다.

선행과 저포놀이를 하고서 장난삼아 쓰다〔與善行鬪樗蒲戲題〕: 647~648

첫 4구
鄕摴只四白 (향저지사백)　시골의 저포놀이는 다만 백(白)이 넷이요
馬跡五圈耳 (마적오권이)　마적(馬跡)은 동그라미가 다섯 개뿐이네.
命屯盧變犢 (명둔노변독)　재수가 없으면 노(盧)가 독(犢)으로 변하고
運通花防己 (운통화방기)　운이 통하면 꽃(花)이 이미 막아내네.

〈변안시조〉

시골의 저포놀이, 백색 말 넷 있는데
동그란 마적(馬跡)들은 다섯 개 뿐이구나
때로는 노(盧)가 독(犢) 되고 운 통하면 꽃〔花〕이 막네

끝 4구
新詩郞吟餘 (신시낭음여)　새 시를 큰 소리로 읊고 난 뒤에
大叫呼的裂 (대규호적렬)　큰 소리로 찢어지도록 부르짖노라.

爾若不勝也 (이약불승야)	네가 만일 이기지 못하거들랑
起去煎雀舌 (기거전작설)	일어나 가서 작설(雀舌)차나 달여내라.

⟨번안시조⟩

새 시(詩)를 큰 소리로 구성지게 읊고 난 뒤
목청이 찢어지게 부르짖어 노래한다
선행아! 못 이기겠으면, 작설차(雀舌茶)나 달여내렴

김시습은 속으로 말한 것을 시로 썼을 것이다. '선행아, 네가 만일 이기지 못하겠거들랑 일어나 가서 작설차(雀舌茶)나 달여내라.' 이렇게 지내던 선행이 떠났다. 그것도 깊은 산으로…. 김시습은 선행이 들어갈 산세 등을 염려하며 걱정한다. 제자 사랑이란 끝없다.

또 선행과 관련이 있는 시에는 '**우중시선행**(雨中示善行)'과 '**풍우시선행**(風雨示善行), 이 시는 세 쪽 정도 뒤에서 감상한다) 가 있는데 이 두 시에서는 비슷한 표현을 볼 수 있다. '궁한 집에 너와 둘이 서로 의지하고 있으니 적적한 띠 지붕 밑에 홀로 사립문 닫고 있다'라고 읊은 것이 그 것이다.

우중에 선행에게 보이다〔雨中示善行〕: 211

窮盧與汝兩相依 (궁노여여양상의)	궁한 집에 너와 둘이 서로 의지하고 있으니
寂寂茅茨獨掩扉 (적적모자독엄비)	적적한 띠 지붕 밑에 홀로 사립문 닫고 있다.
藤蔓履梨張綠暗 (등만이리장록암)	등 덩굴 배나무 덮어서 푸르고 어두운 것 벌렸고
藥苗冒雨坼紅肥 (약묘모우탁홍비)	약초 싹 비 무릅쓰고 붉은 살찐 것 터져 나온다.
惟思末路身無病 (유사말로신무병)	오직 말로(末路)에는 몸에 병 없을 것 생각하면서
却喜平生首不韉 (각희평생수불기)	또다시 한평생 머리에 굴레 없는 것 기뻐한다.
魚鳥亦知吾所樂 (어조역지오소락)	고기와 새 또한 내가 즐기는 바를 알아서
林泉終日自忘機 (임천종일자망기)	임천(林泉)에서 종일토록 세상일을 잊었다.

⟨번안시조⟩

궁한 삶 너와 둘이 의지하며 살았는데
적적한 띠 지붕 밑 사립문 닫고 보니
등 덩굴 푸름을 덮고 약초 싹만 살찌누나

노년에 건강 지켜 병 없으리 생각하며
한평생 머리 굴레, 없는 것을 기뻐하니
내 즐김, 임천(林泉)이 아니니 세상일은 잊노라

위 시의 핵심 중의 핵심은 임천(林泉)이다. 임천을 말 그대로 해석하면 숲과 샘인데 은사(隱士 : 벼슬을 하지 않고 숨어서 사는 학덕이 높은 선비)가 사는 곳을 비유로 표현한 것이다. 그러니 김시습이 사는 곳이 곧 임천이 아니겠는가?

선행은 이름만 들어도 참 승려였을 것 같다는 생각이 든다. 착하고 행함이 있는 스님. 김시습은 '선행 너마저 떠나는구나'라고 생각했을 것이다. 이 한적한 산골에 오직 나 혼자로구나 하며 많이 외로웠을 것이다. 그러면서 김시습은 시(詩) '증선행제시축(贈善行題詩軸)'을 써서 선행에게 더욱 정진할 것을 노래하고 있다.

선행에게 주어 시 적은 두루마리를 쓰게 하다〔贈善行 題詩軸〕: 157

年來四十又加年 (년내사십우가년)	이 나이 사십 넘어 다시 몇 해 더 했어도
於世無聞道未玄 (어세무문도미현)	세상에 들을 것 없고 도(道)도 아직 깊지 못하네.
汝作桑虫逾二紀 (여작상충유이기)	넌 뽕나무벌레 되어 이기(二期)를 넘었고
我如春蟻己三眠 (아여춘의기삼면)	난 봄 누에 같아 벌써 세 잠잤노라.
閑中猛省前非事 (한중맹성전비사)	한가한 속에 옛 잘못 맹렬히 반성하고
夢裏常吟今是篇 (몽리상음금시편)	꿈속에서도 이젠 옳게 하리라 언제나 노래하네.
商也起予終古語 (상야기여종고어)	상(商)이 날 일으킨다는 예부터 말씀
淸風明月勸加鞭 (청풍명월권가편)	청풍이며 명월로 더욱 힘쓰기를 권하네.

〈번안시조〉

내 나이 사십 넘어 다시 몇 해 더 했어도
들은 것 많지 않고 깨달음도 깊지 못해
선행아, 넌 상충(桑虫) 2기요, 난 세 잠을 잤노라

한가한 나날 속에 옛 잘못 반성하고
꿈에서도 '옳게 하리' 언제나 노래하며
자하(子夏) 훈(訓), 깊이 새기고 자연 삶을 즐기게

나이만 먹는다는 김시습의 제자 선행도 두 잠을 잤으니 아직도 자라는 젊은이라는 이야기이다. 김시습은 자신이 지은 시구를 쓰도록 선행에게 주면서도 자신을 스스로 맹렬히 반성한다. 그리고 도(道)에 따라 올곧게 살기를 바라고 있다.

'상(商)이 나를 일으킨다'라고 함은 논어를 참고해야 풀린다. 여기서 상은 상(殷으로도 불렸다) 나라가 아니고, 공자의 제자 자하의 이름이다. 자하의 자(字)는 자하요, 성은 복(卜) 이름은 상(商), 즉 복상이었다.

김시습은 사제간의 정(情)으로 공부하며 함께 살던 선행을 깊은 산으로 떠나보낸다. 더군다나 선행은 시승(詩僧)이었기에 김시습의 시혼(詩魂)에 많이 감복되어 있었던 터이다.

깊은 산으로 간 선행이 잘 있는지, 빗소리에 묻는다

선행이 떠난 것은, 선행이 공부를 더 하고 싶다고 하였는지, 아니면 김시습이 더 공부하라고 하였는지, 아니면 김시습이 의도적으로 떠나게 하였는지는 알 수는 없다. 아무튼 더 깊은 산으로 들어간다. **'송선행입심봉(送善行入深峯)'**을 읽어보자. 깊은 산엔 눈(雪)만 수북이 쌓여 있고 발자취도 없을 텐데….

깊은 산으로 들어가는 선행을 보내다〔送善行入深峯〕: 671

送汝深峯去 (송여심봉거)　깊은 산으로 떠나는 그대를 보내니
深峯積雪多 (심봉적설다)　깊은 산엔 쌓인 눈만 수북이 있어
定無人履迹 (정무인이적)　정히 사람 발자취 없을 것이요
唯有獸相過 (유유수상과)　오직 짐승들만 서로 지날 뿐
萬木寒如戟 (만목한여극)　일만 나무가 추워서 창처럼 섰을 게고
千峯白似鹺 (천봉백사차)　일천 봉우린 희기가 소금 같을 걸세
山中幾箇屋 (산중기개옥)　산중에 몇몇 채 집이 있다고 해도
閉戶架欽峩 (폐호가금아)　문 닫은 채 덩그렇게 높이 달려 있으리.

〈번안시조〉

깊은 산 떠나가는 그대를 보내면서
큰 눈이 쌓여 있어 걱정이 태산이다
사람의 발자취 없고 짐승들만 지날 터

온 나무 벌벌 떨며 창처럼 섰을 게고
하얀색 일천 봉은 소금처럼 빛날 텐데
집 몇 채 산중 있어도 문 닫은 채 있을 터

김시습 집터 추정지. 출처 : 양양문화 2025년 1월호

드디어 제자 선행(善行)을 보냈다. 선행은 김시습의 가르침을 받기도 하고, 저포놀이도 하고, 살림도 했을 것이다. 때로는 스승으로, 때로는 친구로, 때로는 가족처럼 살았을 것이다. 그런 선행이 떠나갔다. 이 추운 날에 떠나니 더욱 안타깝고 걱정스럽다. 김시습의 마음은 만감이 교차했다.

선행에게 심하게 한 것을, 바람(風)에게 물어보다

선행은 어떤 제자였을까? 그것을 알려면 선행에 관한 시 몇 편을 보아야 한다. 김시습이 선행을 심하게 다룰 때는 매와 회초리도 사정없이 휘둘렀다고 한다. 그런데도 선행은 피하지도 않았다. 어떤 이가 이상하여 왜 그렇게 사느냐고 물어보았는데 선행은 아래와 같이 대답했다고 심경호는 『김시습 평전』에서 밝히고 있다.

"우리 스님(김시습)이 산속에 계실 때 작은 표주박에 물을 가득 채워서 불좌(佛座) 앞에 바치고 아침부터 밤이 샐 때까지 사흘간을 그렇게 앉아 계셨습니다. 선정(禪定)에 드실 때 이렇게 하시니, 이분이 부처님이 아니고 누구이시겠습니까? 그래서 제가 진짜 부처님이시구나! 하고 생각하여 말씀에 복종, 떠나려고 해도 떠날 수가 없습니다."

더군다나 선행은 김시습 39살 때 수락산 폭천정사에서 농사지으며 살 때부터 15년 이상 함께 했던 제자이다. 그런 선행을 보내는 김시습의 마음은 찢어질 듯 아팠다. 그러나 어쩌랴. 삶이란 어차피 떠나게 되어 있는 것을….

그러면서도 살림이 매우 궁색하다는 표현이 자주 등장한다. 유자한이 가끔 음식과 술을 보내오나 산골짜기라서 기본적인 소출(所出)이 부족하여 늘 살림이 찌들어 있는 안타까움을 노래하고 있다. '오랜 비에 울타리 무너졌구나'라는 표현은 계절상으로는 여름인데 장마가 계속되니 하루하루를 힘들게 살아가고 있음을 내보이고 있다. 그러나 아직도 이상(理想)만은 임천(林泉, 세상을 버리고 은둔하기 알맞은 곳을 비유적으로 이르는 말)에 있는 것이다.

선행이 떠난 후 혼자서 사는 궁핍함은 물론 집안 돌보기도 매우 번거로웠다. 하여 '**풍우시선행**(風雨示善行)'을 쓴다. 이 시는 선행이 엄한 가르침에도 불구하고 곁을 떠나지 않고 따르던 제자 선행에 대한 감회를 담고 있다.

비바람 부는 날 선행에게 보이다(風雨示善行) : 213

小室掩蓬門 (소실암봉문)	작은 집 삘 대문을 닫고서
寥寥對爾言 (요요대이언)	적적해서 너를 대하듯 말한다.
庭花開便落 (정화개변낙)	뜰의 꽃은 피었다가 곧 떨어지고
階草劃還繁 (계초잔환번)	섬돌의 풀은 깎아도 도로 성하다.
默坐詩成祟 (묵좌시성숭)	잠잠히 앉았다는 것 시(詩)가 병 되어서
閑眠事不煩 (한면사불번)	한가히 자니 일이 번거롭지 아니한다.
窮居誰道好 (궁거수도호)	궁한 생활 누가 좋다고 이르겠느냐?
積雨壞籬樊 (적우양리번)	오랜 비에 울타리 무너졌구나!

〈번안시조〉

작은 집 삘 대문을 급히 닫고 바라보며
적적하고 심심하면 너 대하듯 말하리라
꽃들은 피었다 지고, 섬돌 풀도 자라겠지

조용히 혼자 앉아 시구(詩句)를 찾아보며
한가히 자고 나면 하루하루 흘러간다
살림은 곤궁(困窮)해지고 울타리도 뚫리고

바람이 불고 비가 온다. 이럴 때면 제자 선행이 생각난다. 문을 열고 선행을 불러본다. 있을 리 없다. '이 궁한 살림을 누가 좋다고 머물러 있겠느냐? 잘 갔다.'라고 생각하면서도 '오랜 비에 울타리가 무너졌는데 고칠 사람이 없구나. 선행아! 네가 그립다. 넌 잘 있느냐?' 뭐 이런 글이다. 문장마다 선행에 대한 그리움과 아쉬움이 척척 묻어난다.

검달동의 외로움, 시와 술로 달래다

이 시절 김시습은 가을날 잔디에서 노래하는 '귀뚜라미'나 '하루살이'에 자신을 비유한다. 그러나 외로움은 더욱 깊어졌다. 김시습은 누가 가장 그리웠을까? 아마도 자신과 마음을 나눈 남효온이 가장 그리웠을 것이다. 하여, 부치지 못하는 편지를 쓴다.

추강 남효온에게 뜨거운 그리움을 보내다

남효은의 추강. 출처 : 아트리움

추강(秋江)은 승복을 입은 김시습을 좋아하지 않았다. 김시습의 본질은 유자(儒者)라는 것이다. 그런데도 서로는 가슴이 통하는 사람이었다. 하여 선행을 보낸 후로는 추강이 더욱 보고 싶어졌다.

남효온은 점필재 김종직(金宗直)(1431~1492)의 제자이며 동시에 청한자 김시습의 제자였다. 그러나 김시습은 19살이나 어린 남효온을 벗이라고 불렀다. 이 시에서는 이생의 삶이 얼마 남지 않았다는 것을 알기에 지난날을 돌아보며 '추강이 보고 싶다'라는 간절함을 풀어내고 있다.

김시습의 **'산중억우(山中憶友)'** 를 읽어보자. 추강 남효온은 김시습보다 1년 먼저 세상을 떠났다. 김시습은 몹시 슬퍼하였다. 추강(秋江)이 이 시를 읽기나 했을까?

산중에서 친구를 생각한다〔山中憶友〕 : 679

山中樹陰翳	(산중수음예)	산속에 나무 그늘 울창하여
牢落少人蹤	(뇌락소인종)	인적 없이 적막한 때
極目憐高鳥	(극목연고조)	멀리 바라보며 높이 나는 새를 슬퍼하고
傷懷愁遠峯	(상회수원봉)	상심하여 먼 봉우리를 근심한다.
餘生成潦倒	(여생성료도)	남은 일생이 하잘것없어
浮世歎龍鐘	(부세탄용종)	뜬세상에 추한 몰골 한스러워라.
何日長安去	(하일장안거)	어느 날에야 장안으로 돌아가
情懷話伯恭	(정회화백공)	이 마음을 백공(남효온)에게 말하랴.

〈변안시조〉

깊은 산 나무 그늘 빼곡히 울창하고
인적이 하나 없어 사방은 적막하니
저 높이 오르는 새도 봉우리도 근심되네

흘러온 삶이 길어 남은 생 얼마 없어
한세상 추한 몰골 보아온 것 한이로다
이 마음 한성 돌아가 백공(남효온)에게 말하랴

위 시(詩)에서 보면 김시습은 마음을 추스르기 위해서 이곳저곳을 다녔을 것이라는 흔적을 남기고 있다. 오대산 상원사는 수시로 방문했을 것이고, 또 이때 방문 가능성이 가장 높은 곳이 내설악 오세암이다. 김시습이 오세암에 다녀갔다는 것은 여러 곳에서 언급하고 있는데 그 가능성을 배제할 수는 없다.

김시습은 틈마다 친구에게 시를 썼다. 특히 서거정이나 남효온이 그리웠다.
하여, '남효온에게 쓴 시처럼(어느 날에야 장안으로 돌아가 이 마음을 백공에게 말하랴) 곧 한성으로 돌아가 남효온 등을 만난다.

사가정(四佳亭) 서거정에게는 애증(愛憎)이 있었다

이번에는 서거정에게 보내는 시를 보자. 서거정(徐居正, 1420~1488)은 조선 초기의 훈구파 문신이다. 15세기 관학을 대표하는 학자이자 시인 겸 문장가로 꼽힌다. 호는 사가정(四佳亭). 서거정은 김시습보다 15살 연상이다. 자는 강중(剛中). 이계전 스승에게 동문수학하였다.

역사에 가정이란 없지만 수양대군이 단종을 몰아내기 위해 벌인 계유정난이 없었다면 서거정과 김시습의 운명은 그처럼 엇갈리지 않았을 것이다. 두 사람 모두 어릴 때부터 비범한 능력으로 주위의 시선을 한 몸에 받았다. 김시습은 다섯 살 때 세종 앞에서 재주를 보였고, 서거정은 여섯 살 때 시를 지어 중국 사신을 놀라게 했다는 일화가 전해진다.

그러니 김시습이 서거정을 보는 눈에는 애증(愛憎)이 있었다. 법수치 검달동 산골짜기 초옥에서 쓴 **'상사가정(上四佳亭)'**이라는 시(詩)를 통하여 서거정에 대한 김시습의 애틋한 마음이 오늘까지 전하여진다. 2수 중 1수만 번안하기로 한다.

사가정에서〔上四佳亭〕1수 : 300

1.
抱病年來與世疎 (포병연래여세소)　병을 안고 나이 드니 세상과 더불어 멀어지고

籧篨夢幻又籧篨 (거제몽환우거저)　까까중 패랭이꽃 헛된 꿈 대자리에 거듭되네.
出門西望長安道 (출문서망장안도)　문을 나서 서쪽을 바라보니 서울 길이라
渺渺樹雲愁殺予 (묘묘수운수살여)　아득한 무성한 나무에 나는 근심을 지우네.

〈번안시조〉

병들고 나이 드니 세상과 멀어지고
까까중 패랭이꽃 헛된 꿈만 꾸는구나
집 서쪽 한성 근심은 큰 나무가 가리네

거저(籧篨)는 갈대나 대를 엮어서 만든 거친 자리(粗席)를 말한다. 즉 천지(天地)는 인간에게 있어 덮고 까는 자리와 같음을 의미한 것이다. 또 대나무의 굽혀지지 않는 특징을 사람에 빗대어 자기의 뜻을 굽힐 줄 모른다고 하는 일종의 아집을 뜻하기도 한다.

세상과 멀어지면서도 문밖 서쪽의 장안(한성)길이 눈에 밟힌다. 그러나 곧 무성한 나무가 근심을 감추어 준다. 한양에 대한 미련이 아직 남아 있는가? 아니면 의연히 연(緣)을 끊어 버리고자 다짐하고 있는가?

계절은 봄이다. 요원(窯原)의 봄 풀은 방석처럼 푸르다고 노래했다. 대지는 질그릇을 굽는 불가마 속이어서 모든 것이 부풀어 오른다. 마당 앞 살구 가지도 첫눈을 트는 한식(寒食) 즈음이다.

왜 이런 시를 서거정에게 썼을까? 봄이 되니 나도 눈을 틔우고 싶다는 뜻을 간곡하게 표현한 것은 아닐까? 한성에서 '강중(剛中)아!' 하고 부르며 서거정에게 한 것을 생각하면 그를 대상으로 시를 쓰고 싶은 생각도 사라질 터인데, 그래도 무엇이 얼마나 그리웠으면 시(詩)까지 남겼을까?

'상서강중(上徐剛中)'도 읽어보자. 김시습은 강중에게 18수나 되는 장시를 썼다. 그중 제1수를 품어보자. 이 시에서는 김시습은 술꾼 강중(剛中)을 불러내고 있다. 이 자료는 고성미래신문의 보도(2014.12.14.)를 인용한 것이다.

서거정에게 올린다(上徐剛中) 十八首 중 제1수

有月及無酒 (유월급무주)　달이 있으면 술이 없고
有酒級無月 (유주급무월)　술이 있으면 달이 없도다.

時光急如箭 (시광급여전)　시절의 빠름이 화살 같은데
得失轉雙轂 (득실전쌍곡)　얻고 잃는 건 바퀴가 굴러가는 듯

〈번안시조〉

하늘에 달 있으면 땅에는 술이 없고
오두막 술 있으면 저 하늘 달이 없네
세월은 화살과 같고 득실(得失)함은 바퀴 같고

달이 있으면 술이 없고 술이 있으면 달이 없다는 것은 신동이었던 김시습의 삶이 '세상사 뜻대로 안 된다'라는 뜻이리라. 세상사 얻고 잃는 것이 굴러가는 수레바퀴와 같음에 비유한다. 그 수레바퀴가 평행선을 달려 각자의 삶은 정반대였다. 서거정은 세조 세력에 줄 서 입신양명의 길을 걸었다. 반면 김시습은 생육신의 한 사람으로 평생 벼슬을 하지 않고 절개를 지켰다.

세조의 쿠데타 편에 섰던 서거정, 반대편에 섰던 김시습, 시(詩)로 이야기를 전한다. 위 김시습의 시에 대한 서거정의 답시(答詩)인 **'차운청한견기(次韻淸寒見奇)'**를 보자. 역시 고성미래신문의 보도(2014.12.14)를 인용한다.

서거정의 차운청한견기(次韻淸寒見奇)

我有尊中酒　　　(아유존중주)　나에게는 술이 가득한 동이가 있고
我有地上月　　　(아유지상월)　땅 위의 달도 있네.
而我樂齒幽獨　　(이아낙치유독)　그대와 내가 그윽함을 즐기고자 하니
揮手謝轍鞅　　　(휘수사철앙)　손을 저어 함께 하기를 사양하다니.

〈번안시조〉

내게는 동이 가득 탁주가 집에 있고
은은히 밝혀주는 땅 위의 달도 있네
우리가 즐기자 하나 사양하니 어쩌랴

서거정은 달도 술도 다 있는 이 좋은 세상으로 나와 권세와 그윽함을 나누고자 하였으나 김시습은 사양했다는 이야기이다.

서로 시화(詩話)가 엇갈렸다고 해도 서로에게 지닌 애틋함은 남아 있는 듯하다. 만약 원수지듯 하였다면 시화(詩話)인들 나누었을 리 만무하다. 서로에 대한 그리움이 배경 음악처럼 깔리어 있다.

술 한잔 마시며 취향(醉鄕)에 젖는다

김시습은 술을 좋아했다. 홍유손(1452~1529)은 김시습 입적(入寂) 후 조사(弔辭)에서 '함께 술을 마시던 술꾼들이 다들 곡하며 몹시 슬퍼하고 있습니다. 아! 다시는 공과 만나지 못하다니, 길이 유명(幽明)을 달리하시고 말았습니다.'라며 술꾼들의 소식을 전하고 있다. 김시습은 애주가(愛酒家)였다. 먼저 '**취향(醉鄕)**'을 보자.

취한 세상〔醉鄕〕: 129

醉鄕日月亦佳哉	(취향일월역가재)	취하니 세월마저 좋은데
依舊狂心傑且魁	(의구광심걸차괴)	언제나 미친 마음, 높고도 크구나.
身世浮游微似稊	(신세부유미사제)	몸은 떠돌아 천함이 가라지 풀 같으나
乾坤濩落大於杯	(건곤호낙대어배)	하늘과 땅은 넓어 술잔보다는 크구나.
二豪侍側從敎倣	(이호시측종교방)	두 호걸을 곁에서 모시니 따르라며
千丈流胸驀地來	(천장류흉맥지래)	천 길 흐르는 가슴 속에 땅을 달려온다.
一斗百篇兒戲耳	(일두백편아희이)	한 말(一斗) 술에는 백 편의 시가 아이들 장난인가?
何人會得醉鄕恢	(하인회득취향회)	그 누가 취한 세상 넓은 줄 알기나 할까?

〈변안시조〉

술 몇 잔 죽 마시니 취하여 세월 좋고
언제나 들뜬 마음, 높고도 크더구나
내 꼴은 가라지 풀인데, 취한 몸은 떠돈다

두 호걸 곁에 있어 따르며 모셨으니
천 길의 가슴 거쳐 땅으로 달려오면
술 한 말, 백 편의 시요, 취한 세상 넓구나

취향(醉鄕)은 술에 거나하게 취하여 즐기는 별천지(別天地)를 뜻하며, 의구(依舊)는 옛 모양과 변함이 없음을 의미한다. 부유(浮游)는 공중이나 물 위에 떠다니는 것이고, 제(稊)는 돌피

제, 볏과의 한해살이풀이다. 일두백편(一斗百篇)은 이태백이 한자리에서 술 한 말을 마시고 시 백 편을 지었다는 의미이며, 두보의 음주팔선가(飮酒八仙歌) 이백일두시백편(李白一斗詩百篇)에서 인용한 것이다. 회득(會得)은 마음속에 깨달아 앎을 뜻한다.

김시습은 '술 한 말에 백 편의 시를 짓고, 취한 세상은 넓디넓다'라고 읊었다. 전형적인 술꾼의 글이다. 술꾼이 취하면 온 세상이 내 것이 된다. 김시습인들 다르랴. 또 '두 호걸 곁에서 모시니 따르라'라고 외쳤다. 여기서 두 호걸은 '하늘'과 '땅'일 것이다. 하늘과 땅을 모시고 있으니 두려울 게 뭐 있었겠는가?

이어서 '**취주(醉酒)**'를 읽어보자.

술에 취해서〔醉酒〕: 255

得酒無端喜欲狂 (득주무단희욕광)	술 얻으면 무한히 기뻐 미칠 것만 같거니
百年人世定蹉跎 (백년인세정차타)	백 년 인생살이 반드시 시기를 놓치는구나.
莊周初醒胡蝶夢 (장주초성호접몽)	장주는 처음으로 나비 꿈에서 깨어났고
元載新挑鼻準魔 (원재신도비준마)	원재는 새롭게 폭로되어 악마의 본보기가 되었네.
花徑浪遊同蔣詡 (화경낭유동장후)	꽃길에 허랑하게 펀둥펀둥 놀던 장후와도 같고
詩壇獨步似廉頗 (시단독보사렴파)	시단에서는 염파의 외로운 시운을 흉내 내었네.
問山我是何爲者 (문산아시하위자)	산에게 묻노니 나는 무엇을 하는 자인가?
宇宙開來知我麽 (우주개내지아마)	우주가 열린 이래 나를 아는 이 있을는지?

〈번안시조〉

술 얻어 술독 차면 기쁨이 넘쳐나니
백 년 삶 인생살이 시기를 놓쳤구나
장주(莊周)는 나비 꿈 깨고, 악마 본(本)은 원재(元載)라

꽃길에 허랑하게 펀둥펀둥 놀던 장후(蔣詡)
염파(廉頗)의 외로움을 시운으로 흉내 내니
뭇 산아 네게 묻노니, 날 아는 자(者) 있느냐

장주(莊周), 원재(元載), 장후(蔣詡), 염파(廉頗)는 중국의 고사가 숨어 있는 인물들이다.
이 시를 보면 김시습은 세상에서 도리가 행해지지 않으므로 스스로 잠시 버린 것으로 생각했고, 이를 잊으려 술 속으로 도망하였다고 말한다. 시(詩) '술에 취해서'는 김시습의 취

흥이 어떠했는지를 가름하게 한다.

산중에서 얼마나 술이 마시고 싶었으면 때로는 '술이 없어서'(無酒, 매월당 전집 254~255쪽)'를 노래했다. 이 시에서는 '어찌 만족하게 서적을 다 팔아서, 집을 옮겨 터 잡아 집 짓고 술이 솟는 샘을 차지할까?'라고 했다. 아무리 술이 좋다고 하더라고 유학자가 서적을 다 팔아 술샘을 차지한다는 것은 상상도 못 할 일이다. 김시습은 그럴 정도로 애주가였다.

땅이름을 되새기며 허허로움을 달래다

김시습은 '**기지명석유야**(紀地名昔遊也)'라는 시에서 관서, 관동, 호서, 영남지방을 각각 오언율시로 표현하였는데, 1수는 관서 지방, 2수는 관동 지방, 3수는 호서지방, 4수는 영남지방을 노래하였다. 여기서는 그 두 번째 수(首)인 관동의 명산을 살펴보자

땅 이름을 기록함은 예전 놀던 것을 생각함이라〔紀地名昔遊也〕4首 중 제2首 : 116

2.
臺嶠靑滿疊 (대교청만루)	오대산 푸른 색깔 만첩(萬疊)
楓岳白千層 (풍악백천층)	풍악산 흰 색깔 천 층
國島波雷壯 (국도파뇌장)	국도에는 물결 우레처럼 장하고
叢石亭柱稜 (총석정주릉)	총석정엔 돌기둥이 여섯 면
沙明三日浦 (사명삼일포)	모래 밝은 삼일포
苔蝕六書陵 (태식육서릉)	이끼 낀 육서릉
渤海連天闊 (발해연천활)	안개 낀 바다, 하늘에 닿아 넓으니
三山藥可仍 (삼산약가잉)	삼신산의 불사약은 그대로 있겠지.

위의 것은 관동(關東)의 명산(名山)을 읊은 것이다.

〈번안시조〉

오대산 푸른 색깔 여러 겹 겹쳐있고
풍악산 흰 색깔은 천 층을 이루었네
국도(國島)엔 우레 물결이, 총석정엔 여섯 기둥

해맑은 모래밭에 은빛 나는 삼일포라
이끼를 갈아 먹는 육서릉도 남아 있고
바다는 높고 넓으니, 불사약은 있으리

제목에 '예전에 놀던 곳'이라 하고 오대산, 풍악산(금강산), 국도(國島), 총석정, 삼일포, 육서릉, 발해, 삼신산 등을 나열하고 있다. 그렇다면 그렇게 가 보고 싶어 하던 국도, 총석정, 삼일포도 법수치에 머무는 동안에 방문했었다는 이야기가 된다.

자연의 소리를 들으며, 삶을 돌아보다

산골짜기에서의 생활은 이제는 너무 익숙해 있다. 벌써 몇 번째인가? 잠깐씩 머무른 곳으로는 철원 초막동, 원주 치악산, 평창 오대산, 춘천 청평사, 인제 오세암 등이 있다. 오랜 기간 은거한 곳은 금오산 금오산실, 수락산 폭천정사, 법수치 검달동 등이다. 그러니까 법수치 검달동도 김시습에게는 오랜 기간을 머문 곳에 속한다. 아쉬움과 미련이 없을 수 없다. 특히 주변의 산, 골짜기, 계곡물, 그리고 우설(雨雪), 초목(草木), 화과(花果), 조충(鳥蟲)에서 산짐승까지가 다 친구가 되었을 것이다.

여름에는 시내가 넘치고, 겨울엔 새벽 눈을 맞는다

먼저 김시습과 자연이다. 산골짜기에 두 사람만 있어도 걱정이 덜 되지만 혼자 있으면 비가 와도, 눈이 와도, 바람이 불어도 걱정이다. 여름에 장맛비가 내리는 날은 계곡물이 더 급작스럽게 불어나고 경사가 급하기에 속도가 빠르고 흐르는 소리도 굉음을 낸다.
시(詩) '계창(溪漲)'을 감상해 보자.

시내가 넘친다〔溪漲〕: 225

驟雨崩騰雷車回 (취우붕등뇌거회)	소낙비는 무너지듯 우레 수레(雷車) 돌아가는데
前溪水漲何雄哉 (전계수창하웅재)	앞 시냇물 붇는 게 어이 그리도 웅장한가?
浪花蹴地玉龍吼 (낭화축지옥룡후)	물결 꽃이 땅을 차면 옥룡(玉龍)이 소리치고
雪嶽轉空霹靂走 (설악전공벽력주)	설악산 공중 돌면서 벽력 불이 치달리네.
枯查激石墮危峯 (고사격석타위봉)	마른 등걸 돌에 부딪혀 위태한 봉우리에 떨어져
折我齊前千丈松 (절아제전천장송)	내 재실(齋室) 앞 천 길 데는 소나무를 꺾었네만
只恐沙石塡虛谷 (지공사석전허곡)	두려운 건 모래와 돌이 빈 골짜기를 메워서
漶漫懷襄亂坤軸 (환만회양난곤축)	뒤섞여 싸고 덮어 대지(大地)의 축(軸)을 어지럽히는 걸세.
老夫懶慢不堪起 (노부나만불감기)	늙은이 게을러서 일어나기도 어려워
臥聽遙壑明珠萬斛瀉蒼壁 (와청요학명주만곡사창벽)	
	누워서 먼 구렁에 명주(明珠) 일만 섬 푸른 벽에 쏟는 걸 듣네.

〈번안시조〉

소낙비 무너지듯 우레 수레 돌아가고
시냇물 불어나니 이리도 웅장한가
옥룡(玉龍)이 소리치면서 설악산을 치달리네

등걸이 부딪치며 봉우리에 떨어지고
재실(齋室) 앞 소나무는 비바람에 꺾였는데
토사가 골짜기 메워 꽉 막힐까 걱정되네

게으름 지나쳐서 일어나기 어려우니
누워서 먼 구렁의 명주옥(明珠玉) 바라보며
늙은이 언제 일어나 물굽이를 손질하나

구렁은 늪이나 깊은 웅덩이를 뜻한다.

장마철이기도 하겠지만 참 어지간히 쏟아지는 모양이다. '설악산 공중 돌면서 벽력 불이 치달리고', '두려운 건 모래와 돌이 빈 골짜기를 메워서', '두려운데'. '늙은이 게을러서 일어나기도 어려워 누워서 먼 구렁에 명주(明珠) 일만 섬 푸른 벽에 쏟아지는걸' 듣고 누워만 있으니…. 스스로 한심하면서도 어쩔 수 없는 비상 상황인 것으로 보인다.

여름만 걱정인 것이 아니다. 겨울도 같다. 산중(山中)의 겨울은 더 춥게 마련이다. 아무리 초저녁에 불을 많이 땐다고 하더라도 새벽녘이면 구들장이 식기 마련이다. 덮는 이불이라도 뭐 제대로 있었겠는가? 오돌오돌 떨면서 아침 일찍 아궁이에 불을 지폈을 것이다.
　시(詩) '**설효(雪曉)**'를 보자. 날씨는 추운데, 새벽에 눈이 내린다.

눈 내린 새벽〔雪曉〕 三首 : 213

1.
滿庭雪色白皚皚 (만정설색백개개)　　뜰에 가득한 눈빛은 희고 아름다워라.
瓊樹銀花次第開 (경수은화차제개)　　옥 나무 은빛 눈꽃이 차례로 피어나는구나.
向曉推窓頻著眼 (향효추창빈저안)　　새벽 되어 창문 열고 자주 눈을 돌리니
千峰秀處玉崔嵬 (천봉수처옥최외)　　일천 봉우리 빼어난 곳에 옥이 높게도 쌓였구나.

〈번안시조〉

뜰 앞에 가득 쌓인 흰 눈빛 아름답고

옥 나무 은빛 눈꽃 차례로 피어나서
새벽에 앞 산봉(山峯) 보니 옥(玉)이 높게 쌓였네

2.
我似袁安臥雪時 (아사원안와설시)　눈이 올 때 나는 원안(袁安)처럼 누워서
小庭慵掃捲簾遲 (소정용소권렴지)　작은 뜰도 쓸지 않고 발도 늦게 걷는다
晚來風日茅簷暖 (만내풍일모첨난)　저물녘 해와 바람에 초가 처마가 따뜻해져
閒看前山落粉枝 (한간전산낙분지)　앞산 가지[枝]에 떨어지는 가루를 한가히 바라본다.

〈번안시조〉

눈 오면 방에 누워 원안(袁安)처럼 내다보며
작은 뜰 쓸지 않고 발자국 그냥 둔다
저물녘 처마 햇빛이 앞산 절경 그린다

3.
東籬金菊褪寒枝 (동리금국퇴한지)　동쪽 울타리에 금국(金菊)도 시들고 가지는 찬데
霜襯千枝个个垂 (상친천지개개수)　서리 내린 천 가지가 하나하나 드리웠네.
想得夜來重壓雪 (상득야내중압설)　밤새 내린 많은 눈을 두고 생각해 봐도
從今不入和陶詩 (종금불입화도시)　이제는 도연명의 화운 시에 들지 못하겠네.

〈번안시조〉

울타리 금국화는 시들고 차가운데
서리 내린 가지마다 하나씩 걸려 있네
밤 동안 내린 눈으로 화도시(和陶詩)는 떠났나

원안(袁安)은 한 나라 때 어진 선비이다. 동리금국(東籬金菊)은 도연명의 시 음주 중 한 구절이다. 화도시(和陶詩)는 도연명 시의 운자를 써서 답시로 지은 시를 말한다.

친구는 외로울 때 더욱 생각나기 마련이다. 함께 술을 나누며 부담 없이 시(詩) 담화를 나눌 수 있는 진정한 친구, 아마도 남효온이나 홍유손 등이 몹시 그리웠을 것이다. 법수치리에 사는 동안 한 번쯤은 다녀갔을 터인데….

'꿈꾸다 죽은 늙은이'로 써 달라는 부탁을 남기다

아무도 없고 오직 자연만 있다. 자연과 함께 노래하고 대화할 뿐이다. 자연과 대화가 없으면 입에 곰팡이가 필 지경이다. 사계절은 여전하여 비도 오고, 눈도 오고, 가뭄에다, 홍수에다, 폭설에다…. 자연은 변함없이 돌고 도는데, 김시습은 점점 더 쇠약해지고 있었다. 온몸이 경종을 울렸다.

김시습은 아마도 법수치리를 떠나기 전, 삶이 마지막에 가까웠다는 것을 예상한 듯하다. 그의 시(詩) '아생(我生)'에서 가슴에 묻어 둘 만큼의 자기 고백을 풀어 놓는다. 모두 18구이므로 시조는 다섯 수로 번안하였다. 4구를 1수씩 번안하되, 마지막 2구는 독립하여 번안하였다.

아생(我生) : 677

我生旣爲人 (아생기위인)	내가 태어나서 이미 사람이 되어서
胡不盡人道 (호부진인도)	어찌하여 사람 도리를 다하지 못하는가.
少歲事名利 (소세사명리)	젊었던 나이에는 명리를 일삼았고
壯年行顚倒 (장년행전도)	장년이 되어서는 자빠지고 넘어졌네
靜思縱大恧 (정사종대뉵)	가만히 생각하면 너무 부끄러우니
不能悟於早 (불능오어조)	일찍이 깨닫지 못했다네.
後悔難可追 (후회난가추)	후회한들 돌이키기 어려워
寤擗甚如擣 (오벽심여도)	깨닫고 보니 가슴이 답답하구나.
況未盡忠孝 (황미진충효)	하물며 충효도 다하지 못했으니
此外何求討 (차외하구토)	이외에 무엇을 구하고 찾겠는가.
生爲一罪人 (생위일죄인)	살아서는 한 죄인이요
死作窮鬼了 (사작궁귀료)	죽어서는 궁색한 귀신이 되리.
更復騰虛名 (갱부등허명)	다시 헛된 명예심 또 일어나니
反顧增憂悶 (반고증우민)	돌아보면 근심과 번민이 더해지네.
百歲標余壙 (백세표여광)	백년 후에 내 무덤에 표할 때는
當書夢死老 (당서몽사노)	꿈꾸다가 죽은 늙은이라 써주게나
庶幾得我心 (서기득아심)	행여나 내 마음 아는 이 있다면
千載知懷抱 (천재지회포)	천년 뒤에 속마음 알 수 있으리.

〈번안시조〉

1~4구
김시습 을묘년에 서울에서 태어나서

어쩌다 사람 도리 다 하지 못했구나
소싯적 명리(名利) 일삼고, 장년(壯年) 되어 바뀌었네

5~8수
가만히 생각하면 너무나 부끄러워
일찍이 깨닫지도 반성도 못 했는데
돌이켜 후회해 보나, 내 가슴만 답답하네

9~12수
하물며 충과 효를 다하지 못했으니
이보다 귀한 것을 어디서 찾겠는가
살면서 죄인이 되고, 죽어서는 궁귀(窮鬼)되리

13~16수
또다시 헛된 명예 가슴에 일어나니
걱정과 염려 속에 고뇌만 깊어지고
백 년 후 내 묘비에다 몽사노(夢死老)라 써주게

17~18수
행여나 먼먼 훗날 내 마음 안다 해도
일이백 년 지나서는 아는 자(者) 없으리라
현자(賢者)가 천년 쯤 뒤에 김시습을 말하리

김시습은 자신의 삶을 18행의 시(詩) 속에 모두 풀어 놓았다. 외할아버지의 사랑으로 공부를 시작하여 세종으로부터 오세신동으로 칭찬받으며 시작된 삶이, 청소년 시기에 어머니와 외할머니를 여의고 삼각산 중흥사에서 공부하던 중 계유정난으로 탕유를 시작한 뒤 충효를 다하지 못했다고 자책하면서 살아서도 죽어서도 죄인이라 하였다. 자신의 묘비에 '꿈꾸다 죽은 늙은이(夢死老)'라고 써 달라고 부탁하고 있다. 행여나 지금은 그 뜻을 모르겠지만 천년 뒤에는 속 마음을 알리라는 희망으로 글을 끝맺는다.

김시습이 죽은 지 600여 년이 지나 김시습이 말한 천년이 아직 400년이나 남았는데도 이미 김시습을 인정해주고 있으니, 김시습의 부탁은 오래전 부터 이루어지고 있다.

낙산사 법회(法會), 번민을 보내다

김시습은 낙산사를 자주 찾았다. 하여 낙산사 관련 시를 남겼다. 낙산사 선상인에게 보내는 이 시는 낙산사의 법연(法筵, 부처님의 가르침을 강설하는 자리, 법회)에서 화엄경 설법에 대한 고마움을 읊고 있다. 의상대사가 화엄경을 쓰고 화엄종을 창시하였는데, 그 중심 사찰이 낙산사였다. 화엄종은 석가모니가 보리수나무 아래에서 깨달음을 얻고 첫 제자에게 최초로 설법한 경전이다.

낙산사 선상인(禪上人)의 설법에 크게 감동하다

김시습은 유가로 출발하여 불가에 심취, 설잠이라는 법호를 사용하며 불가에 의지하여 생활하였다. 그러면서도 자신 본관의 고향이고 근본인 강릉과 관동 지방을 자주 왕래하며 자신을 찾으려고 노력하였다. 낙산사도 자주 찾았는데 이는 불법을 나누기 위함이었다. '낙산사증선상인(洛山寺贈禪上人)' 3수(首) 중 제3수를 읽어보자.

낙산사에서 선 상인에게 주다〔洛山寺贈禪上人〕3首 중 제3수 : 171~172

3.
貿貿人間萬事非 (무무인간만사비)	어리석은 인간들 만사가 그릇되니
欲從莊列學三機 (욕종장렬학삼기)	장자와 열자 따라 삼기(三機) 배우고 싶네.
浮生有恨風燈變 (부생유한풍등변)	뜬 인생에 바람 등불처럼 변함을 한탄하니
浪死何裨鷇鳥飛 (낭사하비구조비)	부질없는 죽음이 작은 새에게 뭐 도움 되리.
天女供茶香厨淨 (천녀공다향주정)	선녀가 차 끓이는 부엌은 정결하고
山猿擎鉢道腴肥 (산원경발도유비)	원숭이 바리때 받드니 도인이 살지도다.
何緣恒聽無生話 (하연항청무생화)	무슨 인연으로 생사 없는 이야기 항상 들나?
石室松龕共爾依 (석실송감공이의)	석실과 소나무 감실에서 그대와 함께하리.

〈번안시조〉

어리석은 인간들은 만사가 그릇〔誤〕되니
장자와 열자 따라 삼기(三機)를 익혀 가세
뜬 인생 돌아보면서, 도움 될 일 찾으리

선녀가 차 끓이는 부엌은 정결하고
원숭이 바리때에 도인이 살찌도다

뜻깊은 생사 이야기, 내 그대와 함께하리

삼기(三機)는 음악의 속도에 따른 용어이다. 감실(龕室)은 불상(佛像)·신주(神主), 또는 기타 여러 가지 물건을 안치시키기 위하여 만든 공간으로 줄여서 감(龕)이라고도 한다.

첫수에서 선(禪) 대사가 누구인지 정확히 알 수 없지만 선 대사를 사모하여 만나보니 옛 친구처럼 느껴졌고, 그 스님의 모습은 정결하고 절개는 송죽처럼 굳고 몸가짐 또한 밝고 높아 난세와 학의 모습인 선 대사를 칭송하며 노래하고 있다. 특히 3수에서는 다시 삶의 목표를 말하며 더욱 정진할 것을 다짐하니, 낙산사에서 불법을 듣고 마음을 더욱 비우는 쪽으로 변하고 있음을 감지할 수 있다.

낙산사에서는 주지 스님과도 불담(佛談)을 나누었다. 시 '**낙산장실좌하**'(洛山丈室座下, 본문 생략)가 그것이다. 앞의 시(詩)에서 말한 선상인(禪上人)이라는 스님과 이 시에서 말하는 장실좌하(丈室座下)가 같은 스님인지는 알 수는 없다. 아무튼 낙산사를 자주 방문하고 주지 스님과도 교유하면서 불자의 길을 걷고 있는 김시습의 모습을 본다. 바닷가라서 그런지 편안하고 안정된 느낌이다.

김시습은 '**낙산장실좌하(洛山丈室座下)**'에서 파도 소리와 산의 풍경들을 모두 게송으로 듣고 있다. 이 게송은 '무지한 사람들에게 꿈 깨라고 말한다'라고 마무리하고 있다. 김시습이 말하는 '꿈 깨야 할 무지한 사람은 누구일까?' 김시습 자신을 깨우는 소리일 것이다.

낙산사(洛山寺)에서 화엄경(華嚴經)에 빠지다

김시습은 이 불의에 힘으로 항거하지 못한 채 현 정치체계에 대해서는 부정은 하되, 하늘과 자연을 향하여 소리치면서 삼천리 방방곡곡을 유람하였다. 단 한 번도 양지에 나서지 않았다. 특히 낙산사의 불법(佛法) 강론에 자주 동참하였다.

김시습은 양양 은거 중에 낙산사나 상원사 외에도 다른 사찰하고도 인연을

의상대 설경. 출처 : 낙산사

맺었다. 특히 그중 양양 명주사는 1009년에 창건된 곳으로 청련암(靑蓮庵)과 운문암(雲門庵)이 세워져 있다. 이중 운문암은 원래 다른 이름이었는데, 나중에 김시습이 새롭게 지어준 이름이라 한다.

운문암이 있는 양양 검달동은 겹겹이 쌓인 가파른 산에 둘러싸인 곳으로 "산봉우리에서 흰 구름 나오는 곳"이라고도 한다. 김시습이 왜 운문암이라고 이름 지었는지 추측할 수 있다.

사실 양양 법수치는 김시습에게 새롭게 불교를 받아들이는 기회를 땅기기도 하였다. 1463년 경주 은거 때 내불당의 묘법연화경(妙法蓮華經) 언해작업(諺解作業)에 참여하였고, 1465년에 원각사(圓覺寺) 낙성회에서 찬시(讚詩)도 지은 바 있다. 세조로부터 도첩(度牒)도 받았다. 그러나 화엄경을 깊이 받아들인 것은 낙산사였다.

벼슬아치는 힐난(詰難)하고, 백성 삶은 걱정하다

김시습은 깊은 산골짜기에 은거하면서도 항상 한쪽 귀는 열어 놓고 있었다. 백성들의 고단한 삶을 염려하고, 탐관오리의 탐욕을 힐난했다.

먼저 매월당 시집 제1권 술회(述懷) 편에서 **옛일을 술회하며**〔述古〕를 살펴보자. 이 시는 오언율시 10수로 되어 있다. '술고(述古)' 편에서는 벼슬아치들의 아첨과 부패에 대하여 적나라하게 비판하고 있다.

사장(詞章)도 천박한 데다 쭉정이만 남았다

당시 사대부들은 대체로 기존 권력에 타협하며 자신의 재학(才學, 재주와 학식)으로 문치(文治)를 장식하면서 살았다. 당시 권세가(훈구대신)에게 아부하기에 급급한 이들에게 학문과 문학은 모두 사상적 내실과 실천적 의의를 갖지 못한 채 지배층의 명리(名利)를 구하는 방편쯤으로 타락해 버린 것이다. 김시습은 이러한 점을 놓치지 않고 글로 남겼다.

시(詩) '술고(述古)'를 통하여 김시습의 본뜻을 살펴보자. 모두 10수 중에서 제1수와 9수를 번안한다.

옛일을 술회하며〔述古〕: 94~97

1.
自愧學儒術 (자괴학유술)	유술(儒術)을 배운 것이 부끄러움은
文章多誤身 (문장다오신)	문장으로 몸 그르침 많아서이네.
衡門荒徑草 (형문황경초)	선비집 앞길엔 거친 풀 묵어지고
甲第聳車塵 (갑제용거진)	대갓집 앞에는 수레 먼지 자욱하네.
扶持無復望 (부지무복망)	붙들고 잡아도 희망 없는 일
聖學太荒唐 (성학태황당)	성학(聖學)이 너무 황당하구나!
月露詞章淺 (월로사장천)	달과 이슬 그리는 사장(詞章)도 천박하고
秕糠訓古長 (비강훈고장)	쭉정이 같은 주석(註釋)은 길기만 하다.

〈번안시조〉

유학을 배운 것이 왜 이리 부끄럽나
그르친 문장으로 글을 썼기 때문인데
선비 집, 잡풀 무성하고 대갓집을 수레행렬

붙들고 잡아봐도 희망 없는 일인 것을
성학(聖學)은 멀리 있고 실천은 어디 갔나
사장(詞章)도 천박한 데다 쭉정이만 남았네

유술(儒術)은 공자와 그 제자들의 가르침인 경전을 연구하는 학문. 유학이라고도 한다. 성학(聖學)은 공자와 맹자로 대표되는 성인의 가르침을 지향하는 학문이다. 결국은 유술, 유학, 성학은 같은 의미로 해석된다. 사장(詞章)은 시가와 문장을 아울러 이르는 말이다. 주석(註釋)은 낱말이나 문장을 쉽게 풀이하는 것이다.

'선비 집 앞 길엔 거친 풀 묵어지고, 대갓집 앞에는 수레 먼지 자욱하네!'라고 하였다. 선비 집이 학문적으로 쇠락했음을 비유하고, 대감집은 뇌물 바치는 수레로 먼지가 자욱하다고 관리 부패를 힐난하고 있다. 마지막 구절이 백미(白眉)다. 배운 것을 실천하지 않으니 천박하고 쭉정이만 남았다고 비난하고 있다.

김시습은 부패한 권력자에게는 '개뼈다귀를 주어서는 안된다'라고 말하고 있다. 뼈를 한 번 먹으면 뼈 맛을 알게 되고, 계속 바라게 된다는 뜻으로 부패한 관리들은 '먹으면 먹을수록 야옹'이 된다는 뜻이리라. 그러나 어쩌랴? 주지 않으면 심신(心身)이 괴로움을 당하는 것이 당시의 상황이 아니었을까? 또 이러한 상황은 고금의 진리가 아닌가?

9.

毋投與狗骨 (무투여구골)	개에게 뼈다귀를 주지 마라
集類亂喋喔 (집류난재애)	떼 지어 어지러이 다툴 것이니
不獨其群戾 (불독기군려)	제 무리와 어긋날 뿐만 아니라
終應與主乖 (종응여주괴)	끝내는 주인과도 어그러지리라
尊周專戰伐 (존주전전벌)	주나라를 높인다고 정벌 일삼고
安漢弒嬰孩 (안한시영해)	한 왕실 안정시킨다며 아이 죽이다니
莫若嚴名分 (막약엄명분)	무엇보다 명분을 엄정히 하여
勤王作止偕 (근왕작지해)	다 함께 근왕(勤王)에 나서야 하리

〈번안시조〉

개에게 뼈다귀를 절대로 주지 마라
떼 지어 어지러이 다투기만 할 것이니
무리와 싸움질하고 주인과도 어긋나리

주나라를 세운다고 정벌만 일삼더니
왕실 안정 핑계 삼아 아이도 죽이더라
명분을 엄정히 하고 근왕(勤王) 함께 나서길

근왕(勤王)은 왕을 도와 국사에 진력한다는 말이다.

사대부가 유학을 공부하는 이유는 과거시험을 보아서 나라에는 충성하고 부모에게는 효도하기 위한 길이기 때문이었다. 과거라는 통로를 통하여 벼슬에 올라서 제 뜻과 국정을 펼쳐 나갔다. 그러나 김시습은 후한말 동탁의 폭정을 계유정난의 상황에 비유하면서 세조를 빗대어 비난하였다. 부패하거나 정의롭지 못한 개같은 관리에게는 뼈다귀를 절대로 주지 말라고 강조한다.

백성의 삶을 걱정하고, 타락한 벼슬아치들은 비난하다

하여 김시습은 정치 도덕적으로 타락한 인간들의 세상에서 벗어나 하늘의 섭리대로 흘러가는 자연을 벗 삼아 방랑하면서 서민의 안타까움을 듣고 보고 소리쳐 노래하며 시대를 안타까워하였다. 김시습의 행위는 광기가 포함되어 있지만 바탕에는 인간의 기본 생명에 사랑이 깔려 흐르고 있다. 김시습은 '이고 지고 비척거리는 백성들에게' 생생지락(生生之樂, 생업을 즐겁게 만든다)의 기회가 주어지기를 소망하고 있다.

김시습의 오호가(嗚呼歌)를 읽어보자. 오호(嗚呼)는 '슬플 때나 탄식할 때(嗚) 내는 소리(呼)를 이른다' 라고 하였으니, '**오호가**(嗚呼歌)'를 굳이 번안한다면 여기서는 '탄식하며 부르는 노래'라고 해야 하리라.

오호가(嗚呼歌) : 380

雕楹刻桷事奢麗 (조영각각사사려)	기둥 조각 추녀 치장 사치를 일삼는데
卒歲田家無短褐 (졸세전가무단갈)	일 년 가도 농가에는 잠방이도 없구나.
可惜木石本無脛 (가차목석본무경)	안타깝네, 목재 석재 걸을 수가 없어서
哀哉蒼生皮有血 (애재창생피유혈)	서러워라, 우리 백성 살에 피가 터지네.
剝皮浚血旣割骨 (박피준혈기할골)	가죽 벗겨 피를 빨고 뼈까지 도려내도
侈欲靡靡不知歇 (치욕미미부지헐)	사치 욕심 더욱더 그칠 줄 모르네.
前車覆轍載靑史 (전거복철재청사)	그르친 일의 본보기 역사에 실렸는데
胡乃壅君猶微徹 (호내옹군유미철)	어찌하여 사람 장막 걷어치우지 못하나.
君不見一宇盛時十口逋 (군불견일우성시십구포)	
	그대는 못 보는가? 큰 집 한 채 설 때마다 열 집 식구 도망하여
負戴足京 足將 啼聒聒 (부대족경 족장 제괄괄)	
	이고 지고 비척거리며 울부짖는 저 모양을!

〈번안시조〉

기둥 조각 추녀 치장 사치를 일삼는데
일 년 가도 농가에는 잠방이 한 벌 없네
피 터진 백성 팔다리 아프고도 서럽다

가죽 벗겨 피를 빨고 뼈까지 도려내도
사치 욕심 더욱 커져 그칠 줄 모른다네

그르침, 비판받는데 인(人)의 장막 그대로네
큰 집 한 채 설 때마다 열 집 식구 살길 없어
이고 지고 울부짖고 비척대며 도망가는데
그대는 못 보고 있나? 안 보는 척 외면하나

  노역과 수탈에 시달린 백성들은 떠나야 했다. 갈 곳이 어디 있겠는가? 산속 깊이깊이 들어갔는데, 거기까지도 찾아와 세금의 이름으로 수탈하는 승냥이들이 있었다. 목숨이 있는데 갈 곳이 없던 백성들의 고달픈 삶을 안타까워하면서, 반대로 사치를 일삼는 지배층을 신랄하게 비판하고 있다.
  김시습은 뜨거운 애민의 심성을 지닌 방랑 시인이었다. 그렇게 하려면 무얼 하러 헛되이 출사(出仕) 하였느냐고 묻는다. 슬픈 일이다.

  다음은 '서사(書事)'다. 김시습은 일도 쓰고 바람도 읽는다. 그만큼 감성이 짙다.
  이 시는 전문(全文)이 길어서 모두 수록하지 못하고 몇 부분만 살펴본다. 아마도 김시습이 이 글을 쓰던 해에 가뭄이 심했던 모양이다. 백성들은 굶주리는데, 아이들은 울부짖는데, 나라에서는 별 방도를 제시하지 않고 있다는 것이다. 따라서 이와 같은 상황을 애통히 여기는 조칙을 내려서 갖가지 세금과 부역을 감면해 주기를 요청하고 있다.

일을 쓴다〔書事〕三首 : 641~642

일수(一首) 중 끝 4구
兒童臥啼號 (아동와제호)　　아이들은 누워서 울부짖는데
不免事馳鶩 (부면사치무)　　어지러이 뛰어나다는 일 면치 못하니
願下哀痛詔 (원하애통조)　　바라건대 애통히 여기는 조칙을 내리사
使民簿徭賦 (사민부요부)　　백성의 부역과 구실을 적게 하소서.

〈변안시조〉

배고픈 아이들은 누워서 울부짖고
부모는 애를 써도 배고픔 못 면하니
왕 이어, 조칙 내려서 백성 살려 주소서

이수(二首) 중간 4구
皇天豈不仁 (황천개불인)　　황천(皇天)이 어찌 인(仁)하지 않을 것이며
下民豈無舌 (하민개무설)　　일반 백성들이 어찌 혀가 없으랴?
從愛不能覆 (종애부능복)　　사랑은 해도 덮어주질 못하니
可語向誰說 (가어향수설)　　말할 수 있다고 해도 누굴 향해 말하리!

〈번안시조〉

하늘은 어찌하여 어질지 아니하고
백성은 어찌하여 말할 혀(舌)가 없으리오
말로만 애민(愛民)이라고 누굴 향해 말하리

삼수(三首) 중 뽑아서 4구
哀哉燮理者 (애재섭리자)　　슬프구나. 정치를 행하는 자여!
何爲徒就列 (하위도취열)　　무얼 하러 헛되이 반열(班列)에만 나아갔는가?
願使銓選公 (원사전선공)　　바라건대 전형해 뽑는 것 공평케 하도록
爲與具瞻說 (위여구첨설)　　나랏일 보는 이에게 말해 주게나.

〈번안시조〉

조정을 이끄는 자 정치(政治)가 슬프구나
이러려면 무엇 하러 반열(班列)에 나갔는가
공평히 인재(人才) 뽑도록 대신(大臣)들께 말해 주게

　아이들이 배고파 운다. 부역(負役)을 줄여라. 백성들이 할 말이 많지만 어떻게 어디에 말해야 할지 모른다. 애민은 누구를 위한 것이냐? 정치 잘해라. 공평케 해 달라고 관리들에게 말하라. 등등의 이야기를 하고 있다. 농민들의 비참한 삶이 잘 묘사되어 있다.
　잘못된 것을 개선하지 않으려면 무엇 하러 반열(여기서는 양반의 품계를 의미)에 나갔느냐고 관리들을 꾸짖고 있다.

　검달동에 사는 동안 김시습의 유자한과 교류는 한 가닥 희망이었다. 유자한은 김시습을 극진하게 대우하였다. 그리고 가끔 쌀, 술, 안주를 보냈다. 김시습은 감사를 나타내는 찬송시(讚頌詩)와 함께 편지를 보냈다.

양양 부사 유자한과 깊게 교유하다

유자한(柳自漢)은 양양부사이다. 둘은 서로 한성에서부터 알고 있었다. 유자한은 1460년(세조 6년), 경진년 평양 별시에 장원으로 급제하여 출사하였다. '한국역대인물종합정보시스템' 자료에 의하면 생몰년은 미상이다. 일부 자료에서는 사망 연도를 1504년으로 기록하고 있다.

김시습, 유자한과 인연이 깊었다

특히 김시습이 과거에 실패하고 중흥사에서 들어가 공부할 때 함께 하였던 몇 사람 중에 안신(安信)이 있었는데, 그 안신이 유자한의 사위다. 그렇다면 유자한의 나이는 김시습보다는 다소 많았을 것으로 보인다.

유자한 삼 형제는 모두 과거에 급제하였는데 바로 아래 동생 유자빈(柳自濱)은 1462년(세조 8년) 임오년 식년시에 등과하고, 막내아우 유자분(柳自汾)은 1466(세조 12년), 병술년 고성 별시에서 등과하였다.

김시습은 유자한에게 편지를 쓸 때 상당한 경칭(敬稱)을 쓰고 있다. 김시습은 유자한의 재임 기간에 '상유양양진정서(上柳襄陽陳情書)' 등 여섯 편의 서신(書信)을 남겼다. 또 유자한 부사가 김시습의 후사를 걱정하여 양양의 관기 가운데 소동라를 동행시킨 적도 있다. 김시습은 유자한의 호의에 소동라와 동행하기는 하였으나 얼마 안 되어 양양으로 되돌려 보냈다고 전한다.

김시습, '세상 사람들과 어울릴 수 없는 다섯까지'를 말하다

김시습은 '유자한에게 드리는 글〔上柳自漢書〕'을 처음으로 보낸 후, 네 차례나 '또 쓰다〔又〕'를 보내고 '유양양께 드리는 진정서〔上柳襄陽陳情書〕'를 마지막으로 보낸 듯하다.

세상 사람들과 어울릴 수 없는 다섯 가지 : 853~854

특히 유자한이 벼슬길에 나갈 것을 권하자, '**유양양께 드리는 진정서〔上柳襄陽陳情書〕**'에서 '세상 사람들과 어울릴 수 없는 다섯 가지'를 다음과 같이 밝혔다.

저의 처신은 지극히 어려워 인간 세상에 살 수가 없으니, 여기에 다섯 가지 불가(不可)가 있습니다. 첫째, 세상 사람들이 남의 장속(裝束, 복식)을 보기를 심지(心志)로 보는 것은 아니지만, 더러운 것을 빨고 재봉(裁縫)해 주는 이가 없는 것이요. 둘째, 처첩(妻妾)을 얻으면 곧 살 계획을 세워야 하니, 그렇게 되면 삶을 마련하는 데 얽매여 빈부(貧富)에 자유롭지 못하게 될 것이요. 셋째, 또 어떻게 도(陶)의 적(翟) 씨와 양(梁)의 맹광(孟光)을 얻을 수 있겠는가 하는 것이요. 넷째, 비록 옛 친구에게 가련하게 보이어 한 벼슬 천거 받는다 하더라도 작질(爵秩)이 미미하고 봉록(俸祿)이 박하다면 갑자기 펼 수 없고, 또 성질이 당직(戇直)하여 녹록(碌祿, 용렬한 모양)한 무리에게 용납될 수 없는 것이요. 다섯째, 저는 깊은 산골짝에 살면서 다만 산이 밝고 아름다움만을 사랑해 온 지라 경운(耕耘, 밭 갈고 김매는 농사일) 같은 일에는 마음을 두지 않았고, 또 올해 농사에 손해를 두고 동구 밖으로 나가 활인(活人)해 주기를 구한다면 곧 "여전히 궁박(窮迫)하므로 입신(立身)이 그와 같다"라고 말들 할 것이요.

출사를 권하는 유자한의 권고를 거절하면서 다음과 같이 뜻을 밝혔다.

"선비는 세상과 모순되면 은퇴하여 스스로 즐기는 것이 그 본분이거늘 어찌 남의 비웃음과 비방을 받아 가며 억지로 인간 세상에 머물 수가 있겠습니까?"라고 하였다. 출사에 뜻이 없다는 것을 강하게 비치고 있다.

이 여섯 통의 편지 속에 유자한과 김시습의 관계가 잘 드러나고 있다. 그러나 실제로는 훨씬 더 많은 이야기가 오고 갔으리라.

검달동을 떠나 중흥사에 나타나다

1491년 봄, 어쩐 일인지 아무런 이유도 밝히지 않고 '서울 중흥사에 머물렀다'라고 기록되어 있다. 그 전해인 1490년에 출발하였는지, 1491년 봄에 도착하였는지 정확하게 알 수 없다. 또 무슨 일이 있었을 터인데 밝히지 않아 알 수 없다. 하긴 지금, 이 글에서 김시습에 대하여 아는 척하지만, 사실은 얼마나 아는 것일까? 먼지만큼도 모르면서 아는 '척'하고 있다. '무엇이 어떠하다'라고 밝힌 것도 구체적인 것은 잘 모르는 판에 김시습이 한성에 간 이유를 정확하게 밝히지 않는데 어떻게 알 수 있으랴? 그냥 '한성에 있는 친구들이 그립고 보고 싶어서 갔으려니'라고 생각해 보자. 그런데 그 중흥사 행로(行路)가 김시습을 무량사로 이끈 것으로 보인다.

김시습은 수시로
한성, 지방, 한성, 지방을 거듭하면서
전국을 누볐다.

그런데 이번 한성 방문은
김시습의 마지막 서울 나들이가 된다.

이후 다시 설악에 가서
검달동 우거(寓居)를 정리한 후
호서를 향한다.

X

한성·설악에 들려, 무량사에서 잠들다

- 양양 검달동을 떠나 중흥사에 나타나다
- 다시 양화진에서 마지막 석별을 나누다
- 법수치에 들려 주변을 정리하다
- 설악을 떠나 만수산 무량사에 도착하다
- 방랑을 끝내고 잠들다
- 왜 무량사에서 입적하였을까

X. 한성·설악에 들려, 무량사에서 잠들다

우리가 김시습의 발자취를 따라가 보는 것은 그의 큰 흐름을 따르는 것이지, 그 사이사이에 있을 수 있는 다양한 상황을 모두 파악하기는 불가능하다. 잘 알지도 못할 뿐만 아니라 그 숱한 여정을 어찌 모두 찾아내 따라갈 수 있겠는가? 가능한 범위에서 각종 자료를 바탕으로 추적해 볼 뿐이다.

이제 마지막 해적이를 살펴보자.
김시습이 검달동을 떠나 한성 북한산 아래 등안봉(463m) 기슭에 있는 중흥사를 거쳐 다시 설악산 검달동, 그리고 무량사에서 입적하기까지의 삶을 살펴보자.

1490년(56세, 성종 21년)
- 가을, 삼각산 중흥사에 나타났다. 21세 때, 수양대군의 왕위 찬탈에 격분해 떠난 지 35년 만이었다.

1491년(57세, 성종 22년)
- 봄, 중흥사에 머물렀다. 남효온, 김일손의 방문을 받고 5일 동안 함께 지내며 백운대와 도봉산을 유람하였다.
- 그 뒤 양화도에서 뱃길을 이용해 일단 설악으로 돌아갔다.

1492년(58세, 성종 23년)
- 김시습은 8월경에 홍산 무량사(현 충남 부여군 외산면)로 들어와, 호서의 몇 곳을 순람하였다.
- 절친 추강(남효온)이 사망하였는데 시기는 알 수 없으나, 10월 경으로 추측된다.

1493년(59세, 성종 24년)
- 2월, 지난해 무량사에서 간행한 『묘법연화경』에 발문을 쓰고 '췌세옹 김열경'이라고 서명하다.
- 3월, 병들어 세상을 떠나니 59세였다. 절 근처에 매장하다.

정리하면 1490년 가을, 중흥사에 가서 겨울을 난 후, 이듬해인 1491년 여름, 양양 법수치 검달동에 왔다가 1492년, 8월 이후에는 홍산(鴻山) 만수산 무량사 도착, 머무르면서 주변을 순람(巡覽)하다가 1493년 봄에 사망하였다.
2월에 『묘법연화경』 발문을 쓰고 3월에 눈을 감았으니, 한 달여 병석에 있었다는 이야기이다. 오랫동안 누워있지 않고 고요한 절간에서 입적하였으니 마지막 가는 길은 행복했으리라.

양양 검달동을 떠나 중흥사에 나타나다

1490년, 가을에 한성에 온 김시습의 주거지는 1453년 봄에 과거시험에 실패한 후 책을 싸 들고 공부하기 위해 머물렀던 중흥사였다. 중흥사는 이번이 두 번째 방문인 셈이다. 처음 방문하였을 때는 19살 젊은 시절로 유학적 지식이 충만하고 자신감이 넘치던 시기였다면, 지금은 오십대 후반으로 늙고 병들었을 뿐만 아니라 유·불·선을 통달한 도인(道人)이 되어 나타난 것이다.

중흥사에서 '썼음' 직한 시를 음미해 보자

다시 찾아간 중흥사! 거기에는 옛날의 인걸도 없고 건물도 달라졌을 것이다. 그런데도 굳이 중흥사를 택한 이유는 혹 젊은 날의 향수에 젖어 있었던 것은 아니었을까?

지금은 불에 타 소실된 옛 중흥사 터 바로 옆에 새로 중흥사가 중건되고 있다.

북한산 중흥사지, 출처 : 국가유산청 국가유산 포털

김시습이 중흥사에서 지은 시(詩)는 찾기 어려웠다. 시어(詩語)로 '북한산', '등안봉', '중흥사'라는 단어를 남겼으면 좋으련만…. 하여, 이 시기에 썼음 직한 시 한 수를 살펴보자. 제목은 '일신(一身)'이다.

한 몸[一身] : 64

一身跡如寄 (일신적여기)	한 몸 발길 닿는 대로 맡겨
江湖四十年 (강호사십년)	강호(江湖)로 사십년
但知人自老 (단지인자로)	사람만 저절로 늙어
肯諳歲回旋 (긍암세회선)	세월 빨리 흐르는 것만 알 뿐
影外無常弔 (영와무상조)	그림자 외에는 위로할 이 없어
雲邊政可憐 (운변정가련)	구름가에서 참으로 가련하다.
如今侵白髮 (여금침백발)	이제 머리카락도 백발로 변했으니
造物恐無權 (조물공무권)	조물주(造物主)도 어찌할 수 없으리.

〈번안시조〉

이 한 몸 굳은 발길 닿는 대로 맡겨 걷고
천하의 강호(江湖) 찾아 헤맨 지 사십여 년
사람은 저절로 늙고 세월 빨리 흘렀네

그림자 아니라면 누가 날[我] 위로할까
저 하늘 구름 곁의 그 모습 가련하다
머리칼 백발이 되니 조물주(造物主)인들 어찌하랴

김시습의 '강호 40년'이면 이 시기와 거의 맞아떨어진다. 그때는 중흥사 건물이 짜임새 있었고 아직은 화재의 피해를 보지 않았을 때이다. 중흥사는 후에 임진왜란과 병자호란 후 북한산성을 축성하고 방위한 스님들의 지휘 본부인 팔도도총섭(八道都摠攝)이 있던 곳이다. 승군의 도총섭이 머물렀던 절로서 북한산성의 수사(首寺)에 해당하는 사찰이다. 1711년 계파성능(桂坡性能) 스님이 주지로 부임하면서 중흥사는 비약적으로 발전했고, 136간의 대가람이 된다. 그런데 1904년에 다시 불탔다.

친한 벗들과 백운대와 도봉산을 유람하다

김시습이 한성에 도착하였다는 소식을 들은 옛 친구들이 중흥사로 몰려들었다. 김시습은 남효온, 김일손과 함께 백운대, 도봉산 유람하며 5일을 지냈다. 이 5일 동안 얼마나 많은 이야기를 나누었을까? 김시습은 그동안 살아온 이야기하였을 것이고, 남효온은 『육신전』을 저술한 이야기하면서, 사육신의 시신을 거두어 노량진에 묻은 김시습의 조언을 받았을 것이며, 김일손은 관리로 있었으니까, 조정 돌아가는 소식을 전했을 것이다.
　추강의 육신전은 원본은 발견되지 않았으며, 1577(선조 10)년에 그 후손들에 의해 편찬된 『추강집』에 수록되어 있다.

백운대. 출처 : 월간 산(2021.09.13.)

이 등산모임을 1491년에 있었다, 남효온(1454~1492)은 이듬해인 1492년에 40세를 넘기지 못하고 사망하였고, 김시습은 그다음 해인 1493년에 입적하였다. 김일손(1464~1498)은 이보다 더 살

앉으나 1498년(연산군 4년)에 발생한 무오사화(戊午士禍, 김일손의 사초(史草)에 김종직의 조의제문이 실린 것이 발단되어 발생)로 35세에 사망하였다. 따라서 이들의 회합은 중흥사에서의 며칠간이 마지막이었다.

 그들은 모두 그 의미를 알고 있었다. 남효온의 몸은 이미 회복하기 어려운 상태였고 김시습도 노쇠한 모습을 보였다. 이들은 마지막 술잔을 나누며, 얼마나 아쉬워했을까?

 이들은 술친구였다. 특히 김시습과 추강은 술로 더욱 가까웠다.
 1481년, 김시습이 환속하고 결혼도 하던 해이다. 추강이 술에 취하여 실수하고는 술을 경계하는 글(酒箴)을 써서 술을 끊겠다고 하자, 김시습은 술을 끊지는 말라고 '추강에게 편지(答秋江書)'를 보냈다. 이에 대하여 추강은 술을 끊을 수밖에 없는 이유를 정리하여 '동봉산인에게 답하는 편지(答東峯山人書)'를 보냈다. 이처럼 술로 맺어진 절친이자, 사제간이었다.

다시 양화진에서 마지막 석별을 나누다

 양화도(楊花渡)는 한강 마포나루 일대에 있던 조선시대에 삼진(三津)의 하나였던 나루다. 양화진(楊花津)이라고도 한다. 양화도는 한강 하구로 나가는 무역선이나 양곡선이 수시로 드나들 뿐만 아니라 군사적으로 서울 방어선을 구축하는 데 중요한 교통요지였다. 또 하나는 한강을 거슬러 올라가는 뱃길 출발지로 춘천, 원주, 충주로 향하는 각종 선박이 출입하고, 상류(上流)에서 출발한 뗏목이 도착하는 수상교통의 요지였다.

얼마 후 다시 양화도에서 관동으로 떠나다

 김시습이 한성에 올라와 중흥사에서 머문 기간은 약 1년 정도일 것이다. 그렇다면 왜 급히 양양 검달동으로 떠났을까? 거기에는 남효온과 무량사 지희 스님과 김시습이 삼각관계로 엮어져 있었다고 본다.

 이들이 헤어진 시기는 명확하지 않다. 다만 추정을 해 본다면 김시습의 시 석별 2수 2구에서 '게다가 강 하늘에 언 눈이 날리니'라고 하였다. 이글만 보면 늦가을이거나 초겨울일 것이다. 그런데 뒤에 오는 김일손의 시에서는 '꽃이 핀다' 하였기에 '이른 봄'임을 확신하게 되었다. 김시습의 시에 '눈이 날린다'라고 한 것은 아마도 꽃샘추위가 온 것이 아니겠는가?
 그렇다면 계절은 이른 봄이다.

그러나 장소는 정확하다. 바로 양화도에서 석별의 정을 나누었다. 김시습의 '**석별**(惜別)' 삼수(三首)를 만나보자.

석별(惜別) 三首 : 326

1.
惜別長安路上時 (석별장안노상시)　서울 대로에서 석별하던 때
不堪揮淚送征衣 (불감휘루송정의)　못 견뎌 나그네 옷에 눈물 뿌렸네.
至今未解胸中恨 (지금미해흉중한)　지금까지 풀지 못한 가슴의 한
空倚夕陽思復悲 (공의석양사복비)　공연히 석양에 기대 다시 슬퍼하네.

〈번안시조〉

서울의 대로에서 석별하던 그날 저녁
못 견뎌 벗의 옷에 함박 눈물 뿌렸구나
지금도 풀지 못한 한(限), 저녁놀이 슬프다

2.
幾番風雨苦相思 (기번풍우고상사)　몇 번인가, 비바람에 그리워함이
又是江天凍雪飛 (우시강천동설비)　게다가 강 하늘에 언 눈이 날리니
耿耿傷心終不寐 (경경상심종불매)　상심으로 끝내 잠들지 못하고
小窓寒月冷禪衣 (소창한월냉선의)　작은 창으로 찬 달이 옷에 비치네

〈번안시조〉

되돌려 생각하니, 비바람이 그립구나
게다가 강 하늘에 언 눈이 휘날리고
상한 맘, 잠 못 이루고 창가 달만 본다네

3.
自別君來兩地分 (자별군래양지분)　그대와 이별하여 두 곳으로 나뉘어
一封消息不曾聞 (일봉소식부증문)　한 통 편지 소식도 듣지 못하는데
萬端情緖從誰話 (만단정서종수화)　온갖 정감은 누구에게 말할까?
空向靑山問白雲 (공향청산문백운)　공연히 청산 향해 백운에게 묻노라

〈번안시조〉

그대와 이별하여 두 곳으로 헤어진 뒤
한 통의 편지 소식 듣지도 못하였네
이 정감(情感) 말할 자(者) 없어 구름에게 묻노라

2수에 '窓'이라는 한문이 음이 자동으로 뜨지 않아 사전을 찾아보니 '창(窓)의 본자(本字)'라고 한다. 원래 '窓'이었던 한자가 지금은 '창(窓)'으로 쓰인다는 의미리라.

헤어져야 하는 애절한 김시습의 가슴 속 이야기가 절절히 흐른다. 마지막 수의 '한 통 편지 소식도 듣지 못하는데'라는 글월이 다시는 만날 수 없음을 예고하는 듯하여 더욱 아프다. 김시습은 속 마음을 말할 사람이 없다고 하며 추강과의 신뢰를 고백하고 있다.

김일손과 남효온이 양화도에서 전송하다

양화도에서 떠날 때 김시습(1435년생)은 57세, 남효온(1454년생)은 38세, 김일손(1464년생)은 28세였다. 나이 차이가 꽤 있다. 더군다나 조선 초기, 성리학(性理學)이 자리를 잡는 시기였기에 나이를 따질 만도 한데 세 사람은 뜻을 같이하는 동지로서, 마음이 통하는 친구로 지냈다. 여기서 김시습의 삶의 방식

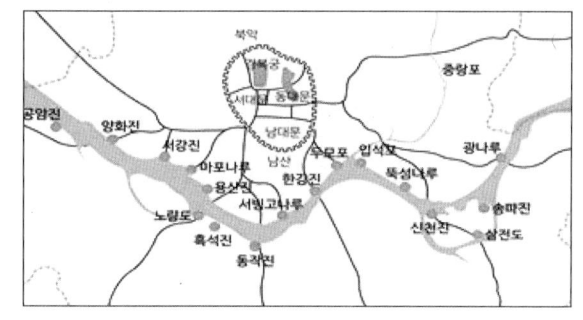

양화진의 위치. 출처 : 서울특별시

을 알 수 있다. '나이가 무슨 상관인가, 마음만 맞으면 벗이지'이다.

김시습은 왜 다시 설악으로 갔을까? 그리고 김시습은 얼마 뒤 부여 무량사를 찾았는데, 그럴 것 같으면 중흥사에서 바로 무량사로 가지, 왜 관동을 거친 것일까?

여기에는 다음과 같은 추론이 가능하다.
1491년 봄, 남효온이 김시습을 만나기에 직전에 부여를 찾았다는 사실이 한 단서가 될 수도 있을 것 같다.
남효온이 얼마 전에 부여 무량사에 갔을 때 법화경을 간행하던 지희 스님을 만났다. 지

희 스님은 남효온에게 '김시습을 만나면 무량사로 와 발문을 써 주었으면 좋겠다'라고 김시습을 초청했을 것이다. 무량사로 와 주기를 바라는 지희 스님의 요청에 남효온은 곰곰이 생각하다가 김시습에게 전했을 가능성이 높다.

그때 김시습도 생각했다. 이제 나이도 많고, 양양에 간다고 해서 그동안 지원하던 유자한이 계속 있는 것도 아니다. 또 제자 선행도 없다. 하여 지희 스님의 초청에 응하고 몸을 의탁할 생각했을 것이다.

시간 흐름으로 보면 당연히 이런 추론이 가능하다. 그래서 한동안 머물던 관동 생활을 정리하기 위해 잠시 법수치 검달동에 들렀다가 바로 무량사로 출발한 것이 아닐까?

이는 추강이 1485년 금강산을 유람할 때 당시 표훈사 주지였던 **지희 스님**이 나중에 무량사 주지가 되는데, 아마도 이런 인연도 작용했을 것이다. 남효온의 금강산 유람기를 보자.

"내가 앉았다 누웠다 하며 물로 장난치면서 기이하고 좋은 경치를 구경하느라 떠나지 못하니, 운산이 가자고 재촉하여 **표훈사(表訓寺)로 내려왔다**. 서쪽으로는 금강대 이하로 지나온 봉우리가 열한 개이고, 동쪽으로는 보덕굴 이하로 지나온 봉우리가 일곱 개이다. 이날 산행한 거리는 모두 30리이다. **주지 지희(智熙)는 운산의 친구로**, 나를 매우 후하게 대접하였다."

운산과 추강은 친구이고 지희는 운산의 친구다. 하여, 서로의 어려움과 아쉬움을 나누다가 매월당의 이야기가 나왔을 것이다.

김시습은 뱃길을 이용해 관동으로 가기 위해 양화도(揚花渡, 楊花鎭, 조선시대, 한강 북쪽에 있던 나루)에 도착하였을 때 남효온과 김일손이 송별하러 나왔다. '**김일손은 김시습을 위해 송별시**'를 지었다. 첫수만 번안한다.

김일손의 '설악으로 돌아가는 김시습을 남효온과 함께 전송하다. 1수
〔同南伯恭孝溫 送金悅卿時習歸雪嶽〕: 탁영(濯纓) 김일손 문집(文集)에서

1.
三月楊花冽水灣 (삼월양화열수만)　삼월 양화진에 꽃피고 강물이 굽이치는데
片雲孤鶴送君還 (편운고학송군환)　조각구름, 외로운 학처럼 가는 당신을 보냅니다.
芝蘭風入秋江室 (지란풍입추강실)　난초 향기는 바람에 실려 추강의 방으로 들고
薇蕨春生雪嶽山 (미궐춘생설악산)　봄 고사리 나는 설악산으로 가는지요.
五歲神童猶靖節 (오세신동유정절)　오세 신동은 도정절(도연명)과 같아

百年淸士可廉頑 (백년청사가렴완)　맑은 풍모는 백년 뒤 완고함을 염치 있게 바꾸리.
聯笻他日金剛去 (연공타일금강거)　언젠가 나란히 지팡이 짚고 금강산 찾아가
鳳頂源頭叩石關 (봉정원두고석관)　봉정(설악산) 원두에서 돌문을 두드리리.

〈번안시조〉

양화진에 꽃이 피고 강물은 굽이치는데
학처럼 구름처럼 당신을 보냅니다
추강은 집에 가는데, 설악으로 가는군요

오 세에 신동 소리, 도연명과 같이 듣고
풍모는 백 년 뒤에 완고함을 바꾸리라
언젠가 금강산 찾아 봉정〔雪嶽山〕돌문 두드리리

김일손이 보기에 김시습은 동진 시절, 나라의 멸망을 슬퍼하며 전원(田園)으로 숨었던 정절공(靖節公) 도잠(陶潛·도연명)과 같은 인물이었다. 김시습과 헤어짐을 슬퍼하며 다시 만날 날을 기대하는 마음을 이 시에서 읊는다. 특별히 함께 금강산과 설악산 유람을 기대하고 있다.

김시습은 여기 **양화도에서 관동으로 출발한다.**
아마도 눈이 오는데 배를 타고 원주까지 가서 거기서부터는 육로로 갔을 것이다.

어느덧 원주 흥원창에 가까워져 온다.
오늘 저녁은 어디서 자야 할까?

법수치에 들려 주변을 정리하다

1491년(57세, 성종 22), 이른 봄, 김시습은 중흥사를 떠나 설악산 검달동 우거지로 되돌아왔다. 중흥사로 떠나기 전에 이미 대부분의 주변은 정리한 후였기에 별로 남은 일이 없었다. 함께 살던 제자 선행도 먼저 떠나보냈다.
　김시습은 이때 법수치 검달동 은거지에서 짐을 정리하였다. 뭐 정리할 짐이란 것이 있었을까? 책 몇 권과 써놓은 시(詩)와 일록(日錄) 등이 있었을 것이다.

설악에서 마지막 시간을 안타깝게 보내다

김시습은 육십에 가까운 노쇠하고 지친 몸을 이끌고 다시 관동에 도착하여 짐을 정리하였다. 따르는 종자(從者)도 없었을 것이다. 몸도 많이 쇠약해져 있었다. 아직 할 일이 있는데 몸이 말을 듣지 않는다. 이미 눈(眼), 이빨(齒), 귀(耳) 등이 많이 상했다. 하여, '**견병**(譴病)'하며 힘을 냈다. 그러나 말이 '꾸짖고' 있는 것이지, 세월에 순종하는 의미를 더 강하게 담고 있다.

병을 꾸짖다〔譴病〕 : 351

十年放浪遊山水 (십년방랑유산수)	십 년 동안 방랑하며 산수에 놀았더니
瘴雨蠻煙多惱人 (장우만연다뇌인)	장우(瘴雨)와 만연(蠻煙)이 이리도 사람 괴롭히네.
露宿江村風剪骨 (노숙강촌풍전골)	강마을에 노숙(露宿)하니 바람은 뼈를 도려내고
星居巖竇冷侵身 (성거암두냉침신)	바위 구멍에 성거(聖居) 하니 냉기가 몸에 배네.
唯看兩鬢年添白 (유간량빈년첨백)	두 귀밑에 해마다 백발 더함은 볼 뿐이고
不覺雙眉日漸皴 (불각쌍미일점준)	두 눈썹에 날마다 주름 늘어감을 깨닫지 못했네.
披閱古方無寸效 (파열고방무촌효)	옛 약 처방문 보았어도 조금도 효험이 없으니
也宜看箇本來眞 (야의간개본래진)	본래의 참된 것을 보는 것이 마땅하리.
春雨浪浪三二月 (춘우낭낭삼이월)	비 계속하여 2, 3월에 내리는데
扶持暴病起禪房 (부지포병기선방)	심한 병을 붙들고서 선방(禪房)에서 일어났네.
向生欲問西來意 (향생욕문서내의)	생을 향해 불법에 귀의한 바를 묻고자 하지만
却恐他僧作擧揚 (각공타승작거양)	도리어 다른 중이 칭찬(擧揚)할까 두려워하네.

〈변안시조〉

십 년을 방랑하며 산수에 놀았더니
장우(瘴雨)와 만연(蠻煙) 등이 이리도 괴롭히네
노숙(露宿)에 뼈가 시리고 성거(聖居) 하니 춥구나

해마다 귀밑에는 백발이 더해지고
눈썹에 쭈글쭈글 주름만 늘어가네
약 처방, 효험 없으니 어찌하면 좋을꼬

이삼 월 늦겨울에 찬비는 내리는데
심한 병 붙들고서 선방(禪房)에서 일어났네
불 귀의(佛 歸依), 묻고자 하나 칭찬〔擧揚〕할까 두렵다

장우(瘴雨)는 '독기(毒氣)를 품은 비'라는 뜻이고, 만연(蠻煙)은 오랑캐 지방의 연기, 성거(聖居)는 별이 쳐다보이는 암굴 또는 토막(土幕)에서 살아감을 의미한다. 부지(扶持)는 고생이나 어려움을 견디어 이겨나가는 것이며, 거양(擧揚)은 받들고 칭찬하여 높인다는 뜻이다.

몸이 만신창이가 되었음을 담담하게 읊고 있다. 이제는 병에 거의 달관한 모양이다. 내려놓을 줄도 알고, 그렇게 행하고 있다.

김시습은 벼슬길을 벗어나 스님이 되어 산길로 허허 웃으며 다녔다. 출세란 모두 헛일임을 터득하고 맑은 시냇물 가에 풀로 엮어 움막 같은 소옥을 짓고 살았다. 모두 다 내려놓고, 마음은 여유로운 생활을 이어간 김시습이다. 무엇이 부러우랴?

검달동에서 뒷정리하고, 관동을 떠나다

김시습은 어디를 가나 수레에 책을 실어 가지고 다녔다. 아마 이때도 책이 한 수레는 되었을 것이고 혹 종자(從者)가 있었다면 함께 정리하여 싣고 떠났을 것이다.

『매월당 전집』 14권 「명주일록」에는 두 소편이 수록되어 있다. 하나는 '명주일록'이고, 또 한편은 '소릉에 화운하는 시' 편이다. 여기서는 각 편 마지막에 수록된 작품을 감상해 보도록 한다.

먼저 '명주일록' 편의 **유객(有客)**을 살펴보자. 이 '유객'은 청평사가 나오는 유객과는 다른 글이다.

어떤 나그네[有客] : 682

有客如蠻鬼 (유객여만귀)	객이 있어 오랑캐 귀신 같은데
侏離語帶胡 (주리어대호)	주절주절 말하는데 오랑캐 말이 섞였네.
自言二十載 (자언이십재)	스스로 말하기를 이십 년 동안이나
身遍北南區 (신편북남구)	그 몸이 남북으로 두루 돌아다녔다네.
薏苡珠回券 (의이주회권)	율무 염주를 주먹으로 돌리며
牛毛帽戴顱 (우모모대로)	쇠털 모자를 머리에다 쓰고 있네.
如何違本業 (여하위본업)	어찌하여 본 직업을 내버리고
役役走長途 (역역주장도)	끙끙대며 애써 먼 길을 달렸나?

〈번안시조〉

오랑캐 귀신 같은 손님이 방문하여
주절주절 말하는데 오랑캐 말 섞였구나
이십 년 남북 순람이 귀를 뚫러 놓았네

율무(薏苡)로 만든 염주, 주먹으로 돌리면서
머리엔 쇠털 모자 두껍게 눌러쓰니
본 직업 내팽개치고 먼 길 왔냐 묻는다

여기서 손님은 김시습 자신인 듯하다. 유년기의 유자(儒者) 모습에서, 불자(佛者) 모습을 하고 다녔으니, 유학자 측면에서 보면 어찌 오랑캐와 같지 않으리. 김시습은 스스로 정체성의 혼란이 다소 있었던 것 같다. 무량사에서도 매장해 달라고 했던 것과 일맥상통한다. 게다가 '염주를 돌리며 본 직업 버리고 먼 길 왔냐?'라고 묻고 있다.

이어서 '소릉에 화운(和韻)하는 시〔和少陵詩〕' 편에서 맨 마지막에 수록된 **'제기국증주인지사(題棋局贈主人之舍)'**를 감상해 보자. 백년(百年)이란 인생의 바둑을 한판 두는 셈 치고 살아가고 있는 김시습이 아닌가?

바둑판에 글 써 주인집에 주다〔題棋局贈主人之舍〕: 684

百年一棋局 (백년일기국)	백년이란 바둑 한판 놓는 셈 치고
萬期爲瞬息 (만기위순식)	만(萬) 돌〔期〕도 순식간에 불과하거니
何如一取醉 (하여일취취)	그 어떤가? 한바탕 크게 취해서
擧頭雙耳熱 (거두쌍이열)	머리 들면 두 귀가 뜨겁게 함이.
山童欲早去 (산동욕조거)	산동(山童)은 빨리 돌아가려 하는데
歸去應岑寂 (귀거응잠적)	돌아가면 응당 적적하다.

〈번안시조〉

1~4구
마주 앉아 바둑 한판 백 년간 대국해도
만(萬) 돌〔期〕도 지나가면 순간에 불과한데
어떤가 크게 취해서 온몸 모두 태우세

5~6구
산동(山童)은 길이 멀어 서둘러 가려 하고
바둑판 글 쓰는 이 바쁜 게 하나 없네
아이야 너 가고 나면 내 초옥이 적적하리

여기서도 의미 있는 시사를 하고 있다. 백 년을 산다고 하더라도, 만 번 거듭해 산다고 해도 모두 순간에 불과 한 것이 삶이다. 크게 취하여 온몸(여기서는 머리 들면 두 귀가 뜨겁게 함이라 하였다)을 뜨겁게 하면 구례 산동이 재촉할 것이라고 하였다. 김시습은 산동이 빨리 돌아가면 적적하다고 한다. 산동(山童)이 무엇을 뜻하는지는 검색되지 않는다.

'바둑판에 글 써 주인집에 주다(題棋局贈主人之舍)'는 관동에서 마지막으로 감상하는 김시습의 시(詩)다.

김시습 관동에서 작품으로는 마지막으로 수록한 시에서 '산동(山童)은 누구인가'하는 큰 물음표를 툭 던지고 책 수레를 끌고 법수치리 검달동을 떠났다. 몇 번씩 뒤돌아보면서 눈시울을 붉혔다. 아스라이 떠오르는 소동라, 유자한, 선행, 그리고 어머님….

설악을 떠나 만수산 무량사에 도착한다

관동을 떠난 김시습이 무량사를 찾은 것은 1492년(58세, 성종 23년) 8월로 추정된다. 자료에 의하며 이때 충청도 몇 군데 사찰을 유람하였다고 하니, 양양 검달동에서는 여름 전에 출발하였을 것이다. 그리고 10월에는 동학사에 들러 단종의 추제(秋祭)도 지냈을 것이다.

김시습은 나이나 건강 등을 고려할 때 마지막 길이라는 것을 짐작하였을 것이다. 양양(강릉?) 어디인지 구체적인 장소는 모르지만, 어머님 묘소에 들러 성묘하였을 가능성도 높고, 또 강릉에도 들러 명주군왕릉도 참배했을 것이다. 강릉에 남아 있는 옛 추억을 둘러보면서 아쉬움을 달랬을 것이다. 그리고 혹 시간이 허락한다면 영월 단종의 유배지도 둘러보고 갔을 것이다. 어느 곳에서든지 뜨거운 눈물이 흘렀으리라.

무량사 극낙전

동학사에 들러 추제(秋祭)를 지내고 무량사에 도착하다

김시습은 1493년 봄에 무량사에서 〈법화경〉 발문을 썼다. 판각은 전 해(1492년)에 했다. 「법화경」 발문에 김시습은 '췌세옹 김열경'이라고 서명했다. 췌세옹은 '세상에 쓸모없는 늙은이'라는 뜻이다. 열경은 자(字)다. 법호(法號)인 '설잠(雪岑)'을 쓰지 않았다. 이것은 그가 불교에 의탁했으면서도 불교를 초월한, 불교에 얽매이지 않는, 불기(不羈, 도덕이나 사회 관습 따위에 얽매이지 아니함)의 삶을 지향했다는 것을 말해 준다.

'췌세옹'과 '몽사노'는 어딘가 닮은 점이 있다. 췌세옹(贅世翁)은 '세상에 쓸모없는 늙은이'이고, 몽사노(夢死老)는 '꿈꾸다 죽은 늙은이'이다. 거기가 거기쯤이 아닌가?

김시습, 자사진찬(自寫眞贊)을 쓰다

현재까지 전해지는 김시습 초상화들은 모두 승려라기보다는 유학자 모습에 더 가깝다. 가장 유명한 무량사 소유의 영정(보물 1497호)은 절에 남아 있는 것이지만 김시습이 유학자의 평상복을 입고 사대부 영정의 특징인 공수(두 손을 맞잡는) 자세를 하고 있으며, 검은 갓과 귀 사이의 머리카락은 위로 쓸어 올려 있다. 또 기행 시집 『매월당시사유록』에 실린 김시습 초상 판화 모각(模刻, 조각을 본떠 새김) 본(本), 그리고 송시열 가문의 후손이 최근 공개한 17세기 문인 김수증의 김시습 초상화 이모(移模·그림을 본떠 그림)본(本)이 모두 유학자의 모습이다.

그러나 이 같은 김시습 초상화들의 원본은 원래 승려의 모습이었으며, 16세기 후반부터 유학자들의 정치적 의도 때문에 김시습 초상화들이 점차 승려에서 유학자의 모습으로 변한 것이라고 양승민 선문대 중한번역문헌연구소 연구교수는 설명한다.

바로 이 초상화에 실린 시가 '**자사진찬(自寫眞贊)**'이라는 시(詩)다. 감상해 보자.

나는 누구인가〔自寫眞贊〕

附視李賀 (부시이하)	이하(李賀)를 내려다볼 만큼
優於海東 (우어해동)	조선 최고라 했지.
騰名瞞譽 (등명만예)	드높은 명성과 헛된 기림
於爾孰逢 (어이숙봉)	어찌 네게 걸맞을까?

김시습의 초상화.
출처 : 서울신문(2018.03.22)

爾形至眇 (이형지묘)　네 몸은 지극히 작고
爾言大侗 (이언대동)　네 말은 지극히 어리석네.
宜爾置之 (의이치지)　네가 죽어 버려질 곳은
丘壑之中 (구학지중)　저 시궁창이리라.

〈번안시조〉

당대(唐代)의 천재 시인 이하(李賀)와 비교하여
그보다 더 나아서 조선의 최고라 했지
명성의 헛된 기림은, 어찌 네게 걸맞을까

지극히 작고 작은 이 한 몸 지켜 내고
말〔言〕 또한 어눌하고 지극히 어리석으니
나 죽어 버려질 곳은 시궁창이 아니겠나

이하(李賀)는 26세에 요절한 당대의 천재 시인. 김시습은 이하(李賀)를 자기와 비유하고 있다. 구학(丘壑)은 골짜기 또는 은거지를 말한다.

위의 자사진찬을 해석하면 다음과 같다.

"남들은 너(김시습)의 시를 중국 시인 이하(李賀)에 견주어 우리나라에서 최고라고들 한다. 그러나 찌를 듯한 이름과 부질없는 명예가 어찌 너에게 합당하다고 할 수 있겠는가? 네 모습은 눈이 찌그러져 있고 너의 말은 너무 커서 어리석기에 그지없으니, 마땅히 그것을 골짜기〔丘壑, 은거지〕 속에 두어야 할 것이다."

사실 김시습은 작은 키에 뚱뚱한 편이었고 성격이 괴팍하고 날카로워 세상 사람들로부터 광인처럼 여겨지기도 하였으나 "마음이 세상살이와 어긋나기만 하니, 시를 빼놓으면 즐길 것이 없다네〔心與事相反, 除詩無以娛〕."라고 고백하기도 하였다. 어쩌면 이 고백이 김시습의 솔직한 자아 인식이었을지도 모른다. 김시습이 자사진찬을 쓸 때는 자신의 삶을 마무리하는 시기라고 볼 때 아주 원초적 진실을 담았을 가능성이 매우 높다.

김시습은 유·불·선이라는 동양의 3대 정신을 아우르는 사상가이며, 타고난 천재성과 뛰어난 문장으로 일세를 풍미한 기인이었다. 또 왕도정치가 실종된 정치 상황에서 시대의 고아이자 뜨거운 방랑자로 일생을 마쳤지만, 그가 꿈꾼 이상세계는 작품을 통하여 승화시킨

고귀한 예술혼을 지닌 천재였다.

 20대 초반에는 과거에 급제하여 이 나라를 온전한 왕도정치의 틀을 다져놓겠다고 꿈에 부풀어 있었다. 그러나 곧이어 들려오는 세상의 부정한 틀에 순종할 수 없었던 김시습은 그 틀 속에 안주하지 않았다. 부조리한 세상에 대한 비판과 야유를 넘어 일종의 허무 의식을 드러내기도 하였다. 그렇지만 순종하여 동참하지도 않았으며, 부정하기 위한 전복, 도발도 하지 않으면서 중용의 자세를 견지하였다.

'하지장(賀知章)처럼 살았노라'라고 자위(自慰)하면서

 다음 시(詩)는 제목이 한글만 47자, 한문 포함하면 75자로 무척 길다. 생략하면 이해가 어려울 듯하여 모두 제시한다. 화운시라 설명이 필요했을 것이다. 그런데 김시습의 가슴을 뜨겁게 표현하였기에, 이 시의 일부를 살펴본다.

 이 시는 제목만 긴 것이 아니라 시(詩) 자체도 장시(長時)다. 5수의 시인데 총 80구(1수 20구, 2수 12구, 3수 8구, 4수 26구, 4수 14구)나 된다. 하여, 핵심 부분인 4수 중에서 중간의 15~22구만 번안하기로 한다.

 해 늦게 성 동쪽 폭포의 정상에 살았는데, 푸른 솔과 흰 돌이 매우 내 마음에 만족한지라 정절(靖節)의 귀전원(歸田園)의 시에 화운하다〔歲晚 居城東瀑布之頂 靑松白石甚愜余意 和靖節 歸田詩〕. 五首 中 4수 일부 : 232~235.

4수. 15~22구

狂呼問古人	(광호문고인)	미친 듯 소리쳐 옛사람에게 묻기를
古人如此無	(고인여차무)	옛사람도 이랬든가 아니면 그러했든가?
我憶賀知章	(아억하지장)	내 멀리 하지장(賀知章)을 생각하노니
歸老鏡湖曲	(귀로경호곡)	경호(鏡湖) 가에 돌아가 늙어 버렸네.
雖無印綬榮	(수무인수영)	관인(官印)을 차는 영광은 비록 없어도
心閑萬事足	(심한만사족)	마음이 한가하니 만사가 넉넉하네.
却嗟世上人	(각차세상인)	도리어 세상 사람을 불쌍히 여기느니
恰似蟻環局	(흡사의환국)	쳇바퀴 돌 듯이 하는 개미와도 같네.

〈변안시조〉

미친 듯 소리치며 고인(古人)에게 물어보길
옛사람도 이랬든가 아니면 달랐든가
하지장(賀知章) 생각하면서 경호(鏡湖)가로 가게나

관인(官印)을 차는 영광 내 비록 없었어도
마음은 한가하니 만사가 넉넉하네
불쌍한 세상 사람들, 개미처럼 사는구나

하지장(賀知章, 659~744)은 중국 당나라 때 시인이다. 경호(鏡湖)는 중국 상해 인근 절강성에 있는 호수로, 하지장(賀知章)이 황제로부터 퇴임 선물로 받은 호수이다.

김시습은 하지장처럼 살아온 자신에게 만족하였다. 관료 생활을 하지 않아도 부족한 게 없다고 약간은 허세를 부리고 있다. 오히려 세상 사람들을 쳇바퀴를 도는 개미처럼 틀에 박힌 삶을 산다고 하며 웃고 있다. 그러면서 어떻게 사는 것이 좋은 삶인가? 자신에게 되물어 본다.

방랑을 끝내고 잠들다

김시습은 1493년(성종 24년) 3월에 병들어 세상을 떠났고, 유언대로 절 근처에 매장되었다. 유해를 매장(埋葬)한다는 것은 유교식 장례였다고도 볼 수 있으나 3년 뒤에는 불교식으로 다시 화장하였고, 유골은 부도에 안장되었다. 따라서 유·불(儒佛)의 절차를 모두 소화하면서 장례를 치른 셈이다.

'화장(火葬)하지 말고 절 옆에 묻어 달라'고 유언하다

이율곡은 김시습에 관한 최초의 전기인 『김시습전』을 집필했는데 김시습의 신후(身後)를 이렇게 기록했다. "유언으로 화장(火葬)하지 말라 하여 임시로 절 옆에 시신을 묻었다. 3년 후에 장사 지내려고 빈소를 열어보니 얼굴빛이 살아 있는 것 같아 중들이 모두 놀라며 '부처요!'라고 외쳤다고 한다.

또 이 시기에 관한 '최영성의 연구 초록'이 있어 소개한다.

"김시습은 1492년(성종 23) 8월 무렵에 충청도 홍산(鴻山) 무량사(無量寺)에 들어와 이듬해 3월 13일에 세상을 떠났다. 머문 기간은 약 7개월 정도에 불과하다. 그렇지만 김시습과 무량사의 관계는 간단하지 않다. 김시습은 은거 이전부터 무량사와 관계를 맺고 있었다. 무량사에 주석(主席)하던 지희(智熙)라는 승려가 교량 역할을 하였던 것으로 추정된다. 김시습은 무량사에 들어온 뒤 매월당(梅月堂)에서 거처하였으며, 지희의 부탁으로 세상을 떠나기 전에 최후의 글 두 편을 썼다.『법화경요해(法華經要解)』,『수능엄경(首楞嚴經)』에 붙인 발문이 그것이다."

김시습의 시신은 매장되었다. 매장하였다는 것은 유교식(儒敎式)이라는 말이 된다. 불교식이라면 당연히 다비(茶毘, 불교에서 전통적으로 시신을 화장하는 종교의식)를 했을 것이다. 매장은 김시습의 유언이기도 했지만, 사찰의 입장에서도 화장으로 하기에는 어려움이 있었던 모양이다.

유몽인의「어우야담(於于野談)」과 이율곡의「김시습전」에는 다음과 같은 이야기가 전한다.

"김시습은 홍산의 무량사에서 죽었는데 임종 때 화장하지 말라고 유언했다. 절의 중들이 절 옆에 일시로 매장했다가 3년 후에 완장(完葬)하기 위해 열어보았더니 얼굴색이 살아 있는 것 같아서 사람들이 모두 시해선(尸解仙)이 되었다고 말하였다."

그의 유언대로 절 옆에 묻었다가 3년 후에 파 보니 얼굴이 '산 사람과 같았다' 한다. 사람들은 부처라 여겨 화장 후 나온 사리를 봉안했다. 사리는 부여군 무량사 부도에 봉안되어 있었는데 일제강점기 때 비바람으로 부도가 훼손되자 국립부여박물관으로 이전하여 보관하고 있었다. 그러다가 불교계에서 사리를 원래 있던 곳으로 되돌려야 한다는 주장이 있었고, 이를 받아들여 2017년 9월 무량사로 되돌아왔다.

김시습은 죽은 뒤 그를 존경하는 후학들에 의해 여러 차례에 걸쳐 시집이 편찬되고 그의 사상을 재평가하고 높이는 사업이 진행되었다. 김시습은 그가 유학자와 승려의 삶을 넘나든 것처럼 유교와 불교가 함께 어우러진 폭 넓고 자유분방한 사상체계를 가지고 있었으며 탁월한 문장으로 후세 학자들에게 많은 영향을 미쳤다.

율곡 이이(栗谷 李珥)는「김시습전」에서 다음과 같이 평가하고 있다.

"재주가 그릇 밖으로 넘쳐흘러서 스스로 수습할 수 없으니, 그가 받은 기운이 지나치고 중후함은 모자라는 그것이 아니겠는가? 하면서도 다시 그의 뜻은 일월과 그 빛을 다투게 되고 그의 품성을 듣는 사람들은 겁쟁이도 용동(聳動)하는 것을 보면 가히 백세(百世)의 스승이 되고 남음이 있다."

뜻을 펼 세상을 만나지 못한 지식인의 처지를 참으로 적절하게 표현한 듯하다. 용동(聳動)은 '두렵거나 놀라서 몸이 솟구쳐 뛰듯 움직인다'라는 뜻이다. '백세(百世)의 스승이 되고도 남는다'라는 이율곡의 평은 '김시습은 후세까지 길이 존경받고 모든 사람의 스승이 될 만한 덕과 학식이 높은 사람'이라는 것을 의미한다.

무량사의 김시습 부도탑

홍유손, '남효온과 너울너울 춤추리' 제문(祭文)을 쓰다

김시습이 죽었을 때 제문(祭文)은 홍유손이 썼다.
홍유손(洪裕孫)은 제문에서 유(儒)·불(佛), 승(僧)·속(俗)의 경계를 자유로이 넘나들었던 김시습의 일생을 회상하면서 술친구를 마지막 보내는 절통한 심정을 잘 표현하였다. 그는 김시습이 거짓으로 가득한 이 세상이 싫어서 저 하늘나라로 훨훨 날아가서, 미리 가 있는 절친한 벗 남효온과 함께 이 혼탁한 세상을 굽어보며 손뼉을 치면서 껄껄 웃을 것이라 하였다.
김시습이 웃는 소리가 지금도 온 지상(地上)에서 울리는 듯하다. 하여 홍유손의 김열경 시습에 대한 제문 즉 **제문열경시습문(祭文悅卿時習文)** 일부를 아래에 옮긴다. 살아 있는 모두가 그 웃음에 함께 귀 기울여 보자.

"만년에는 추강과 서로 뜻이 맞아 지극한 이치를 유감없이 담론하였으며, 그리하여 함께 월호(月湖)에서 소요하였는데 헤어지고 만남이 언제나 약속한 듯 변함이 없었습니다. 그러다 추강이 공보다 먼저 세상을 떠나 공은 그만둘 수도 없는 지기(知己)를 잃고 말았습니다. 슬프다! 오늘 공이 시해(尸解)하심은 어찌 황천(黃泉)으로 추강을 만나러 간 것이 아니겠습니까. 생각건대, 구천(九天)에서 두 분이 어울려 맘껏 시를 창수(唱酬)하고 너울너울 춤도 추면서, 필시 이 티끌세상을 굽어보고 손뼉을 치며 껄껄 웃고 계시리라 믿습니다. 평소 저잣거리에서 공과 함께 술을 마시던 술꾼들이 다들

곡하며 몹시 슬퍼하고 있습니다. 아! 다시는 공과 만나지 못하다니, 길이 유명(幽明)을 달리하시고 말았습니다."

시해(尸解)는 도가(道家)에서 수련이 깊은 사람이 육신을 남겨둔 채 진신(眞身)이 빠져나가는 것으로, 여기서는 죽음을 미화한 말로 쓰였다. 창수(唱酬)는 시가나 문장을 지어 서로 주고받고 하는 것을 뜻한다.

홍유손은 김시습을 보내며 술친구 이야기를 남기다

홍유손의 '술친구 김시습을 보내며'를 정리한 이상하(李相夏, 1961~) 교수는 '김시습과 술친구들'의 이야기에 대하여 아래와 같이 귀를 기울이고 있다.

"김시습과 같이 추강(秋江) 남효온(南孝溫 1454~1492)도 명산대천을 유람하며 야인으로 일생을 마쳤다. 27세 때 어머니의 당부로 마지못해 생원시에 응시하여 합격하기도 했으나 벼슬에 뜻을 두지 않았다. 홍유손(洪裕孫, 1431~1529), 이총(李摠, ?~1504) 등과 함께 죽림칠현(竹林七賢)을 자처하면서 방외인의 삶을 살았다. 19세 연상인 김시습과는 망년(忘年)의 벗으로 절친하였다."

세상을 조롱하듯 술에 취해 눈을 게슴츠레하게 뜨고 허름한 대폿집에 앉아 혀 꼬부라지는 소리로 대화하고 있는 김시습과 남효온의 모습이 떠오른다. 기인으로 이름난 홍유손도 그 자리에 끼어 앉아 술잔을 기울이고 있으리라. 사람들이 세상 북새통에 끼지 못할세라 아등바등 다투고 있는 오늘날, 저만큼 세상을 비켜서서 득실과 영욕을 덧없는 꿈과 환상처럼 보았던 이들이 새삼 그리워진다.

홍유손은 제문에서 "명산과 대천에는 오직 공의 발자취만 두루 남았으며, 기암괴석과 이름난 물은 공께서 감상하신 뒤에야 비로소 빛나게 되었습니다"라고 썼다. 김시습, 그는 실로 역사에 빛나는 별 같은 인물이었다.

무량사 극락전 뒤편 계곡에 청한당(淸閒堂)이 있다. 김시습이 이곳에 주석(主席)했을 때 머무르던 곳이라 한다. 그러나 실은 이 설명에는 무리가 따른다. 무량사는 원래 만수천 건너에 있는 무

김시습이 머물렀다는 무량사 청한당

량사구지(舊址)에 통일신라 문성왕 때 법일 국사가 창건했다고 전해진다. 그런데 임진왜란 때 모두 불타고 조선 인조 때 진묵 선사에 의해 오늘의 자리로 옮겨 중수하였다.

극락전 뒤편에는 매월당을 기리기 위해 2007년에 새로 지은 청한당이 있다. 이 청한당은 김시습 때에는 없었던 건물이다. 그때 무량사는 절 입구의 일주문을 지나 우측에 있는 넓은 공간에 있었기 때문이다. 청한당(淸閒堂) 현판 글씨 중 가운데 한(閒)자가 거꾸로 쓰여 있고, 단청하지 않아 오래된 건물로 보인다.

왜 무량사에서 입적하였을까

잘 알다시피 김시습의 말년 거처는 부여 무량사이다.

국가유산청이 운영하는 국가 기록유산에서 지난 2006년 4월28일 보물 제1470-2호로 지정된 전남 영광군 불갑면 불갑사 소장 '지장보살상·시왕상복장전적(地藏菩薩像·十王像腹藏典籍)'에 포함된 수능엄경(首楞嚴經) 말미에 붙은 발문(跋文)이 김시습이 작성한 것이며, 더구나 작성 시기가 그가 사망하기 직전인 1493년 2월임을 확인했다.

무량사에서 수능엄경(首楞嚴經)의 발문을 쓰다

발문에는 '황명(皇明) 홍치(弘治) 6년(1493) 세재계축(歲在癸丑) 중춘(仲春. 2월) 췌세옹(贅世翁) 김열경(金悅卿) 근발(謹跋)'로 나온다. '계축년인 명나라 홍치 6년 2월에 췌세옹이라는 호를 쓰는 김열경이라는 사람이 삼가 발문을 쓰다'라는 뜻이다.

이 발문에서 김시습은 임자년(壬子年. 1492) 가을에 서해안 명산을 돌아다니가 무량사에서 옛 친구인 지희(智熙)라는 승려를 만나 그의 부탁으로 1488년에 간행된 수능엄경의 발문을 쓰게 되었다고 했다.
「수능엄경 발문」에서는 김시습과 지희 스님과의 관계를 짐작하게 하는 대목이 있다.

"임자년 가을에 나는 서해의 명산을 찾았다. 세상 밖에 사는 옛 친구가 있으니 화엄사(華嚴師) 지희다. 그가 만수산 무량사에 있으면서 서울에서 글씨를 잘 쓰기로 유명한 박경(朴耕)이란 사람을 청하여(수능엄경) 한 질을 베껴 쓰게 했다. 글씨가 단정하여 정밀하게 연구한 듯하였다. 정미년(1487)

봄에 목판에 새기는 일을 시작하여 무신년 (1488) 가을에 그 일을 마쳤다. 판각(板刻)을 마치고는 나에게 발문을 청하였다."

임자년 가을이라고 하면 1492년 가을이다. 불경 발문을 써 달라는 화엄사(華嚴師) 지희의 초청을 받은 것이다. '화엄사(華嚴師)'가 무엇을 뜻하는지 몰라 여러 차례 검색해 보았는데도 '구례 화엄사'만 나온다. 아마도 화엄종의 스승이라는 뜻일 거다.

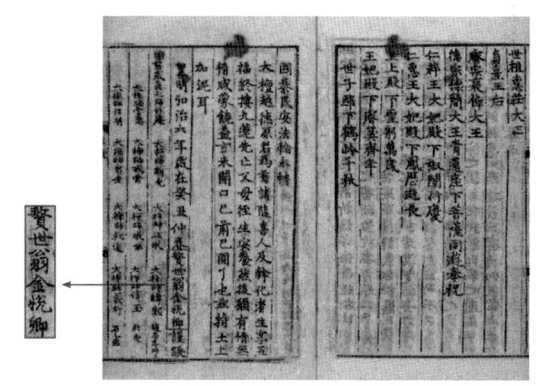

김시습의 「수능엄경」 발문, 출처 : 불광미디어

김시습은 무량사에 잠시 머물다 떠날 생각이 아니었던 것 같다. 다른 곳을 찾아 이동하기에는 몸도 마음도 매우 쇠약하고 지쳐 있었을 뿐만 아니라 오라는 곳도 마땅치 않았기 때문이다. 하여, 스스로 초상화를 그리고 자찬(自贊)을 지은 것도 무량사에 정착하기로 마음먹은 것과 무관하지 않다고 본다.

김시습과 무량사의 지희 스님은 오랜 친구였다

그렇다면 지희는 누구인가? 1485년 김시습과 같은 생육신인 남효온이 금강산을 유람할 때 만났다고 기록한 표훈사(表訓寺) 주지 지희와 동일 인물이다. 김시습 또한 그 이전에 금강산을 유람하고 표훈사(表訓寺)라는 한시를 남기었다. 하여 김시습과 지희 스님과는 전부터 아는 사이였다.

김시습은 무량사에서 그 지희(智熙) 선사를 다시 만났다. 남효온이 지은 '표훈사(表訓寺, 금강산 만폭동(萬瀑洞)에 있는 사찰) 주지 지희(智熙) 스님께 드리다'라는 오언고시(五言古詩)가 있다. 번안은 하지 않기로 한다. 이 시는 한국고전번역원 추강집(秋江集) 제2권에 수록되어 있다.

남효온의 표훈사 주지 스님께 드리다〔贈表訓住持智熙〕

廬山三笑後 (여산삼소후)   여산(廬山)에서 세 사람이 웃은 이후로
此公好儒者 (차공호유자)   이 스님 유학자를 좋아하시네.
迎我虎溪外 (영아호계외)   호계의 밖에서 나를 맞이하여

坐我白蓮社 (좌아백련사)	백련사에다 나를 앉히시는구려.
粳飯配香蔬 (갱반배향소)	메밥에 향기로운 채소 마련하고
茶梧羞藥果 (다배수약과)	찻잔에 맛있는 약과도 내왔소.
臨行贈芒鞋 (임행증망혜)	길을 나설 때 짚신까지 주시니
石角行亦可 (석각항역가)	돌부리를 밟더라도 괜찮겠구려.

여산(廬山)은 호계삼소(虎溪三笑) 고사가 온 곳이다. 호계는 중국 여산의 동림사(東林寺) 앞에 있는 시내이다. 진(晉)나라 혜원법사(慧遠法師)가 이곳에 있으면서 손님을 보낼 때 이 시내를 건너지 않았는데 여기를 지나기만 하면 문득 호랑이가 울었다. 하루는 도연명(陶淵明), 육수정(陸修靜)과 함께 이야기하다가 자신도 모르는 사이에 호계를 넘자, 호랑이가 우니 세 사람은 크게 웃고 헤어졌다. 한편, 백련사(白蓮社)는 혜원법사가 동림사에서 결성한 정토 신앙 결사 단체이다. 이 모임엔 도연명, 육수정 등이 참여했다.

이처럼 지희 선사와 김시습 그리고 남효온은 백련사와 같은 동지(同志)라는 의미다. 글로만 보고 해석하면 엄청난 인연이다.

김시습은 **법수치리**를 떠날 때 몸이 많이 쇠약해져 있었다.
그리하여 **한성**에 갔다가 다시 양양 법수치 **검달동**에 와서 소옥을 정리하고
호서지방 부여 홍산(鴻山) **무량사**로 향한다.
거기에는 **지희 스님**이 있었다.
'부처님 사랑이 헤아릴 수 없이 넘쳐나는 절'에서
1493년 3월, 생을 마치니 59세였다.
유언대로 절 근처에 매장되었다.

그러나
김시습 마음의 고향은 관동이었다.
하여, 십여 차례나 유람하고 은거하고를 반복하지 않았는가?

**김시습이 사랑했던 땅,
그 이름 관동!**

XI

김시습, 손을 놓다

- 그의 글에서 '사람됨'을 알아보자
- 그의 글에서 '진심'을 찾아보자
- 김시습, 조선 선비들은 어떻게 보았는가
- 김시습의 안식처, 관동(關東)을 다시 생각한다

XI. 김시습, 손을 놓다

김시습이 가장 오래 머물렀던 관동(關東)에서 쓴 그의 강원 배경 한시를 뽑아 시조로 번안하였다. 한마디로 김시습 덕분에 강원도를 비롯하여 전국을 훑어볼 수 있는 귀중한 경험을 한 셈이다. 좀처럼 가볼 수 없는 방방곡곡을 김시습의 미투리를 따라 걷기도 하고 쉬기도 하고 비분강개하기도 하고 안타까워 하기도 하면서 그의 오른손을 잡고 걸었다. 때로는 그가 걸었던 길을, 그가 걸었던 때를 생각하며, 그 심정을 찾아가려고 노력은 하였지만, 둔재라 가까이 가기도 어려웠다. 그렇게 열심히 쫓아다녔는데도 김시습이 누구인지 알려면 아직도 멀었다. 그래도 그의 손을 놓으려면 정리를 해야 하겠기에 마무리 글을 모아 본다.

그의 글에서 '사람됨'을 살펴보자

김시습은 1471년 봄, 금오신화를 쓴 경주에서의 생활을 마치고 서울로 올라와 수락산에 은거했다. 그러나 수락산을 아무리 사랑한다고 해도 관동을 생활을 바탕으로 김시습의 '사람됨'을 살펴보자. 자신의 방랑벽을 완전히 버리게 하지는 못했다. 수락산에 거처한 지 10여 년이 흐른 1483년(49세) 홀연히 두타(頭陀 : 머리를 깎은 승려)의 모습을 하고 다시 관동(關東) 지방으로 떠났다.

관동 생활을 바탕으로 김시습의 '사람됨'을 살펴보자.

동봉육가를 읽으면 김시습의 생애를 안다

김시습은 화천, 춘천 소양강과 청평사, 홍천, 인제 오세암을 거쳐 동해안의 강릉과 양양 등지를 유람하고 법수치리에 머물렀다. 특히 양양(襄陽) 부근의 바닷가 마을인 낙진촌(樂眞村)에 잠시 머물 때 자전적(自傳的)인 시(詩)라고 할 수 있는 **'동봉육가(東峯六歌)'** 를 지어 지난날 자신의 삶을 관조(觀照)하고 성찰(省察)했다.

김시습의 생애를 알려면 **동봉육가**(東峯六歌)를 읽어라.
동봉육가는 원문과 한글 해석을 수록하는 것으로 그친다. 양이 많을 뿐만 아니라 자칫 본래 전하고자 하는 김시습의 의도를 담아내지 못할 수도 있기 때문이다. 하여, 전문가들이 정리한 한글 해석만을 제공하기로 한다.

'동봉육가(東峯六歌)' 1~3수까지는 꿈이 부풀었던 젊은 날의 삶이다.

이 글은 '현실(現實)'과 '유람(遊覽)', 그리고 '성장(成長)과 수학기(修學期)'를 노래하고 있다.

동봉 여섯 노래(東峯六歌) 1~3수 : 633

1.
有客有客號東峯	(유객유객호동봉)	의식이 있는 나그네 있어 이름이 동봉이라
鬖髿白髮多龍鍾	(삼발백발다용종)	흰머리 헝클어져 추한 모습만 남았구나.
年未弱冠學書劍	(연미약관학서검)	나이 약관 못되어 글과 검을 배웠는데
爲人恥作酸儒容	(위인치작산유용)	사람 품 욕되게 만드니 초라한 선비 꼴이라.
一朝家業似雲浮	(일조가업사운부)	하루아침에 가업은 뜬구름 같게 되고
波波挈挈誰與從	(피피설설수여종)	급하게 이끄는 물결에 누구와 함께 따르나?
嗚呼一歌兮歌正悲	(오호일가혜가정비)	아! 첫 노래여 처음 슬픈 노래라
蒼蒼者天多無知	(창창자천다무지)	앞길 멀어 아득한 이 운명을 다만 알지 못하네.

어려서부터 서(書)와 검(劍), 즉 유학 및 무술을 배워 왕도정치를 실현하려 하였으나 패도가 망치고 말았다. 염치를 버린 선비로 살아갈 수는 없어 뜬구름처럼 허둥거리고 살았다. 따를 만한 훌륭한 선비를 찾는 데도 성공하지 못하였다고 한탄하고 있다.

2.
柳標柳標枝多芒	(즐표즐표지다망)	가지에 가시 많은 높은 즐률나무 지팡이(禪杖)
扶持跋涉遊四方	(부지발섭유사방)	곁에 쥐고 밟고 건너며 사방을 유람하였네.
北窮靺鞨南扶桑	(북궁말갈남부상)	북으론 말갈에 달하고 남으로는 부상이니
底處可以埋愁腸	(저처가이매수장)	가히 구석진 곳에 시름겨운 마음을 묻으리라.
日暮途長我行遠	(일모도장아행원)	나아가는 길에 해는 저물고 내 갈 길은 멀어
安得扶搖搏九萬	(안득부요단구만)	어찌하면 매우 많은 꾀꼬리 모아 도움받아 오를까?
嗚呼二歌兮歌抑揚	(오호이가혜가억양)	아! 두 번째 노래하니 노래를 올리고 내리니
北風爲我吹凄涼	(북풍위아취처량)	북풍은 나를 위해 처량하게 부는구나.

어려서 배운 학문의 진리를 어길 수 없기에 어쩔 수 없이 방랑길에 올랐다. 나무에 가시가 많은 즐률(柳標) 지팡이를 짚고, 산 넘고 물 건너 북에서부터 남쪽 지역까지 다녔으나 어느 곳에서도 자신의 시름을 묻을 수 없었다. 북풍이 나를 위해 처량하게 분다. 북풍은 겨

울바람이다. 삶에 항상 '북풍이 불어 추웠다'라고 은유(隱喩)하는 것인가?

3.
外公外公愛我嬰	(외공외공애아영)	외가의 외조부님 어린 나를 사랑하시어
喜我期月吾伊聲	(희아기월오이성)	내가 돌지나 글 읽은 그 소리를 기뻐하셨네.
學立亭亭誨書計	(학립정정회서계)	바로 배워 우뚝하니 글과 셈을 가르치고
七字綴文辭甚麗	(칠자철문사심려)	일곱 자 글을 지으니 문체는 매우 아름다웠네.
英廟聞之召丹墀	(영묘문지소단지)	영묘(세종)께서 듣고 붉은 마루에 부르심에
臣筆一揮龍蛟飛	(신필일휘용교비)	제 붓을 한번 휘두르니 용과 교룡이 날았다네.
嗚呼三歌兮歌正遲	(오호삼가혜가정지)	아! 세 번째를 노래하니 곡은 정말 느리어
志願不遂身世違	(지원불수신세위)	원하는 뜻 이루지 못하고 신세만 어긋났소.

어려서부터 외할아버지에게서 글씨와 셈을 배웠는데 일취월장하는 것을 보고 크게 기뻐하셨다. 어린 나이에 한시를 지었더니 천재로 소문이 나서 궁궐에 불려 가 시험을 보고 영묘(세종 임금)의 칭찬을 받고 오세 동자가 되었다. 그러나 결국 원하는 뜻은 이루지 못하고 어긋난 신세타령만 한다고 고백하고 있다.

'동봉육가(東峯六歌)' 4~6수까지는 탕유와 은거의 삶이 스며있다

오늘날에는 적어도 20대 중반까지는 공부하고, 30대 전후하여 취업하고 결혼도 하는 경우가 많다. 옛날에 비하여 공부하는 기간도 길어지고 만혼(晩婚)하는 예도 많아지고 있다.

김시습은 당시 사회 통념에 따라 유소년기에 열심히 공부하였고, 십대 후반에 결혼도 하였다. 따라서 십대 후반부터의 삶은 김시습 자신이 책임지는 삶이다. 부모에게 의탁하는 것이 아닌 독립된 삶이어야 했다.

김시습도 동봉육가 4~6수에서는 자기의 삶을 노래하고 있다. 그러나 십대 중·후반부터 이십대 초반에 닥친 시련은 성인으로 향하는 보통 삶의 출발을 힘들게 하였다.

동봉 여섯 노래(東峯六歌) 4~6수 : 633~634

4.
有孃有孃孟氏孃	(유양유양맹씨양)	아가씨도 많고 어머니도 많지만 맹씨 어머님은
哀哀鞠育三遷坊	(애애국육삼천방)	애지중지 사랑으로 길러 집을 세 번 옮기셨지요.
使我早學文宣王	(사아조학문선왕)	나로 하여금 일찍 문선왕(공자)을 배우라 하고

冀將經術回虞唐	(기장경술회우당)	장차 글과 재주로 당우를 돌이키길 바라셨지요.
烏知儒名反相誤	(오지유명반상오)	어찌 알리오 선비의 이름이 서로 반대로 그릇되어
十年奔走關山路	(십년분주관산로)	십 년 동안 고향의 산에서 고달프게 분주하였네.
嗚呼四歌兮歌鬱悒	(오호사가혜가울읍)	아! 넷째 노래여 노래는 우울하고 답답하여
慈烏返哺啼山谷	(자오반포제산곡)	까마귀 어미 반포하듯 산골짜기에 우는구려.

십대 중반에 맹모(孟母)처럼 김시습의 교육에 전념하셨던 어머니를 잃었고, 부친과는 떨어져 외가에 살았는데 더군다나 어느 날 아버지께서 재혼하여 더욱 멀어졌다. 계유정난 등으로 왕도정치 실현 가능성은 자꾸만 멀어지고, 현실과 이상의 괴리가 심해졌다. 명예나 이익을 좋아하지 않았으며 언젠가 이상적인 사회가 오리라고 믿었다. 그러나 '네 번째 노래는 우울하고 답답하여 산골짜기에서 우는구나!' 하며 자신의 처지를 한탄하고 있다.

5.

碧落無雲天似掃	(벽락무운천사소)	푸른 하늘을 쓸어 낸 듯 두르던 구름 없어지고
勁風淅淅吹枯草	(경풍절절취고초)	센 바람 쓸쓸하게 일어 메마른 잡초에 부는구려.
佇立窮愁望蒼昊	(저립궁수망창호)	궁한 근심에 우두커니 서서 푸른 하늘 바라보니
我如稊米天何老	(아여제미천하로)	나는 벼의 움 같은 운명을 늙어서야 받아드리네.
我生何爲苦幽獨	(아생하위고유독)	나의 생은 어찌하여 괴로이 홀로 피하듯 숨어서
不與衆人同所好	(불여중인동소호)	뭇사람과 더불어 사이좋게 한 곳에서 지내지 못하나.
烏虖五歌兮歌斷腸	(오호오가혜가단장)	아! 다섯째 노래여 노래에 애가 끊어지니
魂兮歸來無四方	(혼혜귀래무사방)	넋이여! 사방에 관계없이 돌아오소서!

장대한 뜻의 실현은 점점 더 멀어지고, 근심이 넘치고 고독이 휘몰아치니 자신의 존재 가치가 허물어졌다. 홀로 피하듯 숨어서 뭇사람과 교유하지 못하는 곳에서 지내니 하늘의 뜻은 멀어지고 천도(天道)를 의심하게 되었다. 푸르다 못해 검을 빛 하늘은 아무런 말이 없고 뜻을 펼 수 없게 하였다. 다섯째 노래는 애가 끊어지니 돌아오라 호소한다.

6.

操余弧欲射天狼	(조여호욕사천랑)	내 활을 잡고 하늘의 천랑성을 쏘려 하니
太一正在天中央	(태일정재천중앙)	태일성이 바로 하늘 중앙에 있구나.
撫長劍欲擊封狐	(무장검욕격봉호)	긴 칼을 쥐고서 무덤의 여우를 치려 하니
白虎正負山之隅	(백호정부산지우)	백호가 산의 모퉁이를 다스리며 맡고 있네.
慷慨絶兮不得伸	(강개절혜부득신)	손에 쥐고 펼 수 없으니 비할 데 없이 슬프고 슬퍼

劃然長嘯傍無人	(획연장소방무인)	문득 길게 휘파람 불어도 응대하는 사람이 없구려.
嗚呼六歌兮歌以吁	(오호육가혜가이우)	아! 여섯째 노래여 노래로써 탄식하니
壯志濩落兮空撚鬚	(장지오락혜공년수)	크게 품은 뜻 꺾이니 쓸데없이 수염만 비비네.

활을 당겨 별을 쏘려 하였으나 성공하지 못하였고, 땅에서도 뜻을 이루고자 하였으나 역시 성공하지 못하였다. 뜻을 펼 수 없었기에 비분강개하며 방약무인하기도 하였다. 손에 쥐었는데 펼 수 없고 휘파람을 길게 불어도 응대하는 사람이 없다. 여섯 번째 노래하려니, 한숨만 나오고, 뜻은 꺾이니 애꿎은 수염만 만지고 있다.

김시습이 자기의 삶을 돌아보면서 세상을 향해 독설(毒舌)을 뿜고 있다. 잘하려고 하였는데 세상이 잘못되어 받아들이지도 않고, 높은 뜻을 이해하지도 못하여 함께 할 수 없었다고 변명도 하면서….

1수에서는 김시습 현실과 어린 시절을 회고하고, 2수에서는 전국을 다 유람하여 봤지만, 답을 찾을 수 없었고. 3수에서는 외조부 교육애와 영묘의 사랑과 있었지만 어긋났음을 노래하였고, 4수에서는 맹모(孟母) 같은 어머니의 지극한 사랑을 읊었으며, 5수에서는 어느새 늙어 있는 자신을 노래하였고, 마지막 6수에서는 큰 뜻을 이루지 못함을 한탄하고 있다.

천재로 태어났지만, 시대를 잘못 만나 광인(狂人) 행세를 하며 평생 방랑의 삶을 살아야 했던 김시습의 고독과 번뇌가 구구절절 담겨 있다. 그리고 검달동 은거 때 벼슬길에 나아가 출세할 것을 권하는 양양부사(襄陽府使)에게 정중히 거절하며 보낸 편지글 가운데 "천년 후에 나의 속뜻을 알아주리라"라고 말한 것처럼 부정한 권력과 썩어빠진 세상을 풍자하고 조롱했던 그의 삶과 산천을 벗 삼아 살며 맑고 드높은 기상을 보여준 그의 행적은 오늘날 하나의 사표(師表)가 되고 있다.

'서민(敍悶)'을 읽으면, 김시습의 마음을 이해한다

김시습의 가슴 속 생각은, 서민(敍悶)을 읽으면 조금은 알 수 있다. 김시습이 이 시에서 자기의 내면적 의지를 많이 밝혀 놓았기 때문이다.

서민(敍悶)은 김시습의 답답한 마음을 펼치며 지은 시로, 세상사(世上事)에 대하여 상반된 자아(自我)가 있음을 시(詩)를 통해서 표출하고 있다. 그는 출사도, 처사(處士)적 삶도 탐탁지 않게 생각하며 자기 주도적 삶을 유지해 온 방외형 인간이었다.

김시습은 이래저래 마음이 안정되지 않으니, 살아온 삶을 다시 한번 정리해 본다. '답답한 것을 펴느냐고'의 제목이 붙은 서민(敍悶)이다. 김시습이 자신의 삶을 정리한 글이 두 개쯤 된다. 하나는 동봉육가(東峯六歌)요 또 하나가 서민(敍悶)이다. 모두 6수씩이다.

나이가 들어가니 상당히 현실적이 되어 간다. 하여, 나라를 위해 일할 기회를 잡을 '인연 없으니 눈물 닦으며 길게 탄식하네'라고 한탄한다. 사실은 김시습에게도 기회는 있었다. 내불당에서 '묘법연화경' 언해 작업을 할 때나, 양주 '회암사 법회'에 참석하였을 때 효령대군의 주선으로 도첩(度牒)도 받고 부름도 받았었다. 그런데 그때는 아직 세조가 집권하고 있던 시기였으니 어찌 출사하였겠는가? '**서민(敍悶)**'을 읽어 보자.

답답한 것을 펴느냐고〔叙悶〕 1~3수 : 666~667

1.
心與事相反 (심여사상반)	내 뜻과 세상일이 상반되어
除詩無以娛 (제시무이오)	시를 제외하면 즐길 게 없네.
醉鄕如瞬息 (취향여순식)	취한 기분은 순식간인 듯하고
睡味只須臾 (수미지수유)	잠의 맛은 다만 잠깐이지.
切齒爭錐賈 (절치쟁추가)	송곳 끝은 다투는 장사치도 이가 갈리고
寒心牧馬胡 (한심목마호)	말을 기르는 오랑캐는 한심하다네.
無因獻明薦 (무인헌명천)	나라를 위해 몸 바칠 인연 없으니
抆淚永嗚呼 (문루영오호)	눈물 닦으며 길게 탄식하네.

〈번안시조〉

마음과 하는 일이 서로가 상반(相反)되어
시작(詩作)을 제외하면 즐길 게 하나 없네
취한 건 순식간이고 잠의 맛도 잠깐이네

송곳 같은 장사치도 이윤으로 이(齒) 갈리고
전마(戰馬)를 사육하는 오랑캐도 한심하네
몸 바칠 나라 없으니 눈물 닦고 탄식할 뿐

명천(明薦)은 '나라를 위한다'라는 말이다. 내 마음과 세상일이 상반되니 시를 제외하고는 즐길 거리가 없다고 한탄한다. 취하는 건 순식간이요, 잠의 맛도 잠깐이니 장사하는 사람이나 말을 기르는 사람이나, 어디에도 인연이 없으니 눈물 닦으며 길게 탄식한다고 고백하고 있다.

2.
少小趨金殿 (소소추금전)	어릴 때 궁궐에 조금 나아가니
英陵賜錦袍 (영릉사금포)	영릉께서 비단 옷자루 하사하셨네.
知申呼上膝 (지신호상슬)	지신사(承旨)는 불러 무릎에 앉혔고
中使勸揮毫 (중사권휘호)	중사(환관)는 붓 휘두르라고 권유했네.
競道眞英物 (경도진영물)	참 영물이라 다투어 말하고
爭瞻出鳳毛 (쟁첨출봉모)	봉황의 털이 나왔다고 다투어 보았지만
焉知家事替 (언지가사체)	어찌 알았으랴? 집안의 사정이 바뀌어
零落老蓬蒿 (영락노봉호)	스러져 시골에서 늙어갈 줄.

〈변안시조〉

어릴 때 궁궐에서 시작(詩作)을 하였더니
비단옷 한 자루를 영릉께서 하사하시고
지신사(承旨) 무릎 앉힌 후 붓 들라고 권했네

천재다 영물(英物)이다 다투어 칭찬하며
봉황의 털이라고 모두 다 치켰지만
어쩌랴 집안 사정에 시골에서 늙을

지신사(知申事)는 조선 초기의 관명으로 후에는 도승지라 하였다. 즉 영릉(세종임금)께서 지신사에게 시습의 재주를 시험하라 한 것을 정리하고 있다. 일필휘지하니 천재가 나왔다고 하였는데, 사정이 바뀌어 시골에서 스러져 늙어가고 있으니 어찌하랴.

3.
八朔解他語 (팔삭해타어)	8개월에 다른 말 이해했고
三朞能綴文 (삼기능철문)	3살에 문장 엮을 수 있었네.
雨花吟得句 (우화음득구)	비와 꽃을 읊조려 얻어 글 짓고
聲淚手摩分 (성루수마분)	소리와 눈물을 손으로 문질러 구분했지.
上相臨庭宇 (상상임정우)	높은 재상이 우리 집에 왔고
諸宗貺典墳 (제종황전분)	여러 종친이 고서를 주었네.

期余就仕日 (기여취사일)   내가 벼슬살이 나아가는 날에
經術佐明君 (경술좌명군)   경술로 현명한 임금 보좌하길 기약했지.

〈번안시조〉

태어나 팔개월에 한시를 이해했고
세살에 문장 엮어 시문을 읊었다네
만상(萬象)을 글로 세우고 서정(敍情)으로 느꼈네

좌의정 높은 재상 우리 집 찾아왔고
주변의 종친들이 고서(古書)를 주었다네
벼슬길 나아갔다면 경술(經術) 보좌 했겠지

전분(典墳)은 중국 고대 오제(五帝)의 책인 『오전(五典)』과 삼황(三皇)의 책인 『삼분(三墳)』이라는 뜻으로, 이를 줄여서 전분이라 한다. 고서(古書)를 이르는 말이다. 경술(經術)은 『시경(詩經)』, 『서경(書經)』, 『역경(易經)』 등 유교 경전의 깊은 뜻을 연구하고 해석하는 학문을 말한다.
상상림(上相臨)은 좌의정(左議政) 허조(許稠)라는 분이 김시습 집에 왔었음을 설명한 것이다. 어려서부터 집안이나 주변에서 재주를 인정받아 벼슬길에 오르면 임금을 보좌하게 하겠노라고 약속까지 받았다고 자랑하고 있다.

여기서는 세상사에 대하여 상반된 자아를, 시(詩)를 통해서 표출하고 있다. 젊어서부터 외로운 방랑자의 삶을 살아왔으나, 한편으로는 출사를 위한 부름의 기다림도 있었다. 그러나 성품이 경박하고 날카로웠으며, 너그러움이 부족하고, 사회 통념에 어긋나는 일을 하면서 무엇인가를 기다린다는 것은 쉽지 않은 일이었다.

답답한 것을 펴느냐고〔敍悶〕 4~6수. : 667

4.
失母十三歲 (실모십삼세)   열세 살에 어머니 여의고
提携鞠外婆 (제휴국외파)   외할머니 손에 이끌려 자랐지만.
未幾歸窀穸 (미기귀둔석)   할머니도 곧 땅속 몸 되시매
生業轉懍懍 (생업전마라)   생업이 홀연 쓸쓸해졌지.
簪笏纓情少 (잠홀영정소)   벼슬살이에 정을 감은 건 적고
雲林着意多 (운림착의다)   구름과 수풀에 뜻을 붙임이 많았지.
唯思忘世事 (유사망세사)   오직 생각은 세상사 잃는 것이고

364

悠意臥山阿 (자의와산아)　방자한 뜻으로 산굽이에 누우리.

〈변안시조〉

맹모 같은 내 어머니 열셋에 잃은 후에
자애로운 외할머니 사랑으로 길렀지만
외조모 곧 돌아가시니 어려운 삶 되었네

공직의 벼슬살이 정 둔 적 별로 없고
구름과 수풀에서 유랑하며 지냈는데
잃은 건 세상 사는 것, 방자한 뜻 누이리

김시습은 첫수에서 '실모십삼세(失母十參歲)'라 하였는데, 다른 자료에는 '실모십오세(失母十五歲)'로 기록되어 있기도 하다. 그러면 어떻게 보는 것이 합당할까? 이는 김시습이 어머니 돌아가실 때 자기 나이를 모르지 않았을 것이라는 전제하에 본인이 직접 쓴 위 시의 내용처럼 13세로 정리하는 것이 맞는 것 같다.

어머니를 잃은 후 외할머니의 사랑으로 지냈지만, 외조모께서도 곧 돌아가셨다. 이후 벼슬살이를 한 적도 없이 자연을 유람하며 지냈다. 지금 생각으로는 '세상사 잃은 것이 아쉬우나 방자한 뜻이나, 산굽이에 누워 버려야 하지 않겠나!' 하고 여전히 살아온 지난 삶에 힘을 더하고 있다.

5.
壯入遠公社 (장입원공사)　장성해선 원공의 백련사에 들어가
非求幻化談 (비구환화담)　환상과 같은 변화하는 말을 구하지 않았네.
榮華曾不齒 (영화증불치)　영화로움은 일찍이 입에 담지 않았거니와
失得已無堪 (실득이무감)　득실은 이미 감내할 게 없었네.
知己唯明月 (지기유명월)　나를 아는 건 오직 밝은 달일 뿐
寒盟有碧潭 (한맹유벽담)　굳은 맹세 푸른 연못에 두고 하였네
多慚譽我者 (다참예아자)　나를 칭찬해도 매우 부끄럽고
遺贈長吾貧 (유증장오빈)　유산 주었지만, 나의 가난은 길기만 하네.

〈변안시조〉

장성 후 혜원공의 백련사에 들어가서

허황된 이야기를 구하지 않았다네
영화(榮華)는 고르지 못하고 득실 이미 떠났네

이 세상 많은 것 중 달(月)만이 나를 알고
세한(歲寒)의 맹세로는 푸른 연못 같더구나
칭찬을 많이 받았으나, 가난한 삶 길구나

원공(遠公)은 동진(東晉) 때의 고승 혜원대사(慧遠大師)를 의미한다. 혜원대사가 여산(廬山)에 동림사(東林寺)를 세우고, 명승(名僧)·명유(名儒) 등과 함께 백련사(白蓮社)를 조직했었다. 한맹(寒盟)은 고구려 때에, 해마다 10월에 지내던 제천 의식. 온 나라 백성이 추수에 대한 감사로 하늘에 제사하고 춤과 노래로 즐겼다. 벽담(碧潭)은 푸른 빛이 감도는 연못이다. 한맹(寒盟)은 얼음물에 들어가 좌우 양편으로 나뉘어 물과 돌로 행하는 경기이다.

자연은 나를 알아주는 듯 하나, 가난함은 여전하니. 매우 안타까워하고 있다.

6.

可恨顚宗祀 (가한전종사)	한 되는 건 조종(祖宗)의 제사 끊어진 게요
關心負素期 (관심부소기)	평소의 기대 저버린 것이 마음에 걸리네.
河淸俟望久 (하청사망구)	황하가 맑아지길 기다리고 바란 게 오래고
鶴詔下來遲 (학조하래지)	학이 전하는 조칙(詔勅)이 내려오길 더디 하네.
身世乖違甚 (신세괴위심)	몸과 세상 서로 어긋남이 심하고
年光荏苒移 (년광임염이)	세월은 덧없이 빨리도 갔네.
天公如憫我 (천공여민아)	하늘이 만약 나를 불쌍히 여겼다면
必有否傾時 (필유부경시)	반드시 기울어질 때가 있으리라.

〈변안시조〉

조상제사 끊어진 건 여한이 되었으며
기대를 저버려서 마음에 걸리는데
황하가 언제 마르며 학 조칙(詔勅)은 오려나

내 삶이 하루하루 어긋남 극심하고
세월은 멈춤 없이 흘러만 가는구나
하늘이 불쌍히 여겨 기울 때가 있으리

하청(河淸)에서의 하(河)는 여기서는 중국의 황하이다. 황하는 원래 강이 흐리므로 황하라 했는데, 성인(聖人)의 통치가 있으면 맑아진다고 한다. 하여 황하가 맑아지길 바란 것이 오래되었고 학이 전하는 조칙(詔勅)이 내려오기를 기다리고 있음을 회고하고 있다. 조상 제사를 한번 되짚어 봤으나 모든 것이 뜻대로 되지 않았음을 돌아보고 있다. 그러나 하늘이 나를 불쌍히 여기신다면 마지막 회복의 기회를 한 번쯤 주지 않겠느냐고 묻고 있다.

김시습은 노년기까지도 임금의 조칙(詔勅, 임금의 명령을 적은 조서)이 내려오기를 기다렸다는 이야기가 아닌가? 임염(荏苒)은 차츰차츰 세월이 지나가거나 일이 되어 감을 뜻한다.

'서민(敍悶)'은 마음의 번민과 세상사에 대한 불만을 시로 표현한 것으로, 세상과 어긋남〔心與事相反〕에 대한 답답함, 시(詩)를 통한 고뇌 해소의 필요성, 세속적 쾌락(취향, 수면)의 덧없음과 치열한 세상(송곳 끝 장사치, 오랑캐)에 대한 비판을 특징으로 하면서 세상에 대하여 상반된 자기의 마음을 시(詩)로 대리 표출하며 답답한 마음을 드러내고 있다.

'사청사우(乍晴乍雨)'에서는 김시습의 내면이 읽힌다

수락산에 머물 때 김시습의 벗은 흰 구름이었다. 그는 흰 구름을 통해 세상을 벗어난 깨끗한 정신세계의 상징으로 보았다. '사청사우(乍晴乍雨)'는 이러한 그의 생각을 잘 보여준다. 즉 날씨를 통하여 세상을 이야기하고 있다.

잠깐 갰다가 잠깐 오는 비〔乍晴乍雨〕: 212

乍晴還雨雨還晴 (사청환우우환청)	갰다 싶더니 또 비가 오니
天道猶然況世情 (천도유연황세정)	하늘의 움직임도 그러하거니 세태야 어떠하랴.
譽我便應還毀我 (예아편응환훼아)	나를 칭찬하는가 싶더니 어느새 나를 헐뜯고
逃名却自爲求名 (도명각자위구명)	명예를 피하는 척하다가 명예를 구하네.
花開花謝春何管 (화개화사춘하관)	꽃이 피고 지는 것을 봄이 어찌 다스리며
雲去雲來山不爭 (운거운래산부쟁)	구름 가고 구름 오는 것을 산이 어찌 다투겠는가.
寄語世人須記認 (기어세인수기인)	사람들에게 말 하나니, 부디 기억해 두오.
取歡無處得平生 (취환무처득평생)	예기 말고 평생 어디서도 즐거울 수 없다는 것을.

〈번안시조〉

갰다가 비가 오고 오다가 다시 갠다

하늘이 그러하니 세태(世態)야 어떠하랴
신념도 조석지변(朝夕之變) 하고, 명예 찾아 오간다

꽃 피고 지는 것을 봄인 들 어찌하며
뜬구름 오가는 건 뭇 산도 못 다툰다
이보게 예기(禮記) 말고는 즐거움이 없구려

사청사우(乍晴乍雨)는 말 그대로 변덕스러운 날씨를 의미한다. 그런데 변덕스러움은 인간 사회에서도 통한다. 조석간(朝夕間)에 변하는 세상사를 비판적으로 보면서 손바닥 뒤집듯 하는 출세 지향적 인간상에 대한 비판의식을 내보이고 있다.

세상인심을 가늠하기가 종잡을 수 없는 날씨보다 더하다고 한탄한다. 인간은 탐욕 덩어리이기에 수시로 변한다. 세상에서 변하지 않은 것이 없고 사람의 마음도 역시 변하는 것이라 기쁜 일과 좋은 일만 바라는 것은 어리석다. 흔히 세상은 한때의 칭찬도, 언젠가는 상처 주는 매질이 될 수 있음도 알고 있다. 그는 옳고 그름을 따지지 않고 오락가락하는 자들을 오가는 비(雨)에 비유하며 꾸짖고 있다.

인간은 자기의 이익 앞에서는 속절없이 변한다. 그러나 자연은 변함없다. 그러니 자연과 더불어 동행하며 살아가자고 말한다. 김시습의 내면이 드러나는 시(詩)다.

그의 글에서 '진심'을 찾아보자

글에는 그 사람이 있다. 그러나 모든 글이 다 그런 것은 아니다. 솔직하게 썼을 때 그 사람을 바르게 볼 수 있는 것이지, 거짓으로 쓰는 사람은 판단하기가 쉽지 않다. 아동문학가가 있었다고 하자. 순수한 동심에서 글을 쓴듯한데 실제 삶에서의 언행(言行)은 그렇지 않다면 신뢰가 가겠는가?
김시습의 글은 솔직하기에 생명이 있고 의지가 있고 신념이 있다. 하여 믿음이 간다.

김시습, 자연 속에서 살다.

김시습이 자연을 노래한 시는 너무 많다. 외출하지 않은 때는 제자 선행(善行)과 이야기라도 주고받았을 테지만 선행을 보내고 난 후에는 스스로 자연의 일부가 되어 어울렸다. 지저귀는 새소리나, 흐르는 계곡물 소리나, 봄, 여름, 가을, 겨울의 계절이나, 아! 하잘것없는 바람 한 줄기, 구름 한 조각도 김시습과 함께 하나가 되어 숨 쉬며 살았다.

'**좌와**(坐臥)'를 읽어 보자

자리에 누워서〔坐臥〕: 128

坐臥消長日 (좌와소장일)	자리에 누워서긴 날을 소모하니
無人地更偏 (무인지갱편)	사람 없어 더욱 궁벽한 곳에서 사네.
春風無厚薄 (춘풍무후박)	봄바람은 적고 모자람이 없으니
桃李自年年 (도이자연년)	복사꽃, 자두꽃은 해마다 저절로 핀다.

〈변안시조〉

자리에 길게 누워 긴 날을 낚으면서
오가는 사람 없는 궁벽한 곳에 사네
봄바람 적당히 부니 봄꽃마다 절로 피는데

좌와(坐臥)는 앉았다 누웠다 하는 것, 또는 앉음과 누움이고, 후박(厚薄)은 두터움과 얇음, 많고 넉넉함, 적고 모자람, 두텁게 구는 일과 박하게 구는 일 등을 포괄적으로 의미한다.

하루 종일 자리에 누워도 오는 사람이 없으니 편안하나 외로운 나날이다. 비록 궁벽한 곳에 살지만 봄바람은 '적고 모자람이' 없고 복숭아와 자두는 해마다 열리지 않는가? 뭐가 부러우랴? 그러나 행간에서 짙은 외로움이 배어 나오는 것은 나만의 느낌일까?

그래도 아무리 허술하고 작은 띠 집이라도 '**오려**(吾廬)'가 있어 좋다. 김시습의 집은 한성에도 있었을 것이다. 그러나 대부분의 삶을 떠돌이로 살면서 겨우 비바람을 피한 정도의 작은 띠집을 짓고 살았다.

내 집〔吾廬〕: 126

從來吾亦愛吾廬 (종래오역애오려)	전부터 나는 내 집이 좋아
野性偏宜水竹居 (야성편의수죽거)	야성에 치우쳐 물가나 대숲에 산다.

問字僧來隨說字 (문자승래수설자)	글 묻는 중이 찾으면 글을 이야기하고
投書人到勉酬書 (투서인도면수서)	편지 보낸 사람이 오면 편지에 답한다.
溪流淺碧迷芳草 (계류천벽미방초)	개울물 얕고 푸르고 방초는 여기저기
山色倩蔥擁古墟 (산색천총옹고허)	산빛은 울창한데 낡은 집터가 끼었구나.
遠矚遐觀皆自得 (원촉하관개자득)	멀리 보고 아득히 봐도 모두가 만족하니
吾廬佳興足瀛壺 (오려가흥족영호)	내 집 좋은 멋에 신선 고을처럼 족하도다.

〈번안시조〉

어디에 세웠던지 내 집이 나는 좋아
야성(野性)에 치우쳐서 물가나 대숲 살며
시승(詩僧)은 글로 말하고 선비 객(客)엔 편지로

얕고 푸른 개울물에 방초(芳草)가 무성하고
울창한 산빛 아래 낡은 집 숨어 있어
원근(遠近)이 모두 흐뭇한 신선동(神仙洞)에 산다네

 더할 것이 없는, 참으로 만족한 삶이다. 아무리 초라한 집이라 하더라도 내 집이 있어 자연을 벗하며 글을 쓸 수 있는 것만으로도 행복한 김시습니다.

 이러한 시구를 보면 자연에 있으면서도 가끔은 세상을 곁눈질한 것은 아닌가 하는 생각을 하게 된다. 실제로 세상 걱정을 많이 하였다. 특히 백성들을 살리는 정치에 관한 관심은 계속되었고 상황에 따라서는 출사(出仕)할 뜻도 가지고 있었다.

김시습, 세상을 곁에 두고 살다

 김시습의 세상에 관한 관심은 늘 계속되었지만, 술 한잔하였을 때는 특히 심하게 나타났다. 예전이나 오늘날이나 맨정신으로 하기 어려운 말과 행동은 술 한잔 빌려 하는 경우가 있다. 이러한 가능성을 열어놓고 김시습의 세상 보는 눈을 살펴보자. 그의 시 '**훼예(毀譽)**'다.

헐뜯고 칭찬하는 것〔毀譽〕: 63

毀譽無虞自在身 (훼예무우자재신)	헐뜯거나 칭찬하거나 걱정 없는 자유로운 몸
逍遙何處不通津 (소요하처부통진)	어느 곳에서 소요하면 나루터를 통하지 못하리오.

道深如海看非遠 (도심여해간비원)		길이 바다같이 깊으나 바라보면 멀어 보이지 않고
事重於山約便塵 (사중어산약편진)		일이 산보다 중해도 요약하면 곧 티끌 같도다.
朝灌蔬園靑箬笠 (조관소원청약립)		아침에 채소밭에 물 줄 때는 푸른 대삿갓 쓰고
晩遊花逕白綸巾 (만유화경백륜건)		저녁때, 꽃 핀 길에는 흰 실의 복건이로다.
仍聞下界風波惡 (잉문하계풍파악)		그런대로 들으니, 인간 세상 풍파는 험악한데
半是歡娛半是嚬 (반시환오반시빈)		그 반은 환락이요, 다른 반은 질투 때문이니라.

〈번안시조〉

칭찬도 헐뜯음도 걱정 없는 자유의 몸
어디서 소요한들 모두 다 통하리라
진리도 가까이 있고 중한 일도 티끌 같다

아침에 채소밭에 물 줄 때는 삿갓 쓰고
저녁때 꽃 핀 길엔 흰 실의 복건이라
들으니, 험한 세상은 환락·질투 반반이라

자연을 예찬하면서도 비유로 세상사를 은근히 비판하고 있다. "나는 자유인데 중한 일이 뭐 있느냐? 모두 티끌이다."라고 선언한다. 그리고 농사를 지으면서 세상은 환락 질투가 반반이라고 하며 험악한 세상에서의 삶은 선악이 반반임을 선언한다.

'큰 쥐'가 반복되는 6구의 시를 한 수의 시조로 번안하여 모두 4연시조로 지었다. '석서(碩鼠)'는 잡아야 하는데….

큰 쥐〔碩鼠〕: 264

碩鼠復碩鼠 (석서복석서)		큰 쥐야, 큰 쥐야
無食我場粟 (무식아장속)		우리 마당의 곡식을 먹지 마라.
三歲已慣汝 (삼세이관여)		삼 년째 벌써 너를 알고 지냈는데
則莫我肯穀 (칙막아긍곡)		나를 살려 주지 않으려면
逝將去汝土 (서장거여토)		떠나서 장차 너의 땅을 버리고
適彼娛樂國 (적피오락국)		저 즐거운 나라로 가리라.
碩鼠復碩鼠 (석서복석서)		큰 쥐야, 큰 쥐야
有牙如利刃 (유아여리인)		날카로운 칼날 같은 어금니가 있어서
旣害我耘耔 (기해아운자)		이미 내 농사를 망쳐 놓았고

又齧我車軔 (우설아거인)　또 내 수레의 바퀴 굄목마저 갉아
使我不得行 (사아부득행)　내가 가지도 못하게 해 놓고
亦復不得進 (역복부득진)　또한 다시 나아갈 수도 없게 해 놓았네.

碩鼠復碩鼠 (석서복석서)　큰 쥐야, 큰 쥐야
有聲常唧唧 (유성상즐즐)　소리도 늘 찍찍거리면서
佞言巧害人 (영언교해인)　간사한 말로 교묘하게 사람을 해(害)쳐
使人心怵怵 (사인심출출)　사람의 마음을 두렵게 하네.
安得不仁貓 (안득불인묘)　어디서 사나운 고양이를 얻어
一捕無有孑 (일포무유혈)　한 번에 잡아 씨도 없게 할까?

碩鼠一產兒 (석서일산아)　큰 쥐가 한 번 새끼를 낳으면
乳哺滿我屋 (유포만아옥)　젖먹이 새끼들이 내 집에 가득하리.
我非永某氏 (아비영모씨)　나는 영모씨(永某氏)가 아니니
付之張湯獄 (부지장탕옥)　장탕(張湯)의 감옥에 너를 넣고서는
塡汝深窟穴 (전여심굴혈)　너의 깊은 소굴(巢窟)을 메워
使之滅蹤跡 (사지멸종적)　너의 발자취를 없애리라.

〈변안시조〉

큰 쥐야, 먹지 말라 곡식일랑 먹지 마라
삼 년째 나타나도 살려주지 않았느냐
여기가 네 땅이라면 난 가리라 딴 곳으로

어금니 날카로워 내 농사 망쳐 놓고
수레바퀴 굄목일랑 모두 다 깎아놓고
오가도 못 하게 하는 못된 녀석 큰 쥐야

사람에게 피해 주고 두려운 마음 주니
큰 쥐야 못됐구나, 소리도 찍찍대고
사나운 고양이 불러 씨 말릴까 하노라

한 번에 많이 낳아 새끼로 꽉 찰 텐데
난 영모씨(永某氏) 아니거늘 장탕(張湯)에게 보내줄까
깊고 큰 네 소굴(巢窟) 메워 발자취를 없애리

영모씨(永某氏)는 당나라 대문장가 유종원의 글에 나오는 쥐띠여서 쥐를 좋아하는 사람에 관한 이야기이다. 장탕(張湯)은 전한 시대 관료로 청백리였으나 부정 이익을 취했다는 음모를 받고 자결하였다.

큰 쥐는 누구인가. 보나 마나 부패한 관리이다. 쥐보고 마당 곡식을 먹지 말라고 강력하게 경고한다. 장탕의 감옥으로 보내버린다고 협박도 한다. 수탈로 인하여 부정 관료는 번창하나 결국에는 감옥으로 보내고 네 소굴을 메워 버리겠다고 하였다.

비록 세상을 등졌지만 어려서부터 간직했던 성리학적 사고방식, 즉 젖 먹던 시절 외할아버지 무릎에 앉아 배우고 익혔던 유학적(儒學的) 사고(思考)는 평생 그의 머리에 오두막을 짓고 살고 있었다.

김시습, 자기 안에서 살다

자연에서 살며, 세상에서 살며, 무엇보다도 자기 안에서 살았던 김시습. 법수치는 김시습에게 그런 환경을 무한하게 제공하여 주었다. 산골짝이 그대로 자연이요, 가끔 양양 부사와 교류하면서 또는 내설악 오세암과 오대산 상원사를 비롯하여 여기저기 유람하면서 세상을 귀동냥하고, 그러는 중에 자기 자신을 익혔던 김시습. 몇 작품을 살펴보자. 먼저 '장세(壯歲)'다.

한창 나이[壯歲] : 59

壯歲功名頗自期 (장세공명파자기)	한창나이에는 공명을 자못 바라면서
虞庭吁咈接咎夔 (우정우불접구기)	우(虞) 나라 조정에서 우불(吁咈)하는 것을 고기처럼 하였다.
老駒伏櫪心千里 (노구복력심천리)	늙은 말 마구에 엎드려, 마음은 천리를 달리고
病鶴開籠笑一枝 (병학개롱소일지)	병든 학이라도 새장 열리면, 옮겨 한 가지에서 웃는다
樗櫟不能爲世用 (저력불능위세용)	가죽나무는 세상의 쓰임이 되지 못하지만
麒麟豈肯作人羈 (기린개긍작인기)	기린이야 어찌 세상의 구속을 받아들이랴?
衰遲自笑狂豪甚 (쇠지자소광호심)	우습고나, 쇠하고 느려진 몸이 미친 호기 심해지나
落筆崢嶸勝舊時 (낙필쟁영승구시)	붓끝은 뻣뻣해져서 옛날보다 더 낫구나.

〈변안시조〉

젊음이 한창일 땐 공명(功名)을 바라면서
우(虞) 조정 반대하던 고요·기(皐陶·夔)를 따라 하니
늙은 말 천리 달리고, 병든 학도 웃는다

세상에 쓸 일 없어 버림받는 가죽나무
방내(方內)의 어딘가엔 쓸 일이 있으리라
쇠지(衰遲)한 호기심이지만 옛날보다 낫구나

우(虞)나라는 중국의 서주 시대와 춘추시대에 있었던 나라이다. 우불(吁咈)은 찬성하지 않는 것이며, 구기(咎夔)는 고요(皐陶)와 기(夔)를 의미하는데 두 사람은 우(虞)나라 때의 현신(賢臣)이다. 쇠지(衰遲)는 노쇠하여 날로 쇠잔하고 미약함을 뜻한다.

김시습은 젊은 날의 결정(패도 정치세계를 떠남)을 중국 우나라의 고요(皐陶)와 기(夔)에 비하면서 잘 한 일이라 스스로에게 위로와 격려를 보내고 있다. 그러면서 아직은 쓸모가 있음을 강조하고 있다.

또 김시습의 '우탄(寓歎)'을 읽어 보자. 무엇을 탄식하고 있을까?

탄식에 부쳐〔寓歎〕: 59~60

堪嘆浮生早不休 (감탄부생조불휴)　한스러워라, 덧없는 삶 일찍 쉬지도 못하다니
十年書劍買閑愁 (십년서검매한수)　십 년 동안 책 읽고 검술 배워도 수심만 사 왔구나.
老無可却靈方少 (노무가각령방소)　늙음도 물리치지 못하고, 좋은 방법도 없고
生不長延宰木幽 (생부장연재목유)　삶을 연장하지도 못하고, 무덤가 재 나무(宰木)는 무성하다.
寵極定如芻狗擲 (총극정여추구척)　은총이 지극하여도 돼지나 개처럼 버려지고
窮來還似涸鱗游 (궁래환사학린유)　궁해진다면 마른 수레바퀴 자국에 노는 물고기 신세.
人人盡說人間好 (인인진설인간호)　사람마다 모두 인간 세상 좋다고 하지만
春到人間肯暫留 (춘도인간긍잠류)　봄은 인간 세상에 와서 잠시 머물다 가려 하는구나.

〈변안시조〉

십 년이 흘러가니 한스러운 삶이로다
책 읽고 검 배워도 수심만 가득하고
늙음은 가까이 있고, 재나무〔宰木〕는 무성하다

은총이 지극하여 돈견(豚犬)처럼 버려지고
궁해진 수레바퀴 물고기 신세일세
세상이 좋다고 하니 봄은 잠시 머물 터

재나무(梓木)은 무덤가에 심은 나무를 말한다.

김시습은 어려서부터 글을 많이 익혔다. 그런데 집안은 원래 무인(武人)의 가계를 이어받았다. 조부도 무인이었고, 병약했지만, 부친도 무인이었다. 김시습도 글을 읽으며 더러는 무예를 익혔던 모양이다.

김시습이 늙음을 탓하고 있다. '사람마다 모두 인간 세상 좋다고 하지만, 봄은 인간 세상에 와서 잠시 머물다 가려 하는구나'하며 젊음이 스쳐 가고 있음을 피부로 느끼고 있다. 어찌하랴. 늙음은 가까이 있고 재나무(梓木)는 무성하고, 아무리 세상을 좋다고 하나 봄은 잠시 머물 뿐이라고 삶의 순리를 떠올리고 있다.

'성의(誠意)'는 '참되고 정성스럽다'라는 뜻이다. 김시습은 왜 이런 제목을 붙였을까. 김시습이 말하는 참되고 정성스러운 삶이란 무엇일까? 성의(誠意)는 일반 검색에서는 출전을 찾을 길이 없었고, 한국한시 316(한국서예협회 2014)에 김병기 감수로 검색하였다.

성의(誠意)

靈臺宰萬物 (영대재만물)　마음이 만물을 주제(主宰)하는데
出入意先驅 (출입의선구)　나고 듦에 뜻이 먼저 몰려간다.
發於幾微處 (발어기미처)　아주 은미(隱微)한 곳에서 출발하여
奔乎善惡途 (분호선악도)　선과 악 위의 길을 달려간다.
毋欺心自慊 (무기심자겸)　속이지 않으면 마음 절로 만족하고
不愧體常舒 (불괴체상서)　부끄러움이 없으면 몸이 항상 편안하다.
此是誠中驗 (차시성중험)　이것은 정성 속의 경험인 지라
君其愼獨無 (군기신독무)　그대는 신독(愼獨)을 조심하는지.

〈번안시조〉

만물을 주제(主宰)하는 우리들 마음에는

나가고 들어옴이 먼저 오고 몰려간다
은미(隱微)히 출발하지만, 선악(善惡) 길을 달린다

속이지 않는다면 마음이 흐뭇하고
부끄럼 없을 때면 늘 몸이 편안하다.
이것은 진실한 경험, 신독(愼獨) 더욱 다지리

여기서 핵심 용어는 신독(愼獨)이다. 신독은 남이 보지 않는 곳에 혼자 있을 때도 도리에 어긋나지 않도록 조심하여 말과 행동을 삼간다는 뜻이다. 즉 경전(經典)을 단순히 입으로 읽는 것이 아니라 몸으로 실행한다는 의미기도 하다.

신독(愼獨)은 김시습의 기본 의지이며 철학이다. 신독은 어려운 일이나 그 신독을 지키며 평생을 노래하고 신독하며 목숨을 이어갔다.

늙으면서 신독도 중요하지만 우선 앞에 닥친 삶을 걱정하는 일도 늘어갔다. 선행이 있을 때는 웬만한 일은 선행이 해결하여 주어 그리 큰 어려움이 없었다. 이젠 끼니를 잇는 일에서부터 집수리에 이르기까지 모든 일을 홀로 해결해야 한다. 영육(靈肉) 간에 얼마나 고달팠을까? 이 모든 것이 '세고(世故)'이고 집안일이고 김시습의 일이다.

세상일〔世故〕: 72

世故屢多變 (세고누다변)	여러 번 변하는 세상일
惻惻傷我心 (측측상아심)	비통하게도 내 마음 상(傷)한다.
朝畏豺虎關 (조외시호관)	아침에는 시호(이리와 호랑이) 만날까 두렵고
暮避荊棘林 (모피형극림)	저녁에는 가시나무 우거진 숲을 피한다.
冉冉白日飛 (염염백일비)	성큼성큼 대낮은 날아가고
鼎鼎光陰老 (정정광음노)	훌쩍 세월은 흘러만 간다.
丈夫在世間 (장부재세간)	대장부 세상 살아가면서
胡不展懷抱 (호부전회포)	어찌 품은 뜻 펴지 못하는가.
人生如磨礪 (인생여마려)	인생은 숫돌 가는 같아
磨盡自有時 (마진자유시)	다 갈아내는 것도 스스로 때가 있도다.
直須愼行藏 (직수신행장)	나가고 숨는 마땅히 조심하며
志大終有期 (지대종유기)	뜻이 크다면 끝날 때가 있으리라.
天如使不鳴 (천여사불명)	하늘이 만약 울지 못하게 한다면
立言要後知 (입언요후지)	말을 적어서 후세 사람들이 알게 하리라.

〈변안시조〉

여러 번 변하는 게 세상일이 아니던가
와중(渦中)에 비통하게 내 마음에 상처 주니
아침엔 시호(豺虎) 두렵고 저녁에는 가시 숲을 피한다

대낮은 성큼성큼 쏜살같이 지나가고
덧없이 쌓인 세월 순식간 흘러가니
대장부 살아가면서 품은 뜻을 못 펴네

숫돌을 가는 듯이 세월이 흘러가도
한 세상 사는 것도 봄처럼 때가 있네
가슴에 큰 뜻 있으면 언젠가는 이루리

어쩌랴 하늘 뜻이 못 울게 막는다면
억지로 울어대는 실수는 안하리라
언서(言書)에 기록 남겨서 후세 사람 알게 하리

절의(節義)는 '신념을 굽히지 않는 꿋꿋한 태도와 사람으로서 마땅히 지켜야 할 도리'라는 뜻을 지녔고, 공명(功名)은 '공적과 명성'을 뜻하니, 이 둘이 김시습 가슴속에서 평생 득실을 따지며 싸우고 있음을 고백하고 있다. 이는 겉으로는 절의의 행동을 보이고 있으나, 마음속으로는 공명에도 뜻이 있음을 비친 것이 아닐까?

김시습, 조선의 선비들은 어떻게 보았는가

김시습에 대한 후학 선비들의 평가를 보면 비교적 긍정적으로 보고 있다. 이황의 경우 색은행괴(索隱行怪)라 하여 괴이한 행동을 강조하였고, 율곡 이이의 경우 심유적불(心儒迹佛)이라고 하여 마음은 유학, 행동은 불교라고 옹호하였다.

김시습은 평생 살아오면서 유불(儒佛)사이에서 계속 갈등했다. 결국은 같은 길일 수도 있는데 유불(儒佛)이 서로 대립하는 모습을 보며 아파했을 것이다. 또 본인도 유-불-유-불을 거듭하기도 하였고 사찰에서 마지막 숨을 거두면서 화장보다는 매장을 선호하였다. 죽음에 가까이 가서도 갈등했다는 이야기가 아닌가?

김시습의 후학 선비들은 어떤 눈으로 보았을까

김시습은 가치가 뒤바뀌고 아무 희망도 가질 수 없는 혼돈된 정치 세계를 응시하고 거기서 초월의 전환을 꾀했던 것이지, 현실 세계를 완전히 무시하고 괴이한 행동을 한 것은 결코 아니라고 본다.

또 김시습에게는 인간 존재 누구나가 자성심(自省心)을 지니고 있기에 서로 가치를 인정하면서 조화로운 세계를 이루고 있다는 신념, 즉 그런 조화로운 세계를 이루어야 한다는 바람이 있었다고 본다. 여기서 후학 선비들이 김시습을 어떻게 보았는지 몇 개의 자료를 정리해 보자.

이황(李滉, 1501~1570)은 **색은행괴**(索隱行怪)라 하였다. 이 말은 중용(中庸)의 공자 말씀 중에서 "색은행괴 후세 유술언 오불위지의(索隱行怪 後世 有述焉 吾弗爲之矣)"에서 응용되었다. 즉 궁벽한 이치를 찾아내고 괴이한 행동을 한다는 뜻으로, 세상에 자기 이름을 드러내기 위해 이상한 이론을 주장하고 세인들의 이목을 끌기 위한 이상한 행동을 한다는 말이다. 이황(李滉)이 김시습(金時習)을 비판적으로 본 사자성어이다.

율곡(栗谷, 1536~1584)은 **심유적불**(心儒迹佛)이라고 하였다. 심유적불(心儒迹佛)은 마음으로 유교를 따랐지만, 겉으로 드러난 행적은 불교였다는 뜻이다. 물론 여기에는 유학자로서 율곡의 입장과 시각이 반영되어 있다. 또 백세종사(百世宗師)라고도 하였다. 먼 훗날 오랜 세월 동안 모든 사람이 높이 우러러 존경할 사람이라는 뜻이다. 김시습으로서는 최고의 칭찬을 받은 셈이다.

유희령(柳希齡 1480~1552)은 대동시림(大同詩林, 조선 전기의 문신. 유희령이 우리나라 문인들의 시를 모아 간행한 시선집)에서 '**스님**'으로 정리하였다. 유학자가 아니라 불도라는 것이다. 하긴 김시습은 많은 시간을 불자의 모습으로 생활하였으니까 그렇게 볼 수도 있으리라

어숙권(魚叔權, 생몰년도 미상)은 패관잡기(稗官雜記, 조선 전기, 어숙권이 시화, 일화 및 견문한 내용을 기록한 필기집) 에서 **유희령의 '스님' 분류의 부당성**을 주장하였다. 이와 같이 불도로서의 김시습에 대한 어숙권의 비판은 효령대군(孝寧大君)의 묘법연화경언해 사업에 초빙되었고, 묘법연화경별찬(妙法蓮華經別饌), 화엄석제(華嚴釋題), 대화엄일승법계도주병서(大華嚴一乘法界圖註幷序)등 불교의 큰 업적을 경시(輕視)한 평가가 아닌가?

또 많은 조선의 선비들은 김시습을 백이숙제에 비유하며 '**신중청**(身中淸) **폐중권**(廢中權)'이라 하였다. '신중청(身中淸)'과 '폐중권(廢中權)'은 고대 중국 주나라의 두 형제인 태백과 우중의 미덕을 칭송하는 말로, 신중청은 몸과 마음을 깨끗하게 지키고 바른 도를 따르는 것을,

폐중권은 권력을 버리고 속세의 권세를 멀리하는 것을 의미한다. 공자는 백이숙제를 두고 "그 뜻을 내리지 않고 그 몸을 욕되게 하지 않았다."라고 평가하였다. 김시습을 백이숙제에 비유한 것도 높은 뜻을 굽히지 않고 몸을 깨끗이 하여 세상의 불의한 것을 그 몸에 묻히지 않았다고 보기 때문이었다.

따라서 유자(儒子)인가, 불자(佛子)인가, 도인(道人)인가 하는 구별은 중요하지 않다고 본다. 사상을 체득하고 실천하는 것을 중시했던 김시습이다. 종교는 결국 지향하는 근본은 같은데, 표현하고 실천하는 방법이 다른 것이 아닐까? 그러므로 김시습이 무슨 사상을 지녔는지는 그리 중요한 것이 아니라고 보며, 또 한마디로 무엇이라고 규정짓기도 어렵다.

김시습은 방외인이고, 경계인이었다

김시습의 생을 요약하여 보면 유가(儒家) → 출가(出家) → 환속하여 유가(儒家) → 출가(出家)의 길을 걸었다. 그는 일반적인 유자들과 달리 불교의 진리를 인정했으며, 도학에도 심취했다. 실제 거처했던 곳도 출세간(出世間)과 세간(世間)을 오갔고, 어디에도 안주하지 않았다.

조선시대는 유학(儒學)을 기본 이념으로 삼아 불교나 도교와 같은 사상을 이단으로 여기고 탄압했는데, 이러한 체제에 반발하여 이단(異端) 사상을 추구하거나 세속적 현실을 초월한 삶을 살았던 사람들을 방외인(方外人)으로 불렀다. 김시습은 유교를 숭상하는 사회 질서나 규범의 밖에서 살며, 관직에 나아가지 않고, 세상의 권위에 얽매이지 않는 방외인의 삶을 살았다.

불자에 대한 김시습의 생각은 긍정적·부정적인 면이 다 있겠지만 여기서는 비판적 생각을 알아보자. 김시습은 불교의 타락을 비판적으로 보았다. 조선 초기 불교의 타락에 대하여 논한 김시습의 『임천가화(林泉佳話)』를 보면, '슬프다, 말법(末法, 불법이 쇠퇴해 수행자나 깨달음을 이루는 이가 없는 시기)의 승려는 제어하기 어렵구나. 속인에게 설법하여 재물을 얻고, 불법을 희롱하여 살기를 추구한다. 오만무도하여 큰 불법이 깊고 넓음을 모르고, 부처 마음이 크고 광대함을 깨우치지 못하여 살아서는 어리석은 백성으로 살다가 죽어서는 곤궁한 귀신이 되니 장차 무엇을 하려 하는가? 자포자기한 자가 아닌가?'라고 하였다.
이 글에서 김시습은 '수행이 부족하고 깨달음이 없으며, 속인에게 설법하여 재물을 얻는 등 올바른 수행자의 길을 걷고 있지 못하다'라고 비판적으로 보고 있다.

유자에 대한 김시습의 생각도 긍정·부정적인 양면이 있었다. 조선의 유자(儒者)는 첫째, 출사(出仕)하여 벼슬을 하는 것이고, 둘째는 벼슬을 하지 않을 경우, 토지를 바탕으로 경제적 여유를 만끽하며 수기(修己)에 집중하는 처사(處士)적 삶을 사는 것이 대표적이었다. 그러나 김시습의 삶은 이런 처사적 삶과는 전혀 달랐다. 재산도 거의 없었을 뿐만 아니라 유람이나 은거를 통하여 자기만족을 추구하는 유자도, 처사도 아닌 삶을 살았다.

한편, 김시습의 유자에 대한 비판을 둘러보자. 김시습은 정치적 타락과 백성의 고혈을 빼 먹는 벼슬아치에 대한 비판적 시(詩)를 여러 편 썼다. 예를 들면 『매월당집』1권에 수록된 시(詩) 「옛것을 기록하며〔述古〕」 아홉 번째 수에는 '개에게 뼈다귀를 주지 마라〔毋投與狗骨〕' 라는 구절이 있는데, 이는 당시 정치 상황, 특히 세조의 폭정 및 권력자들의 이권 다툼을 비판적으로 비유한 것이며, 『매월당집(梅月堂集)』 12권에 수록된 시(詩) '산촌 살기의 어려움을 노래하며〔詠山家苦〕'는 관리들의 수탈에 쫓겨 깊은 산중에 사는 산민(山民)의 고초를 여러 측면에서 살펴보고, 이러한 백성들의 고통이 끝나기를 노래하고 있다. 이런 시적(詩的) 표현은 정치적이든 비정치적이든 모두 김시습의 체험적 삶에서 얻어진 지혜이며, 유자(儒者)들의 정치 세계에 대한 비판이라 할 수 있다.

김시습은 유불(儒佛)에 대한 긍정적인 면을 논(論)하면서도 백성의 정신적, 경제적 삶을 풍요롭게 하지 못하는 유·불(儒佛)에 대해서는 비판적 시각으로 보면서, '이념·사상·종교나 조정(朝廷)의 정책이 모든 백성의 삶을 궁핍하지 않게 하는 데 중점을 두어야 한다'라고 강조하고 있다.

김시습은 세속적 삶에도 '방외인인가', '아닌가'의 경계를 오가며 살았고, 학문에도 유·불·도를 모두 수용하거나 그 경계에서 살았다. 그가 걸어가는 방외인의 길은 스스로 선택한 길이며, 아무런 제약을 받지 않은 길(직접적으로는 부모, 아내, 자식이 없었다)이었기에 가능하였다.

김시습은 유불도(儒佛道)를 통섭하는 삶, 지금으로 말하며 간학문적(間學問的) 탐구와 실천에 심취했던 자유로운 영혼이었으며, 필요하다면 언제든지 방(方) 안팎 드나듦에 있어 제약이 없던 경계인이었다.

김시습의 안식처, 관동(關東)을 다시 생각한다

김시습은 관동의 사나이이다. 관동을 뜨겁게 사랑하였다. 21세에 중흥사에서 유람을 시작한 이래 절반 이상의 시간을 보낸 곳이 관동이고, 강원이다. 그의 긴 호흡은 산마루에서, 강나루에서, 골 깊은 산골짜기에서 계속 이어져 왔다. 행동하는 지식인, 그래서 아직도 함께 걷고 있을 김시습, 그러나 이제는 일단 놓아주자. 더 큰 곳으로 갈 수 있도록….

김시습은 진정 행동하는 지식인이었다.

김시습은
부당한 현실에 타협하지 않은
진정 고독의 지식인이었다.

김시습은
유자(儒子)로 출발하였으나,
세상을 등지고 절집을 떠돌다 보니
불자(佛子)가 되었고,
불자가 되어 산천을 가까이하다 보니
도가(道家)가 되었다.

그래서 김시습은 유불선(儒佛仙)을 통달하게 되었다. 이는 그렇게 되기 위하여 시도하였다고 보기보다는 살다 보니 그렇게 된 면이 있다. 우리의 삶이 다 그런 것이 아닐까? 꿈은 열심히 꾸고, 세밀한 실천 계획을 세워, 그 꿈을 이루기 위해 노력하다가 어느 날 꿈에서 깨어나면 남은 시간이 얼마 없음을 자각(自覺)하고는 '이것이 순리인가 보다'하는 그런 것.

정주동은 『매월당 김시습 연구』에서 이렇게 적었다.

김시습(時習)의 일생(一生)은
방랑(放浪)의 일생이요,
병고(病苦)와 투쟁(鬪爭)의 일생이요,
궁수비한(窮愁悲恨)의 일생이요,
자학(自虐)과 저항(抵抗)의 일생이요,
시주광객(詩酒狂客)의 일생이었다.

그래도 관동의 어디에선가 아직도 걷고 있을 터인데….

김시습은 우리나라의 관북을 제외하고 관서, 관동, 호서, 호남, 영남 등 온 나라를 유람하였다. 그런 중에도 관동에는 여러 번 왔다. 관향의 고향이고 맹모 같았던 어머니를 모신 곳이기 때문이다.

그러나 단기간 머무른 것까지 고려한다면 충청남도 공주시 동학사 방문을 가장 많이 했을 것이다. 김시습은 단종의 위패(位牌)를 모신 공주 동학사(東鶴寺)에서 열리는 춘향(春享)과 추향(秋享)에 참석하기 위하여 거의 빠짐없이 초혼각(招魂閣)을 방문하였기 때문이다.

이런 특별한 예를 제외하고는 김시습의 발길이 제일 많이 머무른 곳은 관동이다.

김시습의 주거주지(主居住地)를 다시 살펴보자.
먼저 삼각산 중흥사는 과거시험 공부하던 곳이고, 수락산(水落山) 내원암 부근 폭천정사는 서울에 머물렀던 곳이며, 경주 금오산실(金烏山室)은 관향(貫鄕)의 본향(本鄕)이다. 강릉은 관향의 고향(故鄕)이고, 강릉(양양?)은 어머니를 모신 곳이었다. 춘천은 제자 학매의 고향이었고, 그 외의 산사(山寺)는 대개 나옹선사(懶翁禪師)와 인연이 깊은 사찰이 많았다.

그중에서 지방으로 나들이 할 때에는 관동에 대한 발길이 가장 잦았다. 김시습에게 관동은 현실의 도피처요, 휴식처요, 공부하는 곳이요, 고향과 같이 아늑함이 있는 곳이다. 또 비교적 서울에서 멀지 않을 뿐만 아니라 산수(山水)가 수려하다는 특징도 있었다. 끌리지 않을 수 없었다.

김시습에게 산은 세속에서 고뇌를 잠재울 수 있는 자연이었다. 사람의 세계에서는 도리에 맞지 않는 일을 부끄러움 없이 행하여지고, 인간의 본질에 대한 회의적인 정오(正誤)가 끝없이 계속되고 반복되지만, 자연은 그냥 거기에 그 모습으로 늘 있었다.

김시습의 마지막 주 거주지는 양양군 법수치리 검달동의 띠 집이었다. 띠집은 띠풀로 지붕을 올린 집이다. 골 깊은 산골짝에는 논이 없어 논농사를 지을 수가 없다. 볏짚이 있어야 이엉을 엮고 이엉을 지붕에 올려 초가집을 짓는데 볏짚이 없으니 볏짚이엉 대신 산골짜기에 흔한 띠풀로 띠풀 이엉을 엮어 지붕을 덮어 눈비를 피하였다. 울타리와 대문은 짐승의 접근을 막을 정도면 되었기에 싸릿대를 엮어 세운 싸리문이면 충분했다.

검달동은 김시습의 놀이터요, 생활 공간이요, 일용할 양식을 공급받는 농경지요, 목축지였다. 그리고 시문(詩文)이 솟아오르는 샘터였다. 그러니 자연은 김시습 영육(靈肉)의 모두였다. 이 모두를 충족시켜 주었던 검달동을 비롯한 관동은 김시습의 영원한 고향이 아니었을까?

유람의 긴 세월 중에 가장 오랫동안 근거지로 삼고 유람하고 은거하며 영육이 숨 쉬던 혈육의 고장 강릉에서, 어머니의 본향 울진(지금은 경북이지만)에서, 김화(사곡촌), 금강산, 화천(사탄, 지금은 사내면), 춘천(소양강과 청평사), 인제(오세암), 홍천, 횡성(각림사), 원주(치악산), 평창(오대산, 상원사), 영월(청령포와 주천), 정선, 태백, 삼척, 양양(동산관, 낙진촌, 법수치, 낙산사, 검달동) 등등 관동의 산하(山河)를 누볐다. 이외에도 김시습의 발길이 닿았지만 저자(著者)가 알지 못하는 곳은 또 얼마나 많을까?

매월당 김시습은 생육신으로서의 절의(節義), 뛰어난 재능, 방외인(方外人)으로 사는 삶, 시대를 앞선 선각자로 긍정적인 평가를 받지만, 괴벽한 행동, 은둔생활에 대한 의문(은둔이냐 현실 도피냐) 등은 비판적 평가도 받고 있다. 그러나 하나의 눈으로 보기에는 너무나 다양한 면모를 가진 인물이다.

10대에는 **학업**에 전념하였고, 20대에 산천과 벗하며 **천하**를 돌아다녔으며, 30대에는 고독한 영혼을 이끌고 **정사수도**(靜思修道, 조용히 사색하면 도(道)를 수련하여 인생의 터전을 닦는 것) 하였고, 40대에는 더럽고 가증스러운 현실을 냉철히 비판하고 **행동**으로 항거하다가, 50대에 이르러서는 초연히 낡은 허울을 벗어버리고 정처 없이 **떠돌아**다니다, 1492년, 마지막으로 찾아든 곳이 충청남도 홍산(鴻山, 현재는 부여) **무량사**였다. 이곳에서 1493년(성종 24) 59세의 나이로 **병사**하였다.

작은 키에 뚱뚱한 편이었고 성격이 괴팍하고 날카로워 세상 사람들로부터 광인처럼 여겨지기도 하였으나, 배운 바를 행동으로 옮긴 실천하는 지성인이었다. 이이도 '백 세의 스승'이라고 칭찬하지 않았던가.

관동을 뜨겁게 사랑했던 관동인 김시습

금강산에 관한 자료를 검색하다가 보니 몇 가지 새로운 자료가 있어 추가한다.

먼저 『국역 매월당 전집(강원도, 2000)』에는 없는 김시습의 관동 관련 시(詩) '**관동명산**(關東名

山'을 「북한 지리 정보」에서 발견하여 여기에 소개한다.

관동명산(關東名山) : 북한지리정보

臺嶠靑萬疊 (대교청만첩)　오대산 푸르고 푸르러 일만 겹이요
楓缶白千層 (풍부백천층)　금강산 희디희며 일천 층이라.
國島波雷壯 (국도파뇌장)　국섬 파도 소리 우레가 마냥 장하고
叢亭石柱稜 (총정석주릉)　총석정 돌기둥은 모나기도 하여라.
沙明三日浦 (사명삼일포)　삼일포 모래밭은 깨끗하기도 한데
苔蝕六書陵 (태식육서릉)　봉우리에 새긴 여섯 글자엔 이끼가 꼈구나.
渤海連天闊 (발해연천활)　하늘에 잇닿은 듯 저 바다 넓고 넓어
三山藥可仍 (삼산약가잉)　삼신산 불로초도 여기서 캐겠구나!

〈번안시조〉

오대산은 푸르르고 일만 겹 겹쳐있고
금강산은 희디희게 일천 층 층계 있고
국섬의 우레 파도는 총석정에 이른다

삼일포 모래벌은 깨끗해 보기 좋고
사선정 여섯 글자 세월이 쌓였구나
삼신산 불로초 약도 이곳에서 캤겠네

이 자료는 2004년 북한에서 발행된 '금강산 한자 시선(상)'에 수록된 자료로 '북한에서 사용되는 표현이 일부 포함되어 있다'라고 하며 유의 사항에 안내하고 있다. 북한에서 발굴(發掘)한 시(詩)라는 이야기이다.

김시습은 이 시에서 오대산, 금강산, 국도, 총석정, 삼일포, 여섯 글자 등을 제시하고 있다. 여기서 여섯 글자는 사선정[四仙亭]에 있는 여섯 글자를 의미한다. 사선정의 여섯 글자의 사연을 들어보자.

"신라 시대에 국선(國仙)으로 불렸던

사선정. 출처 : 노컷뉴스(2018.11.05)

영랑(永郞)·술랑(述郞)·안상(安祥)·남석행(南石行) 네 사람이 고성(高城)의 삼일포(三日浦)에 와서 3일을 놀았다 하여 후일이 그것을 기념하는 뜻으로 삼일포의 작은 섬에 정자를 세우고 사선정이라 이름한 것이고, 또 삼일포의 북쪽 벼랑에 단서(丹書)로 쓴 '영랑도 남석행(永郞徒南石行)'이란 여섯 자가 있었다고 한다."

이 부분에 대해서는 유홍준의 『나의 문화답사기 금강산 편』을 보면 "이들이 다녀간 자취는 삼일포 한가운데 있는 섬 단서암(丹書巖)에 붉은 글씨로 술랑도 남석행(述郞徒南石行)이라고 씌어 있다."라고 한 것으로 보아 현재도 있다고 보아야 한다.

다만 영랑도 남석행(永郞徒南石行)이라고 한 자료도 있고, 술랑도 남석행(述郞徒南石行)이라고 한 자료도 있고 둘 다 제시한 자료도 있으나, 실제로 최근에 삼일포를 탐승하였던 유홍준의 '술랑도 남석행(述郞徒南石行)'이 바른 것으로 보인다.

위 **'관동의 명산'**을 보면 몇 개의 해금강의 명소(名所)를 제시하고 있다. 그렇다면 김시습은 후에 해금강을 방문했거나, 아니면 추측해서 썼다는 말이 된다. 여러 차례 갔다는 기록도 일부 있지만 주요한 참고도서에는 20대 중반인 1459년에 내금강을 다녀간 이외에는 방문 기록을 찾을 수 없다.

또 『국역 매월당 전집』 4권의 **'기산명(紀山名)'**이란 시(詩)에 금강산, 오대산, 설악산, 백두산, 지리산을 비교하는 시를 남겼다. 새로 발견한 시는 아니나 여기에 흔적을 남기고자 한다. 감상해 보자.

산 이름을 기록하다〔紀山名〕: 222

雨洗瘦皆骨 (우세수개골)　　비가 씻어내니 파리한 개골(皆骨)이요
煙收露五臺 (연수로오대)　　안개가 걷히니 오대(五臺)가 드러나네.
香峯桂子落 (향봉계자락)　　향봉(香峯)엔 계수나무씨가 떨어지고
雪嶽玉簪開 (설악옥잠개)　　설악(雪嶽)엔 옥비녀가 펼쳐져 있구나.
長白遙兼聳 (장백요겸용)　　장백(長白)은 멀리 솟아 있고
頭流壯且魁 (두류장차괴)　　두류(頭流)는 씩씩하고 우렁차구나.
名山窮眼界 (명산궁안계)　　명산(名山)에 시야가 다하였으니
不必往蓬萊 (불필왕봉래)　　봉래(蓬萊)까지 갈 필요 없구나.

〈변안시조〉

비 씻겨 내린 계곡, 개골산 드러나고
안개를 걷혀내니 오대산 우뚝 섰네

향로봉, 계수(桂樹) 자라고 설악산엔 옥비녀가

저 멀리 관서 땅엔 장백산 솟아 있고
두류산 씩씩하고 산세(山勢)가 우렁차다
명산에 시야(視野) 다하니 봉래 갈 일 없구나

김시습은 이 시에서 '설악엔 옥비녀가 펼쳐져 있구나.'라고 읊은 것은 명산 중에 설악산이 가장 아름답다는 뜻으로 쓴 것이지만 단순히 비녀 모양의 우뚝 솟은 봉우리를 의미할 수도 있다. 금강산, 오대산, 향봉(아마도 향로봉일 것이다), 설악산, 백두산, 두류산 등으로 열거하면서 각 산의 개성을 잘 표현하고 있다.

또 「유관동록 후지(遊關東錄後志)」인 **탕유관동록지후(宕遊關東錄志後)**'를 보면 다음과 같은 문장이 나온다. 산문(散文)으로 쓴 글이나 읽기 편하게 하려고 행을 구분하여 수록하였다.

관동에서 질탕하게 논 기록의 뒤에다 써 둔다〔宕遊關東錄志後〕 : 505

余自關西	(여자관서)	내가 관서로부터
又入關東	(우입관동)	또 관동으로 들어가
遊金剛五臺	(유금강오대)	금강산과 오대산에서 놀면서
以尋形勝	(이심형승)	명승지를 찾아다녔는데
山形奇詭	(산형기궤)	산 형상은 기이하고
溪色玲瓏	(계색영롱)	시내 빛은 영롱하였다.
以至開心之飛瀑	(이지개심지비폭)	개심(開心)의 나는 폭포와
楓嶺之白石	(풍령지백석)	풍령(楓嶺 : 금강산)의 흰 돌과
鳴淵之淳泓	(명연지정홍)	명연(鳴淵)의 정홍(淳泓)에 이르러서는
皆可洗人心目	(개가세인심목)	모두 사람들의 마음과 눈을 씻을 만하였고,
而洞深樹密	(이동심수밀)	그리고 골짜기 깊고 나무가 빽빽하여
俗子罕到	(속자한도)	세속 사람이 드물게 오는 곳으로 말하면
則五臺爲最	(측오대위최)	오대산이 으뜸이었다.
又江陵東域鏡浦之臺	(우강릉동역경포지대)	또 강릉의 동쪽 지역에 있는 경포대와
寒松之亭	(한송지정)	한송정은
乃仙者之所曾遊嬉處也	(내선자지소증유희처야)	바로 신선들이 일찍이 놀며 즐기던 곳이다.

김시습은 관동 유람을 정리하는 유관동록 후지(後志)에서 '세속 사람이 드물게 오는 곳으로 말하면 오대산이 으뜸이었다.'라고 하였다. 여기에는 전제(前提)가 있다. 세속(世俗) 사람

이 적게 오는 곳 중에서 으뜸이 오대산이라는 이야기다.

김시습 손을 잡고 걷고 싶은 금강산

오늘날, 금강산은 2007년 잠시 열렸다가 닫혔다. 언젠가 다시 활짝 열려 한 번이라도 내 차를 몰고 표훈사 정류장까지 올라가 김시습의 발길을 따라 탐승할 수 있다면 얼마나 좋으랴! 아마도 세 시간 정도면 갈 텐데….

국토적 통일 뿐만 아니라 민족 문화의 뿌리들을 자랑스럽게 정리하고 관람할 수 있도록 분명, 금강산은 다시 열려야 한다. 하여, 새로운 만남으로부터 더 아름다운 금강산 꽃을 활짝 피워야 한다.

또 다른 지형 모형도(模型圖)를 보면서 내금강 관광의 대강을 살펴보자. 아래 지도는 2007년, 금강산 관광이 한창 추진되었을 때 내금강 방문 유람객이 찍은 「내금강 안내도」이다.

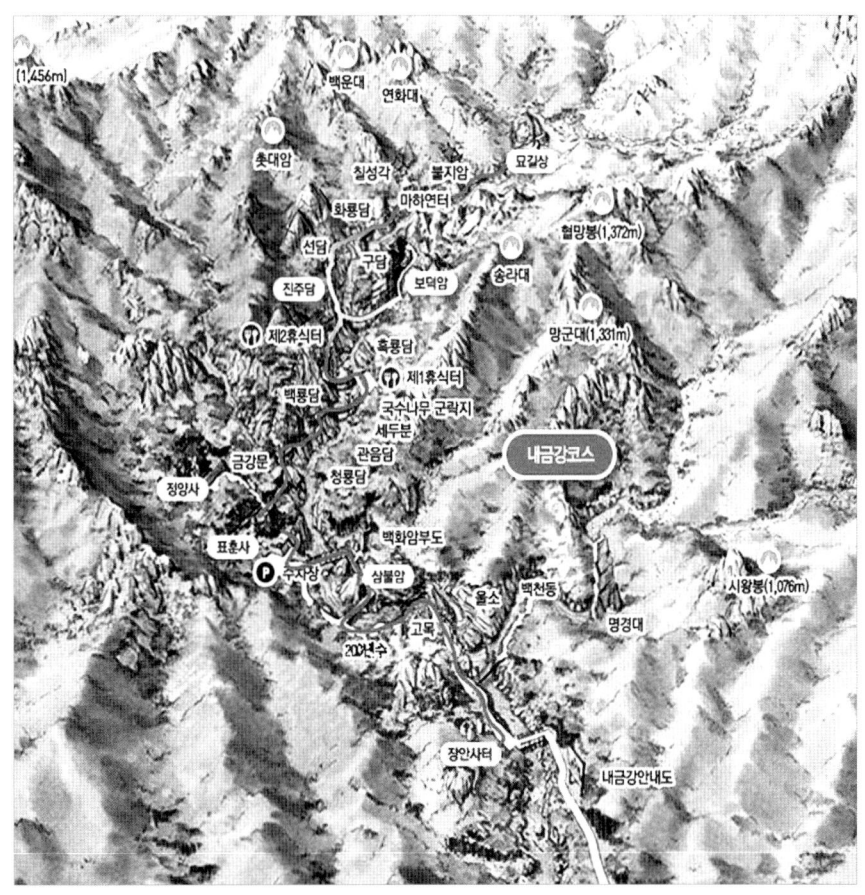

금강산 내금강도, 출처 : http://www.doorung.com/ '여행 이야기'

한편, 금강산을 유람할 당시 김시습이 가장 오래 머물렀던 사찰에서 그는 금강산의 아름다움을 노래한 시들을 많이 지었는데, 당시 그의 **작시(作詩)와 관련되는 일화(逸話)**가 전해오고 있다. 대순회보 98호(2018.08.23)의 '김시습과 금강산' 이야기에서 인용한다.

"사찰 부근의 만폭동(萬瀑洞)계곡에는 수많은 폭포와 소(沼)들이 즐비해서 여름에 한참 소나기가 퍼부으면 순식간에 계곡물이 불어나 세차게 흘러내리곤 하였다. 시습은 이런 때면 으레 100여 장의 종이를 준비해 계곡물을 따라 내려가다가 여울목의 너른 바위 위에 자리를 잡고 추악한 세조의 행위를 비판하는 시들을 썼다. 시 한 편을 쓰면 목이 메인 채 읊다가 여울물에 띄워 보내고, 또 한 편을 써서 읊은 다음 다시 띄워 보내곤 하였다. 이때 그가 하루에 쓴 시는 무려 백여 수에 달했다고 한다. 뒷날 누군가 이런 사실을 알고 다음과 같은 시를 지어 읊었다고 한다."

이 시(詩) 제목을 '**누군가 김시습에게로**'로 붙여보자.

'작자 미상의 누군가'가 **김시습에게**

세차게 흐르는 물 어디로 가나
굽이치며 흘러서 바다로 가지
푸른 하늘 한 조각 같은 종이쪽에
읊고 쓰고 쓰고 읊고 여념 없었네.

〈번안시조〉

세차게 흐르는 물 어디로 흘러 가나
굽이쳐 흘러 흘러 바다로 달리겠지
저 하늘 조각 종이에 읊고 쓰고 또 쓰네

이런 기록은 사실일 수도 있고 아닐 수도 있다. 문제는 '왜 이런 기록이 남아 있느냐'에 있다. 남아(南兒) 26세면 아직 젊은 나이이다. 꿈도 있고 그 꿈을 이룰 능력도 갖추고 있다. 그런데 계유정난 이래 세상이 온통 미쳐 돌아가고 있었다. 그 더러운 구정물에 몸을 섞고 싶지 않았다.

그러므로 김시습은 자기 힘으로 할 수 있는 방법으로 자기 자신을 익히고, 행동으로 표현하였다. 금강산에 들어갈 때 까지는 차올라있던 울분이 금강산에서 나올 때는 많이 정리되었다. 집권층에 대한 증오에 가깝던 반감(反感)도 이십대 후반으로 가는 나이와 함께 상당히 무디어졌다.

금강산 관광, 특히 내금강 관광이 다시 열린다면 김시습의 손을 잡고 김시습의 감성적 서정(抒情)으로 내금강을 천천히 걷고 싶다.

이제 영원한 관동인(關東人) 김시습, 손을 일단 놓아주자

짧은 기간이었고, 애당초 감히 손을 대서는 안 될 위대한 인물이었지만, 기왕 손을 댄 김에 관동 곳곳에 숨어 있던 김시습 시혼(詩魂)의 샘(泉)을 더 많이 깨워 온 나라를 향해 도도하게 흐르게 하고 싶었다. 여기까지 와서 생각해 보니, 다 파내지는 못했어도 이제 마라톤 출발선에는 함께 손잡고 서 있을 만큼은 된 것 같다. 앞으로 더 지루한 씨름을 하며, 완주(完走)를 위해 최선을 다할 것이다. 마지막으로 김시습의 '자회(自悔)'를 읽어 보자.

스스로 후회하며〔自悔〕: 64

詩酒淸狂四十年 (시주청광사십년)	시와 술로 마음 비우고 미쳐 살기 사십 년
如今往事更依然 (여금왕사갱의연)	이제 와서 지나간 일 생각해도 그대로 하리
迷途未遠應須覺 (미도말원응수각)	길 잃어도 멀리 벗어나지 않았으니 응당 깨닫기만 한다면
擬把□□學地仙 (의파ㅁㅁ학지선)	□□잡고서 지상선(地上仙) 배움만도 하여라.

〈번안시조〉
시주(詩酒)로 마음 비워 미쳐 살기 사십여 년
내 삶이 반복 돼도, 지금처럼 살아가리
깨닫고 지상선(地上仙) 닮아 옳은 길을 걸었네

지상선(地上仙)은 하늘로 승천하지 않고 이 세상에 머물며 인간의 모습으로 살아가는 신선을 의미한다. 김시습은 지상선의 삶을 살았다고 자부하고 있다.
뜻깊은 작품인데, 시어(詩語) 두 자가 누락되어 있다. 그런데 이 누락도 계획적인 듯 기가 막히게 빠져 있다. '□□잡고서 지상선(地上仙) 배움만도 하여라.'라고 하였는데 과연 빈 자리에 어떤 시어가 채워져 있었을까? 매우 궁금하다.

이 시는 만년에 쓴 작품이다. '시주(詩酒) 사십 년'이 이를 증명한다. 그렇다면 거의 육십이 다 되어 쓴 작품이다. 제목을 자회(自悔)라고 썼으나 실제로는 '이제 와서 지나간 일 생각해도 그대로 하리. 길 잃어도 멀리 벗어나지 않았으니 응당 깨닫기만 한다면….'라고 하였다.

잘 살았고, 올곧게 살았다고 자위(自慰)하고 있다.
 자기의 삶에 만족한 김시습, 역시 '김시습'답다.

 일단 여기서 잰걸음을 멈추고
 김시습의 오른손을 놓아주자.

 그래도, **관동(關東)의 어디에선가 불쑥** 나타나
 휘적휘적 걷고 있을 매월당. 그 이름 김시습!

 그가 말한 천년 뒤가 아니라,
 영원히 영원하리.

■ 부록1

『국역 매월당 전집』 분석

『매월당집』은 조선시대에서부터 일제 강점기 그리고 해방 이후 등 여러 차례 발간되었다. 대개는 발간될 때마다 추가로 발견된 작품을 첨부하는 형식을 취하였다.

해방 후에는 세 차례에 걸쳐 발간되었는데 성균관대 대동문화연구소(1973년), 세종대왕기념사업회(1977~1981년), 그리고 강원도(2000)다. 성균관대 대동문화연구소에서는 일본에서 발견된 호사문고(蓬左文庫) 본(本)을 기본으로 하였고, 세종대왕기념사업회에서는 대동문화연구소 본을 기본으로 하였으며, 강원도 본은 대동문화연구소 본(本)을 기본으로 하고 세종대왕기념사업회 본(本)을 참고로 하였다.

여기서는 2000년, 강원도에서 펴낸『국역 매월당 전집』을 기본으로 하여 매월당의 강원 배경 한시를 분석하였다. '매월당 전집'이기에 김시습의 대부분의 작품이 수록되어 있다고 보았기 때문이다.

『국역 매월당 전집』, 강원 배경 한시를 분석하다

먼저 **분류 기준**이다. 분류 기준은 한시의 제목에 강원 배경을 알 수 있는 표현이 나오면 무조건 선정하였고, 그렇지 않으면 시 속에 있는 지명이나 배경 설명을 보고 분석해 내기도 하였다. 또『유관동록』이나『관동일록』,『명주일록』 등과 같이 문집 명(名)에 강원이 배경인 것을 알 수 있는 경우에는 별 의심 없이 강원도 배경 작품으로 분류하였다. 그러나 여기서도 중간중간에 발견되는 다른 지역을 배경으로 하는 작품은 제외하였다.

다음은 **분석 방법**이다. 김시습 전집은 매월당 시집 15권, 매월당 문집 8권, 매월당 속집(續集) 2권, 외집(外集) 2권, 별집(別集) 3권 등 총 30권으로 편집되어 있다. 시집 1권~15권과 속집 24, 25권은 주로 운문(韻文)이, 나머지는 주로 산문(散文)이 정리되어 있다. 그러나 때로는 운문과 산문이 섞여 있기도 하다.

운문 중에서도 1권에서 8권까지는 시기별로 정리한 것이 아니라 주제 별로 정리한 것이어서 관동에서의 작품을 구분하여 찾아내기가 매우 어려웠다. 그러나 9권부터 14권까지는 『사유록(四遊錄 : 「유관서록」, 「유관동록」, 「유호서록」, 「유금오록」)』과 「관동일록」, 「명주일록」은 순서대로 수록되어 있어서 어디에서 썼는지가 분명하였다. 속집 24, 25권의 시는 추가로 수집하여 정리한 것이기에 시기나 장소를 확인하기가 쉽지 않았다.

그리고 주로 산문인 15권에서 30권(24, 25권 제외)까지도 주제별로 정리되어 있다. 따라서 여기서도 시문의 창작 시기를 판단하기가 쉽지 않았다.

분석 결과를 정리하면 아래와 같다.

『국역 매월당 전집』 분석

2000, 강원도

분류	권 / 구분	페이지	각 권의 소편(小篇)명	작품 수 전체 작품 수			강원 배경 작품 수		
				계	한시	산문	계	한시	산문
매월당 시집 (詩集)	제1권 (시집 1)	43~98	고풍(古風) 외 2편	135	135	0	7	7	0
	제2권 (시집 2)	99~144	영사(詠史) 외 12편	105	105	0	4	4	0
	제3권 (시집 3)	145~200	선도(仙道) 외 4편	129	129	0	8	8	0
	제4권 (시집 4)	201~250	꿈(夢) 외 19편	123	123	0	5	5	0
	제5권 (시집 5)	251~292	식물(食物) 외 9편	100	100	0	0	0	0
	제6권 (시집 6)	293~346	채(菜) 외 11편	93	93	0	16	16	0
	제7권 (시집 7)	347~376	질병(疾病) 외 5편	126	126	0	0	0	0
	제8권 (시집 8)	377~404	노래(歌) 외 3편	50	50	0	1	1	0
	제9권 (시집 9)	405~458	유관서록	145	145	0	0	0	0
	제10권 (시집 10)	459~506	유관동록	136	136	0	99	99	0
	제11권 (시집 11)	507~534	유호남록	87	87	0	0	0	0
	제12권 (시집 12)	535~572	유금오록	106	106	0	12	12	0
	제13권 (시집 13)	573~630	관동일록	120	120	0	120	120	0
	제14권 (시집 14)	631~684	명주일록(溟州日錄) 외 1편	113	113	0	113	113	0
	제15권 (시집 15)	685~706	잡부(雜賦)	57	57		20	20	0

분류	권 구분	페이지	각 권의 소편(小篇)명	작품 수					
				전체 작품 수			강원 배경 작품 수		
				계	한시	산문	계	한시	산문
매월당 문집 (文集)	제16권 (문집 1)	707~726	잡저(雜著)	10	0	10	0	0	0
	제17권 (문집 2)	727~758	잡저(雜著)	10	0	10	0	0	0
	제18권 (문집 3)	759~770	논(論)	4	0	4	0	0	0
	제19권 (문집 4)	771~788	찬(贊)	31	0	31	0	0	0
	제20권 (문집 5)	789~828	전(傳) 외 4편	31	0	31	0	0	0
	제21권 (문집 6)	829~854	명(銘) 외 5편	23	0	23	7	0	7
	제22권 (문집 7)	855~868	소부(騷賦) 외 2편	7	0	7	0	0	0
	제23권 (문집 8)	869~884	소주騷註) 외 1편	5	0	5	0	0	0
매월당 속집 (續集)	제24권 (속집 1)	885~898	시(詩) 외 8편	25	19	6	9	7	2
	제25권 (속집 2)	899~910	시(詩)	14	14	0	1	1	0
매월당 외집 (外集)	제26권 (외집 1)	911~965	금오신화(金鰲新話)	5	0	5	0	0	0
	제27권 (외집 2)	967~992	천자여구(千字儷句)	1	1	0	0	0	0
매월당 별집 (別集)	제28권 (별집 1)	993~1024	妙法蓮華經 別饌	31	0	31	0	0	0
	제29권 (별집 2)	1025~1064	十玄談要解序 외 2편	14	3	11	0	0	0
	제30권 (별집 3)	1065~1086	大華嚴法界圖序 외 4편	59	22	37	0	0	0
총계				1,897	1,684	213	423	413	10

『국역 매월당 전집』을 분석한 결과 통계상으로는 총 1,897편의 시문(詩文)으로 파악되었으며, 이중 한시가 1,684편, 산문이 213편이었다. 또 강원 배경 작품은 총 423편으로 한시가 413편, 산문이 10편이었다. 한시만 본다면 전체 한시 중에서 약 24.53%를 차지하고 있다. 1/4에 가까운 한시를 강원도에서 쓰거나 강원도 배경으로 쓰인 작품이라 할 수 있다. 이는 매우 큰 비중으로 김시습의 강원 은거와 유람이 어떠하였는지를 짐작할 수 있다.

「유관동록」, 「관동일록」, 「명주일록」은 당연히 강원 배경 시문으로 꽉 차 있었지만, 「유관동록」 136편 중 37편은 관동이 아닌 경기 지역이거나 다소 불분명하였다. 경주 일대를 노래한 『유금오록』에는 강원 배경 한시가 12편이나 수록되어 있는데 이는 강원 남부와 과거 강원도 땅이었던 울진을 관동 배경으로 분류하였기 때문이며, 시집 제15권에서 강원 배경이 20수 나온 것은 '현산(양양의 옛 이름)을 노래하다'라는 제목으로 20수가 수록되었기 때문이다.

그러나 중요한 것은 시집 1권부터 8권까지는 주제별로 편집하여 수록하였는데, 여기에 수록된 작품 중에도 많은 작품 중에도 관동에서 썼을 것으로 추측할 수 있다. 그렇다고 하더라도 추측으로만 관동에서의 작품이라고 할 수는 없고, 강원 배경 작품이라는 결정적인 시어(詩語)가 있을 때만 '강원 배경 한시'로 분류하였다.

『국역 매월당 전집』 각 권을 분석하다

『국역 매월당 전집』에서 강원 배경 한시가 수록된 것은 크게 두 가지로 분석할 수 있다. 첫째는 매월당 전집 1~8권 및 24, 25권에 숨어 있는 관동 배경 한시를 찾아내는 것이요, 두 번째는 권(卷) 제목에서 강원 배경 한시인 것이 드러나는 것(예를 들면 유관동록, 관동일록, 명주일록 등)을 정리하는 것이다.

물론 이런 작업은 최선을 다하기는 했지만 정확하다고 볼 수는 없다. 특히 보는 경향에 따라 다를 수가 있고, 문학을 이해하는 수준과 기준에 따라서도 달라질 수 있다. 따라서 이 분류는 저자의 부족한 눈을 통하여 본 것임을 이해하여 주기 바란다.

먼저 『국역 매월당 전집』 중 시집인 1~8권에서 관동 배경 한시를 찾아보았다. 1~8권까지의 작품은 제재(題材)에 따라 분류하여 놓았다. 지역이나 시기는 참고되지 않았기 때문에 한시만 보고는 어느 때 어느 지역에서의 작품인지 정확하게 알 수는 없다. 하여 일일이 읽어 봐야 감을 느낄 수 있었다. 물론 이렇게 찾아낸 작품의 강원 관련성이 모두 정확하다고 볼 수는 없다. 참고로 1~8권까지의 모든 편(篇)을 정리하면 아래와 같다.

1권(03편): 고풍(古風), 기행(紀行), 술회(述懷).
2권(13편): 영사(詠史), 옛일 노래한다(詠東國故事), 옛일을 생각한다(懷舊), 그때의 일(時事), 궁전(宮殿), 능과 사당(陵墓), 사람 사는 집에(題人居室), 사는 집(居室), 한적(閑適), 보이는 경치 그대로(卽景), 당우(堂宇), 성곽(城郭), 밭과 채마밭(田圃).
3권(05편): 선도(仙道), 석로(釋老), 숨어서 사는 일(隱逸), 절 구경(寺觀), 시절(節序).

4권(19편) : 꿈(夢), 낮과 밤(晝夜), 달(月), 비와 눈(雨雪), 바람과 구름(風雲), 산악(山岳), 강과 하천(江河) , 샘과 돌(泉石), 시내와 도랑(溪澗), 누각(樓閣), 정자(亭子), 동산과 숲(園林), 술 마시다(燕飮), 글씨와 그림(書畫), 문장(文章), 부녀(婦女), 문방(文房), 기용(器用), 등촉(燈燭).

5권(10편) : 식물(食物), 술(酒), 차(茶), 새(禽), 짐승(獸), 벌레(虫), 물고기(魚), 대나무(竹), 나무(木), 화초(花草).

6권(11편) : 채(菜), 버섯(菌蕈), 시를 지어 보내다(投贈), 편지로 부쳐 보내다(簡奇), 심방(尋訪), 수답(酬答), 사가선생 북경으로(四佳先生赴京於途中作永平八景奉和), 혜황(惠貺), 송별(送別), 유상(遊賞), 제영(題詠).

7권(06편) : 질병(疾病), 의약(醫藥), 슬피 조상한다(傷悼), 산에 있으면서(山居集句), 조사(調詞), 악장(樂章).

8권(04편) : 노래(歌), 행(行), 음(吟), 도시에 화답하여(陶詩和陶).

1~8권까지의 김시습 한시에는 어느 때 어디에서 썼는지가 명확한 것도 있고(예를 들면 지역명, 산명, 강명, 사찰명 등) 대부분은 그렇지 않은 것이 많아 일일이 문장을 읽어 봐서, 이 한시는 관동에서의 작품으로 봐도 무방할 것 같으면 추가로 관동 배경 한시 분석 대상으로 삼았다.

매월당이 저술한 시문을 정리한 30권 중에서 관동 배경 저서로 분명한 것은 제10권「유관동록」, 제13권「관동일록」, 제14권.「명주일록」이다. 다만 제12권.「유금오록」에도 일부 관동 기행이 있기에 포함하여 정리했다.

또한 각 권에서 강원 배경 한시가 5수 이상이 수록된 곳은 제1권(시집 1권) 중 기행(紀行) 편에 7수, 제3권(시집 3권) 중 석로(釋老) 편에 7수, 제6권(시집 6권) 제영(題詠)에 10편, 제14권(시집 14권) 소릉에 화운하는 시(和少陵詩) 편에 9수, 제15권(시집 15권) 잡부(雜賦) 편에 20수, 제21권(문집 6권) 서(書)편에 6수, 제24권(속집 제1권) 시(詩)편에 6수 등이 있었다. 그렇다 하더라도 강원 배경 시문은「유관동록」,「관동일록」,「명주일록」이 여전히 주류를 이루고 있다.

『국역 매월당 전집』제10권『유관동록』을 살펴보자. 「유관동록」은 제1차 관동유람 작품 모음으로 25살 봄에 개성을 출발하여, 여름은 금강산에서, 26살의 봄은 관동으로 가는 길(원주 오대산 등)에서, 여름은 강릉에서 보내고, 가을은 다시 오대산을 거쳐 영월, 주영현까지의 시들로 채워져 있다. 그리고 1460년 9월,「유관동록」으로 엮었다.

모두 매우 특별한 장소였으며, 각각의 다른 곳에서 각각 다른 기법으로 시화(詩化)되었다.「유관동록」은 승려로서 출발한 후 크게는 첫 번째 불교 성지 순례였으며, 작게는 나옹선사의 자취를 따라가는 길이라는 성격을 지닌다. 이는 승려로서의 정체성을 획득해 가는 과정이라는 생각도 든다.

『국역 매월당 전집』제12권『유금오록』을 보자. 1차 관동유람을 끝낸 김시습은 호서, 호남을 거쳐 1462년 28살 늦가을쯤, 경주에 도착했다. 금오산 용장사에 머물며 우리나라 소설의 효시가 된 최초의 한문 소설 『금오신화(金鰲新話)』를 썼다.

경주로 오기 전 김시습은 승려 차림으로 관서 지방과 관동지방을 여행하고 「유관서록」과 「유관동록」을 엮었다. 그리고 호남지역을 유랑한 다음 지리산 넘어 함양과 해인사를 거쳐 이곳 용장사에서 머물면서 「유호남록」을 마무리했다.

경주에서 머문 10여 년 동안 옛날의 영화가 사라진 폐도(廢都) 경주의 모습을 많이 읊었는데, 경주의 풍물과 생활이 관련된 시가 100수가량 된다.

『국역 매월당 전집』 제13권은 「관동일록」이다. 김시습이 다시 승복으로 갈아입고 방랑에 나선 49세 이후로부터 그가 세상을 떠난 59세까지의 시기가 그의 본격적 노년기이며, 이 시기에 창작된 한시가 그의 '노년시'라고 할 수 있다. 주로 『관동일록』과 『명주일록』에 수록되어 있다. 이 시기(時期)의 작품은 노년의 신체적·실존적·정신적 상황이 매우 잘 드러나 있다.

김시습은 1483년(성종 14년) 49세 되던 해 3월, 육경자사(六經子史)를 싣고 관동의 산수를 섭렵하러 떠나는 것을 남효온(南孝溫)이 전송하였다는 기록이 있다. 앞서 「유관동록」은 김시습의 나이 26세 때에 이루어졌다. 이것에 비하여 「관동일록」은 춘천을 거쳐서 강릉과 양양을 찾은 노정에 따라 시(詩)들이 엮여 있다. 따라서 양양 법수치 검달동에 정착하기 직전인 1485년, 51세를 전후한 시기에 묶었을 것으로 보인다.

「관동일록(關東日錄)」 전반부는 춘천지방에서 지은 시로 풍물이나 경승을 소재로 한 '소양인(昭陽引)'·'춘사(春思)·등소양정(登昭陽亭)·숙우두사(宿牛頭寺)·도신연(渡新淵)·청평사(淸平寺)·고산(孤山)' 등의 시와 병중의 고통을 호소한 병후(病後)·(병중 病中)이라는 제목의 시도 보인다.

한편 후반부는 강릉지방에서는 사패(詞牌)에 전사(塡詞 : 중국 송나라 때 유행한 한시의 격식)하여 경승지에서의 감회를 노래한 작품을 다수 남겼다. 한송정(寒松亭)은 석주만(石州慢), 경포(鏡浦)는 동선가(洞仙歌), 화표주(華表柱)는 만정방(滿庭芳), 백사정(白沙汀)은 팔성감주(八聲甘州), 동산관(洞山舘)은 강성자(江城子)의 사패를 활용하였다.

『국역 매월당 전집』 제14권 「명주일록」이다. 『국역 매월당 전집』 제14권은 '명주일록(溟州日錄)'과 '화소릉시(和少陵詩)'가 수록되어 있다. 1486년 그의 나이 52세 이후에 양양과 강릉, 특히 양양에서 지어진 시들이 주류(主流)를 이루고 있다.

「명주일록」은 얼핏 보면 명주(지금의 강릉)에 관한 기행시인 듯 여겨지지만, 사실은 김시습 개인의 자아 성찰 시편들이 많다. 서두에 나오는 「동봉육가(東峯六歌)」가 대표적이다. 「화소릉시」란 소릉에게 답하는 시로서 3수로 구성되어 있다.

『명주일록』에 수록된 작품은 『관동일록』에 수록된 작품보다 더 노년기의 신체적·실존적·정신적 상황이 매우 잘 드러나 있다. 구체적으로 눈, 이, 귀 등 일상생활에 기초적이고 필수적인 신체기능이 노쇠해지고 있음을 표현한 시들이 많다. 「명주일록」에는 생의 후반기

노년기 중에서도 노년기에 쓴 작품들로 채워져 있다.

『국역 매월당 전집』 제15권은 「잡부(雜賦)」 편이다. 『국역 매월당 전집』 제15권은 소편(小編)이 잡부(雜賦) 하나뿐이다, 즉 부(賦)를 모은 것이다. 이 잡부에는 총 57편의 한시가 수록되어 있는데 이 중에서 20편이 '현산의 꽃떨기를 노래하다(詠峴山花叢)'라는 제목으로 기일(其一)~기이십(其二十)으로 수록되어 있다. 현산(峴山)은 오늘날의 양양 지방이다. 김시습은 양양군(현산)의 현북면 법수치리에 은거하며 많은 시를 남겼다.

이외에 귀중한 자료를 추가하게 해준 곳이 있다. 국가 지식포털의 북한지역 정보넷인데 이곳에서 북한의 자연지리 정보와 인물정보, 기타 필요한 정보를 확인할 수 있어서 많은 도움이 됐다.

■ 부록2

매월당 김시습 해적이

　매월당 김시습의 해적이를 정리하기 위하여 참고한 도서로는 정주동의 『**매월당 김시습 연구**』, 삼영출판사, 1965, 강원도의 『**국역 매월당 전집**』, 도서출판 산책, 2000. 심경호의 『**김시습 평전**』, 주식회사 돌베개, 2021. 세 권이었다.
　이외에 다양한 도서, 논문, 검색 자료를 활용하였으나 위 세 권의 참고도서가 주류를 이루었다. 결과는 아래와 같다.

시기 구분	해적이			매월당 김시습 행적 및 주요 정치 상황
	년도	나이	왕	
성장·학습기 (1435~1448)	1435	1	세종 17	● 서울 성균관 북쪽 반궁리(泮宮里)에서 출생하다. ● 본은 강릉 김씨. 부(父)는 일성(日省)이고, 모(母)는 선사(仙槎) 장씨이다. ● 최치운(崔致雲)이 시습(時習)이란 이름을 짓다. ● 여덟 달 만에 글을 알아 외조부가 천자문을 가르치다.
	1436	2	세종 18	● 외조부에게서 『당현송현시조(唐賢宋賢詩抄)』를 배우다.
	1437~1438	3~4	세종 19~20	● 시구를 짓기 시작하다. ● 『정속』(正俗), 『유학』(幼學), 『자설』(字說), 『소학』(小學)을 공부하다.
	1439	5	세종 21	● 이계전(李季甸) 문하에서 『중용』(中庸), 『대학』(大學)을 배우다. ● 조수(趙須)에게도 배우고 열경(悅卿)이라는 자를 받았다. ● 초봄에 정승 허조(許稠)가 찾아오다. '노(老)'자를 부르자 시를 짓다. ● 세종이 승정원을 시켜 김시습을 시험한 후 비단을 하사하다. 이를 계기로 오세신동(五歲神童)이라 부르게 된다.
	1439~1448	5~14	세종 21~30	● 이후 13세까지 이웃에 살던 대사성(大司成) 김반(金泮)에게서는 『논어』(論語), 『맹자』(孟子), 『시경』(詩經), 『서경』(書經), 『춘추』(春秋)를 배우고, ● 사성(司成) 윤상(尹祥)에게서는 『주역』(周易), 『예기』(禮記)를 배우고, ● 역사서와 제자백가서(諸子百家書)는 스스로 공부하다. ● 이 때 성균관 하재(下齋)에 묵으면서 수학한 듯 하다.

시기 구분	해적이			매월당 김시습 행적 및 주요 정치 상황
	년도	나이	왕	
모친 시묘기 ❶ (1449~1452)	1449	15	세종 31	● 겨울에 모친 별세하여 강릉에서 시묘살이를 시작하다.
	1450	16	세종 32, 문종 즉위년	* 2월, 세종 승하, 문종 즉위하다
	1451	17	문종 원년	● 모친상에 함께 갔던 외조모께서도 이 해를 전후하여 세상을 뜨셨다.
	1452	18	문종 2, 단종 즉위년	* 5월, 문종 승하, 단종 즉위하다. ● 여름에 모친 3년 상기(喪期)를 마치다. ● 그 직후 조계산(曹溪山) 송광사(松廣寺)에 머물며 준상인(峻上人 : 雪峻)에게서 불경을 배우다. ● 이때 전후하여 계모가 들어왔을 것으로 보인다. ● 상경하여 과거 공부를 하다. ● 이 무렵 남효례(南孝禮)의 딸과 결혼하다.
중흥사 학습기 (1453~1454)	1453	19	단종 원년	● 봄(2월)에 과거 응시하였으나 낙방하였다. ● 삼각산 등안봉 아래 중흥사에서 과거 준비를 하다. * 10월에 계유정난(癸酉靖難)이 일어나다.
	1454	20	단종 2	* 『세종실록』, 완성하다.
사곡촌은거· 유람기 (1455~1457)	1455	21	단종 3, 세조 즉위년	* 윤 6월, 단종 양위, 세조 즉위하다. ● 단종 양위 소식을 듣고 책을 불사른 후 유람길에 오르다. ● 김화 복계산 사곡촌에 숨어들고 거기에서 조상치(曺尙治)와 박계손(朴季孫) 등 영해 박씨 일곱 명 등 모두 아홉 명이 함께 은거하다. ● 나중에 춘천으로 들어갔다고 전해진다.(확인 불가)
	1456	22	세조 원년	● 단종 복위 운동이 실패하고 사육신이 도륙당하자 (병자옥사) 이들의 시신을 수습하여 노량진에 묻었다. ● 자규사(子規詞)를 지었다.
	1457	23	세조 2	* 6월, 단종, 영월로 유배되다. * 9월, 금성대군의 단종 복위 운동이 실패하다. * 10월, 단종, 영월 유배지에서 사사(賜死)되다.
관서 유람기 (1458)	1458	24	세조 3	* 봄, 세조가 동학사에 초혼각 세우다. ● 여름, 동학사에 가서 단종의 제사를 지내고 제초혼각사(祭招魂閣辭)를 지었다. ● 이후 승려 차림으로 관서 지방을 유람하고, 겨울에 개성에 머물며 유관서록(遊關西錄)을 엮고 후지(後志)를 지었다.
금강산유람기 (1459)	1459	25	세조 4	● 봄, 개성에서 출발하여 관동(關東)의 금강산을 유람하다. ● 가을에 계룡산 동학사에서 단종의 제(祭)를 지내다. ● 겨울에는 소요사(逍遙寺), 삼각산(三角山), 수락산(水落山), 회암사(檜巖寺) 등에 머물다.

시기 구분	해적이			매월당 김시습 행적 및 주요 정치 상황
	년도	나이	왕	
1차 관동 유람기 (1460)	1460	26	세조 5	• 봄에 관동으로 떠나. 원주, 평창(오대산)을 거쳐 강릉에 머물다가 다시 평창, 영월을 거쳐 주영현으로 나오다. • 9월, 관동지방을 유람하면서 쓴 시들을 모아 『유관동록』(遊關東錄)을 엮고 후지(後志)를 적다. • 10월, 호서로 향하다.
호남·영남 유람기 (1461~1462)	1461	27	세조 6	• 봄에 전주(全州) 등을, 가을에 천원역(川原驛), 능악(楞岳) 등을, 겨울은 진산(鎭山)의 묘월정사(卯月精舍)와 가성사(佳城寺) 등을 유람하며 지내다.
	1462	28	세조 7	• 영광(靈光), 광주, 순천, 남원(南原), 함양(咸陽) 등을 거쳐 해인사(海印寺)에 들리다. • 경주에 이르러 금오산(金鰲山) 중턱 용장사(茸長寺) 경실(經室)에 머물다. 무쟁비(無諍碑) 시를 지었다.
경주 체류·유람기 (1463~1470)	1463	29	세조 8	• 봄에 신라 경주 유적 둘러 보고, 차를 재배하다. • 가을에 『유호남록』(遊湖南錄)을 엮고 후지를 지었다. • 가을에 책을 사기 위해 서울로 올라와, 효령대군 추천으로 열흘 동안 내불당에서 『묘법연화경』(妙法蓮華經) 언해작업에 참여하다. • 『법화경 언해』 작업에 참석하고 금오산으로 돌아가다.
	1464	30	세조 9	• 5월, 효령대군의 양주 회암사 원각법회에 참석하다.
	1465	31	세조 10	• 경주로 내려가 천룡사(天龍寺) 부근에 금오산실(金鰲山室)을 짓고 정착하다. • 3월 그믐에 효령대군 요청으로 원각사(圓覺寺) 낙성회에 참여, 「원각사찬시(圓覺寺讚詩)」를 짓다. • 이 때 세조에게서 '계권(契券)', 즉 도첩(度牒)을 받다. • 도성 밖으로 나갈 때 세조의 환도명령을 받았으나 반도복명소고진정서(半途復命召固辭陳情書)로 사양하다. • 4월 서거정과 교유하며, 여름은 도봉산에서 보내다가 8월 말에 금오산으로 돌아가 열흘 동안 병석에 눕다.
	1465~1468	31~34	세조 10~13	• 이 무렵 금오신화(金鰲新話)를 지은 듯하다. • 이소경(離騷經)을 읽다. • 왜관(倭館)에서 일본 승려 준장로(俊長老)를 만나다.
	1468~1471	34~37	세조 13~성종 2	• 이 기간 중에 동해(東海)를 따라 올라가며 강원 남동부 지방 유람, 어머니의 관향(貫鄕)인 울진(蔚珍)을 비롯하여 평해(平海)를 보고 울릉도를 바라보았다. • 이어서 태백산, 정선(旌善), 삼척 등을 유람하였다.

시기 구분	해적이			매월당 김시습 행적 및 주요 정치 상황
	년도	나이	왕	
경주 체류·유람기 (1463~1470)	1468	34	세조 13, 예종 즉위년	* 9월, 세조 승하, 예종 즉위하다. ● 겨울, 고인의 시구를 모아 「산거집구」(山居集句) 100수를 짓다.
	1469	35	예종1년, 성종 즉위년	* 11월, 예종 승하, 성종 즉위하다.
	1470	36	성종 원년	* 『경국대전』완성하다.
한성 체류기 (1471~1480)	1471	37	성종 2	● 봄, 변신을 결심하여 한성으로 향하다. ● 가을에 열흘이나 앓아 누웠다.
	1472	38	성종 3	● 수락산 폭천(瀑泉) 부근에 터를 잡고 이후 10여년 동안 거주하다. 남효온과 친구가 되다. ● 벼슬에 관심을 두고 여러 사람과 교류하고 육경(六經)을 다시 익히다. ● 논문류 및 잡저(雜著) 10편을 지어 유교의 관점에서 불교의 문제점과 효용성을 논하다.
	1473~1474	39~40	성종 4~5	● 문도(門徒) 선행(善行)과 함께 수락산 폭천정사(瀑泉精舍)에 살면서 직접 농사를 짓다. ● 봄에 유금오록(遊金鰲錄)을 엮고 후지(後志)를 적다.
	1475	41	성종 6	● 5월에 정업원에서 이틀 묵으며 불경을 가르치다. ● 젊은 민(敏)상인과 동료에게 불법을 가르치다. ● 『십현담요해』(十玄談要解)를 짓다. ● 수락산 시절에 남효온, 이정은, 홍유손 등 방외인들과 교유한다. ● 이 시기를 전후하여 학매에게서 춘천 이야기를 듣고 춘천십경(春川十景)을 짓다.
	1476	42	성종 7	● 12월, 의상의 '일승법계합시일인(一乘法界圖合詩一印)'을 주해(註解)하여 책으로 엮고, 화엄석제(華嚴釋題) 등 불교 관련 저술을 하다.
	1477	43	성종 8	● 스승 이계전의 아들이자 같이 공부한 이파(李坡)의 시에 화운시 「화기수운」(和箕叟韻) 15수를 지어 보냈다.
	1478	44	성종 9	● 남효온이 소릉(昭陵) 복위 상소를 올렸으나 표면적으로는 관여하지 않았다. 이후 남효원의 음주, 방랑, 은둔생활을 타이르다.
	1479	45	성종 10	* 성종의 계비 윤(尹)씨가 서인(庶人)으로 폐출(廢黜)되다.

시기 구분	해적이			매월당 김시습 행적 및 주요 정치 상황
	년도	나이	왕	
한성 체류기 (1471~1480)	1480	46	성종 11	● 남효원과 서신을 주고 받으며 왕래하다. ● 도가적 양생(養生) 문제를 논하고 황정경(黃庭經)을 읽는 등 도교에 주목하고, 벽곡(辟穀, 모든 곡물을 먹지 않음)과 황정(둥굴레) 복용법을 배우다. ● 입추(立秋)에 팔공산 승려 계인(契仁) 상인을 위해 계인설(契仁說)을 지었다.
환속·재혼기 (1481~1482)	1481	47	성종 12	● 봄, 환속하여 조부와 부친 제사를 지내고 안(安) 씨와 결혼하다. * 『동국여지승람』(東國輿地勝覽)을 완성하다. ● 봉선사(奉先寺)에 머물던 계인 상인과 교분을 쌓았다. ● 8월, 계인 상인이 영천으로 돌아가자, 시(詩)로 전송하였다. ● 이식(李湜), 이정은(李貞恩) 등 종실 및 남효원 등 죽림칠현과 교유하다.
	1482	48	성종 13	* 폐비 윤씨, 사사(賜死)되다.
2차 관동 유람기 (1483~1485)	1483	49	성종 14	● 두 번째 부인 안 씨와 1년 만에 사별한 듯하다. ● 늦봄(3월19일), 폐비 윤 씨 사건으로 정국이 혼란해지자, 다시 2차 관동유람을 떠나다. 남효온이 배웅하다. ● 화천 사탄(史呑)에 일시 정착, 춘천으로 향하여 청평사(淸平寺) 세향원(細香院)에 우거(寓居)하며, 우두사(牛頭寺), 소양강정(昭陽江亭), 소양강(昭陽江) 등을 구경하다. 춘천에 한동안 머물다가 홍천(洪川), 인제(麟蹄)로 향하다.
	1484	50	성종 15	● 오십에 자식이 없음을 노래하였다(五十己無子). ● 네 편의 고사를 소재로 한 고사시(故事詩)도 남겼다.
	1485	51	성종 16	● 봄에 평창, 강릉을 거쳐 양양에 정착하다. ● 한송정(寒松亭), 경포(鏡浦), 화표주(華表柱), 백사정(白沙汀), 동선관(洞仙館) 등을 사패(詞牌)에 전사(塡詞)하여 노래하다. ● 바닷가 마을에서 청년들과 어울리는 생활을 하였다. ● 때때로 오대산 상원사(上院寺)에 잠시 머물기도 하였다. * 『경국대전』(經國大典)을 완성하다.
검달동 은거기 (1486~1470)	1486	52	성종 17	● 양양의 설악 쪽으로 들어가 법수치(法水峙) 부근에 있는 검달동(黔達洞)에 정착하여 농사를 짓다. ● 양양 지방 만경대(萬景臺)에 오세암(五歲庵)을 지어 우거지(寓居地)로 삼았다. ● 1486년 많은 시를 지었다. 명주일록에 남아 있다.

시기 구분	해적이			매월당 김시습 행적 및 주요 정치 상황
	년도	나이	왕	
검달동 은거기 (1486~1470)	1487	53	성종 18	● 양양 부사 유자한(柳自漢)과 서한을 보내는「上柳自漢書」 등 교류하다. ● 유자한의 청으로 구황책(救荒策)에 관한 상소문을 대신 짓고, 유자한에게 『장자』 등을 가르치기도 하다. ● 유자한이 보내 준 여인을 물리쳤으며, 출사를 권(勸)했지만 사양하였다. 상유자한진정서(上柳自漢陳情書)에 그 사실이 잘 나타나 있다.
	1487 ~ 1490	53 ~ 56	성종 18~21	● 폭천정사로부터 동행했던 제자 선행(善行)이 떠나가다. ● 세상 비판 시(詩) '가탄행(假炭行)' 등을 썼고, 세상에 나가지 않겠다'라는 뜻〔莫休鉗歌〕을 시로 표현하다. ● 은일(隱逸)의 답답함을 노래〔敍悶〕하다. ● 가을, 중흥사에 나타나다.
중흥사 체류기 (1491)	1491	57	성종 22	● 봄에 중흥사에 머물다. ● 남효온(南孝溫), 김일손(金馹孫)의 방문을 받고 5일 동안 함께 지내며, 백운대(白雲臺)와 도봉산을 유람하다. ● 그 뒤 일단 설악으로 돌아간 듯 하다.
무량사 체류기 (1492~1493)	1492	58	성종 23	● 8월, 홍산 무량사에 머물며 호서지방 사찰(寺刹)을 방문하다. ● 추강(남효온)이 사망하다. 10월쯤으로 추정된다.
	1493	59	성종 24	● 2월, 지난해 무량사에서 간행한 『묘법연화경』에 발문을 쓰고, '췌세옹 김열경'이라고 서명하다. ● 3월에 병들어 세상을 떠나다. 절 근처에 매장하다.
계				강원 유람 및 은거 기간(추정 포함) : 17~18년

❶ **김시습의 '모친 시묘살이'에 대하여**

첫째, '강릉'과 '양양' 중 어디인지 아직 더 연구가 필요하며, 둘째, 시묘살이 기간도 13~16살(1447~1450) 설(說)과 15~18살(1449~1452) 설(說)이 있어 더 깊은 연구가 요망된다. 다만 김시습이 직접 쓴 한시에는 '열세 살에 실모〔十三歲失母〕하였다'라고 썼다.

■ 참고문헌 ■

- 참고문헌

강숙인, 『나는 김시습이다』, 해와 나무, 2015.
강원도, 『국역관동지(國譯關東誌) 상(上)』, 도서출판 산책, 2007.
강원도, 『국역관동지(國譯關東誌) 원문(原文)』, 도서출판 산책, 2007.
강원도, 『국역관동지(國譯關東誌) 하(下)』, 도서출판 산책, 2007.
강원도, 『국역매월당전집』, 도서출판 산책, 2000.
권혁진, 『김시습 호탕하게 유람하다』, 도서출판 산책, 2018.
권혁진, 『문학기행-강원의 문인을 찾아서』, 도서출판 산책, 2023.
권혁진, 『조선의 핫플레이스』, 도서출판 산책, 2023.
권혁진, 『춘주열전(春州列傳) 1』, 춘천시립도서관, 도서출판 산책, 2016.
권혁진, 『춘천의 문자향』, 춘천시립도서관, 도서출판 산책, 2015.
김성언, 『한시를 위한 변명』, 동아대학교 출판부, 2013.
김시습 선집, 정길수 편역, 『길 위의 노래』, 돌베개, 2006.
김영기, 『춘천 맥국의 전설』, 강원일보 출판국, 1990.
김재웅, 『김시습과 떠나는 조선시대 국토 기행』, 도서출판 역락, 2012.
김풍기, 『강원 한시의 이해』, 강원발전연구원 강원학총서 5, 집문당, 2006.
김풍기, 『한시의 품격』, (주)창비, 2014.
김흥열, 『현대시조 창작법』, 한국문화사, 2021.
남기택, 『강원권 시문학과 정전의 재구성』, 강원학총서 17, 강원연구원, 2021.
박석무 편역, 『유배지에서 보낸 편지』, (주)창비, 2010.
박찬영·정호일, 『한국사를 보다』 조선 상(上), ㈜리베르스쿨, 2021.
박희병 편저, 『김시습 서경덕 – 조선 사상의 새 지평』, (주)창비, 2024.
박희병, 『김시습, 불교를 말한다』, 돌베개, 2024.
소양한시회, 『춘천 맥국의 노래』, 도서출판 산책, 2022.
손정모, 『이상과 김시습 및 기타 작품론』, 도서출판 청어, 2017.
손종섭, 『다시 옛 시정(詩情)을 더듬어』, 태학사, 2003.
신대선 외, 『의암십경』, 도서출판 산책, 2017.
신정일, 『한강 역사 문화탐사』, 생각의 나무, 2002.
심경호, 『김시습 평전』, 주식회사 돌베개, 2021.
심경호, 『다산과 춘천』, 강원대학교 출판부, 1996.
안광선, 『관동별곡 800리』, 강원학지식총서 20, 도서출판 산책, 2021.
오학영 엮음, 『금오신화』, 금성출판사, 2001.
원주용, 『조선시대 한시 읽기』, 이담, 2010년.
유홍준, 『금강산』, 학고재, 1998.
유홍준, 『나의 문화유산답사기 5. 금강산 편』, (주)창비, 2022.
이구영, 『춘천 지명의 속살을 들추다』, 도서출판 산책, 2024.

이문구, 『매월당 김시습』, (주)창비, 2014.
이민희, 『금강산과 강원도, 근대로의 초대』, 강원학술총서 19, 강원연구원 강원학연구센터, 2021.
이승매, 『한국사문학통론(韓國詞文學通論)』, 성균관대학교 출판부, 2006.
이승수 옮김, 『김시습(金時習) 시선(詩選)』, 지식을 만드는 지식, 2016.
이은상, 『산 따라 물 따라(설악 행각)』, 박영사, 1966.
이학주, 『내설악 그 명승에 빠지다』, 인제문화원, 2015.
임연태, 『정자에 올라 세상을 굽어보니』, 인북스, 2016.
장희구, 『향기 품은 양지』, 어문교육사, 2015.
정길수 편역, 『김시습 선집 –길 위의 노래』, 돌베개, 2015.
정대림, 『조선시대의 시와 시학의 연장』, 태학사, 2014.
정윤영 지음·박종훈 연주, 『천하제일 명산 금강산 유람기』, 도서출판 수류화개, 2021.
정주동, 『매월당 김시습 연구』, 삼영출판사(三榮出版社), 1965.
정출헌, 『남효온 평전』, 한겨레출판(주), 2020.
최명자 엮고 씀, 『꿈꾸다 떠난 사람, 김시습』, (주)빈빈책방, 2021.
최상익, 『한문해석강화(漢文解釋講話)』, 도서출판 한울, 2018.
춘천백년사편집위원회, 『춘천백년사(春川百年史)』, 강원도민일보 출판국, 1996.
하정승, 『한국 한시의 분석과 해석』, 도서출판 역락, 2011.
한용우, 『시조와 성리학』, 도서출판 조은, 2022.
함광복, 『유람과 순례의 금강산 가는 길』, 강원학지식총서 17, 강원연구원 강원학연구센터, 2021.
허경진 옮김, 『한국(韓國)의 한시(漢詩)④-매월당 김시습 시선(梅月堂 金時習 詩選)』, 평민사, 2024.
허균 외, 『팔도유람기 - 금강산 유람길에서 -』, 믿음사, 2021.
허대영, 『시조집 춘천찬가』, 도서출판 태백, 2017.
황영선 『매월당학술논총』, 춘천문화방송 세미나 자료집, 강원일보 출판국, 1988.
황천우·김영미, 『수락산에서 놀다』, 주류성출판사, 2015.

- 참고논문

국사편찬위원회, 「금강산 철기철도와 금강산 관광」, 우리역사넷, 2017.07.14.
김규현, 「매월당의 발길을 따라가 보는 다향(茶香)어린 금강산1」, 『월간 태백』, 1989~1990.
김영수, 「1882년 이규원의 울릉도 검찰 과정과 이주 정책」, 『독도연구』제35호, 영남대 독도연구소, 2023.
김장래, 그 삶과 문학, 髮白 外 金時習 : 네이버 블로그.
네이버 지식백과, 「금강산 내금강 망군대의 지명 유래」, 북한지리정보 2004.
네이버 지식백과, 「금강산 한자시선(상)」, 북한지리정보, 2004.
대순진리회 교무부, 「남여꾼 중들의 최후」, 대순회보 118호, 2024.

문화체육관광부 국립중앙박물관, 「단발령에서 바라본 금강산」 <신묘년 풍악도첩>.
박도식, 「매월당 김시습의 생애와 후대의 추승」, 『내성(奈城)의 맥(脈)』 39집(영월문화원), 백프러세스, 2023.
박병직, 「금강산관광 재개의 길. 모색하길 바란다, 『통일신문』, 2018.07.26.
서현우, 「금강산이 다시 열린다」, 『월간 산』, 2019.01월호.
양양문화원, 「관동록(關東錄) 치재집(恥齋集)(2) 설악산 시문」, 『양양문화』 제36호, 2024.
양양문화원, 「현산 30경」, 『양양문화』 21호, 2010.
이경수, 「신위의 맥록과 춘천의 시적 표현」, 『춘주문화』 제17호, 춘천문화원, 2002.
이상하, 「홍유손 쓰고 이상하가 해설하다 : 술친구 김시습을 보내며(祭金悅卿時習文)」, 『고전산문』, 한국고전번역원.
이승수, 「1457년 김시습의 행적과 심경」, 『한국언어문화』 73호, 2020.
이승수·박정매, 「김시습의 관동 유력 1, 여정과 심경」, 『동아시아문화연구』 90집, 2023.
정학성, 「사대부 문학의 성격과 비판정신」, 『민족문학사 강좌』, 창작과 비평사, 1995.
조한수, 「단원 선생의 발자취를 따라-『금강사군첩(金剛四君帖)』 - 19. 설악산 토왕폭(土王瀑)」, 2013.4.
최 열, 「천하에 기이한, 나라 안에 제일가는 명산」, 『한국사연구휘보』 206호, 2024년 5월.
최승순, 「매월당(梅月堂)의 춘천십경에 관한 고찰」, 『춘주문화』 제17호, 춘천문화원, 2002.
최영성, 「김시습과 무량사의 관계 몇 가지」, 『율곡학연구』 통권 39호, (사)율곡학회, 2019.
허대영, 「시조(時調) 유적지(遺蹟地)를 찾아서-강원편1,2」, 『계간 시조』 26호, 2022년 가을호, 겨울호.
허대영, 「시조(時調)의 이론과 실제1,2」. 『달빛시조』 27,28집, 달빛시조문학회, 2022. 2023.
허준구, 「봉의산 이야기 : ② 강원도청과 춘천이궁」, 춘천사람들, 2025.08.13.
허준구, 「춘천의 강물은 흘러야 한다」, MS TODAY, 2024.10.10.
허준구, 「허준구의 신(新) 한시기행」, 강원도민일보, 2004.01.16. 등.
허준구, 「허준구의 춘천 100경」,춘천시정지 '봄내'. 2021년 5월호.

「매월당 김시습의 강원 배경 한시」 번안시조집

시조로 읽는
김시습의 강원 한시

1초판 1쇄 인쇄 : 2025년 11월 20일
초판 1쇄 발행 : 2025년 11월 25일

지은이 : 허대영
펴낸이 : 허대영
편집인 : 이원해
펴낸곳 : WINCLEW
등 록 : 제 2025-000042호
주 소 : 강원특별자치도 춘천시 중앙로 23 강원일보사 1층(중앙로 1가)
전 화 : 033-255-0920
대표메일 : winclew@naver.com

ISBN 979-11-995407-0-5 (03810)

* 책 값은 뒷 표지에 있습니다.
* 저자와 협의하여 인지를 생략합니다.
* 이 책의 판권은 저자와 강원문화재단에 있습니다. 양측의 동의 없이 무단 복제를 금합니다.
* 파본은 구입하신 서점에서 바꾸어 드립니다.

이 도서는 강원특별자치도, 강원문화재단 후원으로 발간되었습니다.